左宗棠全傳

秦翰才 著

下冊

開明書店

左宗棠全傳

下

47 慎之一字戰之本也

　　左宗棠以楚軍東征八年，西征十二年，可謂攻無不勝，戰無不利。其所以造成此偉大之功業，固由於楚軍之召募、編制、訓練，與曾國藩之湘軍、李鴻章之淮軍，同具一種因時制宜之特色，並由於宗棠軍事上之天才，如國藩所謂「取勢甚遠，審機甚微」。顧此中尤有一核心，曰「慎」。宗棠批駐防甘南之李耀南等繕稟錯誤一案云：

　　　　軍報重件，應如何細心檢校，以免疏虞。康熙朝征剿吳逆，軍書中陸方誤書陸廣，幾覆三軍，豈不聞乎？本爵大臣遇緊要機密文書，均係親手裁答，即軍吏抄寫之件，亦無不過目核對，然後發行，慎之又慎如此。該道於上行文書地名關係緊要之件，竟輕率如此，可乎？清書江藎臣無足責，統帶三員，因稟牘中有偽脫語句，遽予記過，無知者必議本爵大臣好苛細故，姑置勿議可也。慎之一字，戰之本也，諸君其勉之又勉，毋以逆耳置之。

　　此處所謂「慎之一字，戰之本也」，實可引為宗棠軍事學說之主腦。史稱諸葛亮一生謹慎，宗棠好以諸葛亮自喻，此點其亦模擬諸葛乎？蓋宗棠雖為人豪邁，其用兵卻非常謹慎，觀宗棠報告軍事之奏疏，常有「慎以圖之」一語。其告誡部屬之文牘，亦常有「務求計出萬全，不可稍有疏忽」等語，即可知也。[679]

　　何以要慎，宗棠釋之曰：「軍事瞬息千變，非敬謹襄事，必蹈危機，固有不可輕心嘗試者。」惟其主慎，故從其反面言之，又謂「天下惟兵事不可弄巧，愈巧則愈壞」。[680]

如何為慎，宗棠申其說曰：

> 用兵之道，宜先佈置後路，毫無罅隙可尋，則轉運常通，軍情自固，然後長驅大進，後顧別無牽制，可保萬全。譬若兵器，豐其本而銳其末，鋒芒自無頓挫也。……

惟其主慎，故更自勝利後言之，以為：

> 屢勝之後，其氣必漸驕，其視事亦必較易，戒之。兵事屬陰，尚以收斂閉塞為義。又戰陣尚氣，當以磅礡鬱積為義。知柔知剛，知微知彰，則皆乾乾惕若之心也。……[681]

宗棠慎之主張，大體既明。再撮舉宗棠之若干戰略，以示慎之實行。杭州再陷，全浙糜爛，浙西惟餘衢州一城。清廷以宗棠督辦浙江軍務，令即先入衢州，宗棠本駐防徽州、廣信、鏡州三府間，處浙江之西。緣太平軍得訊，急竄擾徽州、婺源、開化間，冀阻宗棠前進之路，於是宗棠主張先肅清徽州、婺源、開化間敵蹤，使饒州、廣信相庇以安，奏陳其主張曰：

> 逆賊每遇堅城，必取遠勢包圍，待其自困，而後陷之。頻年東南賊蹤，驗之歷歷不爽，辦賊之法，必避長圍，防後路，先為自固之計，然後可以制賊而不為賊所制。臣若先入衢城，無論不能固江皖邊圍，亦且不能壯衢城聲援，一墮逆賊長圍詭謀，又成糧盡援絕之路。……

又指陳其形勢曰：

> 浙省大局披離，恢復之效，未可驟期，進兵之路，最宜詳審。浙省列郡，僅存衢州、溫州，其湖州一府，海寧一州，孤懸賊中，存亡莫卜。此時官軍從衢州入手，則堅城林立，既阻其

前，金華、嚴州踞賊，復撓於後，孤軍深入，餉道中梗，斷無自全之理。無論首逆李世賢正圖窺犯衢州、江山，臣軍已由遂安回援，目前不能捨衢前進也。金華介衢、嚴之中，城堅賊眾，臣軍若由金華進攻，則嚴州之賊，必由淳化、壽昌一帶，潛出包抄，亦非善策。善弈者，置子四旁，漸近中央，未有孤立賊中，而能善其後者。似臣軍救浙，必須依傍徽郡，取道嚴州，較為穩妥。……[682]

曰「先為自固之計」，曰「較為穩妥」，是固慎之說也。陝甘回捻，亂迫燃眉，清廷又以宗棠督辦陝甘軍務，屢促由鄂入秦，宗棠則覆奏云：

　　論旨飭臣由鄂入秦，先剿陝逆。此時臣軍部隊，僅止三千，馬隊尚未習練，雙輪、獨輪車式，尚未動工製造，所擬以制賊者，步隊、馬隊、車營，而皆無以應手，倉卒即戎，必貽後悔，臣不敢不慎也。方今所患者，捻匪、回逆，再以地形論，中原為重，關隴為輕。以平賊論，剿捻宜急，剿回宜緩。以用兵次第論，欲靖西陲，必先清腹地，然後客軍無後顧之憂，餉道免中梗之患。謹即一面採買口馬，練習馬隊，先造獨輪炮車，暫應急需，俟所調各營取齊，由襄樊出荊紫關，經商州，以赴陝西，即古由武關入秦之道。沿途遇賊即擊，比抵陝西，則製造雙輪炮車，兼僱買車輪，俟採買口馬到陝，增練馬隊，並習車營。一面開設屯田總局，相度秦隴，緊接要隘，有水草可田可牧者，開設屯田。一面汰遣陝甘各營，去疲冗，省軍食，為久遠之規。其願留屯田者，編入冊籍，指地屯牧，不願留者，資遣散回各本籍，禁其逗留為患。然後軍制明而內訌可以免，屯事起而軍食可漸裕也。甘省回多於漢，蘭州雖是省會，形勢孑然孤立，非駐重兵，不能守。駐重兵，則由東分剿各路之兵，又以分見單，不克挾全力與俱，一氣掃蕩。將來臣軍入甘，應先分兩大支，由東路廓清各路，分別剿撫，俟大局戡定，然後入駐省城，方合機局。

是故進兵陝西，必先清關外之賊，進兵甘肅，必先清陝西之賊，駐兵蘭州，必先清各路之賊，然後餉道常通，師行無梗，得以壹意進剿，可免牽掣之虞。亦猶之江皖佈置周妥，然後入浙，浙江肅清，然後入閩，閩疆肅清，然後入粵，已復之地，不令再被賊擾。當進戰時，即預收善後之效，民志克定，兵力常盈，事前之計，雖似遲延，事後觀之，翻為妥速。自古邊塞戰事，屯田最要，臣已屢陳其利矣。漢宣帝時，先零羌反，趙充國銳以自任，其所上屯田三疏，皆主持久之義。宣帝屢詔誚責，充國持議如初，卒收底定，成效可知。兵事利鈍，受其事者，固當身任其責，至於進止久速，則非熟審彼己長短之形，饑飽勞逸之勢，隨機立斷不能，此蓋未可以臆度而遙決者也。臣頻年轉戰東南，於西北兵事，未曾經歷，所部均南方健卒，於捻回伎倆，無所聞見，若不慎之幾先，加以迫促，誠恐所事無成，時局亦難設想。明臣孫傳庭催促出關，率以致敗者，可為前鑒也。⋯⋯

曰「不敢不慎」，曰「若不慎之幾先」云云，仍是慎之說也。[683] 又如渭源、狄道克復後，清廷責望宗棠從速進規河州。宗棠對以必待前路將糧料儲足，渡洮設備措齊，後路將寧夏、靈州肅清，方可從事，否則所防「有疏失，非穩着」，亦為慎字之一貫主張（參閱二十六節）。[684] 又如用兵新疆，宗棠壹主先收復迪化，以定天山北路，次收復吐魯番，最後收復天山南路，而尤必先將糧餉輜重之運輸，佈置周妥，雖清廷屢次嚴旨督促，有所不顧（參閱三十四節），所謂緩進速戰之議，無非實踐一慎字而已。[685]

然宗棠之戰略，固惟慎是尚，其戰術亦惟慎是尚。宗棠之言曰：

軍機瞬息千變，總要勤探嚴防。⋯⋯

勤探也，嚴防也，皆出發於慎之一念。故對部屬指揮作戰之命令，於如何探，如何防，無不規定精密，訓誥叮嚀，而尤注意於戰事收功之

時。如劉松山剿捻鹽山,宗棠誡之曰:

> 事到將成未成之際,尤宜慎之又慎,幸勿稍涉大意。……

劉錦常圍攻金積堡,宗棠亦誡之曰:

> 凡事將成未成之際,必有無數波折,穩慎圖之。……

最後,諸軍進兵天山南路,勢如破竹,直迫喀什噶爾,宗棠更誡之曰:

> 屢捷之後,不期驕而自驕,當時以此申儆所部,忽忘敬慎之義。……

又曰:

> 功到垂成之際,更宜小心,隨時詳審周密,庶免疏虞,慎之一字,徹始徹終,不可忘也。……

誠以慮之也深,不覺言之也切。[686]

夏炘《景紫堂自訂年譜》載:

> 左公由太常寺卿,升授浙江巡撫,遂由婺剿浙,自遂安貽書,殷殷下問,覆書云:「鉞下以五千士卒,當全浙數百萬之眾,來諭謂慎以圖之,可以無患。愚以為慎於前攻,亦當慎於後顧,得尺則尺,得寸則寸,乃我人拳拳弗失之學,用兵何獨不然?前此諸帥,只知前攻,而所復疆土,不轉瞬而復失之,百姓之遭蹂躪,更甚於未復之時。鉞下自樂平、浮梁,而婺源,而遂安,前後所得,未嘗再失。此鉞下之師所以超越諸將也。惟願後此常守

弗失，未得之地，慎於前攻；不可輕犯賊鋒，以墮詭計。已得之地，慎於回顧，不使賊出我後，頓棄前功。……」

宗棠頗嘉納其言，蓋夏炘之意，即宗棠之意也。宗棠又嘗曰：「用兵以顧餉源為先，佈陣以防後路為急。」亦與夏氏之意契合。如何而可顧，如何而可防，則慎之一字，洵為戰之本矣。[687]

宗棠軍事所由成功，尚有兩點：曰誠信，曰情感。宗棠治軍，與並世諸大帥，自皆嚴明紀律。宗棠最初督師東下，抵樂平，大明軍令，即革一營官、三什長；斬一勇、一夫，責革吸鴉片勇丁三十餘名。以後軍行所至，對於所部吸鴉片及加入哥老會兩事，仍常懸為厲禁。然楚軍經費甚絀，常數月不能給餉，僅發米與鹽菜度日。宗棠固素主行軍首重籌餉，必先士馬飽騰，而後能殺敵致果，顧以事勢所迫，款項不能湊手，誠屬無可如何。則所恃以維繫軍心者，宗棠之不私其利，與能共士卒同甘苦，不失為重要因素，宗棠在景德鎮時，家書有曰：

軍興既久，餉絀日甚。我軍欠餉三月有餘，刻憂飢乏，有時事機必赴，而運掉不靈，無如之何。幸諸將士相從日久，知我無絲毫自利之心，尚不至十分迫索耳。……

此即所謂誠信足以服人者也，亦胡林翼所謂「季公不私一文，天下人皆可具結」者也。羅大春記宗棠軍中生活有曰：

窮冬苦寒，風雪交作，穹廬積霰，高與身等，公擁緇布絮裘，據白木案，自晨至於日昃，矻矻不少休。……其刻苦往往有窮措大所不能堪者，而公處之晏如也。……

西征時，駐安定，蘭州道蔣凝學請移節省垣，宗棠批其牘曰：

　　該道稟請移節省垣，自是體念衰軀之意，惟念前敵諸軍，冒雪履冰，袒臂鏖戰，本爵大臣運籌中閫，斗帳雖寒，固猶愈於士卒之苦也，所請應作罷論。

此又所謂情感足以悅人者也。況楚軍之將士，固皆與宗棠同里閈者乎？宗棠嘗奏陳其治軍之狀曰：

　　臣之馭軍，別無才能權智，而所恃者，誠信不欺，絲毫不苟。不敢以一時愛憎，稍作威福，致失人心，行之既久，湖湘子弟，習而安之，雖欠餉積多，尚無異說。……

亦記實語也。[688]

48　生財有大道

　　同治、光緒間，先後削平東南之太平天國、中原之捻與夫西北之回，悉賴胡林翼、曾國藩、李鴻章及左宗棠之力。而平定西北之功，尤為宗棠所專。然當日諸人所指揮之軍隊，可謂皆係自行募練；所使用之軍火，皆係自行供給；所支應之軍費，亦皆係自行籌畫。事實上，清廷鮮有所補濟，不過坐享其成。所最可駭異者：諸人之軍費辦理報銷時，戶部反須照例徵取一筆巨額之報銷費。所謂報銷費，多則三厘，少則一厘。其源遠始於明代。初因承辦報銷之胥吏，向部中核銷之司吏私出使費，求免挑剔。其後漸成為公開之陋規。[689] 故國藩軍務告竣，轉有一甚為愁悶之事，即數十萬之報銷費，苦無着落也。幸清廷網開一面，特許僅開清單奏報，始解決此困難。其後宗棠援例享受此特惠。然在西北之清單奏上時，戶部一度忽又擬令將軍裝部份專案報銷。於是宗棠喟然歎息曰：「此要胡雪巖銷費耳。」蓋宗棠之軍裝，包括購自外國之槍炮、彈藥，為值不在少數，皆由所派上海採辦轉運局委員胡光墉所經手，雪巖，光墉號也。[690] 不特此，當浙江尚在用兵之時，清廷仍促杭州織造照解宮廷所用誥敕軸、制帛、駕衣與綾、羅等件。此項工料費每年約需銀十萬兩，本取給於杭州南、北兩新關。惟杭州既未光復，關稅自無從徵收。織造乃請先籌撥二萬兩，宗棠許以四千兩，而奏明：「在此軍餉窘迫之際，即此四千兩已屬萬分勉力。」又如福建尚在用兵之時，清廷限期飭解積欠關稅銀十萬兩、茶稅銀二萬兩，將軍、巡撫無由設措。宗棠乃請以本人應得閩浙總督七成養廉銀一萬兩抵解。此實為對於顢頇之清廷之一大諷刺。清廷殆亦自覺難以為情，因曰：「養廉係左宗棠應得辦公之項，該督將養廉一萬兩抵餉解京之處，礙難允其

所請。」[691] 凡此情形，足徵當日清廷之腐敗，而不禁為宗棠與胡、曾、李諸人感慨者也。

欲在一大多數人民從事農業之國家中，驟然籌集巨額之款項，本非易事，蓋因其民生多窮苦，故國富亦薄弱也。況清代國家經常收入，僅有地丁、錢糧、鹽課與關稅四種。就中尤以地丁與錢糧佔最大部份，而此二者又皆直接間接取之農民。故一旦戰事發生，人民離散，田畝荒蕪，地丁與錢糧即無可徵收，而國庫必益感困難。太平天國初起時，清廷猶有存銀若干，足以支拄。不久存銀用罄，先鑄當十錢，當百錢；發鈔票、餉票，稍資應付。然不為社會所信用，難期流通。其後不得不胥有賴乎賣官政策之捐輸，及後此數十年流毒全國之厘金，並最後至於舉辦外債。

坐是原因，當日用兵各省及統兵大員最痛苦者，無過於軍費無所取給，軍餉常積欠數個月。於是因向各方要求補助而發生衝突者，時在有之。因求人之艱難與不可恃，則進而自闢財源，如直接派員勸辦捐輸，徵收厘金等皆是也。更進而在兵事既定地方，常願望支配在己系統下之人員主持其間，俾為外府取攜較便。此為一國中央政府對於國庫不能維持一統收統支之局面時所必至之形勢。先為各據一方，浸假因彼此有盈絀而不免於互相侵奪。在宗棠與胡、曾、李諸人均屬儒者，當年所為，出於權宜，其心可諒。然繼起者未必皆賢，於是由湘軍而淮軍，而北洋系，而中華民國之軍閥，侵財養兵，擁兵護財，擾攘紛爭，流毒四海，要不能不溯源於此也。

宗棠督師江西與安徽之間，餉糧支絀，其時，家書有曰：「意誠（郭崑燾）昨書言索餉惟有疲纏一法，以詠芝（胡林翼）、沅浦（曾國荃）深得此訣為好。我則不然，直幹到底而已。」[692] 又有覆郭崑燾書曰：「索餉之法，兄向所不諳，惟籌餉較他人差強耳。疲纏二字，不欲人之加諸我，亦不以加諸人。自十餘歲孤露食貧以來，至今從未嘗向人說一窮字，不值為此區區撓我介節。……兄前在湘幕時，凡湘人士之出境從征者，無饑潰之事。且有求必應，應且如響，故浪得亮名。」[693] 宗棠常以善籌餉自詡，按之事實，亦殊可信。當太平軍之初期，湖南本省及

援應湖北、江西、廣西、廣東及貴州各省，每月軍餉約需銀二百萬兩，皆為宗棠負責籌措，巡撫駱秉章第居其名。而宗棠在彼時所規劃之整理田賦與徵收厘金，其辦法每為各省所取則。以後出山督師，獨當方面，軍事成功，財政隨之就理，而綜其理財之要訣，約有四端：

（一）以平允為原則。使國家、人民、官吏三方面各無虧損。即不欲損上以益下，亦不欲損下以益上。

（二）與足為社會領袖之當地紳士，取得聯絡。使官廳與民眾感情，有一疏通之機會。以冀凡有整理財政之計劃，易於推行盡利，減少阻力。

（三）引用士人，取其操守比較可信，湔除貪污之陋習。

（四）對待經理財政人員，從優支給薪費，務期其生活可有寬餘，無須別有營求。[694]

然宗棠雖自稱不諳索餉，不欲以此撓介節，究於財源所在，不能與人無爭，惟所爭為公而非為私耳。茲撮舉數事：

宗棠之在湖南巡撫幕也，林翼任湖北巡撫，因湖南為湖廣總督兼轄，對於餉源界限，不無齗齗。宗棠嘗有書致林翼曰：

> 鄂中官吏多湘官、湘人，往往以湘之利獻於鄂，為自媚計，而不顧大局。湘之木稅徵於湘，則為橫徵暴斂；徵於鄂，則為名正言順。鄉中有一笑話，與此正相似。有兩昆同立門前。弟持一萊菔，生嚼之，甫入口，乃兄自旁批其頰，詈曰：清晨不宜啖生冷物，奪而啖之。此一事也。川鹽官運，我為劃策，而閣下採之。乃常德設棧，盡籠湘省鹽厘之利，使我為湘人所不容。此又有一笑話：有兩人商偷其鄰之牛者，一人為之畫策曰：吾鄰牛圈與吾牛圈比，當從吾圈鑿牆而入，吾先之，子為吾詞。及偷者方牽鄰牛，而人已牽偷者之牛遁矣。凡此皆瘠人以自肥者之資也。市井盜賊之智，而官司行之，了無愧怍，方自詫曰：吾籌餉之工也。損湘以培鄂，仁者不為。況湘亦何負於鄂乎？鄂所藉以為詞者，東征也。昔滌公（曾國藩）東征，自岳州出境至田鎮，所食皆湘

餉。武漢再陷以後，鄂省何事不資吾湘？頻年以來，吾湘抗五省之賊，每歲百數十萬金（現在出境援師已二萬六千）。若地丁、錢糧、漕折僅數額餉廉俸應支各項。此百數十萬金者，全賴捐輸、厘金。而捐輸屢次搜括，已無可着手。閣下忽創為捐米之局，而制軍尚欲交岳州勸諭，不過微變設局之名，於是而捐輸無望矣。厘金一事，江、粵、黔各邊方用兵，路途梗阻，商賈絕跡，近惟安鄉、岳州兩卡每月可兩三萬貫，而鹽稅為一大宗。今議官運之鹽，湖南各卡一例放行，而原奏商販得隨官運之後。是以官運帶商販，而無商之非官，湖南鹽厘卡局可撤矣。原奏所云楚省引地袤延數千里之大，此語將湖南並包在內，運思誠巧耳。不知天下何處非引地。以食鹽之地而論，則天下皆引地也，不獨楚省。以行鹽之地而論，則鄂與湘同一淮鹽、川鹽、潞鹽引地也，並無所謂楚省。藉官運二字奪吾湘鹽厘之利歸之，其術耶？其誠耶？設棧於常德，委員駐棧督辦，發往長沙、益陽等處分銷，是以常德為沙市、宜昌耳。奏所不及，則以督札一紙行之。閣下方謂天下惟愚人。下愚之人乃好用智術，稍聰明者斷不為之。（誠不足，欲以術濟之，亦由才短故耳。有多少好事不做，偏要以攘竊為生活。可笑。）此舉其下愚耶？其聰明耶？近苦目痛，兩眼忽不識字。前承寄張仲遠（曜孫）所議漕事稿，不能着筆（本亦無從着筆，非盡飾詞也），敬謝不敏。蓋吾亦有智術焉，將勉強試之矣。一笑。[695]

書中所謂米捐，其後宗棠在浙江、在甘肅援例行之。使林翼而猶在，大可反脣相譏矣。

宗棠之督師駐皖與入浙也，國藩見其無確實餉源，先後指定景德鎮、河口、樂平、浮梁與婺源五處之錢糧厘稅，歸宗棠派員經收，以維軍食。迨宗棠被命為閩浙總督，國藩以為宗棠之軍餉可轉取給於福建，先後咨請收回五處徵收賦稅之權。時安徽布政使為江忠濬，亦以是商於宗棠，宗棠批詞誚之：

景鎮、河口、樂平、浮梁之錢糧厘稅，節相舉以畀我，其時
竭力經理，不過每月二萬餘兩，嗣每月三萬餘或四萬餘，敝軍得
以無匱，節相之賜也。節相先提茶厘，次提地丁錢糧，景鎮、河
口所收厘稅實已無幾。今年徽（州）、饒（州）縣警，景厘頓歇，
河口亦不如前，婺源則微而又微。不但劉臬司（典）、王道（開
琳）兩軍萬人之餉不能資其津貼，且軍營食米，亦須由浙解銀採
買。節相縱不索還，劉、王兩軍亦難資其接濟。不佞上年曾函商
節相，擬將四處丁厘退還。節相以敝軍無的餉，屬其不必退還。
因感其相與之誠，置而不論。今歲則剩存之厘亦正無幾，縱由此
間退還，亦於兩江大局無所裨益。又念平時收入稍多，未及退還；
今因所入頓減，遽然奉繳，未免鄙陋可笑，故尚遲疑不決。前准
節相咨，已即刻行文各局卡委員交卸回浙矣。以浙省大局言之，
每月需餉二十五六萬，縱令景鎮、河口厘稅頓增於舊，亦於浙少
所裨益，況此本非浙所應有者哉！來牘囑加體諒之說，似恐鄙懷
未能釋然於此，亦未知景鎮、河口所存僅止厘稅，而厘復不旺。
區區者，非所必爭。且平生介節自持，亦頗以瑣屑干求為恥，錙
銖計較為非。斷不因是頓生芥蒂也。……

同時，有書致國藩讓之：

景鎮、河口厘務之旺，實由敝處委辦之員認真綜核所致，
於江西各局之厘，無所侵佔。現在由尊處委員接辦，虛實自明，
無煩致辯。而公前此頗疑景鎮、河口之厘日增，則江西各處之厘
日減。弟慮公一時遽難燭察，而江西總司厘局者之益觸公怒也，
故自承恐有侵佔，飭委員各清界畫。不料公不信其為權詞，而信
其為確實供招也。茲已委員接辦，水清石出，弟之苦衷，亦可略
白，否則公將疑我之有他。……[696]

由此可知宗棠批忠澉文中所謂「斷不因是頓生芥蒂」，決非由衷之
言。其後宗棠與國藩凶終隙末，雖別有原因，而此事不能不說為其中之

一因。

李鴻章之督師上海也，分軍攻復嘉善等地，又會宗棠攻復嘉興。然嘉善與嘉興固宗棠兼任浙江巡撫之轄境也，於是對於籌餉，發生磨擦。宗棠致書國藩，頗有貶詞：

> 少荃與弟，本無雅故。前因郭筠仙（嵩燾）嘗稱道之，又以其曾出公門，竊意其必有異夫人。近觀其所作，實亦未敢佩服。筠仙過皖時，當亦能略道一二。西塘之役，縱火大掠，聞因其六弟不能禁戢士卒所致。少荃因此遷怒嘉善湯令成烈而撤之，實則湯令之署嘉善，亦少荃所委，咨弟下札者。湖（州）絲鹽利皆浙所應有者，則盡佔之。嘉（興）杭（州）富戶及土匪地棍之曾充鄉官者，則誘至而收其罰捐。浙之遺民多以此為言者。又湖北協浙之餉每月萬兩，官（文）、嚴（樹森）奏撥江海關洋稅為抵，已奉明旨。少荃亦置不顧。滬餉不欠一月，浙餉已欠一年，尚復專謀把注如此。豈浙亡而滬可獨存耶？亦可咞矣。漕事未曾究心，不敢有所論列。浙中新復郡縣，皆已奉旨蠲免。本年錢糧實亦無米可辦。（田地荒廢太多，人民死亡太甚之故。）且俟明歲圖之。尊處專淮鹽之利，若得人而理，當可漸收成效。自浙之亡，並無浙鹽浸灌淮岸之事。江西所患，獨粵私耳。試考究，便知端的。……

而同時鴻章亦致書國藩，對於宗棠表示不滿。其一札曰：

> 滬中富商以嘉（興）、湖（州）絲棧，閩、廣洋藥，寧波雜貨木行為大宗。徽商向止茶販，現無來者。江西亦無富賈流寓在此。蘇（州）、常（州）則有紳無商。若派員專勸蘇、皖、江西商捐，斷難集有成效。浙商則左帥已一網打盡。……

又曰：

　　寧波稅厘，閏月得十五萬元。近來河口茶商通行，當然興旺。紹興想已設卡，未知收效如何。左公三月份在寧局提用洋元二十萬，中有歲底存備迎犒之項。然左君自此入款漸多耳。沅丈新授浙撫，自未便與季帥爭餉。日久，或宜將景鎮、河口兩卡酌還其一。

復有一札，致曾國荃曰：

　　左帥擁寧（波）、紹（興）、金（華）、蘭（溪）富庶之區，又得兼圻，可調用閩省稅捐，尚向人訴苦，蒙所未解。昨福州美稅務司來謁云：「閩省三洋關歲增收二百餘萬。」已冠絕江洋各關。人皆說上海關為天下第一，薛（煥）、吳（煦）二公在任，歲收實三百萬。自漢（口）、九（江）開徵免單，又改存票，月不過十萬，近僅六七萬耳。……[697]

　　宗棠詆鴻章，滬上稅源甚充而猶壟斷浙利，鴻章則詆宗棠不饜於閩浙收入旺盛而辦滬上關稅已絀。彼此不滿，情見乎詞。而從鴻章致國藩札中，又可見收回河口與景鎮稅厘，乃彼所創議。

　　宗棠於同治中興諸統帥中，與鴻章最為疏闊。對於淮軍，常有詆詞。其後每遇國際糾紛，宗棠主戰，鴻章主和，雖若一時旨趣不同，不知其始即頗有嫌隙也。

　　宗棠之將進兵天山南路也，奏請舉借外債銀一千萬兩，委託兩江總督沈葆楨代辦，清廷下葆楨核議。葆楨前辦台灣事件，亦嘗借外債，而覆奏以為不可。宗棠既奏辯，而與朋僚函札往來，對於葆楨輒發牢騷。其答劉典函曰：

　　桐雲（吳大廷）信閱畢奉繳。所言沈幼丹（葆楨）杯蛇之疑，不知何指。弟於沈，實無可致疑之處。此次奏駁洋款，非弟所逆料，亦非天下人所逆料。蓋賢者不可測如此。桐雲於沈，尚無怨

惡。此次蘇藩北上，先擬以桐雲權館藩縣，後竟不果。豈以奏駁
洋款之故，恐桐雲不謂然乎。……

又答譚鍾麟函曰：

幼丹此次奏駁洋款，頗聞有人指使。此公性頗偏執，斷不認
錯，恐將來護前如故，仍費唇舌耳。蘇撫協餉不解，並歷年解湘
營之款解至上年八月止，即未報解。現在湘營出關，均由弟挪移
墊發，固不待言。即墊解四個月滿餉，餘月鹽、茶、馬乾糧價，
亦已積成巨款。此非吳公（元炳）本意。不知幼丹立意與弟為難，
誠不解其是何居心也。……

又與吳大廷函曰：

幼丹制軍初謂借用洋款為不可。繼似悟其非而以此委閣下
與關道。其委關道也，欲其自任。其委閣下也，蓋欲以此釋弟之
疑。夫用兵而至借餉，借餉而議及洋款，仰鼻息於外人，其不競
也，其無恥也，臣之罪也。東人於應協隴餉，付之不理；並西人
商借之餉而亦客之，且多方誤之，是誠何心哉？今年各省關應協
之款，能解至八成以上，弟可不借洋款。明年，如各省關仍置之
不理，非借洋款，計無所出。尊論若使舊交處得為之地，斷不支
絀至此。誠哉是言。然默察晚近人心，亦有不盡然者。即以兩江
言之，曾文正獨非四十年舊交乎？而乃先專東征之餉，繼尼西征
之餉。文正且尚如此，何論其他？……[698]

宗棠前薦葆楨總理福建船政，推許甚至。至是，頗失歡，且因是又
尋國藩之夙憾。[699] 而國藩與葆楨素相交好，其後亦因葆楨在江西巡撫
任內奏請將江西釐稅留歸本省自用，不改解歸國藩支配，而國藩發生前
此所未有之怒氣，大與齟齬。

　　如上所述，宗棠之為餉事而與人相爭或交惡者，蓋不少矣。至如宗棠與郭嵩燾為數十年總角之交，嵩燾之去廣東巡撫任也，事後常謂由於宗棠之排擠。宗棠固絕對否認，然我人於宗棠之獨薦所部蔣益澧整頓廣東軍事與餉事，不能無疑。其後宗棠創辦福建船政，廣東願分任經費（按以後規定在福建關稅項下支應，但其始確是如此）；宗棠奉調西征，更奏定由廣東月協餉銀四萬兩，而益澧亦允按季起解。設非其時益澧為廣東巡撫，豈能予取予求若是？故宗棠雖未直接去嵩燾，而其薦益澧，似不無冀以外府視廣東之意。又如周開錫擬辭署福建布政使，而宗棠與書曰：

> 　　我奉命西征，可恃者，閩粵浙江之餉。浙、粵雖暫時允諾，其源源而來與否，正未可知。我徑去閩，則閩餉亦未可深恃，我其能赤手蹈不測之淵耶？……

　　按其時楊昌濬為浙江布政使，亦宗棠舊部，允每月報解協餉銀二十萬兩。昌濬有去意，宗棠與書曰：「聞有飄然遠引意，殊為不佞憂。」所憂蓋亦在協款無着耳。此即上述當日統兵大員希望以在己系統下之人員主持外府局面之一例也。[700]

　　宗棠又一理財之道，在以功名為策勵，嘗曰：「能為吾軍籌餉，即與戰功無異。」苟有成效，奏獎隨之，故人皆樂盡心力。又嘗奏記於清廷曰：

> 　　有志之士，每謂軍前差使，著績不同，輒思赴前敵圖功，致後路委員有乏才之歎。臣因擇年勞最久，才具素優者，多方激勵，許以辦理周妥，一體敍功。故數年來，在事員弁各知興奮，軍用得無缺乏。……[701]

　　顧此處所謂軍用，當不僅指軍餉，且包括軍米、軍火、軍裝以及軍運也。茲試數宗棠在東征與西征中最得力之此種人才，凡得三人：

王加敏，字若農，浙江會稽人。其婦翁宗稷辰即首薦宗棠於清廷者。宗棠在湖南巡撫幕府，加敏已以湖南候補道員佐理軍需，受知於宗棠。宗棠入浙，加敏因案落職，宗棠調辦設在廣信之浙江後路糧台，設在衢州之閩浙總糧台，旋為奏准開復原官。宗棠入陝後，調辦設在漢口之陝甘後路糧台，運轉軍實，並常挪借商款，以濟西征急需。旋又為奏准特旨賞給從一品封典，並奏請交軍機處存記。然未嘗補一缺。宗棠調督兩江，始調補江蘇徐海道，初格於部議，宗棠為爭，卒獲特准。加敏與宗棠保持關係者，約四十年。[702]

胡光墉，字雪巖，浙江錢塘人。宗棠入浙，以江西候補道員調回差遣，責以籌餉，得宗棠賞識，為保加至布政使銜。宗棠入陝，委辦上海採辦轉運局，當時所借洋債，所購外洋軍火，均由光墉一手經理。因已保獎至最高階段，宗棠為更用捐助賑濟巨款名義，奏准特賞穿黃馬褂，又賞其母匾額。宗棠在兩江總督任，猶時有所詆諉，蓋相從者達二十餘年。[703]

沈應奎，字吉田，浙江平湖人。先在福建，以同知候補。宗棠入陝，調辦西安軍需局，所有西征軍餉軍火，均歸集中分配，亦常為西征軍費，挪借商款。薦擢至陝西按察使。宗棠去甘，遷貴州按察使，被劾革職。宗棠督辦福建軍務，復往從焉。與宗棠亦有十餘年之歷史。

三人而外，更有劉典、周開錫。開錫當宗棠東征時，先在浙東，後在福建，西征時，後在甘南，整理賦稅，收入激增。劉典當宗棠西征時，先幫辦陝甘軍務，後幫辦甘肅、新疆軍務，綜核開支，精嚴不苟。綜括言之，開錫之工作，偏於開源，劉典之工作，偏於節流。兩人與宗棠，雖一離再合，要皆為宗棠之心膂（詳見六十八節）。宗棠有言：「經武之道，豐財居一；理財之術，得才為先。」宗棠可謂能得才而善用其長者。[704]

49 禁革田賦浮收

　　田賦自昔為吾國國庫收入之大宗，亦可謂集弊害之大成。卒之，有損於民而無益於國。左宗棠於此頗有所改革，而以湖南啟其端。

　　咸豐四年（1854），湖南穀賤銀貴，而田賦之額外課求尤劇，人民窮於完納。湘潭一縣，平時每年可收糧米銀四五萬兩，至是僅收四千兩左右。士人周煥南詣布政使呈求改善徵收章程，不納，扣交長沙縣看管。既釋出，復詣巡撫遞呈，代表人民公意，自願地丁每兩加銀四錢，漕米折色照部章每石納銀一兩三錢，加納銀一兩三錢，補助軍需，又加銀四錢補助縣衙門辦公費用。宗棠以其法有利於人民與國庫及本省軍需，而無損於官也，力勸巡撫駱秉章准其議。而布政使與督糧道則以其雖無損於官，而究剝奪官之利益，多方反對，幸秉章堅持，嚴令湘潭縣照行；至歲終，收入大旺，竟達十餘萬兩。湘潭漕折最重者，向恆以錢二十五千文納一石，今乃改為錢三千八百文納一石，若市價米每石錢二千文，則除即以二千文歸國庫外，其餘以一千文充本省軍餉，八百文充本縣使用，所謂民減賦而國用增者此也。嗣長沙、善化等縣士紳皆起而援例請求。宗棠由是佐秉章就其他各縣斟酌情形，陸續依此方針改定。八年（1858）四月，代秉章草奏《瀝陳湖南籌餉情形》一摺，記其事甚詳，可見當日田賦之弊害何在，亦可見禁革之方法何在：

　　　　湖南各屬錢漕科則，原為輕減。近時民間艱於完納，不但難期年清年款，並有逋欠數年未能完納者。臣察訪各屬情形，雖受弊之輕重不同，而究其致弊之原，不外官吏之浮收與銀價之翔貴而已。州縣廉俸無多，辦公之需全賴錢漕陋規，稍資津貼。缺分

之優瘠，即視陋規之多寡為衡。此東南各省所同，不獨湖南一省為然，湖南亦不獨今日為然也。沿襲既久，逐漸增加。地丁正銀一兩，民間有費至數兩者。漕米一石，民間有費至數石者。款目繁多，民間難以折算，州縣亦難逐一清厘，一聽戶糧書吏科算徵收。包徵包解，不勝不止。每遇完納銀米，整數之外尚有奇零，則一併收作整數。如一分一厘則收作二分，一升一合則收作二升之類，名曰收尾。小戶窮民，尤受其累。未完納之先，有由單，由單有費。既完納之後，有串票，串票有費。其完納稍遲者，糧書先時借墊，計息取償，多至數倍。官為出差催追，名曰揭差。每一揭差下鄉，則一鄉為之震聳。此弊之原於官吏，害及於民，而小戶為尤甚者也。官吏既視錢漕為利藪，刁衿、劣監即從而挾持之，每人索費數十兩、百兩。人數多者，一縣或至數十人，名曰漕口。少不遂意，則阻撓鄉戶完納，或赴上司衙門砌詞控告。甚至糾聚多人，闖署毆吏，釀成事端。州縣於開徵之時，必先將此輩籠絡安置，而後可期無事。此弊之原於刁衿、劣監，官吏受之，其害仍及於民者也。

從前銀價，乾隆、嘉慶年間，每銀一兩，易錢一千文。道光初年，每銀一兩，尚止易錢一千三四百文。自後漸次增長至二千文。近更增至二千三四百文。農民以錢易銀，完納錢漕，暗增一倍有餘之費。咸豐元、二、三、四等年（1851—1854），錢糧之多民欠，實由於此。迨五年（1855）秋後，收成稍稔。每穀一石，僅值錢四百餘文，尚苦無從銷售。農民以穀變錢，以錢變銀，須糶穀五石，始得銀一兩。計有田百畝，可收租穀百石者，非糶穀二十石，不能完納錢漕。農末俱困，群情洶洶。臣與司道熟商，嚴飭各州、縣將錢漕宿弊，大加釐剔。諭以事理，曉以利害，嚴禁吏胥、衿棍擾索把持，許地方公正曉事士紳條陳積弊，設局稽查，民情翕然稱便。惟各州、縣缺分不同，錢漕章程向來不一。如必盡革州、縣陋規，絲毫不許多取，則辦之無資，廉謹者無所措手足；其不肖者反將以此藉口，別開巧取之端，更為國計民生之害。如必明定章程，許其每銀一兩，每漕一石，收銀若干，又恐

官吏視為定章，久之或於定章之前復有增加，弊與今等。

且民可使由，不可使知。設刁劣士民本其挾持官吏之心，執釐弊之新章，指為滋弊之創舉，則告訐日繁，其勢不至脅官吏以取償於農民不止。如不釐定徵收之額，又恐鄉民無所適從，徵收未能劃一，弱者必仍為胥吏所欺，強者或藉此以遂其刁抗之計，是欲除弊而反以滋弊也。臣反覆圖維，不難於立法以救一時之弊，實慮於救弊之法，復增一作弊之端。正躊躇間，適各縣士民紛紛赴省具呈，自擬款目，以為徵收之準。臣察其官民相安者准之，未協者駁之，俟其適中而後准之，數月之間，大致略定。後察州、縣之不能切實遵行者撤之，不法吏胥及刁劣士紳之阻撓者責革而痛懲之。其不安本分士紳欲藉釐剔宿弊之舉，為臣建祠泐石，希圖斂費者，亦嚴斥而痛絕之。自五年（1855）以來，湖南錢漕，始有起色。而元、二、三、四等年（1851—1854）民間積欠，率皆踴躍輸將。國庫不致虛懸，軍儲不至束手，州、縣辦公亦不至十分拮据。而農民則歡欣鼓舞，舉數十百年之積累，一旦蠲之，稍後蘇息矣。現在各屬田價漸增，農安畎畝，無復盼盼之意。向之藉錢漕聚眾，動輒闖署毆吏者，自釐定新章以來，絕無其事。……

按湖南全省田賦，就漕米言，凡十五萬石；假定統照每石加銀一兩三錢計，每年可增收銀十九萬餘兩。是誠於軍需大有裨益，而在民間則得減賦數百萬矣！[705]

其後，宗棠至浙江，至福建，均參照湖南之原則，重訂徵收田賦辦法。所不同者，在湖南係由各縣士紳自行擬請，在浙、閩則由官廳主動核辦，而其目的亦純在紓民力，不盡為濟軍需。

宗棠在浙時，嘗就杭州省城，設清賦局，[706] 其於禁革田賦與浮收或陋規，經確定者：

（一）溫州府屬每年實減輕人民負擔錢四萬零五百餘千文，米三百餘石。[707]

（二）紹興府屬每年實減輕人民負擔錢二十二萬一千四百二十千文，米三百六十一石。[708]

（三）寧波府屬每年實減輕人民負擔錢十萬四千八百七十千文，米八百六十七石。[709]

去浙後，經後任浙江巡撫馬新貽，照宗棠原案奏准者：

（一）金華府屬每年實減輕人民負擔錢十五萬六千一百餘千文，米五百二十餘石。

（二）衢州府屬每年實減輕人民負擔錢十萬二千九百餘千文，米六十五石。

（三）嚴州府屬每年實減輕人民負擔錢六萬一千九百餘千文。

（四）處州府屬每年實減輕人民負擔錢六千八百餘千文，洋銀八千二百餘元，米一百二十餘石。[710]

其原有紳戶民戶之分，（亦稱大戶與小戶。如山陰、會稽、蕭山諸縣，每正耗一兩，紳戶僅完銀一兩六分至一兩三四錢止。民戶則有完至錢二千八九百文或三四千文者。彼時銀價，大約每兩合錢一千三百文。是民戶所完，約自二兩至三兩，相差竟至一倍。）一律廢除，以期平等；又原有納銀、納錢之別，一律改為納銀，俾免彼此出入。[711]

然浙江人民所受田賦之苦累，不僅為浮收，尚有浮額。大抵東南數省田賦，皆較他省為重。就中在江蘇，尤以蘇州、松江、常州、太倉三府一州為甚。在浙江，尤以杭州、嘉興、湖州三府屬為甚。此本最不公允。且民力不勝負擔，惟有盡情拖欠；官吏無法徵收，惟有報荒減免。故太平軍既平定，江蘇之三府一州田賦，率先由李鴻章奏准核減三分之一。浙江之三府屬，亦由宗棠議減三分之一。此種減賦，受其益者，自為業主；然為佃農者，其後皆得減租，故未嘗不同受其惠。又杭州、嘉興、湖州三府屬額徵漕米，每年原為一百零三萬數千石。宗棠調查結果，知州縣浮收於人民者，不啻倍蓰。如交折色者，初收每石已在六千餘文，嗣後逐漸增加至折收一石，照時價約合兩石有奇。其交本色者，每石加六七斗至八九斗不等。剝削之苛如此。故宗棠之主張，一面減浮額，而同時亦減浮收。鴻章《請減蘇松太三府屬漕額》原奏為一時名

作，但不載《李文忠公全集》，蓋馮桂芬所代擬也。茲將宗棠《議減杭嘉湖三屬漕糧（兼及浮收及陋規）大概情形摺》移錄之：

查杭、嘉、湖三府漕糧之重，與江蘇蘇、松、太等。蘇、松、太既議減三分之一，則杭、嘉、湖亦宜仿照辦理。就杭、嘉、湖三屬徵糧科則言之，又以嘉、湖為重，杭州次之。就嘉、湖兩府言之，又以歸安、烏程、嘉善、嘉興、秀水為最重，平湖、海鹽、桐鄉、石門、德清次之，長興、武康各屬又次之。杭屬臨安、於潛、昌化、新城等縣山多田少，較之嘉、湖，糧賦固輕，出產亦遠遜也。嘗考杭、嘉、湖三屬賦重之由，始於宋季賈似道之官田，元代因而增之。明初張士誠據姑蘇，兼有嘉、湖各郡，明祖平張士誠，遂用其租籍收糧，已而又括官田之糧均之民田。層遞加增，民困獨甚。我朝定鼎以來，康熙中免三分之一者一年，全免者一年。雍正六年（1728），又減嘉、湖二府額賦十分之一，計銀八萬一千餘兩。中間偶遇水旱偏災，無不隨時蠲緩。厚澤深仁，有加無已，故民力得以稍紓。至乾隆、嘉慶年間，家給人足，曾歷辦全漕。道光癸未（1823）、辛卯（1831）以後，兩次大水，民間元氣大傷。賦重之處，未能全漕起運，遂歲報災歉，蠲緩頻仍。

然朝廷雖屢沛殊恩，而小民未盡沾實惠。蓋一縣之中，花戶繁多，災歉蠲免，悉聽經書冊報。世家大族豐收者，亦能蠲緩；編氓小戶被歉者，尚或全徵。且大戶僅完徵正額，小戶更任意誅求。遲至廒滿停收，即須改徵折色，每石價至五六千文不等。以小戶之浮收，抵大戶之不足。官吏徵收不善，小民咨怨有詞，故鬧漕之案，往往因之而起。然州縣浮收，亦非能盡飽私囊也。從前河運之時，旗丁需索幫費，如咸豐初年，每兌漕一石，除給報部漕截銀三錢四分六絲外，尚須由州縣貼給費錢千文。幫費一日不清，幫船一日不開。州縣惟恐有誤運期，不得不浮收以填谿壑。而小民苦於苛斂，弱者日受追呼，桀者或從中持之，因而竄入大戶。以致小戶日少，大戶日多；旗丁之索費日重，州縣之虧

項日積。民以完漕為苛政，官以辦漕為畏途，積弊相因，官民交困。咸豐二年(1852)，改行海運，每石連商船水腳及南北用款，統計約需銀八錢有零。曾奏准以給幫丁漕截抵支水腳。其不敷之項，按各州縣幫費重輕，酌提解省津貼，自七錢至四錢不等，較河運之時，已為節省。茲奉恩旨，敕議核減漕糧，將舉數百年積困而紓之崇朝，固三郡群黎所呼籲祈禱而不得者，臣等躬逢盛世，若不博訪利弊之所在而悉心參酌，衷諸至當，以規永久，不獨無以副朝廷曠古未有之隆施，亦何以慰草野久困思蘇之至意？謹就現在漕務應行籌辦大概情形，列為四條，敬為我皇上陳之：

一曰減正額。浙省杭、嘉、湖三屬額徵漕白，改漕，南匠行月等米，共一百一十餘萬石。徵糧之則，大小不同；即浮額之糧，亦多寡不一。現須分別量減，自應先去浮額之甚，以除輕重不均之弊。擬各按上、中、下賦則，分別定數。如每畝徵米一斗一升以上至一斗八九升者，為上則。自六升以上至不及一斗一升者，為中則。不及六升者，為下則。按科則之重、輕，分別核減。總期於額徵數目，酌減三分之一，庶科則定而減數因之而均也。

一曰減浮收。向來收漕加耗，每石自一二斗至七八斗不等，各視花戶貴賤強弱，以定收數多寡。今額漕既經減定，則浮收之款豈可任其因仍。惟州、縣辦漕，有修倉、搭棚、紙張、油燭之費；有倉夫、斗級、漕記、差役飯食之費；有內河運米交兌夫船耗米之費；有交米書役守候之費。一切用款甚巨。且收漕交兌，相隔一二月，風晾搬轉，虧折必多，不能不於正漕之外，酌留運費，以資津貼。應俟查明各州縣用項，由外核實辦理。其向來加米、加價、勒折諸弊，自核定之後，概行裁革。紳民一律均收，不得再有大戶、小戶之分，庶穀祿平，而公私因之而利也。

一曰籌運費。浙省向辦海運，每石需費約銀八錢。除向給幫丁漕截銀三錢四分六絲抵支外，尚不敷銀四錢五分零。現正額浮收概行分別核減，自未便再由州縣議提津貼。擬請將海運經費每石定以八錢為額，除支漕截外，不敷之款另行籌足。查浙漕如照統減三分之一，每年起運之米不過六十萬石上下，漕截一款不另

核減，計可餘銀十餘萬兩。又節省給幫本折行月經費食米變價，可得銀十二三萬兩。又屯田租息及節省幫弁廉俸，可得銀數萬兩。統計將及數十萬兩，足抵海運經費。至所動正款八錢，按年將動用款目據實奏給，應請毋庸造冊報銷，以歸簡便。並不得逾八錢之數，以示限制。庶浮費裁而上下因之而利也。

一曰裁陋規。向來州縣收漕，一切陋規極為繁雜。此次核定新章，應令各州縣據實查明，開摺呈送，分別裁減，庶弊竇清而漕政因之而肅也。

嗣後非實在旱潦，不得再報災歉。即實在民欠，亦不得再報墊完。而近數十年相沿陋習，亦可除矣。可否仰懇皇上天恩，俯准將杭、嘉、湖漕糧統減三分之一，出自聖裁。至海運經費，每石向只支銷漕截銀三錢四分六絲，此次請以八錢作為定額，與部案不符。惟查商船水腳及南北用費，每石實需銀八錢。其餘不敷之項，皆係各縣津貼。此時不將津貼一項裁革，則雖有核減之名，仍未能得核減之實。故不得不據實瀝陳，籲懇聖恩准於漕截並行月屯租各項下照數動支，庶漕弊可以盡革。……[712]

宗棠赴福建後，由新貽與布政使蔣益澧按照戶部議准於三十分中減去八分之意旨，完成其工作：正額除南匠米石收支相埒，並無贏餘，不另議減外，其餘實減三十分之八，即於一百萬零四百石內減去二十六萬六千七百石。浮收共減至米四十八萬六千餘石，錢二十四萬七千餘千。支運費即盡以漕項籌抵，不另動支正款，陋規即除辦漕必不可省之費酌以餘耗留用外，其餘名目一概裁汰，計共裁銀四十餘萬兩，合米二十六七萬石，均分別造冊存案勒石。並規定漕糧概完本色，紳民一律徵收，不得再有大小戶名目；其有情願完折色者，按照市上米價，隨時完銀，不能完銀者亦照市價隨時合米，悉聽民便。惟以米合銀，兩浙情形不同，銀價低昂無定。當日定價已有每兩一千五百文至一千七八百文不等，仍不免釀成多少糾紛。[713]

宗棠對於福建田賦，未及舉辦清丈，僅從事整理徵收。其經過有可得而述者：

（一）查得福建自咸豐三年（1853）以後，上、下各府屢被賊擾。徵冊毀失，花戶應完錢糧，官既無從稽考，但責成書吏徵收。書吏又但以歷年所收分數比較，偶有盈餘，亦匿不交出。民間知徵收之權在書吏，完納時僅取書吏收條，不問官廳串票。於是有飛灑、詭寄諸弊，書吏得任意浮收，強者任其抗延，弱者肆其恐嚇。官民交困，為害無窮。宗棠乃就每一府州，各按所轄廳、縣經徵地丁糧米向章，連耗餘徵收若干，出示勒石，以便永遠遵守。其徵冊毀失者，並飭一律清查補報。

（二）查得徵收之弊雖除，然攤捐各項如不為設法彌補，則州縣之苦累未已。其藉端浮收，仍有不可得而禁者。蓋攤捐有關報部者，有由外銷者，有州縣自行流攤者。其報部及分銷者，率由養廉項下扣除。其自行流攤者，多由前後交代算抵。故養廉一項，虛有其名，從無實給。且有攤款較多，養廉尚不敷劃抵者。有因款目繁多，往往事隔數年，官逾數任，未能清算者。故宗棠以為將欲輕減州縣苦累，必先實給養廉，並將流攤各款分別停兌。其必不可免者，另行籌款彌補。而後經費出入，乃可約計。於是先將報部之分年攤捐，計銀一百二十八萬四千七兩，悉數奏准豁免。其餘必不可免之攤捐，每年銀二萬八千餘兩，另指的款抵支，不得再由州縣分擔。

（三）查得州、縣苦累，尚非止攤捐一端。如上官過境，酒席有費，門包過山禮有費；上官到任，鋪墊執事有費；及平時月費，節壽各款目，相沿已久，名曰陋規。上官視此為本分應得之項，州縣亦視此為本分應出之項。錢糧耗餘不足供，則設法巧取於民以供之。上官利其陋規，徇其情面，遇有過失，輒為隱護。州縣即以此唉上官，隱相挾制，自詡能幹。上官之取於州縣也一，州縣之取於民也十。浸至民生日蹙，仕風日下。宗棠以為一省之官吏，布政使、按察使、道、府以及佐貳、佐雜等，除廉俸外，涓滴皆非應得之款，於是悉令禁革。

（四）查得陋規禁革後，攤捐雖已有着，養廉亦經實給，然在州縣辦公，確仍不敷支用。而在署事人員僅支半廉者，為尤甚。於是更將出

差員弁盤費、夫價及一切雜項差使，隨時應給而未能預計之費，一併指定的款核給。一面復就布政使、按察使、道、府及佐貳、佐雜缺分之繁簡，用費之多寡，酌定辦公經費，同由指定的款內開支。[714]

又福建內地各廳、州、縣尚徵一種糧米，就地派給各營。原定本色後改折色，於是官吏從中舞弊。向人民徵收時，每石作價，高及錢五六千文至七八千文。假定銀價每兩合錢一千三百文，即為每石約作價銀四元至六元。發給各營時，每石作價，僅合銀一兩一二錢，或一兩三四錢。一轉移間，入諸私囊者，每石少則三兩數錢，多則五兩數錢，殊可驚人。宗棠為規定折色一律每石作銀二兩，永禁浮收。[715]

總之，吾國田賦，常為地方官吏財源所繫。故欲整頓田賦以除民困，同時不得不補濟費用，以除官困。而澄清田賦，即澄清吏治。於是可見宗棠之法固精，而其意尤精。法須因時而變，宗棠之意則千古不磨也。

甘肅田地有若干名目：為土著所有者，名名田；地為兵士墾熟升科者，名屯田；本屬明代藩王，後為人民所有者，名更田；又有宋代苑馬監牧場遺址，名監牧地；元代以後撥與土司之田，名土司地。其田賦即視此名目，區分輕重高下；蓋甘肅田地之科則，依於歷史的人為的條件，不以自然的土地狀態為標準，甚不合理。賦分三種：內地各州縣徵銀；沿邊各州縣徵糧與草；介於內地與邊地之間者，兼徵銀、糧草。已而頻年兵燹，經界蕩然；冊籍損毀，渺不可考。光緒二年（1876），宗棠命經過戰事各州縣實行清丈，將田地分為川地、原地、山地三等，每等又各分上中下三則，然後將原有賦額，公平比例分配，即以皋蘭縣為例：

　　川地　上上每畝攤糧三升七合　上中三升二合　上下二升七合
　　原地　中上每畝攤糧二升二合　中中一升八合　中下一升四合
　　山地　下上每畝攤糧一升　下中七合　下下四合

更次於下下者，為最下下，僅攤二合。清丈完成者，發給兩聯丈

單:一聯歸官署存案,一聯歸業主執有。此項丈單,信用卓著,其後民間田房交易、訴訟,即以為憑證。由是賦由地生,糧隨戶轉,富者無抗糧之弊,貧者無代納之虞。又有可稱述者:甘肅田賦總額,在「回亂」以前,年共四十八萬餘石。及經「回亂」,戶口逃亡,宗棠為減去十四萬石,暫以實徵為額徵,藉蘇民困。[716]

新疆田賦,攤之於丁,正與內地各省攤丁於賦者相反。富戶丁少,賦役或輕;貧戶丁多,賦役反重;事理失平,莫甚於此。於此,宗棠既定全疆,乃與書幫辦新疆軍務劉錦棠,數其弊害而述其整理之意見:

> 回疆田賦,按丁徵派。不均之弊,所由來矣。高宗之於回疆,令各城阿奇木、伯克總收總納,未暇分地與丁。蓋聖意在撫綏荒服,不欲紛更。而當時大臣之夙稱耆碩者,均以開闢西疆為耗中事夷之舉,不能無所疑義。求其洞知體要,考之裏贊者,戛戛難之。迨後因仍不改,百弊踵生。小民備受阿奇木、伯克掊削,呼訴無門。而豐鎬舊家子弟西來者,多以阿奇木、伯克為魚肉,常賦之外,需索頻仍。上徵其十,下徵其倍,而回民乃不勝其苦。此時議開郡縣,原期以內地之治治之,則一條鞭成法不可不講。除按丁抽賦之苛而問田取賦,庶徵收有定而貧富兩得其平;加以平徭役,警遊惰,禁侵貪,民可使富也。回民不知石數,計糧但用稱子。每十稱子為一石,計重一百廿五斤,合湘稱則一百卅斤。愚意,上地一畝,收糧一石有餘者,暫徵一斗。尊論以為有合什一之制,擬每收糧十一稱子者,還租一稱子,是與鄙見斂從其薄相符。惟古云「作法於涼,其弊猶貪。」誠恐奉行之人未知寡取之意,或於還租一稱子外,不免取贏,則徵收過重,民何以堪?應飭善後局員加意查察。或收糧後,發給收單,如內地所發糧券式樣。其糧戶姓名及完糧數目,均寫回字,以便認識可也。種棉之地亦照糧地,徵收本色,似不如折色為便。棉地必擇上腴,若照糧地徵糧,愚民唯利是圖,多種棉而少種穀也。
> ……

又與書幫辦新疆軍務張曜申其說：

> 南疆按地徵糧，應仿古什一之制而從其寬大。約十分有餘，始取其一。庶後此雖變本加厲，尚或不至痛民。至相沿之阿奇木、伯克等，只令催收錢糧，不准干預公事，以內地保正、牌頭視之。按所管地方徵收多寡，定其品級，給以薪水、工食。察其有犯，革黜另充，不許作為世缺。其奉公安分者，年老辭役，准其頂帶終身可耳。如此，則事權不至過重，流弊自少。纏民不會漢話，不識漢字，故阿奇木、伯克等得肆其侵欺。愚意徵收之先，給各戶民由單，所收錢糧給予收券。所有由單內，開載某處、某戶地若干，應上錢糧若干，（收券內）開載錢糧布本折若干，收訖年月。凡數目字樣，皆正寫漢文，旁注回字，庶簡明易曉，一目了然。遇有舛誤，許戶民投官更正，官吏便於稽察，阿奇木、伯克等無所售其奸。……

其後即由錦棠與曜負責實施。北疆田賦，先按宗棠核准迪化州知州陶模之建議，上地每畝徵糧八升，中地五升五合，下地三升。嗣改定迪化、昌吉、阜康、綏來、奇台、吐魯番、濟木薩、呼圖壁各屬上地每畝徵糧七升，中地四升，下地仍為三升；其鎮西、哈密、庫爾喀喇烏蘇、精河各屬，仍照舊章科則辦理。南疆田賦，先依宗棠主張，暫按十一徵收。嗣改定上地每畝徵糧五升、四升不等，徵草五斤；中地糧三升，草三斤；下地糧一升五合、一升不等，草二斤。至畝之面積，准以二畝合一畝，則為招徠人民計也。[717]

50 抽厘助餉

　　厘金完全為太平軍時期之產物。就水陸要隘設卡，遇過境貨物，按其值或量，徵捐一厘或數厘，專充軍餉，故曰抽厘助餉。此本取之於行商，以此或稱活厘，其性質為通過稅。亦有取之於坐賈者，就城市店鋪，每月約按營業數量，徵捐一厘或數厘。以此或稱板厘，其性質為貿易稅。先是咸豐三年（1853），刑部侍郎雷以諴治軍揚州，保江蘇東北各州縣門戶，感餉無所出，用幕客錢江議，在仙女廟一帶，設卡抽厘，以供軍用。其後欽差大臣勝保奏請推行於各省，其後遂為軍費一大來源，而以湖南為最早。

　　按太平軍第一次下武昌時，錢江曾予洪秀全以十二策，其第二策曰：

> 　　我國新造，患在財政不充，而關稅未能遽設。當於已定之區，在商場略議加抽，任其保護。於商業每兩徵抽一厘，名曰厘金。取之甚微，商民又得其保護，何樂不從？而我積少成多，即成巨款。但宜節制，不宜勒濫苛民。[718]

秀全不能用以抗清軍，乃轉為清廷用以平太平軍也。

　　湖南之厘金，開辦於咸豐五年（1855），為左宗棠在巡撫駱秉章幕中所規畫。先就常德試辦有效，然後陸續於他處仿辦。在長沙省城設置厘金總局主其事。一般貨物，以每值錢一千文，抽收二三十文為率，即值百抽二、三。其買賣零雜，不能指定貨物，難以計算者，酌量按月抽收。在與廣東毗連之郴州與宜章，因鹽之數量特多，在岳州因茶之數量

特多，則別設鹽茶局專管，於咸豐六年 (1856) 三月成立。鹽每包抽錢七百文。茶每箱抽銀四錢五分。惟因茶商在各口岸裝箱時，已抽過厘金每箱銀一錢五分；今於過卡時，復收四錢五分，為數較他貨為多，故又准每字號繳稅後，酌給從九職銜議敘一名，以昭平允。宗棠之辦法，有特點三：

（一）採唐代理財專家劉晏委用士流之意，訪擇廉幹士紳經理其事。屏退吏胥市儈，一洗向來衙署與關務一切陋習。故能涓滴歸公，而在民間絕無擾累。湖南厘金組織，因有此始基，故以後在各省中，常認為辦理最善，營私舞弊之風為最少。抑以此種新創之稅，其先總難免引起社會反感，而宗棠以本省人辦理本省事，更易發生誤會。惟得地方領袖主持，較便疏通。故宗棠之樂於引用本省人士，其意當更在希望協助推行之便利。

（二）各卡每月抽得之數目與總局每月所收各卡之數目，分別榜示通衢，以昭清白。故能引起社會信任，而商賈皆樂於輸將。

（三）實行兩起兩驗。即將應納之稅分四次徵收。在第一卡起運處及第三卡所徵為起厘，第二卡及第四卡之所徵為驗厘，較之一起一驗者更易防止偷漏，而較之逐卡抽厘者又少苛擾。

宗棠全集中駱文忠公奏稿《歷陳湖南籌餉情形》一摺，敘及湖南舉辦厘金情形，更可見宗棠對於設卡抽厘如何考慮周密：

> 抽厘之舉，臣於試辦伊始，亦深懷疑慮。恐其奉行不善，適以擾民。惟念重農輕商，載諸德訓。今四民之中，惟農最苦，獲利最薄。而錢漕一切，均於農田取之。商賈挾資營運，懋遷有無，獲利為饒。無力作之苦，而又免徵收之稅。當茲多事之秋，稍取其贏，以佐國計，其亦何辭？況厘金之為數至微，百貨長落隨時，本無一定之價。以至微之數，附諸無定之價，官取諸商，商取諸貨，貨價取諸時。如果經理得宜，亦復何虞擾累？所難者，水陸卡局之建設，各有其地。以水路論，有水漲宜設此處，水落又宜設彼處者；有水落暫宜裁撤，水漲始復增添者。以陸路

論，有已設卡局之處，並無總隘可扼，不能不分設子卡者；有未設卡局之處，商販繞越爭趨，不能不另議移設者。兼之賊蹤飄忽，道途通塞靡常；或因客商繞避賊氛，幽僻之處反成達道；或因鄰封道途偶梗，通行之路反類避荒。苟非因地以制宜，豈能推行而盡利？百貨銷數之衰旺，會有其時。各處市埠情形，彼此互異。有旺在春夏而秋冬漸形衰減者；有旺在秋冬而春夏忽形冷寂者。上月收數，較之下月，每有參差。此處暢行，推之彼處，又難一律。苟非隨時以通變，豈能斟酌而咸宜？臣惟厘金一事，本屬創行。收支款目，既無定額之可循；贏絀情形，實難一概以相例。卡局既多，事目又雜。各執一成之法，嚴為稽核，罅漏必多。更增一切之法，預為防維，虛偽特甚。古云「任法不如任人」，洵為破的之論。但使所委官紳各以實心任事，上念國計之艱難，下體商情之畏累，將平常衙署，關務習氣，概與刪除，事必躬親，數歸核實，庶不以絲毫飽奸橐，亦不以苛細失人心，而商情自然帖服。所有卡局需用之費及在事官紳薪水之需，臣飭總辦局務裕麟悉心斟酌，稍令寬餘；俾得潔己奉公，無虞拮据；亦以養其廉恥，杜絕侵欺。仍不時訪察商旅公評，時申儆惕。其客貨經由之地，水次分泊師船，陸路派撥練勇，令其就近往來巡護。其商賈輻輳之區，專駐水陸練勇，以資鎮壓。俾知出厘金以少佐軍儲，即可藉厘金而保全資本。自設卡局以來，商賈安心貿易，廛肆如常，軍餉得資接濟。⋯⋯

由是湖南每年可得厘金八九十萬兩至一百一二十萬兩不等，兵餉始覺稍舒。其後宗棠在各省，舉辦或整理厘金，要不離乎此辦法與旨趣。

浙江厘金，亦為宗棠所創始經營。同治元年（1862），在衢州設牙厘總局，徵收鹽、茶厘稅，以次推行於浙東各郡。稅率初定值百抽一，繼增至值百抽六、七。二年（1863），紹興克復，浙東肅清，復設立鹽、茶厘局，抽收厘捐。並改定稅率：浙東為值百抽九，浙西為值百抽四、五。均兩起兩驗（浙西原為一起一驗），起厘各抽百分之三與一．

五，驗厘各抽百分之一·五與〇·七五。三年（1864）二月，克復杭州省城，旋於四月將牙厘總局移設省城。繼克湖州，全省肅清，就嘉興、湖州、紹興、寧波、台州、衢州、溫州與處州八府屬，各設一府局，於所屬要津分別設卡，以待行商，見貨抽厘。杭州府屬歸總局直轄，金華府屬僅有一卡，嚴州府與杭州相近，由總局兼辦，均不別設府局。青田雖屬處州，而距溫州為近，故隸於溫州府局。此皆為因地制宜之特殊辦法。此時所徵厘金，係綜百貨。惟以絲為輸出國外之大宗貨物，外商得於此享受子口半稅之權利，為彌補漏巵計，奏定先捐後售之辦法：凡鄉絲到行銷賣，先由行戶扣繳每斤二角之厘捐。捐出賣戶，不涉行商。俟商販起運，再將零星捐票倒換護照，憑以逢卡蓋驗，不再收捐。收捐貨幣：茶葉及洋藥以銀兩，絲繭以銀元；其餘百貨以制錢；於是彼此折合，不無高抬低抑之弊。解款府局與蘭溪經解總局，各卡解由府局匯解總局。其期為按旬逢三，月凡三次。辦厘之第一年，共收銀一百三十七萬一千三百六十兩；以後在宗棠任內之數年，平均為二百零五萬七千零四十兩。[719]

福建省咸豐七年（1857）已辦厘金，然僅屬草創。迨太平軍馳入後，益為廢弛。同治四年（1865），宗棠大加整理，將在福州省城所設之南台厘捐總局移至城內，改為福建通省稅厘總局，而以南台向設之厘局改為南台稅厘總局，以福州府屬各局卡隸屬之；後改廈門厘局為廈門稅厘總局，以泉州府及永春州屬各局卡隸屬之；建寧、興化、延平、邵武、漳州與汀州等府屬並次第設立府局，分轄所屬各縣局卡。稅名原為雜貨厘金，至是改為百貨厘金。重定稅率值百抽十，亦採兩起兩驗制，起捐各百分之三，驗捐各百分之二。全省收數，在未整理前，每年約銀一百十一二萬兩，整理後，每年約銀二百十萬兩。[720]

甘肅厘金開辦於咸豐八年（1858），同治元年（1862）回變以後完全停頓。八年（1869），宗棠督師平涼，另起爐灶，先從甘南組織厘局，開辦百貨厘金，稅率值百抽一、二。惟因逢卡徵收，故合計為值百抽四、五。兼辦牙帖，市鎮分繁盛、偏僻兩等，帖分上、中、下三等。（繁盛上則捐錢七百串，中則三百五十串，下則一百四十串；偏僻上則

捐錢四百四十串，中則二百十串，下則七十串。）十二年（1873），開辦茶厘，除出口之茶，另於口外厘卡加完厘金一次外，在陝西與甘肅境內行銷者，均稅厘並徵（另詳五十三節）。十三年（1874），又開辦鹽厘，由西和縣鹽關創始，其後各屬鹽廳，次第照抽（另詳五十二節）。宗棠既抵蘭州省城，始設全省稅厘總局，而於各府州、廳設分局，其下更設卡，一如浙江之制。惟榷鹽之處，有專設一局者，亦為特例。全部厘金全年收數：同治八年（1869）僅計銀五萬二千餘兩；九年（1870）至十一年（1872），在二十四五萬兩左右；十三年（1874）以後之數年，總在四十四五萬兩左右。牙帖在開辦十年中，亦僅頒發四百餘張。蓋甘肅物資匱乏，運輸艱阻，貨之流通，為數既微，則牙厘金之徵收，自不能旺，亦自然條件有以限之也。然綜自同治八年（1869）至光緒七年（1881），甘肅厘金收入撥濟宗棠軍餉者約共銀九十萬兩，亦不無小補耳。[721]

新疆當咸豐六年（1856）時，已在烏魯木齊及吐魯番兩地就棉花抽厘。但照內地各省舉辦抽厘金，則自宗棠始。光緒四年（1878），宗棠平定天山南、北路，開徵厘金。由巴里坤、古城子而哈密，而其他各地。據奏報：當是年秋冬之間開辦起，至次年夏季，不足一載，已收銀十八萬兩有奇。宗棠於六年（1880）奉詔離新入京，是年全省共收厘金銀二十四萬八千二百五十五兩。[722]

自宗棠在湖南舉辦厘金，曾國藩在江西，胡林翼在湖北，仿照辦理。故宗棠致書林翼，嘗戲語曰：

> 鄂省厘金之旺，自在意中。此法本傳自湘中，當有以津貼湘中（月得二十萬緡足矣）乃是情理。……

其後宗棠所至，對於厘金，無不本其在湖南之經驗，銳意經營，卓有成效，而仍歸本乎得人。其言曰：

> 厘務之利弊，視乎局員之賢否。局員得人，則利興而弊絕；否則弊滋而利減。……

又曰：

　　凡辦厘務，貴在各局委員得人，能與彼此紳民商賈浹洽，然後民不擾而事易集。……

又曰：

　　辦理厘務，重在得人，非廉幹能耐勞苦者錯落佈置其間，難收實效。……

然厘金制度，夙為世人所詬病，宗棠於此，又有兩種態度。一曰：

　　取民之制，捨徵商別無善策，徵商以厘稅較為妥便。蓋物價自有貴賤，無甚干涉。民生日用所需，厘稅必須薄取，或竟與蠲除。至絲、茶大宗外，如銅、錫箔等類，亦可積微以成巨。……

一曰：

　　辦賊不能不用兵，用兵必籌餉。大抵厘稅本權宜苟且之政，非可得已而不已者。誰實甘聚斂之名，以其身為怨府？只求兵氣速銷，經收足敷所出，則區區者將一舉而捐之。……[723]

　　光緒十年（1884）宗棠督辦福建軍務，艱於籌餉，太常寺卿徐樹銘奏請飭由安徽、江西、湖北、湖南四省帶徵海防厘金，以為補濟。已奉諭旨，而四省以為難行，終作罷論。宗棠於此，倘不無英雄末路之悲乎！[724]

51 官之買賣

　　清代每當度支匱乏時期，所恃以增裕收入者，捐輸為一種。捐輸一名詞之對待，為獎勵。人民向政府捐納某數之款項，由政府獎給某級之職銜；或人民已為官吏者，更向政府捐納某數之款項，由政府再獎給某種之優惠。一言以蔽之，買官與賣官而已。此種制度，當遠溯於漢武帝之鬻爵，歷朝多有行之。但種種辦法之細密，至清代而集其大成，匯為一編，名曰《籌餉則例》。咸豐、同治與光緒三朝之軍事費用，有一部份取給於此。

　　捐輸本集中京師，由戶部主辦。太平軍興，為便利招徠計，由各省總督、巡撫或主兵大員，請發空白執照，自行勸募。並以籌餉為名，將規定費額，分別酌減若干成，可稱為貶價賣官，猶一般商店之大廉價。顧其飯資與照費，仍須解歸政府，因此乃戶部官吏所共分潤也。此項辦法，亦係由錢江建議於雷以諴，先在揚州試辦，以後各地仿行，均視為籌餉之一法。嗣以政府自將辦理捐輸之權，授於各省，戶部直接收入大為減損。於是又指定若干項，不准各省或主兵大員勸募，專歸所謂京餉局者經理，指充京餉。

　　左宗棠督師入浙，初步籌餉及興辦善後籌款，亦均多藉捐輸之力。照原規定：凡報捐實職虛銜，本減二成者，仍迎減一成；已減四成者，不再迎減。其應歸京餉局收捐分發等項，並監生補交四成實銀，亦仍令捐生赴京上兌，浙省概不收捐。[725]

　　但在同一時間，在同一區域，多方作同一之勸募，民力總屬有限，捐輸之效，有時而窮。於是胡林翼別出心裁，因軍中購運糧食艱難，便以減成捐米為號召。實質即漢代募民入粟之意。宗棠入浙後，因採運不

易，乃援例為之。林翼原訂章程：

（一）凡捐實職、虛銜，照籌餉例，統減四成；升銜、加級各項，向減四成者，准再遞減二成。於水陸通區，設局收米。捐米一石，加耗米一斗五升，運腳費銀三錢五分，准作捐例銀五兩。

（二）其有陸路遙遠，運米維艱者，准交折色，每米一石，連折耗與運費，計銀二兩五錢。

（三）飯銀、照費仍照例繳納。

（四）以上應繳現款，均以庫平足紋上兌，概不准搭交錢鈔或餉票。

（五）應歸京餉局收捐各條，並補交四成實銀者，仍不准收，以裕京餉。

宗棠以第五款所包括之指捐與分發，如必須在京師辦理，則捐輸者有時憚於遠行，難免使捐收減色。後奏准變通辦理，一併由浙江經募，而仍將所收之款解繳京餉局。[726]

此項章程，固以捐米為名。然觀第二款之例外，可知意仍在捐銀，而綜核浙省辦理米捐，截至同治六年為止時，其收本省捐輸銀七十一萬八千四百五十八兩；江北上海捐輸銀二十萬八千八百二十五兩；本州省米捐銀七十三萬五千三百七十三兩；江西等處撥解捐米五千三石八升。足見捐輸者，亦多捐銀而少捐米。[727] 時已革浙江按察使段光清募得銀二十萬餘兩，宗棠為奏准賞還頭品頂戴。又已革浙江補用道溫州府知府王景澄募得銀七萬餘兩，亦為奏准開復知府原官，補缺後仍以道員用。此則又藉勸人捐輸而為己得官者也。然宗棠固以為此兩人本屬良吏，其被革乃屬冤抑可原耳。[728]

宗棠督師陝甘，糧餉兩絀。而其時陝西已在本省及鄰近產米之區勸辦米捐，李鴻章復易米為麥，在陝西等產麥之區，勸辦麥捐。宗棠感覺如仍援米捐章程勸募，勢必妨礙他方之進行，於是奏准就京餉局收捐各條中，暫行劃出若干條，歸甘肅勸辦，他省不得援以為例：

（一）京餉局專收各條，有以十成實銀上兌者，准交銀米各半；有以五成實銀，五成鈔票大錢上兌者，准以十成實銀合計米數，本折一體收捐。

（二）捐米一石，加耗米一斗五升，運費銀三錢五分，准作捐例銀五兩。其規定應搭收實銀者，仍照收實銀。以銀折米，每石連折耗運費，准折交銀二兩。

（三）以上應交現款，均不搭錢鈔或餉票。

（四）飯銀與照費，仍照例交納。

同時，陳明「或有情殷報效，願以米麥等項餉軍，而力有未充，不敷請獎，並鄉僻居民但求頂帶者，由臣刊發五品以下捐助軍糧功牌，視捐數之多寡，分等給予外獎，存候匯咨」。[729] 誠以捐輸制度本成立於人民之虛榮心也。

宗棠辦理甘捐，於西安設總局，歸西征糧台兼管；於秦州設分局；又在各省普設分局十七所，是為：福建、浙江、山西太原、山西運城、河南、河南南汝光、河南彰衛懷、湖北、湖南、山東濟南、山東濟寧、山東登萊青、江蘇上海、江蘇江寧、江蘇揚州、四川、廣東，均由宗棠直接發派員主辦。而湖南、江西、四川、陝西、福建、江蘇、江寧、山西等八處，更委託各該省捐局帶辦；陝西、山西、河南等三處，更託各該省布政使帶辦。於是自同治八年（1869）五月開辦，迄光緒元年（1875）五月結束，自辦部份折合銀七百四十一萬八千九百另七兩，託辦部份折合銀一百三十萬九千八百四十七兩，兩共八百七十二萬八千七百五十四兩。[730]

然勸辦捐輸，或設局，或派員，開支正復非鮮。且既以籌款為目標，而勸辦者又有獲得獎勵之希望，於是總不免竭澤而漁之弊。如福建辦捐，其初尚擇上等殷戶情勸，繼則中下之戶亦勒派捐繳，甚至差提押追。宗棠至，始飭速行停止。[731]

以上浙江、甘肅兩省在宗棠主辦下捐出之虛銜實職，就宗棠請發戶部及國子監執照，可知梗概：

浙江第一次請發職官花翎、藍翎及春典虛銜從九品執照一千張。

浙江第二次請發各項職銜貢監生執照五千張。

浙江第三次請發各項執照一萬張。

浙江第四次請發各項虛銜春典執照三千張，貢監生執照二千張。

　　浙江留用前巡撫王有齡請發貢監生執照三千四百張，國子監執照二千二百三十四張。

　　甘肅第一次請發各項執照五千張。

　　甘肅第二次請發五、六、七、八品銜執照五千張，貢監生執照五千張。[732]

　　甘肅第三次請發貢監生執照一萬張，從九品執照五千張。

　　甘肅第四次請發貢監生執照二千張。

　　甘肅第五次請發從九品執照一萬張，貢監生執照一萬張。

　　其數量之巨，自屬可觀，令人不能無「職方賤如狗，都督滿街走」之感。又捐輸本不分文武，而武職報捐，惟福建為多，宗棠於同治五年（1866）十月，奏陳其弊害而請求停止：

　　　　閩省營務，積弊甚於他省。推原其故，由武營捐班太多，流品混雜，勢豪策名右職，藉為護符，劣弁巧獵升階，專為牟利，一旦夤緣得缺，竟敢靡惡不為。現在稍示區別，報捐者漸少於前，即此可知從前報捐之多，實為軍政之蠹。所有閩省捐納武職各員弁，應一律送部引見。其未引見者，概不准收標委署。至捐例原為籌餉起見，武職官階捐納，例銀本屬無多，除福建一省外，各直省報捐武職者甚屬寥寥，實亦得不償失。應請旨敕部將報捐武職一條，永遠停止，以杜貪競，而肅軍政。……

　　清廷韙其議，通諭各省報捐武職，均着永遠停止。[733]

52 鹽政改票

　　食鹽徵稅，本為財政上一種不良之制度。顧吾國榷鹽，遠在漢時。
雖歷有變遷，然常為國家收入之一大來源。清代行鹽，其先大抵採用一
種引制。就某一區域，按其食鹽可能之消費量，歸商人擔認運銷。因運
銷數量之單位曰引，故運銷之口岸曰引地，運銷之商人曰引商。每引若
干斤，納稅若干，均由政府規定。且擔認運銷若干，須在規定時期如數
銷訖，否則仍應按引繳足稅銀。其後復有一種票制，准商人各視財力所
及，認銷若干引之鹽。照繳稅銀後，給予鹽票，憑票面所載認銷數量及
指定區域運鹽經銷。惟鹽務情形複雜，素為弊藪。而其稅釐（引商納稅
不納釐，票商稅釐並納），則關係國家收入，其供求又關係生產者與消
費者之生活。苟非管理得宜，極易形成嚴重之局面。故吾國自來名臣懷
抱經濟者，無不於鹽政注意探討。況清代產鹽省區之總督均兼管鹽政，
故於行鹽一事，尤不能不深切關懷，隨時有所設施，如陶澍、曾國藩、
左宗棠皆其儔也。

　　浙江行鹽，向採引制。由本省之杭州、嘉興、紹興、寧波、台州、
溫州及江蘇之松江七屬分管。松江一屬包括鎮江、常州、蘇州、松江
及太倉等四府一州，又所謂蘇五屬者也。每年規定銷額：正引八十
萬五千三百九十六道，照改餘引八萬道，餘引十五萬道。共徵課銀
三十二萬數千兩。但當道光年間，已每年僅能銷至五六成。自咸豐三
年（1853），太平軍入據江寧省城，江浙政治失其常軌，杭州、嘉興與
松江三所所轄引地，逐漸為淮鹽所侵灌，浙鹽銷數益大減。惟紹興一所
因借銷淮鹽在江西之引地，不至全行廢墮。然自十年（1860）以後，安
徽與江蘇在江南之各郡縣相繼淪陷，已而浙江同是遍地戰氛，運道阻

塞。於是紹興引課，亦復崩潰。此為宗棠未入浙江以前狀況。同治二年（1863），宗棠督師衢州，嗣浙東各郡縣先後克復，始飭紹興行鹽試改票制。及全省肅清，而調查鹽政案牘，蕩然無存，鹽商鹽灶大半凋零，間有一二舊商，皆避亂甫歸，赤貧如洗，勢難責令繼續領引銷鹽。於是令杭州、嘉興、松江三所一律暫改票制。無論新商、舊商，但能納資到庫，即給票認地行運。自同治四年（1865）起，以一年為期別由政府助以下列四端：

　　（一）首重緝私，以疏票引；

　　（二）痛改浮費，以紓商困；

　　（三）核減賣價，以敵鄰私；

　　（四）嚴查煎數，以杜影射。[734]

　　冀原引課之早日如數恢復。

　　福建行鹽，當道光、咸豐年間，有官幫，有商幫。官幫之中間，又有福州、興化、漳州與泉州四府屬二十一廳縣之各幫及縣澳各幫。商辦之中，又有官代商運一種。官幫每年應完正課銀三萬八千四百餘兩，溢課及額外盈餘四萬二千七百餘兩，共八萬一千一百餘兩。商幫每年應完正課銀十一萬五千五百餘兩，溢課及額外盈餘九萬五百餘兩，共二十萬六千一百餘兩。官商兩幫合計，二十八萬七千三百餘兩。此兩幫均積弊重重，而鹽場人員尤為腐敗。就福州等幫言之：課皆向歸州縣徵收，無論已未徵數，均應按日計算，責令完繳。因州縣畏難苟安，任人包辦，名曰樸戶（即館辦之別名）。其以地方民情刁蠻，不敷徵解者，固非無有；而獲有盈餘者，實亦不少。徒以甲年所收之課，必待乙年奏銷；相率以二三分抵充布政使庫軍需，冒銷無着之款，避免革職處分。其餘則盡飽私囊，攘為己有。縱經鹽法道嚴札頻催，而抗延不交，竟成積習。就縣澳各幫言之：距鹽場較近，收私賣私，習為固然。其始地方官姑為隱忍，久之官勢浸衰，私梟浸熾。於埕私、場私、包私、船私、幫私、引私之外，復有糾黨持械，明目張膽之擔私，與官爭利，與商為仇。到處皆然，無從捕治。就西路商幫言之：一商倒幫，分派各商代課。課額愈多，成本愈重。又加以規費之需索，流交之帑息，海溪之險阻，虧折

坐耗，不數年而資產蕩然，倒罷相繼。又就官代商運言之：商幫倒罷，篷額無人認配，又變為官運。試辦之始，銷路尚覺疏通。久之，官視為利藪，開銷挪墊，虛抵搪塞，辦運者扣費以入私橐，督銷者賣私以取盈餘。比課額太懸，又捏報失水、搶毀等情，上下分肥，弊端百出，致所領成本，逐漸消磨。至鹽場人員本有督曬配運之責，有緝私修坎之責。今因場署大半無存，官坎莫考，遂不駐場經理，借寓省城。遇有海私進口，商人收買運銷；又冒認場分，指私為官，截角收買，藉圖漁利。致埕坎全廢，遍地皆私。濱海之民久不知場員為何官，配鹽為何事。坐是種種原因，故當咸豐初年，已認有整理必要。彼時所擬辦法：曰就場徵課，曰按包抽稅。只以主管鹽政者之因循，復經太平軍之竄擾，而全省鹽綱幾至全廢。如同治元年（1862），雖報收課銀二十一萬兩有奇，實解止八萬兩有奇；二年僅報收銀十萬兩有奇，實解更止六萬兩有奇。四年（1865），宗棠蒞閩浙總督任，斷然試辦票制，期以一年，其具體辦法為：

（一）用鹽道票代引，名曰販單；

（二）西路以引商為票商，縣澳以樸戶為販戶；

（三）西路每引原為六百七十五斤，以三十引起票，東南路及縣澳每引原為一百斤，仍以百斤起票；

（四）兩路每引徵正課銀四兩五錢零，每兩加耗一錢，又每兩抽厘四錢；東南路及縣澳每引徵正課銀四錢四分零，亦每兩加稅一錢，又每兩抽厘五錢。[735]

一面收束過去：

（一）將咸豐七年（1857）前積欠無法分年帶徵之課銀八十七萬一千二百餘兩，悉予蠲免。[736]

（二）將同治二年（1863）商幫溢課及三年（1864）正課銀二十萬六千一百餘兩，先勻分四年帶完後准歸入票運帶徵，統收統算。[737]

（三）將一、二兩項外官商幫積欠銀四百餘萬兩，仍行追繳。[738]

（四）將辦理貽誤之鹽法道潘駿章奏參革職，並追繳賠項。[739]

一面整飭未來：

（一）裁革所有雜課、陋規及一切冗費。

（二）嚴誡鹽場人員，駐場督配。

（三）就各府、州、縣分設局卡，重抽私販。

（四）就下游濱海一帶地方，酌撥師船駐防，以杜擔私船私偷漏。[740]

詎意戶部對於驟改票制，大為不滿，移文詰責。宗棠覆奏，逐加痛駁。並指明試行票制半年內：（一）課厘已收銀十六萬數千兩，待收十餘萬兩，足抵同治元、二年間（1862—1863）一年及一年半所收之數；（二）積欠已追回銀五萬餘兩；（三）陋規已裁革每年七八萬兩。其疏尾更慨乎言之：

> 從前部臣知閩鹺之日壞，奏議改章，若前任督、撫臣肯不計身家利害，毅然為國家長久之計，則現在新獲之效，早行之十餘年以前，計所獲已不下二百餘萬兩，何至積欠至四百餘萬兩之多？乃從前積欠至四百萬兩，而不聞部臣參辦責賠；茲力排眾議，奏請試行，而部臣轉持苛論。事關國計，臣安敢緘默不言？總之任法不如任人，人存而政斯舉；興利不如除弊，弊盡而利自生。鹽務為腥膻之場，為奸弊之藪，見效最難，致謗則易。苟無潔己奉公，獨立不懼之員，即改行票運，臣亦安能保其必無流弊。惟據現在而論，臣雖不肖，斷不敢計及身家利害，重負君父；鹽道吳大廷尚知自愛，又正當感恩圖報之時，斷無背公營私之理。試行期內，雖部臣責臣與撫臣、鹽道以參賠，並稱如該督等不候命下，已竟撤商行票，將來課額虧短，全綱渙散，臣部惟有從嚴參辦，並將虧短庫款，責成率詳之鹽道與率准之督撫分成賠繳，以肅功令而重鹺政。臣與吳大廷無所愧，亦無所怵也。若後此兼管鹽政以及鹽道不得其人，則此時試行之章，安知非從前相沿之弊？是則非微臣所敢任，而部臣所能議者。可否敕下部臣將閩鹽試改票運，應止應行，速議具奏，俾微臣得免意外吹求，不勝感悚之至。至鹽政原督臣兼管，與撫臣無涉；鹽道雖係專司之員，然舉行票運，實微臣一時愚昧之見，並迭次函牘責令毋避嫌怨，詳議候

核，非鹽道所能專，似可一併無庸置議。⋯⋯

清廷無以難之，不復交部議，即允准試辦一年。[741] 期滿，宗棠奏報其經過：

自同治四年（1865）五月二十二日，留商改票，設局試行。是時，下游官幫各廳、縣軍務未靖，先從西南路各幫辦起。官運商販幸均遵照新章，力求整頓，課厘並完。行之數月，漸有成效。迨全閩肅清，七、八月之間，先後選派委員，馳赴石碼、泉州一帶，招徠販戶，改行票運。除莆田一縣尚無販戶認辦，仍歸該縣官辦；台灣一府暫行酌量抽厘；東路一幫仍復按擔抽課；永（福）、德（寧）、（古）田、南（屏）幫係屬官代商運，仍飭道遴委委員開幫舉辦外，其福（州）、興（化）、泉（州）、漳（州）各幫均已設法招販，試行票鹽。所有未經招販以前，仍分別正、溢課、雜等款，另行附冊咨部，以示區別而昭核實。

以上各官幫或招販之遲速不同，故造報之日期不一。現已試辦期滿，自應一律截清，統作本年五月二十一日為止，以歸劃一。庶下屆期滿，造報各冊，易於稽核。茲查自上年五月二十二日改行票運起，至本年五月二十一日止，試辦一年期滿，共收：新鹽課耗厘銀四十萬五千三百七十一兩五錢四分九厘一毫四絲；舊鹽厘金銀三萬八千三百七十二兩五錢六分九厘；勸捐牙帖、子店缸捐共銀三萬七千六百二十七兩二分八厘；帶徵未改票以前正課、溢課、雜帑息，帶輸運本等項，共銀一十二萬二千六十七兩九錢六分三厘一毫九絲；統計共徵捐六十萬三千四百三十九兩一錢九厘三毫三絲。⋯⋯[742]

按上述新鹽課耗厘項下，票運部份為銀二十四萬七千八百五十四兩五錢五分八厘，雖尚屬局部，已與官商幫原應年繳課額銀二十八萬七千三百餘兩相差無幾。而綜全部收入銀六十萬餘兩言之，則較以往歷年繳完正溢課，帶輸帶息等僅得現銀十餘萬兩者，亦已增至三倍之多。

其中所謂帑息者，猶為雍正年間，政府借給各幫之運本，原係將八種地方事業基金移撥，而收息供經常之用。大率以一分起息，每年約計銀一萬四千八十九兩（逢閏加一千一百七十四兩）。然此項息銀未能年清年款，至是已積欠十二萬六千二百餘兩。宗棠因奏請：

（一）將以往積欠之息概與豁除；

（二）將以後之息，概行停止；

（三）將三種運本之息金，減三分之一，又三種仍照原數，均另指厘金收入撥補，以資維持（以均由布政使記賬墊撥），運本俟後收回；

（四）將二種運本之息金計銀二萬五千二百兩（逢閏加二千二百兩）於五年後，照原案開徵，完息作本。[743]

總之，福建鹽務，經宗棠毅力整理，從此採行票制，確乎煥然改觀矣。惟此時浙、淮鹽在江西引地未設，閩鹽乘隙推銷，故稅收隨而特旺。其後浙、淮引地收回，福建鹽政稅收亦遂大為減色矣。

甘肅產鹽之區，向定引地徵課者，有漳縣井鹽，西和縣鹽關井鹽，靈州之惠安堡花馬小池池鹽等三處。漳鹽行銷洮州廳、岷州、通渭縣、會寧縣、安定縣、伏羌縣、寧遠縣、隴西縣、漳縣、秦州、秦安縣、清水縣、靖遠縣，額引三千六百二十二張，每引徵課銀一兩一錢七分三厘五毫有奇，共課銀四千二百五十兩零。鹽關鹽行銷兩當縣、徽縣、成縣、文縣、西和縣，額引一千六百二十六張，每引徵課銀六錢五分五毫有奇，共課銀一千零五十七兩零。惠安鹽行銷平涼府、慶陽府一帶，額引六萬七千四百四十張，每引徵課銀二錢一分五厘五毫，共課銀一萬四千五百三十三兩零。三處統計額引七萬二千六百八十八張，課銀一萬九千八百四十兩零。嗣雍正間，以土鹽浸銷官引，逐年攤入丁糧徵收，約計每地丁一兩，攤徵銀六厘至一錢五分不等；每民糧一石，攤徵銀二分九厘至一錢三分五厘不等；每屯糧一石，攤徵銀六厘零。此為甘肅特殊之情形。咸豐八年（1858），招商領帖，每年納課銀一萬八千兩。已而「回亂」發生，鹽政廢弛，至同治十一年（1872）而商課積欠至十五萬兩。宗棠既平「回亂」，遂於同治十三年（1874）奏准將積欠全部豁免，另訂新章：按鹽色之高低，銷路之廣狹，酌抽厘金，以票代引，改

課為厘。漳鹽每斤抽制錢十三文；鹽關鹽每斤抽制錢九文；惠安鹽每斗（重四五十斤）抽制錢四十文，蓋較東南為重。[744]

上述三處外，皋蘭縣、狄道州、金縣、渭源縣食鹽，產自皋蘭境內之白墩子池鹽，原徵土鹽稅，同治十三年（1874），亦經宗棠改為並徵厘金。甘州府、涼州府、肅州三屬食鹽，產自高台縣西之土鹽池，鎮番縣境內之蔡旗堡、馬蓮泉、白土井、董家莊、小西溝諸池井，亦運自蒙地之雅布賴池，諾爾土布魯池，均原無引地，亦無額課。光緒元年（1875）起，由宗棠開徵土鹽稅，計高台縣每年一百六十八兩零，永昌縣四十三兩零，鎮番縣二百五十三兩零。西寧府屬食鹽，產自青海，亦向無引地額課，至同治年間，始由宗棠開徵厘金，視如藥物，與藥材並收，然每年不過數十兩。[745]

陝西北境之花馬大池，產鹽甚旺，此外尚有波羅、哇哇、紅崖等池，以及界連陝甘之爛泥、蓮花兩池。光緒初，宗棠奏准，於定邊縣設花定鹽局，抽厘助餉。地屬陝西，而由甘肅委員督辦，於是陝西鹽利歸於甘肅。[746]

陝西南境食蒙鹽，產於阿拉善境內：青色者，為擦漢布魯克池鹽；白色者，為同湖池鹽；紅色者，為紅鹽池鹽。其先僅由蒙民就甘肅沿邊以易糧食，後乃逐步運銷內地。咸豐八年（1858），經陝甘總督奏准，由官招商承銷，每年繳稅一萬六千兩（每百斤八兩）。同治初，漢回肇釁，交通梗阻，承商虧欠稅銀十三萬三千餘兩，無法繼續。至同治十一年（1872），乃由宗棠一面將舊商撤銷，並免其積欠；一面另招新商，按下列辦法承銷：

（一）限定蒙鹽從一條山、五方山等兩處，至畢蘭、靖遠、修城，經會寧、隴西、寧遠、秦州，轉運漢中、南陽銷售。不得改道，以免侵灌漳鹽引地。

（二）規定蒙鹽每一百斤收稅銀八分，又收厘銀八分。蓋較漳鹽在產地照繳引稅外，復在甘肅運銷，每斤抽厘錢十文者，為低。俾商人不致抑勒蒙人賤售。並規定稅由總商繳納，厘由向總商販鹽之商人繳納，與蒙人無關，以免妨礙邊民生計。

按阿拉善之蒙鹽輸入甘肅，每歲不下五萬駝，每駝二百四五十斤。故依宗棠估計，每年可共收稅厘銀約二萬兩。[747]

綜括宗棠在陝甘整理鹽政，凡為兩種：原有課稅者，併入厘金徵收；原無課稅者，酌徵稅厘。然以人口稀少，且鮮知醃製，故銷鹽不多。除阿拉善蒙鹽外，其實際收入，自同治十一年（1872）終，訖光緒六年（1880）終，僅得六萬零八百十六兩。而原有引課者，以後仍漸攤入丁糧焉。

兩淮鹽課最巨，而鹽務亦最壞。當嘉慶、道光年間，經陶澍整頓一次，至太平軍興而復敗壞。太平軍平定後，國藩與宗棠先後任兩江總督，均有所規畫。所謂兩淮者，鹽區以淮河為界，北為淮北，南為淮南也。[748]

淮南鹽在各省之引地，為安徽、江西、湖北、湖南四省之一部份，即所謂揚子四岸。當太平軍時期，因運道梗阻，安徽借銷淮北鹽與浙江鹽，江西借銷浙江鹽與廣東鹽，湖北借銷四川鹽，湖南借銷四川鹽與廣東鹽。此四省當局只求有鹽可資抽厘以給餉，自不暇顧及淮南之引地，國家之鹽課。同治三年（1864），太平軍肅清，國藩兩任兩江總督，悉心整理，一面改引制為票制，一面收回原有引地。後者除安徽、江西兩省因屬兩江總督轄境自無問題外，湖北、湖南兩省借銷川粵鹽已歷十年，在鹽商因利其銷路，在官吏尤利其厘金，故不願遽將川粵鹽取締，並將淮鹽原有引地交還。坐是，淮南鹽在此兩省，仍大受打擊，而在湖北為尤甚，以淮南鹽運銷湖北者原佔全部引額十分之六也。惟川鹽質味較佳，運輸較近，自難與競爭。國藩數度力爭不得，當與議定：暫以若干部份，容川鹽與淮鹽並銷；又以若干部份專銷淮鹽，其川鹽顆粒不容侵入。及宗棠到任，查得咸豐元年（1851）淮南鹽在湖北與湖南引額原為四十一萬三千四百五十六引（每引六百斤），同治三年（1864）以後只行二十七萬二千引，不足十四萬一千四百五十六引；在安徽引額原為十一萬四千八百五十八引，只行七萬二千引，不足四萬二千八百五十八引。惟在江西引額原為十四萬五千一百二十引者，反增至十七萬引者。當奏陳應興復原引額，而注意四事：

一曰講求鹽質也。淮鹽約有兩種：淮北曬鹽，藉風日之力而成，色白而味佳；淮南煎鹽，取鹵注鍋鑊，火煮而成，色黯而味微澀。北鹽較南鹽利於銷售。惟場分無多，產鹽不盛，不如南鹽產地多而配銷引岸又遠且廣也。川粵之鹽，略與淮北相近，色味均較淮南為佳。引地之被其侵佔，雖由成本之輕，亦由鹽質高於淮南之故。從來辦理鹽務，莫要於緝私。而欲私淨官銷，莫先於減價。誠以價平則銷數自暢也。然鹽價雖較私為減，而官鹽色味不如私鹽之佳，則其勢不足敵私，民食終難捨彼而就此。故收回引地，從前官商未嘗不意度及之，而終不免懷疑自阻者，以色味不逮也。臣按煮海成鹽，既資人力，則色味高下，自由人力致之。訪知揚垣存鹽之向稱上色者，曰真梁、正梁、頂梁三種。尤貴者，重淋一種，其色味與淮北無異。重淋云者，蓋即取場灶存鹽，重加水淋，濾出而成者。取至驗視，色白味佳，較蜀粵所產，殆有過之，而其價每斤不過增錢一文有奇而已。現飭場員、垣商儀徵掣驗委員通照重淋一色煎收，嚴禁攙和混雜，為正本清源之計。蓋無論能否敵私，而講求鹽質，裕課便民，本鹽政應辦之事也。

一曰裁減雜款規費也。鹽務本腥羶之場，自鹽政、運司，至掣驗、分司、經歷、大使、知事、文武印委各衙門，例有公費外，善舉有費，供應雜差有費，以及掛名差使薪水乾脩，凡取之鹽務，併入票本積算者，繁巨日增。茲擬善舉有益地方，准隨時酌議加增；此外應裁者裁，應減者減，逐加釐定備案。嗣後不准別立名色，違章巧取。以身先之，期於共濟。庶幾成本可輕，而減價敵私之效可睹也。

一曰緝私宜嚴也。私鹽之侵鄂岸者，川鹽為大宗。其藉岸行銷者，不必論。近由荊州、監利而上，浸藉借岸之外，而武（昌）、漢（陽）、黃（州）、德（安）一帶並受其患矣。私之浸湘岸者，粵為大宗。其專岸行銷者不必論，近越衡（州）、永（州）、寶（慶）三郡之外，浸至專岸之外，而長沙各屬並受其患矣。此猶下游之患在意中者也。其意外之私，如浙江岱山所出之

曬鹽，價極廉而產極旺，寧波釣船、夾板洋船公然裝載，由海口駛入長江，插用洋旗，不服盤詰。內地輪船亦然，而直隸、福建採辦米糧之船，各省差遣來江輪船皆將裝鹽上運，非預示阻藏，徒責之局卡員弁臨時譏禁，勢有未能。此猶外來之患也。至梟匪私中之私，票販官中之私，難以數計，尤為境內之患，防不勝防。臣現飭水陸各營沿途巡緝，一面張示曉諭，先清外來及本境官私隱患，以清其源；一面函致四川督臣、湘北督撫臣，請其助復引地，仍挑選臣部親軍水、陸各一營，赴湖北、四川交界引地，備巡緝之用。庶幾同心共助，於大局有所裨益。

一曰先行官運以導商也。收回引地，本商販所至願。然驟議通行，事同創舉，商情有不能遽釋者，不能不行官運，以導其先。茲擬遴委妥員領五千引，運赴湖北荊州借岸，由螺山、監利漸入試銷。所有領運成本，銷售價值，均與商販一律辦理，略無異同。意在借悉運銷出款，售鹽入款，了然心目，然後量其贏縮，定為永遠章程。庶幾裕課便民、恤商二者兼權並計，推行盡利，其法乃可大而尚久。

同時，與各商接洽增引。計湖南、北增復十五萬引，每引一次收票費銀十兩，先收四兩（每五百引為一票），安徽增復四萬二千五百八十八引，每引一次收票費銀十六兩，先收八兩。共增復十九萬二千八百五十八引，預算每年可增收正課銀十七萬兩有奇，釐金一百二十萬兩有奇。此外湖南之衡州、永州、寶慶三府淮南鹽原引地，有人請認舊額四萬六千八百餘引；辰州專岸有人請認一萬二千引；永綏苗疆專岸有人請認一千七百十二引；又岳州府屬之平江專岸近年曾銷鹽片一萬引，至是有人請加二千引。顧宗棠之計劃，一阻於戶部，再阻於湖廣總督，三阻於淮南舊鹽商。戶部責宗棠未先與湖北、四川兩省商得同意，認為窒礙難行。湖廣總督僅允每月先復一二百引，又反對宗棠自派水陸部隊前往緝私。淮南舊鹽商因宗棠嚴屬禁止夾帶重斤及虛報淹銷諸弊，又因彼等原執鹽票，平日買賣，可每張索價銀一萬數千

兩，而新發鹽票每張僅收銀數千兩，致舊票無人過問；遂設計傾軋，謠諑紛起。且當時宗棠辦理此案，本人雖清白乃心，而部下不免上下其手，致引起彈劾（另詳七十六節）。結果，清廷改定一種增引減少與票費加多之政策，以為折衷。於是湖南、北所增十五萬引減為三萬引，以二萬引歸湖北，一萬引歸湖南，共收票費銀六十萬兩；安徽所增四萬二千八百五十八引，減為一萬七千七百六十引，共收票費銀三十五萬七千一百六十兩。至湖南衡州等各引地專岸，其後僅核定平江增加二千引，共收票費銀四萬兩。[749]

淮北鹽在客省之引地，為河南及安徽兩省毗連江蘇之一帶。自道光年間，因引制廢墮，由陶澍改行票制，銷數日旺，由原額二十九萬六千九百二十八引（每引四百斤），漸增至四十六萬引。及捻軍竄擾，防剿部隊餉無所出，各自提鹽營運，以給軍食，票制亦崩潰。後經國藩設法整理，恢復陶澍舊規。惟國藩以軍事初定，閭閻未盡復元，暫照原額二十九萬六千九百二十八引行鹽。國藩以後歷任兩江總督，深慮增引後，綱分不能提前，不圖回復至四十六萬引原額。逮宗棠蒞任，認為引地肅清已久，戶口日繁，銷鹽自必日旺，斷無銷暢引滯之理，勸導各商增復十六萬三千十八引，每引一次收票費銀二兩，共三十二萬六千三十六兩。並將下列兩種淮北鹽受病之原，予以解除：

（一）鹽河以西壩至安東縣之傅家堰六十里，河身高仰，勢若建瓴，一遇水淺，則商人運鹽，起駁既艱，拋耗又巨，遂致運遲費重，累日增加。宗棠飭挑浚深通，俾鹽艘暢行，運輸無阻。

（二）垣鹽出場，票販最重鹽色。欲求上色而不可多得，遂向池商暗中貼價，名白貼色。甚至商夥勾串，賣放重斤。前者暗增商本，後者有佔國課。宗棠飭鹽運司轉飭分司親赴鹽場履驗，遇犯必懲。卒將數十年積弊，一掃而除。[750]

光緒九年（1883），宗棠因病去兩江總督任，在任凡二十一個月，其間兼管兩淮鹽務之成效，據所奏報：「淮南部份，解過實銀五百數十萬兩。比較前任，自同治三年（1864）至今，歲入均不過二百數十萬

兩,收至三百萬兩以上者,不過偶一二年,茲光緒八年(1882)收數已二百八十九萬餘兩。淮北部份,全綱四十六萬引,亦早經運竣。」總之,經宗棠整理後,淮南鹽共增四萬七千七百六十引,淮北鹽共增十六萬三千十八引,共收票費銀一百三十二萬三千一百九十六兩。每年可共收課厘銀八十餘萬兩。[751]

53 茶務之解人

　　茶之課稅，由來已久。惟如食鹽之按引收課，在清代，惟有四川之邊茶與甘肅之湖茶。此種茶引，向由總商承領，領某地引，銷某地茶若干斤，納正課若干，雜課若干，均有定數。其資本不足者，一商名下，數家朋充，或領引轉賣與人，正商但僱夥營運，領引分銷，坐享其利，亦與鹽商略同。

　　甘肅茶務，其初由清廷歲差御史一員，在鞏昌府經理，分為洮、河、西、莊、甘五司。其茶稅即歸洮州知州、河州知州、西寧府知府、莊浪之茶馬廳同知及甘肅省城之皋蘭縣知縣徵收。乾隆年間，以洮、河兩司地處偏僻，銷茶有限；又距省城窵遠，撥運非易，先後奏准將洮、河二司額引，各半改歸甘、莊二司。自此，只有西、甘、莊三司。同時，將茶務由鞏昌府移至甘肅省城，歸蘭州道經理。嗣陝西茶引亦改歸甘肅。於是甘肅茶引共有二萬八千九百九十六道，西司行九千七百十二道，莊司行九千三百二道，甘司行九千九百八十二道，每引正茶一百斤。惟莊司地屬彈丸，銷茶無幾，故復有通融告改之例，歲共納正課銀八萬六千九百餘兩，雜課四萬一千九百餘兩，共計十二萬八千九百餘兩。其茶則來自湖南之安化一帶。自太平軍興，湖南道梗，自漢回肇事，陝甘遍地寇氛；於是甘肅官茶引課全廢，而私茶則逐漸充斥。[752]同治四年（1865），陝甘總督恩麟擬訂整理辦法兩項：（一）將舊欠之引責由舊商認銷；（二）將以後之引，另招新商認銷。五年（1866），楊岳斌繼任，復擬整理辦法三要項：（一）在陝設立官茶總分店；（二）撤銷各省局卡茶釐；（三）就古城估抽茶釐。顧均僅有其說，未有其事。左宗棠任陝甘總督後，審察恩、楊兩督辦法，均難實現，當於同治十一年

(1872)，另奏陳整理辦法三項：（一）暫行試改票制；（二）豁免積欠舊課；（三）停徵雜課。而戶部仍執恩、楊原議：（一）舊引責之原領商人；（二）新引另行招商認領；（三）雜課可暫展緩，未准遽停；（四）令商人於陝西先開官茶店，試辦新引。宗棠當飭蘭州道姑按此意旨進行。越一年，殊無成效。至十三年（1874），宗棠據實奏報：

（一）舊商委實無力再領舊引。且舊欠不下銀四十餘萬兩，無法追繳。

（二）新引無人承受，勉強招致，僅領去二千數百道，按之原額不過十分之一。委因舊商欠課未免，惟恐一經充商，獲利與否尚未可知，而責令認賠舊欠，代人受累。

（三）在陝西設總分店，意在向茶販收買，化私為官。然地遠人眾，稽查難周，一疏檢校，便致虧折。

（四）撤銷各省茶厘，意在減輕茶商負擔，俾能有力繳課。然各省厘金，茶向與百貨並徵。專兌茶厘，易啟夾帶偷漏之弊。且隔省厘金，自有該管督撫主持，無由甘肅裁撤之理。

（五）就古城抽收茶厘，意在取締私茶侵灌塞外。惟此項私茶係由山西出口，應由山西巡撫飭設局卡，以清其源，始免偷漏，一至古城，則形勢散漫，難期周密。

基此原因，仍請試辦票制。附陳辦法八項，對於上述各問題，均予以解決。茲節錄其中六項：

（一）試辦之初，以督印官茶票代引，不分何省商販，均准領票運銷，不復責成總商。惟恐散而無稽，遇有零星欠課，無憑追繳，不得不預防其弊。茲擬陝、甘兩省，凡商販領票，均令先納正課，始准給票。或一時不能搭齊，准覓的實保戶或本地股商的保，取具「屆期欠課不繳，惟保戶着賠」切結備案，亦准一律領票。

（二）甘肅行銷口外之茶，以湖南所產為大宗，湖北次之，四川、江西又次之。近時，陝西石泉亦產茶，然味苦性寒，品劣價減，蒙番不之尚也。茶字不見六經。《禹貢》：三邦底貢厥名，隸於荊州。先儒以名即古茗字。後人加草於名，故為茗。是兩湖產茶，由來舊矣。茲既因東、西兩櫃茶商無人承充，應即添設南櫃，招徠南茶商販，為異時充商

張本。（按東櫃茶商均籍山西與陝西。西櫃則皆回民充商，而陝西籍尤眾。）

（三）按茶務正課，每引徵銀三兩；外徵養廉銀四錢三分六厘，捐助銀七錢三分二厘八毫，西、莊、甘各司徵收九成改折銀二兩七錢，官禮銀二錢四分。內如捐助一條，本係雍正初，征準噶爾時，茶商捐銀十二萬兩，六年分繳之款。事平，仍接續徵收，遂成課額。其他各款，多應外銷，名目既繁，易滋流弊。承平時，商力已苦難支。試辦之初，不大加厘剔，正課勢必虛懸。且陝甘厘局，茶斤已與百貨同徵。若於正課外，加入雜課，又加入厘稅，是一物三徵，雜課、厘稅所定，翻多於正課，於事體非宜。姑弗論成本過昂，商累已甚也。茲擬將雜課並歸厘稅項下徵收。其行銷內地者，照納正課銀三兩外，於行銷地面，仿照厘局章程，在陝甘境內行銷，均各一起一驗，完納稅厘。大率每引以收銀一兩數錢為度，至多不得過二兩。由陝西藩司、甘肅藩司按照各厘局現行章程，分別酌議增減，以歸劃一，而免重徵。其出口之茶，則另於邊境所設局卡，加完厘一次，以示區分而昭平允。雜課既歸厘局徵收，所有各項名色概予刪除，以清款目，而杜影射。是雜課雖蠲，仍於厘稅項下完繳，課額不致虛懸，而茶務得歸簡易。中飽之弊，庶可免矣。

（四）官茶行銷口外，西訖回、番、海、藏，北達蒙古各旗。按引徵課，本有定章。即內地行銷茶斤，如陝西西安、同州、鳳翔、漢中各府，皆有額引。其湖茶私入陝境，本干例禁。乾隆、嘉慶年間，先後將陝西茶引一千零三十二道悉數撥歸甘商帶銷完課。於是陝西各府所行，皆無引私茶。湖販日益充斥，浸假溢佔甘引。甘商受困，實基於此。楊岳斌所以有在陝開設總分茶店，化私為官之請也。而所擬三等協濟茶課，既不及正課三分之一，所稱彌補欠課，已屬空談。而溢佔甘引之弊，仍難杜絕。茲擬於湖茶、川茶入陝、入甘首站及各通行間道，飭陝西、甘肅兩藩司遴委妥員，設卡盤驗，以清來源。遇有無票私茶，即行截留，令其補領官票，赴行銷地方納課，經過厘局驗票完厘。其有票官茶過卡，卡員驗明茶票斤重相符，即予放行，毋准需索留難。違者，撤參科罪。較之開設總分店，訪範易周，課額易足。

（五）向例：官茶由商領引，赴湖南產茶地方採辦，運銷口外，經過湖南、湖北入陝達甘。各省既無厘局，並無茶厘。自海口通商以來，洋商僱人分赴產茶各省地方，收買紅茶，行銷各國，議價頗昂。茶之出海者，不可勝計。而由產茶地方出海口，均一水可通。腳價減省，商販爭趨。各省始設局卡，兼抽茶厘，以佐軍用。而陝甘官茶經由湖北襄陽入陝，取道潼關，必須捨舟而車；問途荊子關，必須捨舟而馱。出口行銷，又動輒數千里。茶本既因洋人薈買而高，腳價又因陸程迢遞而耗。於是山、陝茶商漸多虧折。值粵逆狓猖，道路多梗，茶利更微。迨關隴回逆烽起，片引不行。蒙族、回部、番眾不能無茶，均仰給於私販，而私販遂伺隙偷運行銷，以牟厚利。國家利權下移，徒資中飽，良可惜也。茲擬挽回課額，漸復舊章，應咨兩湖督撫臣，凡由水路出售各省海口茶斤，本係無課之茶，照舊抽厘，應無異議；其領陝甘官茶票行銷口外，茶馬有專司，正雜課有定額，本非行銷海口者可比。又陸路腳費繁巨，成本畸重，必礙行銷，若照行銷海口章程抽厘，商販必形裹足，於事體亦屬非宜。凡遇陝甘商販運茶，經過沿途地方，應完稅厘，概按照行銷海口茶厘，減納十成之八，只抽兩成，所有減納八成厘銀，各省劃抵積欠甘餉作解，甘肅以劃抵欠餉作收，年終由陝甘督臣咨部，以清款目。如此，則兩湖茶厘雖只抽兩成，而所餘八成仍劃抵欠餉，於款項並無出入，陝甘茶務成本稍輕，銷路易暢，即可就此本有利源，稍供挹注，兩利之策也。

（六）口外官茶，向由陝甘茶商領引行銷北口、西口。行北口者，陝西由榆林府定邊、靖邊、神木等縣；甘肅由寧夏府中衛、平羅等縣。其銷西口者，由肅州、西寧等府州各屬。承引納課，均責之官商。道光初年，奸商請領理藩院印票，販茶至新疆等處，銷售甘肅，甘司引地被其侵佔。當時，伊犁將軍慶祥、陝甘總督那彥成奏准，在古城設局收稅，每年估抽銀八千兩，撥歸甘肅茶商，年終匯報，以補課額，而課額終懸。所領理藩院茶票原止運銷白毫、武彝、香片、珠蘭、大葉、普洱六色雜茶，皆產自閩、滇，並非湖南所產，亦非藩服所尚。該商因茶少價貴，難於銷售，潛用湖茶，改名千兩、百兩、紅分、藍分、帽盒、桶

子、大小磚茶出售，以欺藩服而取厚利，實則皆用湖茶編名詭混也。楊岳斌原奏，請照甘商課額，每茶八十斤，以四兩四錢四分為率，一體納稅，未將何處納稅指明，本係空言。又請將古城每年所納茶稅，悉歸蘭州道入於額徵茶課，匯報奏銷。古城設局收稅，從前既未舉行，此時又何從商辦。竊維榷茶一事，不僅國家本有之利，亦撫馭藩服一端。如果理藩院照陝甘茶課一律徵收每引四兩四錢四分，先課後票，則商販採運閩、滇之茶前往銷售，尚無不可。即潛販湖茶，侵佔甘引，而按引納課，與甘商並無不同；是正課失之甘肅，猶於理藩院補之，於國庫無所損，亦可任其行銷。惟查該商等所納稅銀，每百斤多者僅一兩，少者六錢及三錢。較之甘商課額，彼此相形，多少懸絕。而所銷湖茶，又係甘商例銷之引，甘商被其侵佔，得以有詞。且茶價一貴一賤，無以取信於人，於政體實亦不協。茲擬咨請理藩院，照甘省現擬通行先課後引章程，一律繳納正課，經過地方，照章完厘兩次，於票內明晰曉示。由山西歸綏道設卡稽察，驗票放行。所繳正課，即歸理藩院驗收。其歸綏道所收茶厘罰款，解由綏遠城將軍驗收。各於年終，匯案分別咨奏，以杜弊混。遇有夾帶走私情弊，由歸綏道隨時核明懲辦，均無庸由甘肅匯報。庶國庫無虧，商情亦協，奸猾之徒無所施其伎倆矣。

至茶務辦公經費，向均在雜課項下支銷。現既擬將雜課撤銷，併入厘金，此項辦公經費，亦由宗棠規定，在厘金項下支銷。[753]

當日，宗棠尚有與陝西布政使譚鍾麟一書，商榷整頓甘肅茶務問題。書中敘述湖茶歷史，頗有趣味，可與上述辦法相印證：

　　湖茶之銷售回、番、蒙古，大約元以前即如此。明初踵而行之，以茶易馬，其意蓋欲以致番馬耳。國朝用北馬，得察哈爾地為牧場，馬大蕃息。北馬矯健，易於調馴。雖形狀毛片不如西產之偉，而戰陣可恃，能轉旋於路徑曲隘之處，其筋骨健於西馬。朝廷以西馬意態狀貌可觀，宜於進御立仗，故例有選充天廄之舉。至戰陣所尚，則非北口所產不宜。西馬既不見重於時，從前以茶易馬之制遂廢。總督銜繫茶馬，乃專意榷茶，以佐軍儲之

急。而實則茶務一事，並無解人，百數十年，任其廢弛。弟以老農出預世事，屬有兼管茶馬之責，故欲一為檢校。茶務奏事，於試辦之始，不敢為過盡之論。實則以後潤色，此稿大略已具矣。

來書所稱茶以包計，似係湖茶之下者。三十年前，館小淹陶文毅里第，即山、陝茶商聚積之所。當時曾留心考察，知安化夙稱產茶，而小淹前後百餘里所產為佳，亦最多。商之挾資來者，多購求磚茶上品、中品，最下則捲包客售，其價之最賤者（不及磚茶十之一）。安化後鄉老小，屆時打草充茶，踩成上簍，其中雜真茶，不過十之一二而已。所謂草者，柳葉、茅、栗之屬。且罘刈凡草入之。縣志有云：「寧採安化草，不買新化好。」言新化真茶，尚不如安化草之易售。上冬，拆庫存陳茶一封試看，果皆草也。山、陝商販不能辨真茶，即高價所採，亦多是粗葉，亦攙有雜草。但得真茶七八分，即稱上品。至新芽初出，如穀雨前摘者，即小淹亦難得。每斤黑茶，至賤亦非二三百文，不可得也。

近時，海口暢銷紅茶。紅茶不能攙草，又必新出嫩芽，始能踩成條索，其價亦實較行銷西北之茶貴可數倍。此次湖茶之圖暢銷西北，蓋以頭茶、二茶、新嫩、陽芽均售海口；而三茶及剪園茶無可銷之路，不若仍作黑茶，可以獲利也。除安化茶不計外，湖南、北、江西之茶，何可勝紀。如果黑茶銷路通暢，即頭、二番新茶亦有改作黑茶者。即安化現作紅茶出售者，亦將漸改黑茶。而海市一日不絕，茶利亦一日不絕，中土之利也。

陝西銷茶之多，非盡銷之陝境，蓋侵入甘境出口者實多。本地所銷之茶，不過香片、珠蘭等等名色，未成封者（此未做成封之茶，乃私茶也）。其價每斤貴至數錢，分上、中、下三等完釐。以成本計之，蓋較包茶、磚茶為輕矣。其已做成封之茶，則無所分別，只能按引抽釐，照正雜課計之，每引已暗減數錢，又奏減湖南、北釐銀十成之八，本尚不重耳。……[754]

資江流域，為湖南黑茶之主要產地，而小淹尤為茶市之中心，宗棠早歲居此八年，耳熟能詳，不謂晚年乃猶得本所知識，施諸西北茶務也。

案經清廷核准，即於同治十二年（1873）起實行。綜括宗棠之辦法，為以票代引，減定課額，隨票完納，沿途各省驗票放行，不再徵稅。每票配茶五十引，計成封正茶四千斤，每一百斤為一包，分裝四十包；另加副茶每包二十五斤，凡一千斤，以備彌補諸種損失。每票徵稅銀一百五十兩，厘金七十二兩，是為往時正雜兩課之和，後又加厘金二十一兩六錢，於是甘肅境內之官茶，每票合繳稅厘二百四十三兩六錢。運銷新疆，先於過肅州出境時，每票加徵厘金二十兩（嗣經茶商呈奉宗棠核准，改在哈密交納），抵新後，另徵每票稅銀八十兩，後又加厘金二十兩，於是新疆境內之官茶，每票合繳稅厘三百六十三兩六錢。此第一次所發茶票，凡八百三十五張。領票者，僅有東櫃與南櫃，而尤以南櫃為多。南櫃領袖為湖南籍道員朱昌琳。結果在甘肅省庫，誠獲得二十萬三千四百零六兩之收入，在茶商則以銷路未能如宗棠理想中之暢遂，賠累不堪。其故自因戰後地方元氣未復，與夫湖南人士不善經商，而最大之癥結，仍在走私之猖獗。在陝甘境內，雖稽緝甚嚴，然窮山僻徑，隨處可通，不但蘭州以東，盡領私茶，即在甘州、涼州亦多侵灌；在歸化方面，則官吏受每年數萬元陋規之誘惑，更坐視私茶經過蒙古草地，再運新疆之古城子，源源不絕，宗棠亦無如何也。[755]

54 舉辦外債

在清代平定太平軍之過程中，主兵大員同時須自負籌餉之責。長江流域與沿海諸省社會富力充裕，挹注尚易。陝西、甘肅與新疆等省，以本身收入短絀，在平日尚賴他省協款，一至兵事發生，自更難設措。故左宗棠督師西北十三年，幾無一日不在窘鄉。雖經清廷嚴令某省應解若干，某關應解若干，否則應予處分，然仍非為愆期，即屬短數。故在青黃不接時，惟有乞靈於外債。清代最初以政府地位向外商借款，為上海防剿太平軍所用。宗棠在福建時，亦曾仿行。其法係由海關監督出印票，由本省督撫蓋印，乃付給洋商撥款，以後由洋商憑印票在海關提回本息。當宗棠之離福建而赴陝西也，閩海關稅務司布浪嘗向表示：如需籌畫軍餉，外商可以承借。其時，宗棠實無意於此。嗣後迫不得已，始奏准向外商借款，先後六次，由所派上海採辦轉運局委員福建補用道胡光墉經理其事。[756]

第一次借款成立於同治六年（1867）三月。總額關平銀一百二十萬兩，利率按月一分三厘。上海防剿借款利率本為按月一分。此次承借之外商藉口時值絲繭上市，銀根甚緊，要求增加三厘。自同治六年（1867）七月至十二月，勻分六個月歸還。指定閩海關認明二十四萬兩，粵海關二十四萬兩，浙海關四十二萬兩，江漢關十二萬兩，江海關十八萬兩，由各該海關監督出具印票，稅務司簽署，各該省督撫加蓋關防，交債權人收執。至規定時期，憑向海關取還本息。此項本息，在本省協撥甘肅軍餉之海關，即在該項協餉內扣撥。其餘由各該省布政使即就應行協撥甘肅軍餉內劃解海關，其來源則大抵取自釐金。所有利息及以庫平折合關平不足之數之所謂補平，統在協餉內扣算。故在各省關初

無額外之負擔。[757]

　　第二次借款成立於同治六年（1867）十二月。總額關平銀一百萬兩。利率未詳，大致與第一次借款相若。蓋宗棠原請借二百萬兩，後清廷另籌撥一百萬兩，僅借一百萬兩，正以其息太重也。自同治七年（1868）二月至十一月，連閏月在內勻分十個月歸還。由江海關認明三十萬兩，浙海關七十萬兩，閩海關四十萬兩，江漢關二十萬兩，粵海關四十萬兩。一切手續與第一次借款同。惟第一次借款時，江海關稅務司對於監督所出印票初不肯簽署，經過再三熟商，始行勉允。嗣總稅務司赫德又以利率太高為言。故此次借款，由宗棠奏請即飭赫德會辦。[758]

　　第三次借款成立於光緒元年（1875）三月。總額關平銀三百萬兩，係由英商怡和洋行承借一百萬兩，英商麗如洋行承借二百萬兩。利率均常年一分零五毫。期間定為三年，每半年償付本息一次。由浙海關、粵海關、江海關認保。其手續與第一、二次借款同，惟須先由總理各國事務衙門分別照會英國駐華公使轉知駐滬總領事，命令總稅務司轉飭各海關。又議定：怡和借款准三月初一日提銀，麗如借款准四月十五日提銀，如至期印票不到，仍先如期起利，並分別罰銀五萬兩與十萬兩。[759]

　　第四次借款成立於光緒三年（1877）五月。總額關平銀五百萬兩，係由匯豐銀行承借。利率按月一分。惟匯豐僅允借金鎊（一百六十萬四千二百七十六鎊），故又由德商泰來洋行（Telge & Co.）認合關平，按月加息二厘五毫。換言之，借款時，債權人以金鎊交款，由泰來折足關平五百萬兩，還款時，債務人以關平交款，由泰來折足應付金鎊之數，其間金鎊與關平兌價之上落，債務人不復問也。期間定為七年，每半年償付本息一次。由浙海關、粵海關、江海關與江漢關認保，其手續與第一、二、三次借款同。另由總理各國事務衙門正式照會英國駐華公使轉知駐滬總領事及匯豐銀行。又議定在訂約後三個月內，如債務人不將關票交齊，或債權人不將借款交齊，各罰銀三十萬兩。大抵以此次借款，係供用兵天山南路，而英國為欲保持安集延人在彼處地位，不願中國進攻，然對於此項借款權利，又不甘放棄，故特提較苛條件。而清廷感於種種辦法複雜，曾聲明以後不得再借外債。[760]

第五次借款成立於光緒四年（1878）九月。總額關平銀一百七十五萬兩。先是，第四次借款成立後，清廷既不欲再舉外債，不得不向華商挪動。然內地華商能力有限，宗棠因令胡光墉在上海商勸富商自組公司承借。外商聞之，要求加入，遂成華洋合借之局。上述之數，即外商之一半。其經過詳情可引宗棠奏疏以明之：

> 臣前因山東、山西庫款未能應手，即函商上海採運局道員胡光墉，囑其向華商議借巨款，並准照泰西章程，設立公司洋行，糾集眾商，措資待借。意楚弓楚得，利益歸之中華，而取攜又較便也。旋據胡光墉覆稱：即日赴滬，創設乾泰公司，招集華商，議以五千兩為一股，聽華商各自拼湊，合成巨款以待。而華商頗以商與官交，事屬創行，終多疑慮為詞。經胡光墉再三警曉，以來札准一切照洋款成案，事本一律，別無可疑。各華商雖允以一百七十五萬兩出借，而心尚猶豫，未能釋然。維時，匯豐洋行商人見創設乾泰公司已有成議，自請以洋款一百七十五萬兩附入華款出借，合成三百五十萬兩，不居洋款之名。胡光墉比以來札設立公司，係專指華款，如屬入洋款，未免歧互，與札意不符，婉詞回覆。而洋商又稱：此次如允洋商附股，並可不由總理衙門暨稅務司行文印押，以免周折。胡光墉察其情詞真切，並可使華商釋然無疑，遂飛稟請示。一面援照向章，各備信銀交存公司，定議按月一分二厘五毫起息，由粵海、浙海、江海、閩海、江漢五關出票，督撫蓋印。六年本息齊還，清款每年兩次，每次以六個月為一期。以六年十二期合計，每年需銀五十萬兩。五關勻攤，每期不過增銀數萬兩，並清還前次借用洋款本息。仍由各省應協西征餉項內劃抵。請示前來。臣維此次議借華商巨款，本擬停借洋款，以息群疑。洋商之聞風堅請附入華款出借，實出意外。然既由洋商自願拼湊附股，實非華商招致而來。且據匯豐洋行自請，不必總理衙門暨稅務司行文印押，可省周折，與華款無所區分。似其傾誠許與，出自本懷，非圖分華商息銀起見。而華商以洋商附股，益堅其信，可期迅速集事。現值新疆擬置省份，設郡

縣，已有成議，一俟借款解齊，便可次第開辦，不至稽延。一時所耗息銀尚少，而將來所省良多。伏懇天恩敕下各（該省關）將軍、督撫、監督查照向章，出票蓋印，交胡光墉祗領遵辦，俾得所藉手，迅赴事機。……

從此次借款中，華商不信任自己政府之心理與英人多財善賈之情狀，均灼然如見。胡光墉之稟，宗棠之奏疏，當均屬裝飾門面之語。抑有一點可注意者：此次借款，一部份用以償付上次外債，幾於借債還債。當時，清廷雖核准，然諭旨中仍有「此次姑念左宗棠籌辦各務，事在垂成，准照所議辦理。嗣後無論何項急需，不得動輒息借商款，致貽後累」等語，詞多不滿。[761]

第六次借款成立於光緒七年（1881）四月。總額庫平銀四百萬兩。先是，宗棠在蘭州省城，僱德商泰來洋行之福克（Focke）經營織呢局，福克告宗棠：彼國亦有商款可借，條件務從優惠。宗棠當擬向借銀四百萬兩。會奉召入京，未有成議。嗣繼任之楊昌濬、劉錦棠等以甫經接任，籌餉艱難，仍請宗棠借箸。宗棠義難坐視，復飭胡光墉在上海洽借外債。此次情形，亦頗曲折，仍節宗棠奏疏以明之：

兹幸胡光墉偕同德國泰來洋行夥福克及英國匯豐行夥勘密倫先後來見。據稱：業經向匯豐銀行議定，聽其招股借庫平足色寶銀四百萬兩，作六年還清，周年九厘七毫五絲行息。其息銀六個月一付，分六年十二期付清。其本銀則先兩年停還，至第三、四、五、六等年，每年還銀一百萬兩。還本減息，仍作四年完結。如期由上海採運局經手交還。如上海無銀，應准其向戶部如期先取。臣竊以此次借用洋款，不須海關出票，各省督撫經手，可免周折。事體尚無不合。即以息耗言之，從前以一分二厘五毫為定。此次議借，按月計息只八厘有零，周年尚不滿一分，較為減輕。而先兩年停還本銀，比三、四、五、六等年本息齊還，則各省關代還前欠洋款之數且停且減，專籌新餉本息，其力尚紓，並無窘迫之患。已飭胡光墉、福克、勘密倫即依照定議。應仰懇天

恩敕下總理衙門札飭道員胡光墉及照會英國使臣轉行匯豐銀行一體遵照，以便陝甘出票提銀，俾資接濟。……

此次借款，因德商與英商競爭關係，故利率特低，手續亦簡便。惟借款成立後，光墉先扣存十餘萬兩，宗棠留支帶在直隸各營餉四十六萬兩，又劃還以前借用本利二萬餘兩，故實在解至甘肅者僅三百三十餘萬兩。[762]

宗棠西征舉借外債，統共一千二百九十五萬兩。其先甚鮮有人注意，後乃議者紛紛。光緒元年（1875），宗棠奏請飭下兩江總督沈葆楨照台防辦法，籌借洋款一千萬兩。所謂台防辦法者，即日本侵入台灣時，葆楨奉派馳往籌辦防務，奏准訂借外債六百萬兩，每歲給息八厘。嗣台灣事件和平解決，僅提借二百萬兩，尚有四百萬兩停止未借。清廷下其議於葆楨，葆楨覆奏持不可；而另片自請將江防應購之西洋炮械，姑從緩辦，由湖北將協濟江防未解之十萬兩，湖南將協濟江防未解之八萬兩，移解宗棠，先赴西征之急，由此釀成當日一大糾紛。葆楨之原奏曰：

竊臣等承准軍機大臣字寄：光緒二年（1876）正月初七日，奉上諭：左宗棠因出關餉需緊迫，擬借洋款一千萬兩，事非得已。若不准如所請，誠恐該大臣無所措手，於西陸大局，殊有關係。著沈葆楨即照左宗棠所奏，妥速籌議奏明辦理等因。欽此。仰見朝廷軫念西陸，救民水火之至意。查左宗棠原奏，瀝陳餉源枯竭，萬不得已而議借洋款；在該督臣勞心焦思，獨撐危局，撫士卒於饑疲創病之餘，籌饋運於雪海冰天之界，仔肩艱巨，冠絕一時。臣等忝任封圻，誼均休戚，如果於事有濟，曷敢稍存推諉？況上海為洋商精華薈萃之地，關道所屬多洞悉洋情之員，以利招之，百呼一諾……

江南自兵燹後，宜修舉廢墜，刻不容緩者殊多。特以度支置於轉輸，馴致遷延歲月。關隴暫有巨款支拄，協濟稍鬆，江南及是時為自顧之謀，計亦誠得。而臣等夙夜不寐，反覆再四，竊慮

此舉有病於國,關係綦大。即西陸軍事,稍紓目前之急,更貽日後之憂。不敢不將實在情形,為皇太后、皇上縷晰陳之。伏維國債之說,遍行於西洋,而西洋各國受利受病,相去懸絕,則以舉債之故不同,而所舉之債亦不同也。夫開礦、造路、挖河,巨費也,而西洋各國不惜稱貸以應之者,蓋刻期集事,課稅出焉,本息之外,尚有奇贏,所謂以輕利博重利,故英美等國有國債而不失為富強。若以國用難支,姑為騰挪之計,後此息無所出,且將借本銀以還息,歲額所入,盡付漏卮。目下如西班牙、土耳其皆將以債傾國,日本亦駸駸乎蹈其覆轍矣。此舉債之故之不同也。英美舉債於本國之商,國雖病而富藏於民,有急尚可同患。若西班牙等國輸息於鄰封,一去不能復返。此所舉之債之不同也。

昔歲台灣之役,本省羅掘一空,外省無絲毫可以協濟,急何能擇,出此下策。然以新疆較之,局面之廣狹,事體之難易,相懸奚啻霄壤?台地東西二三百里,南北千有餘里,日本貿貿然深入絕地,雖有必死之志,而無可久之資。堅與相恃,情見勢屈。倘照原議,借款六百萬,則善後之事,以次備舉,煤礦、茶山所出,漸足饋軍,一借斷無須再借。嗣因借過二百萬,倭事業已定局,部議飭令停止,臣葆楨即不敢再申前議。

新疆廣袤數萬里,戈壁參半。回部本其土著,根深蒂固。既無盡剿之理,又無乞撫之情。似非一二年間所能就緒。即使事機至順,逆回弭首,諸城盡復;與俄為鄰,互市設防,正重煩朝廷擘畫,而非放牛歸馬之時也。洋人肯以巨款借我者,恃有海關坐扣,如取如攜也。洋人取之海關,海關仍待濟於各省。向日各省僅籌協餉,已催解不齊;今令兼籌協餉之息,能如期以應乎?協餉愆期而海關病;海關無可彌補,不得不虧解部之款,而部庫病。雖日取各省督、撫、藩司而劾之,餉項只有此數,此盈則彼絀,朝取則暮涸,坐待嚴譴,而無可如何。前屆左宗棠借洋款三百萬,計息蓋七十萬。若以此七十萬供西征之餉,未必不少有裨補。今以一千萬照台灣成案八厘起息,十年清還計之,耗息約近六百萬,不幾虛擲一年之餉乎?若照數乘除,則西征僅得四百餘萬實

餉耳。前屆之三百萬,至光緒四年(1878)始清;而續借之一千萬,今年即須起息,明年即須還本,海關應接不暇,而西陲之士飽馬騰,不及兩年,涸可立待。進兵愈遠,轉運愈難,需餉亦將愈巨。將半途而廢乎?勢必不可。將責各省於還債之外,另籌解濟乎?勢又不能。將再借洋款乎?海關更無坐扣之資。呼亦不應,徒令中興元老困於絕域,事豈忍言者?此臣等所以反覆再四,而不敢為孤注之一擲者也。

夫以出關之事之急,左宗棠籌借洋款,本有成案,不遽委員徑向洋人定議,而謀之於臣葆楨,諭旨又飭臣葆楨妥速籌議,奏明辦理,則萬難盡善之處,已在聖明洞鑒,二三老成燭照數計之中。如臣等博不分畛域之名,罔顧事後之無可收束,於心竊有所未安。然謂西征可停,則臣等又斷斷以為不可。何者?我退則敵進,關隴且因而不靖,徒棄祖宗辛苦艱難締造之地,而列戍防秋,勞費亦復相等。顧臣等竊以為左宗棠此行,不當效霍去病之掃穴犁庭,而當師趙充國之養成負重。將帥無赫赫之功,而國家受萬全之福。誠能扼其衝要,堅壁清野,開水利,廣屯田,考畜牧,關外多一分之產,關內即省一分之運。反客為主,脅從者稽首歸命,渠魁亦束手就縛,較之糜血肉於堅城之下,求萬有一然之勝,其得失可同日語耶?

夫甘餉之巨,困於饋運耳。運省則一年之餉可支兩年。目前不能不飭各省勉力籌濟,臣請朝廷發曠代之德音,以內庫為之倡。皇太后、皇上躬行節儉,度越尋常,豈復有不急之需可以議裁議減者?然其數不在多,但得明詔數言,足以激將士敵愾之心,而生疆吏同仇之感。

左宗棠原奏,深言甘餉為海防所佔。維江西、浙江兩省尚能力顧大局。查海防專款,奉撥瞬將經年。臣葆楨恐分之則為數愈微,咨請各省盡解北洋,冀可借資集事。而去歲所報解者,亦僅江西十萬,浙江十萬。他省涓滴俱無。可見各省非有所偏倚於其間,限於力耳。此時,各省未必尚有留存巨款,以待添撥。各省原撥陝甘之款,有解不及半者,雖添撥亦徒擁虛名。應懇敕下部

臣熟權緩急，將有着之款，移稍緩者於最急之區，庶幾各省關可以勉強從事。如江蘇協甘之款內，有每月一萬，歸陝西撫臣收放。竊計陝西肅清多年，本省防軍，不難自籌一萬，此款似應歸之西征。江西派協雲、貴之兵餉、勇餉為數頗巨，夫雲、貴未嘗不急，然較之西征，則緩矣。凡類此者，似宜由部臣通盤比較，酌量勻撥。至遣師之舉，已有成議。然數道並出，則所費不貲。應請除已奉諭旨者准行外，其餘且作緩圖，俾部庫得以周轉。軍興以來，各路軍營亦殊難得滿餉。如果部撥之款，能解至八成以上，以左宗棠之恩義附循之，大局必不至決裂。臣等鰓鰓過慮，何當機宜。竊欲以責難之忱，上籲君父；而以共濟之念，求諒大臣……

葆楨與宗棠素交好，何以遽持此異議？按曾國藩弟子，久在江蘇服官之洪汝奎，後在光緒十二年（1886），與書方自歐洲回國之曾紀澤曰：

　　左文襄奏明責成南洋續借洋款，某以前債未清，礙難續借，贊成文肅力阻不行。蓋此事剜肉補瘡，吃虧過重，堂堂中國，歷年利息耗者公款洋數千百萬之多，是真一大漏卮也。……

或可稍釋其謎。時清廷復下其議於宗棠，宗棠復抗辯：

　　臣之奏借洋款，原因各省應協款項積欠成巨，陳陳相因。馴至洋防議起，照常年又減至一半以外，頻催罔應，計無復之，萬不得已而有此請，非不知借用洋款非正辦也。沈葆楨與臣素相契洽，其清強有執，臣常自愧不如。原奏義正詞嚴，復舉兩湖應解江防銀兩移撥西征，亦實情理兩得。然其代為臣謀，究不如臣之自為謀也。

　　姑就其論國債一說詳之：泰西各國經常用度，原有定數。其格外之費，均由其國富商酌度承認，自出資本經營，由公司抽收課稅，以裕國用，如開礦、治水諸大工作，原奏所謂輕利博重利者是也。下非放債，上非借債，不得概以國債名之。間有由其官

中授意興辦，如英吉利開印度通緬甸達滇邊山路，圖就近銷售鴉片，則官主謀而商應募，不在此例。至各國用兵，除報怨雪仇外，均為其國商賈爭利起見，兵費例由紳士商民認定，計期取償於官，則為國債。非臣臆說也。原奏英、美有國債不失為富強，西班牙、土耳其以債傾國，日本蹈其覆轍；而謂英、美舉債於本國，猶是藏富於民，非西班牙等國輸息鄰封之比，是矣。至論各國舉債攸殊，有同異之分，尚非探原之論。夫英、美富強，甲於海國，由來已久。兵費借其本國之債，不待求助鄰封，自然之理。西班牙不善經營，土耳其耽吸鴉片，日本因欲去其大將軍之逼，舉國以奉西人，割地以給俄人，出其額徵為質。各國衰亡之徵，由其自致。若謂借本國之債者，必富且強；借鄰封之債者，自貽困憊，而引之為借用各國洋款之戒，非定論也。就日本借用洋款而言，因其國有逞志朝鮮，取償國債之心，洋人遂以此蠱人，陰為各國外海總埠頭之計。日本未嘗不知，只緣既與定議，不敢復有異同，隱忍遷就，勉而出此，非所論於西征一局。夫西征用兵，以復舊疆為義，非有爭奪之心。借千萬巨款，濟目前急需，可免懸軍待餉。十年計息，所耗雖多，而借本於前，得以迅赴事機，事之應辦者可以速辦，如減撤防軍以省糜費，籌設新制以浚利源，隨時隨處，加意收束。計十年中所耗之息，可取償十年之中，非日本之尋釁舉兵，與洋人共利可比。至西班牙舉債經商，本奸商騙賴之類也；土耳其舉債傾國，本紈袴敗家之類也，烏可同年而語哉？

以海疆按年應協之餉，以還按年應還陝甘借款本息，不必得半而已足，是大有造於塞防而無所損於洋防。原奏謂洋款取償於海關，海關仍待濟於各省，各省僅籌協餉，已催解不齊，令兼籌協餉之息，何能如期以應。查借用洋款向章，海關出票定數，督撫鈐印歸款。此次辦法，自亦如此。各省關印票之數，原劃定各省關應協之款；並非於協餉外，兼籌協餉之息。事理著明，非可隱佔。其與解部之款，本不相涉。原奏所稱海關病、部庫病者，其源在各省協餉之愆期。現奉論旨：自光緒二年（1876）起，如不能照原撥添撥數目，解至八成以上，即將該藩司、監督照貽誤京餉

例，由該部指名嚴參。此後海關自可不至代人受過。

平心而言，借用洋款，實於中國有益無損。泰西各國興廢存亡，並非因借債與不借債之故，其理易明。即以現在局勢言之，臣非先後借用洋款，則此軍不能延至今日。上年，李鴻章有二千萬待借之奏。即沈葆楨辦理台防，亦曾借用洋款六百萬兩，嗣因倭事速定，部議停止四百萬。今倭患息而西事殷，重理舊說，似非不可。

應請旨飭下兩江督臣，即代臣借洋款四百萬兩，迅解來甘。臣得此款，清還新借陝、鄂、上海各款一百二十萬兩，當可餘二百數十萬兩，暫資敷衍。如各省關自本年正月起，協款能解足八成以上，臣軍有的餉源源而來，苟可設法騰挪，何肯以催餉頻煩，自取憎厭？倘各省關未能如數報解，微臣計無復之。洋款既不能借，則非息借華商巨款不可，而息借華商巨款，若不謀之兩江，則又無從着想，此臣之苦衷，不得不預為陳明者也。……

於是清廷折衷定議，飭由戶部借撥二百萬兩，由各省關將應協西征款提前撥解三百萬兩，由宗棠自行籌借外債五百萬兩，仍合成一千萬兩之數。而於葆楨所請由內帑撥助，竟一毛不拔。同時對於葆楨移撥他款之議，亦未接納，僅令將江蘇原協陝西一萬兩可否移撥，由宗棠逕與陝西巡撫商辦。其戶部撥借之二百萬兩，戶部原仍責望各省關在應協西征款內扣還；而清廷以為如此則西征餉需仍難周轉，飭改由議撥南北洋海防經費內按年酌提一半歸還。宗棠固常怪各省關欠解西征協款，由於議撥海防經費，而葆楨猶為辨明各省關對於海防經費亦多欠解，今清廷仍犧牲海防經費二百萬兩，以成全宗棠之西征，宗棠亦可躊躇滿志矣。至此，一場爭議於以解決。而宗棠第四次西征外債之五百萬兩，即由此發生。所尚可研究者：宗棠西征舉借外債，已有三次，均係自行辦理。何以其後續借一千萬兩，不援本身之成案，而反請以援台防辦法，責之葆楨？依宗棠在他一奏疏中自陳：「所以必商之兩江者，上海為中外商賈銀洋匯萃之所，商借洋債，恆必由之，而現任督臣原有借定未用之款，

重理舊說，息耗斷不至頓增。」惟此說也，竊意非宗棠由衷之言。其
關鍵殆在利率之一點。宗棠第一次外債，月息一分三厘；第二次息率如
何，雖未能考定，要與第一次相若。第三次年息一分零五毫。然葆楨之
台防外債，為年息八厘。相形之下，出入甚巨，宗棠當心有所不安，遂
請由葆楨代借，故原奏有曰：「至其息銀多寡及一切辦法，請由沈葆楨
酌定，臣不與聞。」嗣清廷既准其自借五百萬兩，則又陳明：「惟借少
則期近息重，恐未能如台防十年八厘之輕耳」，實為第四次之五百萬兩
外債利息預留地步。其後五百萬兩借款訂成，合算利息，果仍有每月一
分二厘五毫之巨。[763]

　　總之，當時朝野對於宗棠舉辦外債從事西征，多不謂然，而尤以其
息重為病。如舉借一千萬兩議初起，福建巡撫丁日昌並有洋債不宜多借
之奏。李鴻章亦頗同情於葆楨，而不滿於宗棠。其時與葆楨一札曰：

　　　左帥擬借洋款千萬，以圖西域，可謂豪舉。但冀利息稍輕，
　　至多不過七厘。各省由額協項下分還，亦未免吃力，何可獨諉諸
　　執事耶？……

又一札曰：

　　　左相西餉，仍准借洋款五百萬，無須尊處代籌。若由胡雪巖
　　等經手，利息必重。且恐洋人因規復新疆，居奇勒掯。……[764]

在紀澤《使西日記》中，又有數則論及第三次借款。光緒五年
(1879)三月二十四日云：

　　　新報言：左相借洋款三百五十萬，以供西北餉項，不知確否。
　　此事有可為長歎息者二焉：一則八厘洋息，西洋無此比例。以中華
　　之脂，暗填重息，以飽他人。一則中國借民債往往脫空欺騙，使
　　蚩蚩之氓聞風畏懼，遇有緩急，不得不貸諸洋商。夫洋商豈真運

海外之銀，以濟吾華之窘哉？仍購募股份，取諸華民耳。一轉移間，而使中國之巨款，公私皆不獲其利；顧以子母之息，歸諸居間之洋商，謂之得計可乎？

五月初十日云：

> 與清臣一談。清臣言：英法兩國借貸子息常例三厘有半，重者不過四厘。中國借洋款子息一分，銀行經手者得用費二厘，債主得八厘，蓋子息之最重者。其故有二：一則經手不得其人，無為國省費之心；二則借得之財，以供軍餉，而不甚講求礦務、鐵路興利之政；西人以為有借無入，故不敢放手借出；非貪重息者，不放債也。其說良是。

十二月初二日云：

> 葛立德言及胡雪巖之代借洋款，洋人得息八厘，而胡道報一分五厘。奸商謀利，痛民蠹國，雖籍沒其資財，科以漢奸之罪，殆不為枉。而或委任之，良可慨已。[765]

而《申報》則有「左帥餉絀擬借西債」一則，亦係就一千萬兩一案立言：

> 諺云：三軍未動，糧草先行。夫士飽馬騰，必由於餉糈充裕也。左相統師關隴，出關遠剿，為期將十載，欠餉至千數百萬，目前又有餉潰兵變之謠。然復知師有不能不用，師有未可久用也。夫漢武承文景之盛，海內富庶，勒兵單于台，時不過五年，眾不過二十萬，左藏空虛，雖有卜式之急公，桑宏羊之聚斂，卒致匱乏。諸葛武侯經營中原，必先興屯政。嗣後羊叔子（祜）圖東吳，宋太祖取江南，非寓兵於農，即因糧於敵。斷無常籌千百萬之餉，營師千萬里之外，而能不匱不蹶，久相支撐者也。道光

末、咸豐初，髮逆起事，至同治中，始行肅清，蹂躪十餘省，兵勇數十萬，遷延二十載，軍務之大且久，無過於此。顧皆腹內財富之區，復一城，即有一城之物產；非若塞外不毛之地，得一處，尚須一處之費用也。然則力有不支，勢又難已，非借西債不可。惟是法無異饑食漏脯，渴飲鴆酒，飢渴未療，而身將先殞矣。昔周赧王曾向咸陽大賈借債，不能償，至築台避之，故諡法曰赧，言其無顏也。蓋借款千萬，轉瞬十年，即變為一千六百萬；二十年，變為三千二百萬矣。數十年後，竭中國之帑項，不數還債。設遇金饑木穰，意外動用，又將若何？故借債雖紓目下之急，實不顧將來父子切骨之災也。

雖其言是否得當，殊有疑問，要未嘗不可反映一般社會之感想。[766]
所謂利息過重，由經手人分肥一點，按清臣與葛立德均為英人（清臣其時為紀澤客卿），其言債主實得八厘，當屬可信。又按湯象龍著《民國以前關稅擔保之外債》一文，對於宗棠第三次與第四次借款引 H. B. Morse: *The International Relations of Chinse Empire*，謂利率均常年八厘，尤為史實。[767] 是則超過常年八厘之數，即謂為被胡光墉等所分肥可耳。

中法為越南啟釁，宗棠督辦福建軍務，又嘗舉借外債，計英金一百萬鎊，合規平三百九十三萬四千四百二十六兩二錢三分。利率僅為常年九厘。自光緒十一年（1885）起，於十年內還清，半年一期，共二十期，經戶部奏准，分攤於下列三海關：

閩海關　本二百萬兩　息一百二十三萬七千零六十八兩有奇

江海關　本一百二十萬兩　息七十四萬二千二百四十一兩有奇

浙海關　本七十三萬四千四百二十六兩二錢三分　息四十五萬四千二百六十七兩有奇

均於期前六十日，由各關解由福建匯還。[768]

55 五年計劃之造船

　　吾人皆知在一百年前之鴉片戰爭中，林則徐第一個主戰，不知則徐第一個明了不能作戰，又第一個明了如何備戰。道光二十二年（1842）八月，則徐赴戍新疆，道出蘭州省城，有書致姚春木、王冬壽：

　　竊謂剿夷而不謀船炮水軍，是自取敗也。沿海口岸，防之已不勝防，況又入長江與內河乎！逆夷以舟為窟宅，本不能離水。所以狼奔豕突，頻陷郡邑城垣者，以水中無剿禦之人，戰勝之具，故無所用其卻顧耳。側聞議軍務者，皆曰不可攻其所長，故不與水戰，而專於陸守。此說在前一二年猶可，今則岸兵之潰更甚於水，又安得其短而攻之？況岸上之城郭、廛廬、弁兵、營壘，皆有定位者也，水中之船，無定位者也。彼以無定攻有定，便無一炮虛發。我以有定攻無定，舟一躲閃，則炮子落水矣。彼之炮火，遠及十里內外，若我炮不能及彼，彼炮先已及我，是器不良也。彼之放炮，如內地之放排搶，連聲不斷，我放一炮後，須輾轉移時，再放一炮，是技不熟也。求其良且熟焉，亦無他繆巧耳。不此之務，即遠調百萬貔貅，恐只供臨敵之一哄。況逆船朝南暮北，惟水軍始能尾追，岸兵能頃刻移動否？蓋內地將弁、兵丁雖不乏久歷戎行之人，而皆覿面接仗，似此之相距十里八里，彼此不見面而接仗者，未之前聞，故所謀往往相左。徐嘗謂剿夷有八字要言：「器良技熟，膽壯心齊」是已。第一要大炮得用。今此一物置之不講，真令岳、韓束手，奈何奈何！前曾覓一炮書，鑄法、練法皆與外洋相同。精之，則不患無以制敵。徐前

年獲譴之後，尚力陳船炮事。若彼時專務此具，今日亦不至如是棘手。

按所謂力陳船炮事，見《密陳夷務不能歇手片》：

> 議者以為內地船炮非外夷之敵，與其曠日持久，何如設法羈縻。抑知夷性無厭，得一步又進一步。若使威不能克，即恐患無已時。且他國效尤，更不可不慮。即以船炮而言，本為海防必需之物。雖一時難以猝辦，而為長久計，亦不得不先事籌維。且廣東利在通商，自道光元年（1821）至今，粵海關已徵銀三千餘萬兩。收其利者，必須預防其害。若前此以關稅十分之一，製炮、造船，則制夷已可裕如，何至尚形棘手？粵東關稅既比他省豐饒，則以通夷之銀，量為防夷之用，從此製炮必求極利，造船必求極精，似經費可以酌籌，即裨益實非淺鮮。……

可見則徐在當時所持見解。則徐在廣數年，頗留心外國情形，嘗譯成《四洲志》一書，一面覓取泰西製造兵器圖籍，且目睹往來廣州之各國輪船與其所設備之炮械，知彼知己，自屬自愧不如也。[769]

是年，魏源作《海國圖志》一書，即據則徐之《四洲志》。其所主張「師夷長技以制夷」，亦即則徐製炮造船之議也，故書中於此二者，有圖有說，言之尤詳。日本之明治維新，亦即由是書啟其端緒（參閱六節）。然則徐與魏源之主張，在中國，直至同治初年，方由曾國藩、左宗棠與李鴻章諸人而實現。此則太平軍之戰，有以喚起其認識也；英法聯軍之役，有以增加其刺激也。而宗棠夙崇信則徐，則徐禦夷之意見，或即為當日兩人在長沙舟中縱談所及，亦未可知。[770]

太平軍之作，長江上下游成一片戰場，商賈時為阻隔。然外輪往來自如，絕無窒礙。英法聯軍北上，艨艟巨艦，瞬息而直下津沽，長驅京都，勢如破竹。其後國藩在安慶調派鴻章督率淮軍，援應上海，亦即利用外輪，取道長江，太平軍雖在中間據有江寧省城，未如之何。反之，

外輪潛運糧食接濟太平軍者，清軍亦未如之何。因外國輪船有如此之威力，乃有下一則之佚事：

> 楚軍之圍安慶也，（胡）文忠（林翼）曾往視師，策馬登龍山，瞻盼形勢，喜曰：此處俯視安慶，如在釜底，賊雖強，不足憂也。既復馳至江濱，忽見二洋船鼓輪而上，迅如奔馬，疾如飄風。文忠變色不語，勒馬回營。中途嘔血，幾至墜馬。文忠前已得疾，自是益篤。不數月，薨於軍中。蓋粵賊之必滅，文忠已有成算。及見洋人之勢方熾，則膏肓之症，着手為難。雖欲不憂，而不可得矣。[771]

宗棠之入浙，征伐太平軍也，鴻章撥英兵一枝，由上海乘輪至寧波，助復寧波府屬。及宗棠之入閩掃蕩太平軍餘黨也，一軍由寧波乘輪船至福州省城，鴻章之援師，則由上海乘輪船至廈門。其轉運之敏捷，已信而有徵。於是益覺中國必自有輪船，方能抗外國之侵略。所謂「師夷長技以制夷」之原則，開始發生作用。其途徑則有二：一為向外國購買或租賃，一為自行學習製造。時國藩在安慶省城，試造小輪。宗棠在杭州省城，亦仿製小輪，試行於西湖。宗棠之主張頗偏向於自行學習製造。嘗有函致寧紹台道史致諤云：「……輪舟為海戰利器，島人每以此傲我。將來必須仿製，為防洋緝盜之用。中土智慧，豈遜西人？如果留心仿造，自然愈推愈精。如宣城之曆學，及近時粵東、揚州之製造鐘錶、槍炮，皆能得西法而漸進於精意。十年之後，彼人所恃以傲我者，我亦有以應之矣。……」又云：「……畢竟沿海各郡長久之計，仍非仿製輪舟不可。欲仿製，必先買其船，訪得覃思研求之人，一一拆看摹擬。既成，僱洋匠駕駛而以華人試學之，乃可冀其有成。為此者，始有所費而終必享其利，始有所難而終必有所獲。……」

時清廷亦注意及此，命各省督撫核議。宗棠力主「借不如僱，僱不如買，買不如自造」。[772] 及太平軍蕩平，宗棠奏上《購機器僱洋匠試造輪船》一摺：

　　竊維東南大利，在水而不在陸。自廣東、福建而浙江、江南、山東、直隸、盛京，以迄東北，大海環其三面。江河以外，萬水朝宗。無事之時，以之籌轉漕則千里猶在戶庭，以之籌懋遷，則百貨萃諸廛肆。匪獨魚鹽蒲蛤足以業貧民，舵舾水手足以安遊眾也。有事之時，以之籌調發，則百粵之旅可集三韓，以之籌轉輸，則七省之儲可通一水，非特巡洋緝盜，有必設之防，用兵出奇，有必爭之道也。況我國家建都於燕，津沽實為要鎮。自海上用兵以來，泰西各國火輪兵船直達天津，藩籬竟成虛設，星馳飆舉，無足當之。自洋船准載北貨，行銷各口，北地貨價騰貴，江浙大商以海船為業者，往北置貨，價本愈增。比及回南，費重行遲，不能減價，以敵洋商。日久消耗愈甚，不惟虧折貨本，浸至歇其舊業。濱海之區，四民中商居什之六七。坐此，閭閻蕭條，稅厘減色；富商變為窶人，遊手驅為人役。並恐海船擱朽，目前江浙海運即有無船之慮，而漕政益難措手。是非設局急造輪船不為功。從前中外臣工屢議僱買代造，而未敢輕議設局製造者，一則船廠擇地之難也；一則輪船機器購覓之難也；一則外國師匠要約之難也；一則籌集巨款之難也；一則中國之人不習管駕，船成仍須僱用洋人之難也；一則輪船既成，煤炭薪工需費不資，月需支給，又時須修造之難也；一則非常之舉，謗議易興，創議者一人，任事者一人，旁觀者一人，事敗垂成，公私均害之難也。有此數難，毋怪執咎無人，不敢一抒籌策，以徇公家之急。

　　臣愚以為欲防海之害而收其利，非整理水師不可。欲整理水師，非設局監造輪船不可。泰西巧而中國不必安於拙也，泰西有而中國不能微以無也。雖善作者不必其善成，而善因者究易於善創。如慮船廠擇地之難，則福建海口羅星塔一帶，開槽浚渠，水清土實，為粵、浙、江蘇所無。臣在浙時，即聞洋人之論如此。昨回福州，參以眾論，亦復相同。是船廠固有其地也。如慮機器購覓之難，則先購機器一具，巨細畢備，覓僱西洋師匠，與之俱來。以機器製造機器，積微成巨，化一為百。機器既備，成一船之輪機，即成一船；成一船，即成一船之兵。比及五年，成船稍

多，可以佈置沿海各省，遙衞津沽。由此更添機器，觸類旁通，凡製造槍炮、炸彈、鑄錢、治水，有適民生日用者，均可次第為之。惟事屬創始，中國無能赴各國購覓之人，且機器良苦，亦難驟辦，仍須託洋人購覓，寬給其值，但求其良，則亦非必不可得也。

如慮外國師匠要約之難，則先立條約，定其薪水。到廠後，由局挑選內地各項匠作之少壯明白者，隨同學習。其性慧凤有巧思者，無論官紳士庶一體入局講習，拙者惰者隨時更補。西洋師匠盡心教藝者，總辦洋員薪水全給，如靳不傳授者，罰扣薪水，似亦易有把握。如慮籌集巨款之難，就閩而論，海關結款既完，則此款應可劃項支應。不足，則提取厘稅益之。又臣曾函浙江撫臣馬新貽，新授廣東撫臣蔣益澧，均以此為必不容緩，願湊集巨款以觀其成。計造船廠、購機器、募師匠，須費三十餘萬兩。開工集料，支給中外匠作薪水，每月約需五六萬兩。以一年計之，需費六十餘萬兩。創始兩年，成船少而費極多。迨三、四、五年，則工以熟而速，成船多而費亦漸減。通計五年所費，不過三百餘萬兩。五年之中，國家損此數百萬之入，合雖見多，分亦見少，似尚未為難也。

如慮船成以後，中國無人堪作船主，看盤、管車諸事，均須僱倩洋人，則定議之初，即先與訂明，教習造船，即兼教習駕駛，船成即令隨同出洋周歷各海口。無論兵弁各色人等，有講習精通，能為船主者，即給予武職千把、都守，由虛銜泝補實職，俾領水師，則材技之士爭起赴之，將來講習益精，水師人才固不可勝用矣。且臣訪聞浙江寧波一帶，現亦有粗知管輪船之人。如選調入局，船成即令其管駕，似得力更速也。如慮煤炭薪工按月支給，所費不資，及修造之費為難，則以新造輪船運漕，而以僱沙船之價給之。漕務畢，則聽受商僱，薄取其值，以為修造之費。海疆有警，專聽調遣，隨賊所在，絡繹奔赴，分攻合剿，克期可至。大凡水師宜常川任船操練，俾其服習風濤，長其筋力，深其閱歷，然後可恃為常勝之軍。近觀海口各國所駐兵船，每月

操演數次，儼臨大敵。遇有盜艇，即踴躍攫擊，以試其能。所以防其惡勞好逸者如此。且船械機器廢擱不用，則朽鈍堪虞，時加淬厲，則晶瑩益出。故船成之後，則不妨裝載商貨，藉以捕盜而護商，兼可習勞而集費，似歲修經費，無俟別籌也。至非常之舉，謗議易興，始則憂其無成，繼則議其多費，或更譏其失體，皆意中必有之事。

然臣愚竊有說焉：防海必用海船，海船不敵輪船之靈捷。西洋各國與俄羅斯、咪利堅，數十年來，講求輪船之制，互相師法，製作日精。東洋日本始購輪船拆視，仿造未成。近乃遣人赴英吉利，學其文字，究其篆數，為仿製輪船張本。不數年後，東洋輪船亦必有成。獨中國因頻年軍務繁興，未暇議及。雖前此有代造之舉，近復奉諭購僱輪船，然皆未為了局。彼此同以大海為利，彼有所挾，我獨無之，譬如渡河，人操舟而我結筏，譬猶使馬，人跨駿而我騎驢，可乎？均是人也，聰明睿知相近者性，而所習不能無殊。中國之睿知，運於虛；外國之聰明，寄於實。中國以義理為本，藝事為末；外國以藝事為重，義理為輕。彼此各是其是，兩不相喻，姑置弗論可耳。謂執藝事者捨其精，講義理者必遺其粗，不可也。謂我之長，不如外國，藉外國導其先，可也。謂我之長，不如外國，讓外國擅其能，不可也。此事理之較著者也。如擬創造輪船，即豫慮難成而自阻，然則治河者慮合龍之無期，即罷畚築，治軍者慮藏役之無日，即罷徵調乎？如慮糜費之多，則自道光十九年（1839）以來，所糜之費已難數計。昔因無輪船，致所費不可得而節矣，今仿造輪船，正所以預節異時之費，而尚容靳乎？天下事，始有所損者，終有所益。輪船成，則漕政興，軍政舉，商民之困紓，海關之稅旺。一時之費，數世之利也。縱令所製不及各國之工，究之慰情勝無，倉卒賴有所恃。且由鈍而巧，由粗而精，尚可期諸異日，孰如羨魚而無網也。計閩、浙、粵東三省通力合作，五年之久，費數百萬，尚非力所難能。疆臣誼在體國奉公，何敢惜小費而忘至計？

至以中國仿製輪船，或擬失體，則尤不然。無論禮失而求

諸野，自古已然。即以槍炮言之，中國古無範金為炮，施放藥彈之制，所謂炮者，以車發石而已。至明中葉，始有佛郎機之名。國初，始有紅衣大將軍之名。當時，得其國之器，即被以其國之名。謂佛郎機者，即法蘭西音之轉。謂紅衣者，即紅夷音之轉，蓋指紅毛也。近時洋槍、開花炮等器之制，中國仿洋式製造，亦皆能之。炮可仿製，船獨不可仿製乎？安在其為失體也？臣自道光十九年（1839）海上事起，凡唐宋以來史傳、別錄、說部及國朝志乘、載記、官私各書，有關海國故事者，每涉獵及之，粗悉梗概。大約火輪兵船之制，不過近數十年事，於前無徵也。前在杭州時，曾覓匠仿造小輪船，形模粗具，試之西湖，馳行不速。以示洋將德克碑、稅務司日意格，據云大致不差，惟輪機須從西洋購覓，乃臻捷便。因出法國製船圖冊相示，並請代為監造，以西法傳之中土。適髮逆陷漳州，臣入閩督剿，未暇及也。嗣德克碑歸國，繪具圖式船廠圖冊，並將購覓輪機，招延洋匠各事宜，逐款開載，寄由日意格轉送漳州行營。德克碑旋來漳州接見，臣時方赴粵東督剿，未暇定議。德克碑辭赴暹羅，屬日意格候信。彼此往返講論，漸得要領。日意格聞臣由粵凱旋，擬來閩面訂一切。臣原擬俟其來閩商妥後，再具摺詳陳請旨。因日意格尚未前來，適奉購僱輪船寄諭，應先將擬造輪船緣由，據實馳陳，伏乞皇太后、皇上聖鑒訓示。至設局、開廠、購料、興工一切事宜，極為繁重，俟奉到諭旨允行後，再當條舉件繫，恭呈御覽，合並聲明。……

摺中所反覆說明者，無非歸結於自造輪船之必要與可能，以袪大眾之疑慮。蓋懷之三年，始披瀝一陳。宗棠此議，立為清廷採納，降旨宣示：

中國自強之道，全在振奮精神，破除耳目近習，講求利用實際。該督現擬於閩省擇地設廠，購置機器，募僱洋匠，試造火輪船隻，實繫當今應辦急務。所需經費，即著在閩海關稅內酌量

提用。至海關結款雖完,而庫儲支絀,仍須將此項扣款按年解赴部庫,閩省不得輕行留用。如有不敷,准由該督提取本省釐稅應用。左宗棠務當揀派妥員,認真講求,必盡悉洋人製造、駕駛之法,方不致虛糜帑項。所陳各條,均着照議辦理。一切未盡事宜,仍着詳晰具奏。……

此為同治五年(1866)五六月間事。[773]

造船原則已確定,經費又有着落,宗棠進而與德克碑、日意格二人商洽一應辦法。會同親往馬尾,勘視地址,寬一百三十丈,長一百十丈,水深可十二丈,潮上倍之,水底沙多泥少,認為確實可用。又將應需器材,開單估定價格,先籌撥銀十三萬三千餘兩,以供訂購。其時宗棠適奉調陝甘總督,然不欲此事中輟,因奏請簡派丁憂在籍之前江西巡撫沈葆楨為總理船政大臣,負責主持。葆楨,則徐婿也。清廷如所議,並准以後船政奏報,仍會宗棠銜名,以示始終參預其事。[774] 至十一月臨行,宗棠將詳議創設船政章程、購器、募匠、教習諸端,專摺具報,可認為福建船政之具體方案:

臣前議習造輪船,曾將應辦情形,及請簡總理船政大臣接管,籌發購器募匠銀兩各緣由,業經迭次陳明。臣於交卸督、鹽兩篆後,駐營城外東教場,嚴裝以待洋員之至。本月二十三日,道員胡光墉偕日意格、德克碑來閩。據日意格等稟呈保約、條議、清摺、合同、規約各件,業經法國總領事官白來尼印押擔保。臣逐加覆核,均尚妥洽。所有鐵廠、船槽、船廠、學堂及中外公廨、工匠住屋、築基砌岸,一切工程,經日意格等覓中外殷商包辦。由臣核定,計共需銀二十四萬餘兩。船槽尤為通局最要之件,應用法國新法購辦鐵板運來船廠,嵌造成槽。此外一切局中應用什物,由護撫臣周開錫委員估置。日意格、德克碑俟廠工估定,即回法國,購買機器、輪機、鋼鐵等件,並購大鐵船槽一具,募僱員匠來閩。一面開設學堂,延致熟習中外語言文

字洋師，教習英、法兩國語言、文字、算法、畫法，名曰求是堂藝局。挑選本地資性聰穎，粗通文義子弟入局肄習。並採辦銅、鐵、木料，一俟船廠造成，即先修造船身。庶來年機器輪機運到時，可先就現成輪機，配成大、小輪船各一隻。此後機器輪機可令中國匠作學造。約計五年限內，可得大輪船十一隻，小輪船五隻。大輪船一百五十匹馬力，可裝載百萬斤。小輪船八十匹馬力，可裝載三四十萬斤。均照外洋兵船式樣。總計所費，不逾三百萬兩。惟採買物料一切，有此月需多，彼月需少者，勢難劃一。應將關稅每月協撥兵餉五萬兩，劃提四萬兩，歸軍需局庫另款存儲，以便隨時隨付，而前後牽計仍不得逾每月四萬之數，以示限制。

抑區區之愚，有不敢不盡者：茲局之設，所重在學造西洋機器，以成輪船，俾中國得轉相授受，為永遠之利也，非如僱買輪船之徒取濟一時可比。其事比僱買為難，其費較僱買為巨。臣德薄能淺，不足為其難。又去閩在即，不能為其難。當此絀舉盈之際，凡費宜惜，巨費尤宜惜。而欲斷斷於此者，竊謂海疆非此，兵不能強，民不能富。僱募僅濟一時之需，自造實擅無窮之利也。於是則雖難有所不避，雖費有所不辭。然而時需五載，銀需二百數十萬兩，事屬創舉，成否未可預知。幸而學造有成，縱局外議論紛紛，微臣尚有以自解。設學造未能盡洋技之奇，即能造輪船，不能自作船主，曲盡駕駛之法，則費此五年之時日，二百數十萬之帑金，僅得大、小輪船十六號、機器一分、鐵廠、船槽、船廠及各房屋，雖所造輪船較尋常購買各色輪船精堅適用，而估計所費多於買價一倍，於大局仍少裨益，責以糜帑，咎無可辭。凡此皆宜預為綢繆，而不能預為期必者。故此局之定，愛臣者多以異時之咎責為臣慮，局外阻撓為臣疑。即日意格亦言：此時局面既更，勢難兼顧，如欲停止，願將已領之銀仍繳回。臣答以事在必行，萬無中止之理。但願一一謹守條約，盡心經畫，共觀厥成。如有差謬，當自請朝廷嚴加議處而已。察看情形，尚可望其有成。今將日意格、德克碑會稟保約，條議清摺、合同、

規約，照抄咨呈軍機處、總理各國事務衙門存案外，謹臚舉船政事宜十條，另繕清單，恭呈御覽。……

《船政事宜》十條如下：

一、洋員應分正副監督也。日意格、德克碑各有所長，臣前摺曾陳及之。現經上海總領事白來尼以日意格通曉官話、漢字，辦事安詳，令德克碑推日意格為正監督，德克碑為之副。各咨商允洽，均無異詞。一切事務均責成該兩員承辦。

一、宜優待藝局生徒，以拔人材也。藝局之設，必習英、法兩國語言、文字，精研算學，乃能依書繪圖，深明製造之法，並通船主之學，堪任駕駛。是藝局為造就人才之地，非厚給月廩，不能嚴定課程；非優予登進，則秀良者無由進用。此項學成製造駕駛之人，為將來水師將材所自出。擬請凡學成船主及能按圖監造者，准授水師官職。如係文職、文生入局學習者，仍准保舉文職官階，用之水營，以昭獎勸，庶登進廣而人材自奮矣。

一、限期程期應分別酌定也。輪船一局，實專為習造輪機而設。俟鐵廠開設，即為習造輪機之日。故五年之限，應以鐵廠開廠之日為始。一面造鐵廠房屋，一面購運鐵廠機器。計自法國購運來閩，約須十個月、十一個月不等。日意格、德克碑兩員回國後，一員約五個月帶船廠洋匠來閩，開船廠，造船槽；一員俟機器等件齊備，交鐵廠洋匠管解起程後，先趁輪船來閩，八九個月可到。

一、定輪機馬力，並搭造小輪船也。大輪船輪機馬力以一百五十四為準，除擬買現成輪機兩副外，其餘九副皆開廠自造。鐵廠造輪船頗費時日，船廠配造成船轉為迅速。恐船廠開曠，虛縻辛工，因議於大輪船十一隻外，另購八十四馬力輪機五副，其式與外國梗婆子（gunboat）兵船相近，乘船廠閒工，加造小輪船五隻。

一、飭洋員與洋匠要約也。洋人共事，必立合同。船局延

洋匠至三十餘名之多，其中賞罰、進退、辛工、路費，非明定規約，無以示信。已飭日意格等擬定合同規約，由法國總領事鈐印畫押，令洋匠一律遵守。

一、宜預定獎格以示鼓勵也。洋員及師匠人等須優定獎格，庶期盡心教導，可有成效。現已與日意格等議定：五年限滿，教習中國員匠能自按圖監造，並能自行駕駛；加獎德克碑、日意格銀各二萬四千兩，加獎各師匠等共銀六萬兩，計定獎格銀共十萬八千兩。如果有成，則日意格、德克碑之忠順，尤為昭著，應更懇天恩再加獎勵，以示優異。

一、購運機器等件來閩，須籌小費也。各項器具物料由外洋運載來閩，非按洋法包紮，恐多損壞，非交洋行保險，難免疏虞。此項包紮、保險銀兩已一併議給。

一、凡需用紋銀之項，應准開銷銀水也。閩省通行銀色，向較江、浙、廣東為低。番銀到閩，無論官民皆不辨花樣，但用鐵鏨烙印，以辨真假。行之他省、外洋，即減程色。船局支發各款，除在閩境採辦物料，無庸補水外，其採辦洋料等用款，應准將補水銀兩作正開銷。

一、宜講求採鐵之法也。輪機水缸需鐵甚多。據日意格云：中國所產之鐵，與外國同。但開礦之時，鍛煉不得法，故不合用。現擬於所僱師匠中，擇一兼明採鐵之人，就煤鐵兼產之處，開爐提煉，庶幾省費適用。此事須臨時斟酌辦理。

一、輪船中必需之物宜籌備也。輪船中應用星宿盤、量天尺、風雨鏡、寒暑鏡、羅盤、水氣表、千里鏡、玻璃管，以及墊輪機之軟皮即音陳勒索等件，現飭日意格等回國探問製造器具價值。如所費不過數千金，即由日意格等籌購一分，約募工匠一人同來，一併教造。

教練學生辦法，具見《船政事宜》第二條。此外另有《藝局章程》八條：

一、各子弟到局學習後，每逢端午、中秋，給假三日。度歲時，於封印日回家，開印日到局。凡遇外國禮拜日，亦不給假。每日晨起、夜眠、聽教習洋員訓課，不准在外嬉遊，致荒學業。不准侮慢教師，欺凌同學。

一、各子弟到局後，飯食及患病醫藥之費均由局中給發。患病較重者，監督驗其病果沉重，送回本家調理。病痊後，即行銷假。

一、各子弟飯食既由藝局供給，仍每名月給銀四兩，俾贍其家，以昭體恤。

一、開藝局之日起，每三個月考試一次，由教習洋員分別等第。其學有進境，考列一等者，賞洋銀十圓；二等者，無賞無罰；三等者，記過惰一次。兩次連考三等者，戒責；三次連考三等者，斥出。其三次連考一等者，於照章獎賞外，另賞衣料，以示鼓舞。

一、子弟入局肄習，總以五年為限。於入局時，取具其父、兄及本人甘結。限內不得告請長假，不得改習別業，以取專精。

一、藝局內宜揀派明正幹紳，常川住局，稽察師徒勤惰，亦便剔學藝事，以擴見聞。其委紳等應由總理船政大臣遴選給委。

一、各子弟學成後，准以水師、員弁擢用。惟學習監工、船主等事，非資性穎敏人不能。其有由文職、文生入局者，亦未便概保武職，應准照軍功人員例議獎。

一、各子弟之學成監造者，學成船主者，即令作監工，作船主。每月薪水，照外國監工、船主、辛工銀數發給。特加優擢，以獎異能。[775]

宗棠創設福建船政，至此為止。以後均為葆楨所經營。葆楨在任八年，大體一仍宗棠計劃，惟稍有損益。

所謂福建船政，包括三部份：一為船塢，二為工廠，三為藝局。其所在地為馬尾山麓之中岐。葆楨到任後，首往察看形勢，有一奏報，可略見其概：

　　馬尾一區，上抵省垣南台，水程四十里；下抵五虎門海口，水程八十里有奇。自五虎門而上，黃埔、壺江、雙龜、金牌、館形、亭形、閩安，皆形勢之區，而金牌為最要。自閩安而上，洋嶼、羅星塔、烏龍江、林浦，皆形勢之區，而羅星塔為最要。馬尾地隸閩縣，踞羅星塔之上流，三江交匯。中間港汊，旁通長樂、福清、連江等縣。重山環抱，層層鎖鑰。當候潮盛漲，海門以上島嶼皆浮。潮歸而後，洲渚礁砂，縈回畢露。所以數十年來，外國輪船、夾板船常泊海口，非土人及久住口岸之洋人引港，不能自達。……全局沿江，上下數十里，風帆沙鳥，如在几前。……

　　船塢周圍約四百五十丈。建船台三座，每座長各二十四丈；船亭五座；船槽一座，長三十丈，闊十五丈，可以進修二千五百噸之輪船。

　　工廠原議鑄鐵為一廠，打鐵為一廠，模子為一廠，水缸兼打銅為一廠，輪機兼合攏為一廠，合共五廠。後增拉鐵、捶鐵、鐘錶、帆纜、火磚、舢板六廠，而打鐵、輪機、鐘錶又各有分廠。故凡為廠一十有四。

　　藝局原議設學堂兩所：一課法文，稱前學堂；一課英文，稱後學堂。後添設繪事院一所，分兩部：一繪船殼，一繪機器；藝圃一所，由各廠分招年在十五以上，十八以下有膂力悟性者，或十餘人，或數十人，而統隸焉。又後添設駕駛學堂與管輪學堂各一所。[776]

造船原議建大輪一百五十四馬力者十一艘，小輪八十匹馬力者五艘，共十六艘。後有一艘改用二百五十匹馬力，因將大輪減少一艘，合為十五艘。又各船原議，均照兵輪型式製造。後以養船費用，每艘每月少則一千數百元，多則三千數百元，開支浩大；故將最後四艘改依商船規制製造，將房間移建上層，俾中艙與底艙地位寬闊，多裝貨物，以便招商試行領運。各船列表如下：[777]

號次	一	二	三	四	五
下水日期	1869.6.10 同治八年 五月初一日	1869.12.6 同治八年 十一月初四日	1870.5.30 同治九年 五月初一日	1870.12.22 同治九年 十一月初四日	1871.6.18 同治十年 五月初一日
船名	萬年青	湄雲	福星	伏波	安瀾
種類	運船	炮船	炮船	運船	運船
造價（兩）	一三六，〇〇〇	一六〇，〇〇〇	一〇六，〇〇〇	一六一，〇〇〇	一六五，〇〇〇
船長（丈）	二三‧八	一六‧二一	一六‧二一	二一‧七八	二一‧七八
船寬（丈）	二‧七八	二‧三四	二‧三四	三‧五	三‧五
艙深（丈）	一‧六	一‧四三	一‧四三	一‧六五	一‧六五
吃水（尺）	一四‧二	一〇‧六	一〇‧六	一三	一三
排水量（噸）	一，三七〇	五一五	五一五	一，二五八	一，二五八
馬力（匹）	一五〇	八〇	八〇	一五〇	一五〇
時速（海里）	一〇	九	九	一〇	一〇
檣數	一支半	一支半	一支半	二支	二支
炮位	六	三	三	五	五
人數	一〇〇	七〇	七〇	一〇〇	一〇〇

號次	六	七	八	九	十
下水日期	1871.11.28 同治十年 十月十六日	1872.4.23 同治十一年 三月十六日	1872.6.3 同治十一年 四月二十八日	1872.8.21 同治十一年 七月十八日	1872.12.11 同治十一年 十一月十一日
船名	鎮海	揚武	飛雲	靖遠	振威
種類	炮船	炮船	運輸炮船	炮船	炮船
造價 （兩）	一〇九， 〇〇〇	二五四， 〇〇〇	一六三， 〇〇〇	二〇， 〇〇〇	一一〇， 〇〇〇
船長 （丈）	一六·六	一九	二〇·八	一六·六	一六·六
船寬 （丈）	二·六	三·六	三·二	二·六	二·六
艙深 （丈）	一·四	二·一	一·六五	一·四	一·四
吃水 （尺）	一·八	一七·九	一三	一一·八	一一·八
排水量 （噸）	五七二	一， 五六〇	一， 二五八	五七二	五七二
馬力 （匹）	八〇	二五〇	一五〇	八〇	八〇
時速 （海里）	九	一二	一〇	九	九
檣數	一支半	三支	二支	一支半	一支半
炮位	六	一三	五	六	六
人數	七〇	二〇〇	一〇〇	七〇	七〇

號次	十一	十二	十三	十四	十五
下水日期	1873.1.2 同治十一年 十二月初四日	1873.8.10 同治十二年 閏六月十八日	1873.11.8 同治十二年 九月十九日	1873.12 月末 同治十二年 十一月	1874 年 2 月末 同治十三年 正月
船名	濟安	永保	海鏡	琛航	大雅
種類	運輸炮船	運船	運船	運船	運船
造價（兩）	一六三，○○○	一六七，○○○	一六五，○○○	一六四，○○○	一六二，○○○
船長（丈）	二○·八	二○·八	二○·八	二○·八	二○·八
船寬（丈）	三·二	三·二	三·二	三·二	三·二
艙深（丈）	一·六五	一·六五	一·六五	一·六五	一·六五
吃水（尺）	一三	一三·九	一三·九	一三·九	一三·九
排水量（噸）	一，二五八	一，三五三	一，三五八	一，三五八	一，三五八
馬力（匹）	一五○	一五○	一五○	一五○	一五○
時速（海里）	一○	一○	一○	一○	一○
檣數	二支	二支	二支	二支	二支
炮位	五	三	三	三	三
人數	一○○	一○○	一○○	一○○	一○○

每一艘下水，葆楨必諏取吉日良辰，整其衣冠，祭告天后（局中祀有天后，其殿材俱運自外洋，葆楨題聯云：「惟神天稟聰明，願千秋靈爽式憑，俾倕巧班工，同城寶筏，此地海疆門戶，看萬頃滄波不動，有冰夷洛女，虔拜雲旗。」江神、土神與海神雖屬迷信，然此種中國風之下水禮，似較擲香檳瓶為尤饒意趣）。[778]

萬年青為造成最先之一艘，於同治八年（1869）八月二十日由葆楨親臨作處女航，事後奏報航行情形：

> 二十日申刻，臣親督日意格暨各員紳、將領登舟出港。向晚，寄碇熨斗內洋。二十一日丑刻，東北風大作，潮聲甚壯。逆風衝潮，徑出大洋，以試輪機之堅脆，駕駛之巧拙。星月在天，一望無際。銀濤萬疊，起落如山。臣不勝眩暈，而在事人等皆動合自然。隨於大洋中飭將船上巨炮周回轟放。察看船身似尚牢固，輪機似尚輕靈。掌舵、管輪、炮手、水手人等亦尚進退合度。由正東轉向福寧洋面，繞南茭、北茭各島而歸。……

繼是，葆楨敘述船身與輪機情形：

> 謹按部頒營造尺核計，船身長二十三丈八尺有奇，廣二丈七尺八寸有奇，船頭高二丈六尺一寸有奇，船尾高二丈三尺三寸有奇。其吃水也：虛船則船頭五尺五寸有奇，船尾八尺四寸有奇；重船則船頭一丈二尺六寸有奇，船尾一丈四尺五寸有奇。其任重也，除汽爐、機器、官艙、煤艙外，可裝貨七十萬斤。煤艙兩所，可裝煤二十五萬餘斤。煤艙之間，為前後汽爐兩座：前爐火門五，高一丈六寸有奇，深九尺九寸有奇，廣一丈五尺七寸有奇；後爐火門四，高深均如前爐，廣一丈二尺五寸有奇。爐後機器承之，器高一丈二尺有奇，座廣九尺有奇，長一丈有奇。火炎湯沸，蒸氣盤鬱匣中。船尾暗輪，每一時轉九千三百六十餘遍。其出也，逆風逆水，一時行七十里而遙；逮乘風潮折回，一時行九十里而近。以風平浪靜計之，蓋閱一時以八十里為准云。……[779]

又揚武為馬力最大之一艘，葆楨曾奏報其炮之配備情形：

> 兵船之用，則以揚武為長。爐座輪機僅與水面相平。煙筒三節，可以隨意升降，利於避敵。本船配大炮十有三尊，利於攻敵。馬力加多，行駛尤速。

揚武所用，多英國之前膛炮，摧堅及遠，迥異尋常。而靈巧則不如飛雲所用之布國後膛炮。蓋前膛炮築藥、裝子、洗炮，均須人出艙外，身當炮口。既慮敵炮見傷，又防餘藥遺患。後膛炮則裝放之時，敵人無從望見。而內膛螺絲中，有無渣滓黏滯，從後窺之，便一目了然。惟打放數十次之後，即須暫停。否則恐其熱而炸烈。蓋靈巧與堅實互有短長。在熟知其性者，捨所短而用所長，庶幾收其利，不受其害。……[780]鐵廠係同治八年（1869）正月完工，而第十五號船則係於十三年（1874）春造成，差如五年之限。機器實有四艘購自外國，其餘均係自製。[781]

然宗棠創辦福建船政之主要目的，不重在造，而重在學。學者學造船，學造機，學行船，學管機。葆楨亦深切認識此旨，故嘗正告日意格：「……限滿之日，洋匠必盡數遣散，不得以船工未畢，酌留數人。如中國匠徒實能按圖仿造，雖輪船未盡下水，即為教導功成。獎勵優加，犒金如數，必不負其苦心。倘洋匠西歸，中國匠徒仍復茫然，就令如數成船，究於中國何益？則調度無方，教導不力，總理船政大臣與監督均難辭其咎。」日意格唯唯聽命。[782]葆楨更指定兩船供實習駕駛與管機之用。兩船之中，其一係向德國購置，取名建威，其一即揚武。北歷寧波、上海、煙台、天津而至牛莊；南歷廈門、香港、星加坡而至檳榔嶼。實習開始於同治十年（1871），練習生中第一名為嚴宗光，即後以譯《天演論》等著名之嚴復也。揚武且嘗開赴日本，備受歡迎：

> 福建船政局所造揚武輪船，招集中國願學水師事宜者至船肄業，遊歷各國，所以熟海道，練水軍也。前自東洋回滬，停泊高昌廟船廠修理。竣功後，上月駛回福建。開行之前一日，本報

特遣人至船上遍閱一切。規模居然與外國上等輪船無異。船中潔淨，毫無纖塵。服飾鮮明，機器光亮。水手均極嚴肅。上船欄杆門口，有兵一名，持械拱立。下艙亦有人伺察。每遇拉篷等事，號鈴一響，五六十人一齊出艙。大炮八尊，置於船之上面。彈子大者，重有七十磅。此乃英國頂新之炮，名威活。後面一尊，較前八尊為大。行至船底碰後，見一切住房，除船主各官外，餘皆統艙，並無隔間。問其水手等住處，云晚間皆用帆布鐵鈎掛在艙上，早起則將帆布捲好，每人一箱收貯。兩邊懸掛木桶。其餘打水動用各物，一概收藏。故愈見開闊明敞也。船後另有一房，為肄業者所居，約有三十多人。每人有一本經歷外洋之書，並有測量太陽、地球等圖。出海之時，將經行之路，畫在圖上。每日兩次至船面，以機器窺測度數，便知行抵何處。每晚，船主與教授之人將各人所畫度數地理查對，俱係外國字，甚為清楚。應對進退，言談禮貌，均極周到。聞其前到東洋時，彼處接待甚殷云。

當揚武輪抵東洋時，船泊橫濱，開放二十一炮，以示敬。東洋水師提督邀請肄業諸人飲宴，又坐火輪車到東京。此乃中國兵船第一次出洋，俱各歡喜踴躍也。復至外國船主之房間閒談，方知船主本是英國水師官員，名叫推隨。言及中國水師，大有指望，將來必能與日俱進。肄業諸人頗為聰明，水手亦均靈便，身體強健，能耐勞苦。並言肄業者有大家子弟在內，非純為貧苦之輩。船主隔壁，則為管帶提督蔡國祥之房。然一切事務，皆不專政。統計船內二百五十人。船大可載一千七百噸，實是極大之船。其船材料，均極堅固。且構造又極新式。航海每點鐘可行五十里。船內機器，據說是中國人所造，無外國貨。管理機器亦是中國人並無外國人在內。聞回至福建，要繞走歐羅巴一次。先到英屬國阿斯的里。此船實為中國向來所無。即肄業規模，亦甚整肅。將來藝成以後，分帶水師船，則中國水師必大有可觀矣。至水手工資分為三等：上等九兩，次等七兩，再次等六兩，伙食在內，殊不費也。前謠傳此船木料不佳，構造極劣，不久即難免損壞，均係誹謗之語。今日本館見此船之堅固，即數十年亦無須大

修。且此次在驚濤駭浪中遠渡重洋,亦足見其耐風浪矣。[783]

同治十二年(1873)十二月,葆楨於是奏報其成效:

> 自本年六月起,該監督日意格逐廠考校,挑出中國工匠、藝徒之精熟技藝,通曉圖說者,為正匠頭,次者為副匠頭。洋師付與全圖,即不復入廠,一任中國匠頭督率中國匠徒,放手自造。並令前學堂之學生,給事院之畫童分廠監之。數月以來,驗其工程,均能一一吻合。此教導製造之成效也。
>
> 後堂學生既習天文、地輿、算法,就船教練,俾試風濤。出洋兩次而後,教習挑學生二名,令自行駕駛。當颮颶猝起,巨浪如山之時,徐覘其膽識。現保堪勝駕駛者,已十餘人。管輪學生,凡新造之輪船機器,皆所經手合攏。分派各船管車者,已十四名。此教導駕駛之成效也。……[784]

吾人於此,可知以後我國海軍何以幾悉在福建人士之掌握,實造端於福建船政。惟葆楨在當日,猶不以此為滿足,故復嘗建議,遴選學生中天資穎異,學有根柢者,分別遣赴法國,精究造船之方及其推陳出新之理;英國,精究駛船之方及其練兵制勝之理。速則三年,遲則五年,以求深造。當時所派凡五人。然此猶僅遊歷性質。其正式派遣留學,所考者凡四次:第一次三十一名,時在光緒元年(1875),嚴宗光、薩鎮冰均在其列。第二次十名,時在光緒七年(1881)。第三次三十四名,時在光緒十一年(1885),惟此次有北洋艦隊及學堂學生十名在內,劉冠雄即其一也。第四次六名,時在光緒二十二年(1896)。[785]

夫馬尾僅山陬海澨間一荒地;宗棠與葆楨僅八股出身之人才;乃於五六年間,竟能為中國構成一如此破天荒之造船之新局面,不能不謂非奇跡。然在五六年之過程中,非無艱阻也。最先,繼宗棠為閩浙總督之吳棠雅不以造船為然,向福州將軍昌言:「即有船政,未必有成,雖成亦何益?」於是諸事掣肘,對宗棠所保兼充船政局提調之福建布政

福建水師的「揚武」號炮船

使周開錫,強令因病續假,兼充船政局員之延平府知府李慶霖,藉詞奏請革職。宗棠為之憤慨,而葆楨為之爭直於朝。中間,於同治十一年(1872)三月,有內閣學士宋晉者,以造船糜費太重,奏請暫行停止。清廷交福州將軍文煜與福建巡撫王凱泰斟酌情形奏明辦理。兩人奏稱:「原限五年內,成船十六艘,現已竣工者,僅六艘,已開工者亦僅三艘;經費不逾三百萬兩,現已實支三百十五萬兩。至造成之船,雖均靈便,較之外洋兵船,尚多不及。」大有附和停止之意。宗棠剴切疏陳:

> 經費超溢預算,由於範圍較原計劃擴大,並未浪費。惟如遽停止,則已投資本與未滿期限仍須支付之洋員、洋匠薪工,回國盤川,及加獎銀兩等,均為虛擲。五年之期,尚有三分之二,安知不能造足原議之船數?至船之構造,原擬配炮三尊,今可配炮八尊;且一艘改造二百五十四馬力,可配新式大洋炮十三尊;足徵已在進步。且外國造船已歷數十年,中國尚僅三年,一時自難競勝。惟有繼續深求,可冀後效。⋯⋯

鴻章亦力言必須維持,以為:「該局已成不可棄置之勢,苟或停止,則前功盡棄,後效難圖,而所費之項,轉成虛糜。」葆楨更疏駁宋晉所稱,痛陳該局為自強所必要,「不特不能即時裁撤,即五年後,亦無可停,所當與我國家億萬年有道之長,永垂不朽」。清廷遂置不議,且令於造足預計之船數後,繼續辦理。其後,每月經費短缺,無法挹注。宗棠又自請於福建協援陝甘餉項內,每月減少二萬兩,移撥船政局,以為彌補。故宗棠於福建船政確可謂始終其事者。[786]

56 自給自足之製炮計劃

　　左宗棠之認識以製炮禦外侮，後於造輪船；然其從事製炮以作戰，則先於造輪船。按用彈藥發射之新式槍炮，來自外國，且其來猶在元明之朝，然國人徒知其猛烈而已，鮮有注意研究者。惟宗棠於其製造，其使用，其效力，無不頗有深切之探究，且常別有會心。宗棠一生在軍事上之成功，善於運用此種武器，當為一大原因。惟所持以與作戰之對方，非西方之外國而為太平軍與安集延人。彼等同有槍炮，均購諸外國，前者大抵由沿海各口偷運而來，後者則至自印度，或即為英國陰助以支持，殊未可知。至宗棠方面之來源，非無購自外國者，然由宗棠經營而自行製造者，實不在少數。[787]

　　清軍之用炮對付太平軍，早始於長沙省城之役。太平天國之西王蕭朝貴穿黃袍在城南前線督戰，即為清軍之炮所轟斃。及太平軍竄入長江，宗棠以為東南澤國，利用舟楫，自武漢以下至於大海，地勢步步低窪，為湖澤巨陂者無數，僅恃陸軍，斷難制勝；非另編水師，互相聯絡不為功。曾國藩與郭嵩燾等同抱此見解。於是衡陽、湘潭與長沙三處分別趕製大批船舶，每艘大率配炮兩尊。此種炮其先係經廣東向外國購致，但以供不應求，由宗棠協助巡撫駱秉章，約同湖南士紳捐款設局自造，以黃冕主其事。冕前在甘肅監製炮械出力，曾為林則徐所保獎。冕以熟鐵造炮，炮身輕而膛口大，轟遠有準。但比較以生鐵鑄炮，不免價貴而工遲，故其後皆改用生鐵。[788]

　　宗棠別出新意，鑄造一種劈山炮，有如致劉蓉函中所述：

　　　近命製劈山百尊。式如大抬炮，而身只五尺，能吃半斤，群

子可致遠四五里。……鐵模大小四副，大者千三百餘斤，次減半，又次減半，小者僅百數十斤。擬先照鑄三百餘及百餘斤鐵模數副，模多則炮可速得矣。……

此種劈山炮先本裝於水師船，旋並用於陸軍，故國藩與宗棠書曰：

閣下製劈山炮，為陸軍利器，似不能不另立劈山炮哨官，而以小槍刀矛護之。

蓋炮在吾國軍隊，此時漸進於有一種組織之階段矣。[789] 及宗棠奉命征剿西捻，復以劈山炮配用於車。以為古人塞上之戰多用車，車足以制敵騎，倘更配以炮，當益足儲敵之悍。於是命造雙輪與獨輪車四百輛，用半節劈山炮（一稱短劈山炮）架其上。每營編給三十八輛，每輛以五人推放。出戰則列步隊之前（參閱四十四節）。

但宗棠所製者，不止劈山炮也。在福建省城時，見廣東軍隊所用無殼抬槍，又名線槍，三人管放兩支，一發可洞五人，可開連環，可用群子，力大而致遠，因加意製造，延廣東人之精此者，專任教練。又嘗仿泰西新法講求子腔藥膛火門之祕，詔匠作造來福炮，亦甚合用。泰西所謂硼炮者，又稱開花炮、天炮，宗棠並加仿造。用生鐵鑄成者，重可百餘斤，可放十餘斤炮子。用熟鐵製成者，重四十五斤，亦可放十斤零炮子。均射遠可三里許，落地而始開花。[790]

宗棠西征，先就西安省城設立製造局。其時在同治八年（1869）春。因所指揮部隊，不下一百二十營，所用洋炮、洋槍、洋彈、洋藥，均須遠從上海購運而來，爰僱匠購機，自行修造，以省購運之費。其後宗棠用兵愈遠，運自西安之局，猶覺艱巨，更就蘭州省城，設立製造局。其時在同治十二年（1873）春。宗棠對於此舉，垂注殷切，指示周詳，可由下錄所與總辦駐陝軍需局之沈應奎兩函，見其梗概：

上海匠先造銅冒，自來火，開花子（能造丁子火，最好），修

理洋槍（能自造螺絲洋槍，最好。若能仿後膛七響快槍，尤妙矣。
請詢問有能者否？　），是為至要。車輪小開花炮，體制較田雞炮
為長，為重。然田雞炮一尊，配子藥，可一健騾載之。車輪炮則
必須兩套、三套，尚須人力招呼，行亦不速，又其致遠不過三四
里。（吃藥半斤，彈子十二磅。若遠，則無準矣。）大營現有一
尊，即布路斯新出之後膛，是螺絲紋，極為精緻。將來有用處，
惜尚不能遠擊十里外。如上海匠能造弟上年帶到之後膛開花炮，
斤重減半，再合邠（州）、長（武）以上車轍，用三騾架之（並搭
子藥各件），實為合用。未審其能否，試一詢之。所用各炮式，皆
外洋舊有者。然由粗入精，由形器而窺神妙，亦非做不到之事，
不過要細心耐煩耳。……

此函言西安局經始步驟。其論炮之造作與性能，均從體驗得來。且
欲使適應西北之交通工具，尤為獨具隻眼。嗣後西安局製成短劈山炮，
式係後膛，子用開花，宗棠許為精妙合用，令更訪購專門機器，講求製
造螺旋紋。其質先本用銅，取其省工。宗棠以銅不若鐵之堅固耐用，主
張將來當用純鋼。

　　賴長到，並攜所造螺絲炮及小機器，尚可用。惟需授意製
造，庶便利耳。弟本擬令其回陝製造。據云：局用以石炭為最要，
所需最多，阿干鎮所產既佳，價值運腳亦省，較之陝省為宜。至
銅鐵則就近或可採辦。與其由陝製辦成器再解，亦須運腳，尚不如
就近採辦為省。弟當允其在蘭設局矣。賴長現調帶工匠來蘭，並各
機器想能速到。至陳明剛所帶匠作，自可毋庸前來。尊意擬在蘭安
頓，事不可行。或即留陝省可耳。開花子以銅旋為最要。木引之病
甚多。且西安局所造，尤不得竅，當飭賴長就蘭辦理。……

此函言蘭州局成立原委。賴長為左氏在東南平定太平軍時所屬粵軍
部將，素諳機器製造，此次係自福建調來，主蘭州局。其陳明剛當是主
西安局者。[791]

　　兩局當日規模,又可以河南巡撫所委經理嵩武軍軍需人員客觀之記錄,見其梗概:

> 　　至製造處機器局見火蒸汽機一座,輪軸旋轉,專製洋炮、洋槍,使槍自轉,旁伺以刃。凡修膛、退光,迎刃而解,削鐵如泥。更有磨刀機,自轉磨刀,極為省力。機關精巧,見所未見。工匠係廣東、寧波人居多。……

此為同治十二年(1873)十二月在西安局所見。

> 　　至南關外左節相營製造局。工匠約二百人,皆粵人,各司一事。目下專造後膛開花炮,極為精巧,與泰西所製無異。用火爐蒸汽,激輪自轉,層遞相接,工省製精。此爐甫於三月自長安移來,即予去臘在陝所見製造局爐也。……

此為同治十三年(1874)六月在蘭州局所見。創辦半年間工匠即達二百名之多,蒸汽機又自西安局運來,疑西安局即遷並蘭州局也。[792]其後蘭州局之製作,斐然可觀。除仍自造銅帽大小開花子外,能仿造布國後膛進子螺絲炮,後膛七響槍,又仿造二百餘斤重炮,用車輪架施放;改造劈山炮,用雞腳架,用合膛開花子。又改造廣東無殼抬槍,寶塔嘴,用銅帽子,亦用合膛開花子。以總兵賴長主其事,並派副將崇志教練督標演習,俾製器之人知用器之法,用器之人通製器之意。惜工匠對於竅要,每祕而不宣,故所知僅為大略。劈山炮從前用十三人管放一支,至是只用五人。無殼抬槍從前以三人管放二支,至是一人可以管放一支,且更捷便。宗棠自言:「欲參中西之法,而用其長,縱未能如西人之精緻,而其利足以相當。」常以地學自詡,而為宗棠所折服之帝俄軍官索思諾福齊(參閱三十節),對宗棠又每誇彼國火器之精。宗棠徐語以「新設製造局,亦能製槍炮,與貴國及布洛斯相近」。索思諾福齊笑而不答。宗棠使人導視。歸後,詢以何如。索思諾福齊與同行諸人齊

聲讚好。惟詫鐵質精瑩，意必從西洋購來。聞宗棠告以確係土產，則以為大奇。後烏史漫達米勞伏來觀，亦讚好不絕，言伊國亦不能多有。此為宗棠一大得意事。宗棠攻克肅州，用開花子至二千四百餘枚，即為此製造局所產。其後用兵天山南路，復就哈密、喀喇沙爾、阿克蘇設局，就地製造軍火，以廣儲積。[793]

然宗棠自師行抵浙江、福建，多與當時助攻太平軍之法國軍官如德克碑及日意格等，後與常共外商往來之國人如胡光墉等接觸，知外國槍炮新奇之程度，尚遠過於宗棠向所聞見。同時，與外人開始種種交涉，深惡其種種刁悍，並深悟其刁悍之背後，無非仗有此種新奇之槍炮。但宗棠自知彼所製造兵器，僅足應付太平軍之流。若欲以抵禦外人，非更求精不可。宗棠自鴉片戰爭失敗，深惡痛絕於外人，認為欲報此仇，非以子之矛攻子之盾不可。至同治與光緒間，帝俄於西北，英法等國於東南，益狡焉思啟，塞防與海防同時緊張，宗棠感覺對於製造新兵器非急起直追不可，於是在其致總理各國事務衙門書有曰：

> 嘗歎泰西開花炮子及大炮之入中國，自明已然。現在鳳翔府城樓尚存開花炮子二百餘枚；平涼府城現有大洋炮，上鎸萬曆及總制胡等字，餘剝蝕。然則利器之入中國，三百餘年矣。使當時有人留心及此，何至島族縱橫海上數十年，挾此傲我，索一解人不得也。……

又有一書曰：

> 憶及道光年間，粵紳潘仕成曾以洋人雷壬士所製水雷進。朝命天津鎮向榮監同演試，比經覆陳有案。不知後此談洋防者何以無一語道及。……[794]

皆深有慨於國人不知著祖生之鞭也。故當宗棠復兩江總督任後，籌備海防，於補充輪船外，並注意於添置炮機，惟係購自外洋，或取

給於國藩與鴻章所辦江南、金陵兩製造局，尚無擴大製造企圖（參閱四十一節）。

法越交涉決裂，法海軍孤拔受巴黎政府命，導艦駛入閩江。於是在猛烈無情之炮火下，宗棠苦心經營之船廠等等，悉付劫灰，停泊及維修之輪船多被轟擊，損失浩大（參閱四十二節）。及宗棠奉命督師福建，渡台與法軍戰，又未能取勝，猶憶同治十三年（1874）日本侵略台灣，宗棠即以福建船政專事造船，未暇計及製炮為一憾。[795] 至是宗棠益感覺向之所圖為未能「盡以夷器制夷」之能事，復有拓增船炮大廠以圖久遠之奏：

> 竊維海防以船炮為先，船炮以自製為便，此一定不易之理也。臣於同治五年（1866），奏設船政於福建，仿造外國兵船，甫蒙俞允，即拜西征之命。一切製造，經歷任船政大臣斟酌辦理，不敢耗費財力，所製各船多仿半兵半商舊式。近年雖造鐵脅快船，較舊式為稍利，然方之外洋鐵甲，仍覺強弱懸殊。船中槍炮概係購配外洋所用，又有多寡利鈍之分。所以夷釁一開，皆謂水戰不足恃也。夫中國之地，東南濱海，外有台（灣）、澎（湖）、金（門）、廈（門）、瓊州、定海、崇明各島嶼之散佈，內有長江、津、滬、閩、粵各港口之洪通。敵船一來，處處皆為危地。戰固為難，守亦非易。敵人縱橫海上，不加痛創，則彼逸我勞，彼省我費，難為持久；欲加痛創，則船炮不逮。況現今守口之炮，率購自外洋，子彈火藥形式雜出，各炮各彈。南北洋雖能酌補，而炮身、槍管久必損缺。各國既守公法，一概停賣；將來由雜而少，由少而無，誠有不堪設想者。臣去冬佈置閩海防務，親歷長門、金牌，察看炮台，飭將馬江被敵擊沉之炮，起出安配，粗足自固。然炮位少而海口多，陸師仍不能省。兵多餉巨，司庫難支。不得已而有商借洋款之舉。夫借款必還，且耗巨息。幸而軍務順手，尚不失為權宜。倘夷焰日張，海防日棘，而徒剜肉醫瘡，勉強支拄，何以剷強寇而靖海疆？

　　臣愚以為攘夷之策，斷宜先戰後和。修戰之備，不可因陋就簡。彼挾所長以凌我，我必謀所以制之。因於船政局舊班出洋學生內，詢考製炮大略。據稱：「泰西炮廠不一，當以法華士廠、克虜伯廠、安蒙士唐廠、好雨鶯廠四處為最。法、克兩廠炮身、炮筒、炮箍，皆煉成全鋼。安蒙士唐廠筒用精鋼，身用熟鐵。好雨鶯廠筒箍用精鋼，身用鑄鐵。皆擅專長。然半鋼半鐵，製費雖減，終有用久裂縫之虞。不如純用全鋼，價雖貴而無弊。參觀比較，仍以德國克虜伯、英國法華士作法為妙。故中外各國用該兩廠之炮為最多。中國欲興炮政，必於此兩廠擇一取法。僱其上等工匠，定購製炮機器。就船政造船舊廠，開拓加增，克日興工鑄造。雖經始之費需銀五六十萬兩，而從此不向外洋買炮，即以買炮經費津貼炮廠，當亦有盈無絀。惟製炮之鐵與常用鐵器，煉法不同，必須另開大礦，添機煉冶，始免向外洋購鐵。查福州穆源礦苗極佳，閩中官民屢議開採，以銷路不旺而止。若用以製炮，取之甚便。如能籌得二三百萬金，礦炮並舉，不惟炮可自製，推之鐵甲兵船與夫火車鐵路一切大政，皆可次第舉辦。較向外洋購買，終歲以銀易鐵，得失顯然。泰西各國於此等工程，斷不貪購買之便而自省煩勞，良有以也。」各等語，稟由船政局提調道員周懋琦轉稟前來。

　　臣查西洋各國，二十年前尚無鐵艦。所有兵船，與中國船政局現制相埒。即炮位、藥彈，亦多前膛笨重之物。論其昔年兵力、物力，本非能與我為難。孰料該夷逐漸講求，日新月異。兵船鐵甲厚至一尺有餘，更以一二尺厚之陰丁魯泊如象皮膠者貼襯其裏。以故剛柔摩蕩，堅韌異常。其後膛巨炮全重能力，突過從前。上洋製造局所譯克虜克炮準心法及兵船海岸炮位炮架圖說，言之甚詳。《申報》所載英國新造巨炮，可受藥彈一千餘磅之重，能洞穿五尺餘厚之鐵甲，聞者莫不咋舌，而自泰西各國視之，亦尋常工作耳。該夷務修戰具，不惜財力至於如此。此次法夷犯順，游弋重洋，不過恃其船堅炮利。而我以船炮懸殊之故，非獨不能海上交綏，即台灣數百里水程亦苦難於渡涉。及時開廠製

辦，補牢顧犬，已覺其遲；若更畏難惜費，不思振作，何以謀自強而息外患耶？穆源鐵礦，臣接見閩省官紳，均謂便於開採，似應委員試辦；並拓馬江船廠，興工鑄炮。臣又聞江南徐州鐵礦礦苗之旺，甲五大洲。若能籌款開辦，即於吳、楚交界之處擇要設立船政炮廠，專造鐵甲兵船，後膛巨炮，實國家武備第一要義。臣老矣，無深謀至計，可分聖主憂勞。目睹時艱，不勝愧憤。惟念開鐵礦、製船炮各節，事雖重大，實係刻不容緩。理合請旨敕下內外臣工迅速妥議具奏，伏乞宸衷獨斷，期於必行，天下幸甚。……

同時，商同福建船政大臣裴蔭森建議：（一）在紅山麓興建大船塢，估銀十萬兩，期以三個月或四個月完工；（二）創造雙機鋼甲兵船三艘，每艘吃水一丈二尺二寸，載重一萬八千噸，實馬力一千七百匹，每小時速率八十華里，估共銀一百二十萬兩，期以三十六個月完工；（三）以銀四千元，購置長一百四十尺，寬三十一尺三，艙深十七尺，載重四百五十七噸之二枝半桅船一艘，以供練船，冀製炮製船雙方並進。惜摺上不久，宗棠倏焉長逝，一腔孤憤，適成為尾聲耳。[796]

57 中國第一所機製國貨工廠

我華以西洋機器製造日用貨品，一般人皆以光緒八年（1882）李鴻章在上海創辦織布局為最早。其實，先五年（1877），左宗棠已在蘭州省城籌設一織呢局，此誠為中國第一所機製國貨工廠矣。[797]

甘肅織呢總局之設，創議於光緒三年（1877）冬，較日本於1878年夏開始以二百萬元投資毛織工業尚約早一年。但購運機器到達蘭州省城，已在光緒五年（1879）。是年冬，宗棠為討論與帝俄通商案，致書總理各國事務衙門，述其緣起：

> 羊毛一種，有粗有細，內地人不甚區別，但取以織褐，織氍毹，價不甚高，業之者少。羊毛每斤值銀一錢幾分，每年可剪兩次。民間畜牧之利，以毛為上。蓋取其毛之利長，非若皮肉，利只一次也。近製造局委員賴總兵長以意揀好羊毛，用所製水輪機，織成呢片，與洋中大呢無殊，但質底微鬆。又織成緞面呢裏之絨緞，亦甚雅觀。自以水輪機不及洋製火輪為速，意欲購致一具仿造，而苦難驟致。宗棠適以陝甘旱災，宜思患預防，飭胡道光墉覓開河、鑿井諸機器，並僱匠同來，以資教習，遂並致胡道購織呢、織布機器，現可到蘭州，須數年後始睹其利。擬先內地，而後關外，與棉利同規久遠。……

由此函觀之，宗棠當時固尚擬規辦機織棉布，誠以宗棠在西北禁種罌粟，導民改植木棉也。然其後僅成織呢一端。[798]

織呢機器係由上海德商泰來洋行（Telege ＆ Co.）承辦。光緒五年

（1879）由德海運至上海，更由招商局輪船江運至漢口，大小一千二百件。然自漢口經老河口、龍駒寨與西安省城而至蘭州省城，僅能用木船裝載，或以夫仔肩挑，或用四輪大車，以十八匹、十二匹馬拖運。蓋以各機器類多，偉大沉重，轉運至為艱難。其體積過巨者，尋常舟車不能容，則為改造放大；其尺度過長者，山中峽道不能通過，則為加工鑿寬；其鍋爐則先拆為數部份，然後搬運。按由漢口至蘭州全程，在彼時本約須三個月。而機器總數有四千箱之多，故輪流運轉，其最後一批之到達，已距最初一批之到達，歷八個月之久。此確為晚清偉大企業之一，頗引起外人興趣，而吾國記載反頗寥寥，惟《申報》曾著說稱許。[799]

在上海刊行，為 F.H.Baltoui 所編之 Celestial Empire，曾於 1879 年（光緒四年）一月四日，有記事一則：

> 比者，中國政府決定採用西方發明，現正在實施之中。議論已久之蘭州織呢局，不久可成為事實。此項企業係委託德人經辦。其中一人，係久居上海；兩人方於數日前至自德國。有名 Franz Storm 者，為 Aixla-Chapelle 地方之毛織商。又有名 Theodor Ancke 者，為一建築師。所需機器，即由 Storm 帶至。現信此兩人已在前赴蘭州途中，度其三個月辛勞之行程。其所以選擇此極西之一城市以經營此企業者，顯因在此境內有豐富之羊毛而至今未盡其用，就地設局織呢，自遠勝於將此原料輸運至其口岸也。

按此處所謂 Storm，中文的譯名為石德洛米。宗棠當時指定主持設局事務者，即為賴長，賴長不欲多僱德人，宗棠嘗批其稟云：「茲據稟查悉織呢機器每日成紗數目，有石德米一人，足資教習，請札止續來織呢洋匠等情，具見該鎮遇事撙節，實為嘉許。惟據上海關道申報，本年二月初四日，繕給德國洋匠克禮克白、翁肯思、泰衛宜格等三名來甘護照三紙，是該工匠業已起行在途，無庸札止。……」[800]

光緒六年（1880）冬，織呢局開工。Celestial Empire 有一記者在蘭州，調查其事，後在 1881 年（光緒六年）1 月 3 日之 Celestial Empire 刊佈其報告：

本報於 1879 年（光緒五年）一月，曾就甘肅蘭州用外國機器與外人管理建設織呢局一事，作一簡要之記事。當地官員以為此舉所以利用本國資源，代替向外國購用之毛織物。此似為一種愛國思想。顧其實施，顯未能如預期之成功。要非外人之過，彼等在已往之兩年中，固已就僱蘭州，主持廠屋與機器之建立，監督並指授土著以毛織技術也。

此項機器由 Storm 購自歐洲，運至中國。其人至今居織呢局監督之職。然主持此企業之中國官員，頗為懶散，致建屋工程為之遲誤。彼等欲為織呢局覓取一良好之地址。然先得一處，而 Storm 以為不宜。嗣復得一處，而 Storm 以為給水不足。彼等則以為不虞無法取水，Storm 不得不從。於是局址位在離城二華里之地方。局中僱用德人十三名，其中兩名則為譯員。1880 年（光緒六年），廠屋落成，工作開始。顧猶有障礙：第一，此地所產羊毛太粗，又間以雜毛，須每日專僱四十人，從事分析工作，而每日僅能共選出羊毛兩磅。故羊毛之成本，在織成呢絨之前，已甚昂貴。就品質言：其堪織成第一等之呢絨者，僅居百分之十；第二等者，百分之二十；其百分之五十尚可織為氈毯，然在內地需要甚少；至其餘百分之二十，多為雜毛與廢物，幾無可利用。第二，給水不足。即有水，亦含鹹味，致使染色不能鮮明。且因缺水，每日僅能織呢絨十匹，每匹長十八碼。苟能得水，自尚可增加。然中國官員，視之淡然。請其將井鑿深，答稱：「若然，將使井底水竭。」局中開用之織機，現為一千二百錠子。有時用駝毛織呢，此固良好之原料也。惟無論就品質言，就價格言，此局出品，均不能與外國出品競爭。以之運至沿海一帶，較之運自歐洲者，其值猶巨。

故至次年外籍人員滿約解僱時，此局大有即成過去之可能也。

按此處所謂局址在離城二華里之地方，係蘭州省城東關通遠門外之前路後營基址。當時，宗棠據賴長稟報後，曾批云：「所擬甚好。蓋造房屋，總以暫時能容機匠並夠匠夫住止為準。如果試辦有成，將來自可推廣。據洋匠所議丈尺，前後懸殊。是所稱不能再減分毫，亦難信為定論。惟據鄂台稟開：機器件目繁重，已擬改造舟、車運解來甘，足知機器屋廠規模亦不可過於福狹。仰即擇要興工，餘屋可陸續添蓋，只取堅實，不在美觀，是為至要。……」[801]

光緒七年（1881）春，有 William Mesny 者，遊於蘭州省城，對織呢局亦有一報告，先載於 China Mail，嗣載於《字林西報》（North-China Herald）。大致與 Celestial Empire 記者所報告相仿，而措詞頗引起局中德人之不滿，由 PH.Leider 與 H.Mandel 兩人，以監督名義，於七月二十五日致函《字林西報》辨正。該報當於九月二日為之刊佈報端：

> 聞之友人：有 Mesny 者，曾於數月前，將其對於本局之觀察，揭載於貴報。內容如何，雖不知其詳，惟悉對於局中在事華洋人員，頗多譏評。故請假貴報寶貴之篇幅，披露數行，俾讀者對於此項企業獲知其真相。

> 我人以為論中國羊毛品質，固不但不足與 Cape 及澳洲羊毛比，亦不足與德國所產比，此固眾所共知。故本局之出品，甚難希望其能如外國所輸入。

> 四千箱機器中之最後一座機器，方於 1880 年（光緒六年）五月到此，而本局即於九月十六日開工，是全部裝置完成於五個月之中，不能謂為遲緩。蓋機器中有數件已破裂，更因沿途遭受雨與霜，全部機器均多少有損也。

> 德國技師受僱者五人，又有首領一人，均負責以新工業傳入中國。其首領因合同期滿，業已回國。

> 本局機器，係分別以兩架二十四匹馬力與三十二匹馬力之蒸汽機發動。在紡線部中，有自動紡機三架，每架三百六十錠。更有梳毛機三套，織機二十架。其餘次要之機器，姑不述及。

羊毛之洗、染、整理，均用染色、研光等機為之。

當 Mersny 之於二月十日過此也，見本局工作照常，而織品之生產有限，此為臨時缺水之故。嗣經掘成一甚深之井，故此項缺點，業已克服。自彼時（1881年底）起，每日可出八匹（每匹長五十華尺，闊五華尺）。我人敢侈言：此項成就，頗為左宗棠及現任陝甘總督楊昌濬兩公所稱許。同時，我人坦白聲明：對於當地官員，並無不滿之理由；因彼等遇事盡力推進，且常適應我人之需求也。

Mensny 在此，當地官員及外人均未予以彼所期望之優待，故彼之批評，其目的本不在表示正確之記載，僅欲發泄其惡感。如置而不答，正可予我人以不利也。

Mesny 年十六，即離去其本國。最後二十年，在雲南與貴州，訓練中國軍隊。

於是我人不知將如何解釋：彼係於何處、何時獲得貫徹之學識，特別對於毛織之學識，乃能使其在留此短期之二十日中，僅兩次便道參觀本局之後，對於此一題目，即作為詳實之報告，以貽讀者也。

待 Mesny 函到，我人當再請求允許我人盡情答覆也。

按此處所謂 Leider，中文譯名為李德，Mandel 為滿德。兩人均能操華語，當即上引 Celestial Empire 第一次記事中所稱譯人。而兩人所稱首領，當指石德洛米。石德洛米原任織呢局監督，殆因合同期滿回國，而由兩人繼任也。其設備之機器據《中央銀行蘭州之工商業與金融》所載，則為梳毛機四套，五尺寬大織呢機二十台，二尺四寸寬提花織呢機二台，來復式紡機二部，七百紗錠固定式紡機一部。與此所述，略有出入。[802]

茲更綜 Celestial Empire 所載文件中，對於織呢局之指摘各點一論之：

其一，羊毛質粗且雜。中國記載，從無提及。毛質較遜，為德國兩監督所承認，然非謂不能織呢，僅謂其成品不能與外國所產媲美。蘇聯

克拉米息夫調查甘肅羊毛情形，略謂：西寧毛以纖維長及線細密，年可產十萬擔。甘州毛質較粗，年可產七萬擔。平番及武威毛宜織地毯，年可產八萬擔。可見選材正有餘地，而產量又如此豐富，故宗棠當日規辦機器織呢，確有遠見。至毛中夾有雜毛等廢物，為國人通常售貨陋習，固不僅羊毛為然。[803]

其二，水量不足與水質不佳。中國記載，亦從無提及。惟德國兩監督承認水量不足。至所謂中國官員蔑視此點，當有其事，蓋科學知識不敷也。

其三，在事中外人員不融洽。此為德國兩監督所否認。然關於建築廠屋之大小與僱用德籍技師之多少，就上引宗棠批答賴長之語觀之，意見參差，固屬顯然。同時，宗棠為此二事，又有答幫辦甘肅新疆善後事宜楊昌濬一書，略謂：「尊論局面不宜大，洋匠不宜多，殊為中肯。實則局面本不大，洋匠本不多，而先從規摹說起，已錯了路徑也」云云，亦可互觀。[804]

其四，出品價值太貴，不能與外國出品競爭。此當為不爭之事實，殆亦以後停頓後難以恢復之一因歟。

至在宗棠眼中之蘭州織呢局，一見於光緒六年（1880）十二月之一片：

> 蘭州織呢局結構宏敞，安設機器二十具，現開織者尚只十具。所成之呢，漸至精緻。中外師匠及本地藝徒率作興事，日起有功。……[805]

時宗棠正在由哈密回京覲見途中也。再見於光緒七年（1881）五月之一摺：

> 現在呢已織成多匹，雖尚不如外洋之精緻，大致已有可觀。從此日求精密，不難媲美。共設洋機二十架，現開機六架，餘俟藝徒習熟，乃可按機分派織造。開齊後，通計每年可成呢六千四。甘省羊毛價值尚廉，數年之後，不但可以收回本銀，而西陸

創此利源，於地方不無裨益。……

文中謂「現開機六架」，而在半年前則報「現開織者尚只十具」，疑必有一誤。摺後則聲敘用款數目而請在軍需款內報銷：

> 除淘金機器價銀由胡光墉捐購外，總計購買織呢、開河、掘井機器價值，並照章入口完稅等項，湘平銀一十一萬八千八百三十二兩零；並由德運滬，由滬運鄂，再由鄂遞運到甘，保險及水陸運費，共湘平銀七萬二千九百七十五兩零；起造局屋、洋匠、通事委員、司事各項薪糧局費，製辦器具，共湘平銀一十一萬三百五兩零。皆是實用實銷，亦無例案可循。懇恩歸入本年九月以前軍需案內一併開單報部，以昭核實……。

此機器總價等項，凡共湘平銀三十萬二千一百十二兩，既包括開河鑿井部份費用，自未能作為織呢局開辦費，亦無法加以分析。[806]

當採購機器時，宗棠有一主張，見致胡光墉書：

> 開河、掘井、織呢機器，請先購其小者解來。嗲喱吧所說，以捨小用大為合算，本是實話。然弟不欲用其大者，一則機器重大，陸運極艱，不如用其小者，令華匠仿製，將來增拓其式，亦可得力。一則弟已望七，精力智慮日漸不如，斷難久妨賢路。異時嗣事之人，設或意見各殊，不但廢緒難尋，且恐徒滋口舌。而現在西域重定，各省關協餉難望如前。頻年飽嘗苦況，事後猶為心寒。正擬及時縮斂規摹，以圖永久，何敢為恢宏闊大之舉，致無收束。……

其後乃購中號者，亦嘗告賴長等，如果合用，再購大號。蓋宗棠此際之手面，已非創辦福州船政局時之手面矣。[807]

宗棠對於局中選取藝徒，有一主張，其批賴長稟云：

所部陝甘勇丁，有賦性靈敏，堪資學習者，應令其挑赴該局專心學習，由該鎮派人指示，俾其相觀而善，將來有成，尤為此邦師匠所自出，不但數世之利也。……

又嘗於致昌濬書中申其說：

勇丁之聰慧者，可留心挑選撥入。將來必有可用之材，正不必於士流中求之。人見西士技巧卓絕古今，以為華人學制，必須聰穎俊達之士。不知彼中均由匠人推擇，並非於士類求之。況中華學制，本執柯伐柯，較之天工開物，又自有別。……

則宗棠此際之見解，亦猶創辦福州船政局時之見解也。[808]

光緒七年（1881）正月，宗棠在北京，函昌濬問：「（織呢局）現有成效可睹否？十年業屢，只今猶魂夢不忘。」留戀之情，抑何其深切也。[809] 然越二年而織呢局遽停辦，其壽命不足五年。停辦之原因，可觀繼任陝甘總督譚鍾麟之奏報：

甘肅省設立織呢局，前督臣左宗棠欲為地方興利，其意甚美。無如甘省所出，只羊毛一項，此外織呢機器、顏料各物，皆購自外洋，其價固昂，轉運尤艱。且洋匠薪工甚貴。計自六年（1880）八月開辦起，至八年（1882）八月止，用費七八萬。織成粗細呢毯一千數百匹，質厚而鬆，疊經減價出售，無人過問。臣於八年（1882）八月，咨遣各洋匠回國，將製造機器局歸併織呢局，責成原辦機器委員總兵賴長率同廣匠接辦。自去年九月起至今年八月，織成呢毯千餘匹，較前稍為精緻，分運各府厘局出售，而民貧貨貴，購者絕少。本年九月，因機器鍋破，又飭令裁減工匠，就現有毛貨上緊織完，未染之呢悉數染好，以便撤局。茲據左宗棠咨稱：甘省呢毯，苦無銷路，金陵為各省通商之區，招商集股，開辦織呢，易於集事，採辦各項亦便，應飭賴長率同藝徒將

局用機器赴運江南等因，當飭賴長將未織未染各件，趕緊辦竣，
即將織呢局裁撤，以省浮費。……

時宗棠方在兩江總督任，挾其垂老不衰之勇氣，猶圖挽救其首創之
機器織呢之危局。顧其後乃未成事實，其緣由尚無文件可考。以意揣
之，當不外兩點：一為宗棠去任，無由貫徹其主張；二為遠道遷建，需
費不資，而遷建後能否維持，仍無把握，或者因此知難而退。於是此
套機器織呢設備偃臥於蘭州省城者，凡歷二十四年。至光緒三十二年
（1906）始恢復為織呢局，補充若干機器，另聘比國匠師傳授。中華民
國元年（1912），由官商集股承辦，更名為甘肅織呢公司，四年（1915）
停止。十五年（1926），改名為甘肅織呢廠，重行開辦，未幾又停止。
至二十三年（1934），甘肅建設廳始議規復而無成。二十七年（1938）軍
政部接辦，專織軍毯。二十八年（1939），敵機炸壞停工，次年修復。
三十二年起，改與甘肅省政府合辦，稱蘭州織呢廠。[810]

58 急宜仿效之泰西機器

左宗棠西征，先後將陝西、甘肅、新疆次第肅清，而兵後殘黎，殊為困乏。會陝西、甘肅又大旱，益致力於利濟民生之事業，嘗與書朋僚云：

> 隴中寒苦荒儉，地方數千里，不及東南一富郡。新疆南北兩路，夙號腴區，從未經理。兵燹以後，更難覆按。現籌開河、鑿井、製呢諸務，以浚利源，阜民即所以裕國。購運泰西機器，延致師匠，試行內地有效，則漸推之關外，以暨新疆。勞費雖巨，亦有所不辭耳。……811

又云：

> 大抵泰西水器，有裨實用，為中土急宜仿效之事。此時仿效製造，必選材質與之相近，學藝已有幾分者，為之先導，庶幾易睹成功。將來傳其法於中土華人，可以互相師法，無須洋匠教習。……812

吾人於此，可得兩點：其一，宗棠欲利用西洋機器，解決中國之民生問題；其二，欲利用西洋技師，傳習華人，俾以後自能仿製。

吾國採用泰西浚河起泥機器治水，當同治年間，早已有之。惟行之於內地，當以宗棠為最開風氣之先。宗棠先在陝甘總督署後園，用機器鑿池，後乃正式以之浚河。河名涇水，為關中八川之一，亦為關中水利所資。源出甘肅化平縣西南大關山麓。東流至涇川縣，入陝西境。經長武、邠州、醴泉、涇陽、高陵，而入於渭水。引涇灌田，自推鄭、白兩

渠。其後河流日下，不能仰灌入渠，則將渠口逐步移至上游高處，至明代而直上至涇峽極高處，無可再改，而日久涇流又下，仍不能仰灌。惟沿河山腳下，有泉大小百餘口，至清代遂改用泉水灌田，不復引涇。諸泉以龍洞為首，渠用以龍洞名，而屢修屢壞。宗棠西征，屯田涇渭之間，陝西巡撫劉典，督辦西征糧台袁保恆相將修復龍洞，而灌田殊不能多。宗棠久駐平涼，研究涇水，嘗派員赴上游勘察。保恆頗擬於鄭國舊渠引涇處河心築壩，提高涇水使平流入渠，恢復往日之利。[813] 宗棠與書討論云：

> 築壩引渠，可復鄭白之舊。然弟意頗欲於上源着手，為關隴創此水利，未審能否？平涼西北數十里，為涇水發源處，南數十里為汭水發源處，至涇川合流，水勢漸壯。若開渠灌田，可得胺壞數百萬頃。節節作閘蓄水，並可通小筏。吾鄉湘資之水，均可於源頭通舟楫。醴陵淥水，水筏可至插嶺關下。平涼郭外涇流大可用，若浚導得宜，何以異乎？……[814]

時尚在同治九年（1870），戎馬倉皇，未遑從事也。光緒五年（1879），陝甘大旱，平慶涇固化道魏光燾擬藉以工代賑之法，大治涇水。因宗棠已向德國訂購一批浚河鑿井機器，在運蘭途中，爰命稍緩以待。[815] 光緒六年（1880）秋，始設局平涼，以平涼府知府廖溥明經理其事，而由兩德人運用機器，同時教導士兵學習其技。然涇水多石，施工困難。兩德人因請另購取石挖土機器，宗棠亟命照辦，以為「如果用力少而成功多，自當不惜工本，以竟其事」。[816]

然施工地段，其始頗有爭議。宗棠本其往日主張，欲治涇之源，與書劉典言之：

> 涇水自鄭白渠後屢經修築，旋復就下，不得其利，反受其害。弟頗謂前人修渠，均慕鄭、白故跡，但擬治其委而置來源於不問。以涇流之悍激性成，自高趨下，宜非人力所能施。蓋來源

既長，收合眾流，水勢愈大，但於其委治之，斷難望其俯受約束。若從其發源之瓦亭、平涼、白水、涇州一帶，節節作壩蓄水，橫開溝洫，引水灌平疇，則平涼、白水、涇州一帶，原地皆成沃壤。而涇之正流受水既少，自可因而用之。涇州以下均屬陝轄，再能節節導引溉地，則聚之為患者散之即足為利，而原田變為水田，涇陽南鄉可無潦災。……[817]

時劉典方以幫辦甘肅新疆軍務駐蘭州省城，主持後方政事也。光燾不以為然，復與書劉典辨之：

先治涇水上源，午莊意不謂然，以流深岸高故耳。不知從上源下手，多開溝洫，則不患岸高。此水能治，關隴均利。縱有所費，亦不當惜。若能設閘啟用（如運河及湘中斗河法）以通舟楫，尤省人畜負載勞費。而國計民生，所益不小。……[818]

卒依宗棠議施工，浚河與開渠並進。宗棠又指示：

正渠長二百里。若以機器間段開掘坎井（即回言坎爾）用工力不過百里，足令渠多容納，亦為備旱潦之宜。……[819]

歲底，宗棠應詔入都，行次平涼，親往勘視，則見渠工已成四十餘里，河工已開成三百五十餘丈，勗德國師匠努力從工，復囑將新河展寬，並加開數渠，以資容納。以為上流寬緩後，則下無急溜，兩利之道。並奏報清廷，表示其期望：

現復加浚涇上水源，取西洋機器，釃渠導流，蓄引灌溉，冀成永利。昔之鄭、白，治涇之委。茲之工作，治涇之原。如其有成，則長武、邠州，以下暨三水、高陵諸縣境，均資灌溉。旱災克而水潦亦可無虞。較古昔治涇，其利更溥也。……[820]

不幸光緒七年（1881）四月，涇源暴漲，渠工沖毀，昌濬意主停工，承辦浚河機器之德人福克亦主放棄（福克於上年西行時即言「地底盡係大石塊，兼山水沖下力猛，易於阻塞，恐不易成功，大約非數百萬金，斷難收效」），宗棠不以為然：

> 西北水性悍濁，不但涇川。平涼受患之烈，較他處為最甚者，由於幹流狹急，無支渠宣洩，以殺其勢；故遇漲發，則泛濫無涯涘，積潦難銷，足以害稼。前議速開支渠，治其上源者，以此。何圖肇興工作，猝遇此災，致從前已成幹渠，一併湮塞，蓋見支渠開浚之工不可緩也。福克所說，大約謂涇源紛雜，治之勞而見利少，主利之贏縮而言。若從養民之義設想，則多開支渠，以資宣洩，實事之不可緩者。……[821]

於是繼續興工，期以光緒八年（1882）冬蕆事。顧其後績效如何，弗復可考，殆終於未有所成也。而此項浚河機器，至光緒三十四年，尚棄置於無用之地，寧夏府知府趙惟熙擬招商承辦寧夏墾牧公司，有所利用。[822]

與機器治水同時並進者，為機器採礦。上海採辦轉運局委員胡光墉捐購採金小機一副，並介紹外國礦師米海厘（Mikhaetios）與藍滋泗西來查勘。米海厘之待遇特優，供給膳宿而外，月薪英金一百鎊，而未有若何結果，宗棠深為不滿。當日經過，略見於宗棠下列之牘：

> 米海厘到肅，閱其隨帶機器只兩件：一測地勢，一辨方向，皆認礦所需，非開礦機器。現看距肅城不遠文牲口橫進八百餘里無人煙地方，覓得金沙尚旺之山，共只三處，冰雪淤沍，暫難動工。詢之本地私挖金沙之人，須四月半入山，八月大雪封山，不能復採。是為時無幾，官採不能獲利，徒耗採本，應作罷論，擬改向玉門赤金峽勘視也。……[823]

米海厘亦嘗有文記述此行，其關於勘礦一段曰：

　　至於礦務，則劉天山一帶諸山，大半為砂為石，或有產煤者。惟離平涼八十里地方所出之煤，則甚精美。余復下山，向北而至黃河，約寬七百尺，較蘭州府黃流更疾，而大船亦不能往來。今聞蘭州府山中之黃泥內，即從前挖採金苗之處，地亦甚肥。若從蘭州府而出，則有兩大路：一向西而至榆林府，華人相傳及西書所記，皆謂此間有金銅各礦，若欲查勘，固自易易，且不必曠日持久也。一向西北，沿南山相離百里，而至肅州，則須兩過高山，山約九千尺，而南山則約高一萬七千尺，積雪經夏不消。揆其情形，極可開礦。蓋內有上好之煤，盛於英德各國。且煤內多出火油，即此一物，一省已可致大富，惜運費太貴耳。余查上海每年進口火油，不下四十萬箱，約計銀六十萬兩。誠能取出此油而用之，亦何致有銀錢日流外洋之歎哉？至於煤及火油之外，又有五金各物，如指南鐵石及鐵礦不等，余皆親見。另有白色五金，或係銀，或係英語潑替納。惜當地不能查定，而左侯帥又不准礦子金子等樣存留余處，無奈中止。

　　再查韓山一區，山底本係花崗石，西語窟蘭乃脫，似已將上層砂石、黃泥等揭開，即見各層煤石。此煤有時與礦子和雜。然礦子似即藏金之所。若將礦子捶碎，即成為砂，淘砂即見金。又有數地，離肅州五百里，或在山頂之上，約高海面一萬三千尺。又有嘉峪關以西各地，高七千尺。余在山腳一帶，見裹延甚廣，山頂之雪亦經夏不消。各地惟卡拍普蘭一區，甚易查勘。其下有藏金一層，僅深九尺至十尺而已。又查忒松搖一地藏金，約深百尺。如往忒松搖一查，果有藏金，即應採機器往採。而余翻譯傳左侯帥之命，催余速試，故議定不如即在卡拍普蘭一試，故只查大略如此。又有一地，已查出其下約深六尺，橫沿約寬一萬尺，東西約長二萬尺。中有小河數道界之。礦下皆有肥黃泥一層，半係粗重之砂及礦子。曾有一礦重至二擔者，俱為歷代流水磨洗，其間毫無棱角。金則似在此層之下，大抵皆細小扁塊，或有大如

蠶豆者。惟此層上之黃泥,及此層下之紅泥,俱無金在內。其與金同處者,亦有指南鐵石及鐵、鐵礦子及銀,及英語撥替納等。余所查之沙,則藏金不甚多;如有一地,金僅六十萬分之一;又有一地,僅四十萬分之一。余曾洗出金兩,竟為人竊去,為可惜也。余觀此處金不甚多,不能大試。且地勢甚高,一年內不過三閱月可以動工,似不合於開採。

　　總之,遍查山形及所出各礦子等,此間甚似舊金山。夫天下出金最富之區,莫舊金山若也。然各山出金多少,亦不能一律而論。今余試各礦,雖不見多,亦不能作為定論也。深惜不准余另試他處,故雖地不愛寶而人莫能知。若蒙左侯帥准余細查,予以一年之限,得以遍查,何快如之。[824]

似米海厘對於宗棠,亦有所不滿也。次年德人福克謁宗棠於哈密,追記米海厘探礦情形:

　　離(嘉峪)關二百餘里,名玉門縣。西北直至哈密。正西去約七八十里,名天孫橋,產無數煤油。並名赤金峽,專產金砂,咸豐年間,曾設官廠,淘金者有二千餘名。產煤油之處,去年係德國人蜜海利尋得,已帶回上海,計十分中有五分煤油,三分係上上燭蠟,止有二分無用。……嘉峪關一邊靠南山……山內雖有金砂而不旺。野獸極多,野牛成群來往。去年蜜海利南山探金礦時,所見成群者約有數十起……所以單人入山者危也。……[825]

於是機器採金,終於無成。而機器採煤油,亦遲至六十餘年後始實現。

　　初宗棠在福州省城創辦船政局,是為宗棠知利用外國機器之始。福州海關稅務司美里登因建議用機器鑄幣,宗棠嘉其意而虞賠本,未果採納。[826] 新疆底定,宗棠乃得一用機器鑄幣之機會,現引宗棠奏報,以見其概:

回民市易，舊用制錢，漸專用銀，而程色高低，分量輕重，驟難明晰，奸偽日滋。阿古柏竊據南八城，創鑄銀錢，名天罡，式圓如餅，中無方孔，不類錢形。其程色分量，任意減低，圖售其奸。故市價相權不能允協，民以為苦。應改造銀錢，以平市價而利民用。惟改造銀錢，宜先制模式，較準一律，交官設局經理。然後私造與贗偽易於辨認，而行使可規久遠。臣飭蘭州製造新式銅模，交張曜督局依法試製，範銀為錢。用銀片捶成，不須熔鑄。枚重一錢，外圓內方，輪廓分明，字跡顯朗，大小厚薄如一。與制錢相權，銀為母，銅為子。市廛通用，可免畸重畸輕之患。而新模精巧，由官改造，工速費節。私贗不致混淆，人知寶貴。……[827]

此項銀幣，兩面仍鑄回字：一面曰「阿布丹喀木須」，回語所謂好銀子也；一面曰「熱斯伯爾木斯哈立」，回語所謂實足一錢也。天罡原為每枚五分，今則合兩枚為一錢，其後復鑄二錢、三錢、四錢、五錢，民以為便。此當為中國自己發行之第一種銀幣。先在阿克蘇改鑄，後復推及於庫車。光緒七年（1881）二月，主辦人員報告：每匠一人，爐一座，需幫工五六人，每日只能鑄造銀錢二十兩之譜，合計工炭火耗，每二十兩，共費銀四兩。蓋仍屬賠本，遂告停止。[828]

以上為宗棠在西北思利用機器之情形。後移東南，東南為西洋物質文明輸入之樞紐，見聞彌廣，益致力焉。惟旨趣稍有不同，在西北專為民生，在東南側重為國防覓資源。

光緒八年（1882），宗棠在兩江總督任，奏委候選知府胡恩燮招商以機器開採利國驛煤鐵礦。利國驛在銅山縣東北七十里。其煤礦之發現甚早，在漢時已有開掘，並為奏請減稅，以示鼓勵。恩燮奉委承辦，集資銀五十萬兩，以三十萬兩訂購機械。據估每日可出生熟鐵七十噸，出煤稱是。建廠屋甚巨。會中法越南事起，暫告停頓。已而再舉，先在青山地方採煤，因煤質不良，未能推銷，移至賈汪。此乃以後賈汪煤礦公司之嚆矢，而賈汪煤礦公司又為華東煤礦公司之前身也。[829]

同時，宗棠修治運河，在馬棚灣亦用機器挖泥。此次成績自較治涇為優。故其後又擬以此項挖泥機器浚治長沙省城北門外便河，以利商船收泊。[830]

光緒十年（1884），宗棠之重蒞福建也，本為對法戰事，然仍與關係各方策劃以機器開鐵礦，開鉛礦，而尤有意義者，為擬以機器製糖而裕餉源之一奏：

十閩山多田少，素稱磽瘠，民食多取給於外洋。而濱海各處，頗有淤壤，土少沙多，隆冬不霜，物其土宜，惟甘蔗尤茂。故海濱之農，種蔗熬糖者，十居七八。昔年中國自為貿易，衣食粗足。外洋通商以來，歲購紅白糖數十萬石，民當增富，詎農日加勤，其貧猶昔。考厥緣由，證諸西藝，蓋中國貧農製器不精，熬煎失法，不能與外夷比，而樸拙同安，雖無利，猶覺無害。今外夷互市，彼精我粗，彼巧我拙，雖購華糖，並非自食，香港等處，已廣設機廠，提紅糖變為白糖（按英商怡和洋行於光緒四年〔1878〕在香港設中華精糖公司），以其半載回彼國，半仍賣還華商，皆獲重利。中國貧農之辛苦，不能自享其膏腴。歲產徒饒，利權外屬，無如之何。

適有條陳糖利者，據稱：洋人煮糖之法，精於中國。出糖之數，加多一二倍。由紅提白之法，中國亦可自行。不奪民間固有之利，收回洋人奪去之利，更盡民間未盡之利。他口不計，僅舉省垣貿易考之：年售仙遊白糖七萬餘石，福州紅糖三萬餘石。土人作糖，每蔗十三石，得糖一石。大約有蔗一百七十餘萬石，若用西法製之，可得糖三十餘萬石，較民間製造可多二十餘萬石。每石作價銀四兩，可長八十餘萬兩。除去機廠人工及一切雜用，應可長銀四五十萬兩。此項長銀，或提補借息，或再倡別利，為益滋大，實屬有利無害。

臣等覆核所陳，不為無見。證諸輿論，亦皆僉然。但事屬創辦，不敢不慎。擬先派熟知糖務之員，親赴美國產糖之區，參觀做法，購小廠機器，兼僱洋工數名，來華試製。俟考定得糖實

數，另議章程。或購蔗製糖，或代民煮熬。民利仍還之民，官止收其多出之數。著有成效，即行擴充。不惟內地各口可以一律照辦，台灣產蔗尤多，軍務一平，即須加意仿辦。果如西書所載，利益與鹽相埒，惟以官經商，可暫而不可久，如官倡其利，民必羨之，有的實之戶不搭洋股者，呈資入股，應准承課充商，官本既還，止收歲課，不必派員管廠，一切章程，屆時再議。……[831]

　　不久，宗棠薨逝，此議無成。然可見宗棠對於推廣機器製造商品一事，視前尤為積極。且知自行派員實地調查，不僅係耳目於在華外僑或其居間人。而其更擬先由官倡辦，以後徑歸人民經營，則較李鴻章官督商辦之議，尤為進步。

59 對於洋務之一般觀念

　　中國自經鴉片戰爭與英法聯軍之役，中外互市之局於焉確立。於是政事上產生所謂洋務。洋務一名詞，頗難下一圓滿之定義。抽象言之：曰應付洋人之事務，曰模仿洋人之事務。具體言之：曰交涉，曰軍備，曰商務。前一者屬於應付之範圍，後二者屬於模仿之範圍。

　　鴉片戰爭時，左宗棠猶在安化小淹陶氏書塾，已頗留心洋務。及至巡撫浙江，已而總督閩浙，始因英、法兩國協剿太平軍，並因兩國私人陰助太平軍，與外人發生交涉。更因目睹西洋輪船、槍炮之銳利，自問不如，思有所以模仿。其時，李鴻章巡撫江蘇，對外人有同樣之接觸，有同樣之感想。故兩人原可同為主持洋務之領袖。然宗棠不久銜命西征，一去十餘年，於外洋情形，比較隔膜；而鴻章則始終在東南沿海，對於洋務所見所聞，自更透徹，見之設施者，尤為繁夥。故舉洋務首領，不能不歸之鴻章，而宗棠不與焉。然清廷以宗棠為老臣，時將洋務問題，徵詢其意見，宗棠不肯示弱，亦頗有所主張。而宗棠晚年兩度在總理各國事務衙門行走，一度以兩江總督兼辦理南洋通商事務大臣，雖時期頗短，要與洋務設施亦多關係（參閱四十一節）。茲綜宗棠一生對於洋務之思想概括述之。

　　宗棠對於與各國交涉之思想何如乎？一次，鴻章與曾國藩討論外交，頗涉諧趣：

　　　從前，我老師（按我為鴻章自稱，老師指國藩）從北洋調到南洋，我來接替北洋，當然要先去拜謁請教的。老師見面之後，不待開口，就先向我問話道：「少荃，你現在到了此地，是外交第一

衝要的關鍵，我今國勢消弱，外人方協以謀我，小有錯誤，即貽害大局，你與洋人交涉，打算作何主意呢？」我道：「門生只是為此，特來求教。」老師道：「你既來此，當然必有主意，且先說與我聽。」我道：「門生也沒有打什麼主意。我想與洋人交涉，不管什麼，我只同他打痞子腔。」（原注：痞子腔蓋皖中土語，即油腔滑調之意。）老師乃以五指捋須，良久不語，徐徐啟口曰：「啊！痞子腔！痞子腔！我不懂得，如何打法？你試打與我聽聽。」我想不對，這話老師一定不以為然，急忙改口曰：「門生信口胡說，錯了，還求老師指教。」他又捋須不已，久久始以目視我曰：「依我看來，還是用一個誠字，誠能動物。我想洋人，亦同此人情。聖人言，忠信可行於蠻貊，這斷不會有錯的。我現在既沒有力量，盡你如何虛強造作，他是看得明明白白，都是不中用的。不如老老實實，推誠相見，與他平情說理，雖不能佔到便宜，也或不至過於吃虧。無論如何，我的信用身份，總是站得住的。腳踏實地，蹉跌亦不至過遠。想來比痞子腔總靠得住一點。」我碰了這釘子，受了這一番教訓，臉上着實不下去。然回心細想，我老師的話，實在有理，是顛撲不破的。……[832]

宗棠對於與洋人交涉之思想，恰與國藩所言相似。宗棠初次在浙，應付英法參戰軍人之要求，即奏陳其所見曰：

> 人無中外，其好惡同，則其情理一，忠信篤敬，蠻貊可行。
> ……

時英法參戰軍麇集寧波一帶，當交涉之衝者為寧紹台道史致諤，宗棠致書誠之云：

> 泰西人情最崇信義，最慕廉潔。性情嗜好，與中國雖殊，然遇操守廉謹之人，亦知敬重。若為所輕視，則靡所不為矣。凡與彼人交涉事件，最宜留意點檢，不可假手旁人。與之議論，可可

否否，不可輕率含糊。俗云：「先明，後不爭」五字，正用着也。
……[833]

以後在新疆應付英國保存安集延酋阿古柏之要求，後奏陳其方略曰：

> 邦交之道，誠信為先。彼此實意交孚，而後情順理周，推之
> 皆準。其一切權變作用，牢籠駕馭之說，非所尚也。誠信立矣，
> 而又加之以明，濟之以恕，則剛柔協節，彼此均在情理之中。不
> 必以口舌取勝而事得其平，終可要諸久遠。……[834]

然宗棠於伊犁事件，與書總理各國事務衙門則又曰：

> 邦交之道，論理而亦論勢。勢之所在，即理亦因之而長，無
> 理亦說成有理。勢所不存，則仰面承人，不能自為軒輊，有理亦
> 說成無理。古今成敗之跡，大抵皆然。……[835]

何以存其勢，要有充實之軍備。故曰：「古人交鄰之道，以實邊為
先。」又曰：「自古談邊防者，不外守、戰與和。而就三者言之，亦有
次第：必能守，而後能戰；能戰，而後能和。斯古今不易之局也。」此
種主張，固國藩與鴻章所共有，即所謂自強。惟宗棠對洋人，始終為主
戰分子，與鴻章常異其趣。宗棠於鴉片戰爭時嘗作感事詩，有句云：「和
戎自昔非長策，為爾豺狼不可馴」，猶是輕視洋人之宗棠對於軍備之思
想又何如乎？在鴉片戰爭前，中國自以為天下莫強焉。既一敗於鴉片戰
爭，再敗於英法聯軍之役，始承認洋人之輪船槍炮，迥非中國所能敵。
則以為如中國亦有輪船與槍炮，便可以制洋人而有餘。於是國藩與鴻章
在上海、南京倡始成立製造局，造炮並造船。宗棠繼起，經始福建船政
局、西安及甘肅製造局，同一導源於此種思想。然船炮而外，其他洋人
利器，仍不願仿辦。宗棠在答覆總理各國事務衙門諮詢修約事宜函中，
對於洋人要求敷設電線及鐵路兩點，發表其反對之主張：

　　銅線鐵路信線一事，前年宗棠在福建時，法國美里登即以為請。宗棠面加辯駁，大意即謂：安設地方，或妨民間出入，或近田疇，或近墳墓，必非民情所願。民人拆毀，牲畜撞損，必有之事，官司萬難禁制。且爾意不過為貿易爭先起見。不知一商因信線置貨、卸貨，各商即從而效之。彼此齊同置貨、卸貨，究竟不能獨得便宜。於商無益，徒招民怨。伊無可言，但求給價，其事遂止。至鐵路原因火輪車而設。外國造鐵路，抽火車之稅，利歸國家。我無火車，顧安用此？應寶時七不可之說，此間未曾見過。如復議及，自可據此駁之。大抵西洋各國爭新鬥奇，因以為利。我如立意不行，或以民情不便，或以事多窒礙為詞，彼亦不能強也。……836

　　此段言論，頗為可笑。彼時宗棠當未嘗目睹電訊與鐵道之實物及其實用，原自無從置議，只能強作解人。蓋不及槍炮與輪船已親見之而深識其利害也。而於此卻可知當日國藩與宗棠等士大夫所欲以夷器制夷者，還在直接足供作戰之器。

　　如何使中國亦有輪船與槍炮？其始僅知向洋人稗販。及知自行仿造，其思想已為進步。然其材料仍幾完全購自外洋。如宗棠所辦福建船政局，其應用之鋼板與木材等，由外洋購運而來，固無論矣。即燃發蒸汽之煤亦來自外洋。稍後始知其非計。故鴻章力主採用西洋機械開發煤、鐵、銅、鉛等礦，徐圖自給；並創辦電訊與鐵路，以利交通。宗棠蒞任兩江總督，亦招商開採銅山縣屬利國驛等處煤鐵礦（參閱五十八節）。同時，創議由上海沿長江至漢口，自行敷設電線。而於督辦福建軍務時，復建議增拓船炮大廠；而同時請開採福州穆源等處鐵礦，自煉鋼鐵應用。臨終遺疏，更請乾綱獨斷，及早興辦路礦諸大政（詳見四十二節）。宗棠之洋務思想，似頗隨時代而前進。然對於有人聲請開採青龍山煤鐵礦，仍徇頑固士紳之要求，以其地接近江寧省城，又有從前墳墓為理由，而竟予制止。則似其洋務思想，仍未透徹。電訊、鐵路、礦冶，在外洋本非純屬軍備範圍。然中國當日之敷設電線、鐵路、

開礦，無不導因於欲充實軍備以抵制洋人。換言之，為欲使軍報敏捷，故辦電訊；為欲使行軍迅速，故辦鐵路；為欲製造船炮有材料與燃料，故開礦。凡此皆當時洋務人員所謂自強之基也。[837]

然仿造工作進行緩而程度幼稚，無論如何，一時總難自給自足，其勢仍不能不取給於外國。於是採購一事，發生兩大問題：一為各國各廠爭在中國兜售其所產，各省各營亦向外商選取其所需，而其中槍炮部門、種類既多，子彈不能相互為用，即有有心人士感覺其在國防上之危險。於是由鴻章建議：應向外國調查，就其精良，選定若干種類，以後補充，應限於此範圍，此今日所謂標準化也。又採購之途徑，先則假手於洋行買辦若捐客，嗣則假手於客卿如海關外籍稅務司之輩，而國人則始終未窺其底蘊，流弊無窮。於是鴻章又建議：以後應統歸駐外使臣或其他人員，就近向各廠家洽辦察驗，此今日所謂集中制也。[838]惟宗棠對此，尚屬茫然。其在兩江總督任內，於是有下列一段故事，由鴻章報告於總理各國事務衙門：

> 李丹崖函稱：左相現令德商福克在溪耳訂造快船兩艘，只求工速價賤，不問其他，海部以為笑柄。又令泰來洋行（即福克）訂造魚雷十二尾，要多機行用。又託上海耶松、祥生兩船廠代造浮炮台四艘。均係確論。鴻章過寧滬時，聞人言嘖嘖。左相偏信德商福克之言，不求甚解。福克只知賺錢，於船械精奧之處，素無分曉。從前胡光墉薦至西征大營，承購軍械，已騙多金。近來胡道因其領款浮冒，亦不敢擔保。現辦船械，皆由福克徑赴金陵面訂，不較價值，不問精粗，江南財賦雖充實，不免如丹崖所稱，枉擲巨資，貽笑外人之處。可否請鈞署節鈔丹崖函，作為訪聞，諄囑左相：在德國訂購之件，徑行咨緘丹崖從嚴考究，是否得用，匯款轉發，勿經奸商之手，致貽德人嘲笑，庶於海防軍實及中國聲名有裨。……[839]

丹崖，當日清廷出使德國大臣也。總理各國事務衙門如議，致函宗

棠。宗棠覆函，於聲敘上述三事辦理經過情形外，其結論乃云：

> 刻下法越之事，和戰未定，沿海沿江防務，不能不預為佈置。所造之船炮軍械，尤望早日成功，俾得分佈各口，稍壯聲威。法人一聞中國造船購炮，遂多方造謠阻撓。福克原議八個月可成，茲據電稟，本年十二月方可造成，難保非法人暗中囑託所致。宗棠已責其失信，催令趕造來華。至福克承辦西陸軍火，歷有年所，毫無貽誤，曾經保奏賞戴四品花翎。此次監造輪船，招中外之忌，宗棠亦慮其人過於長厚，難免被人欺蒙，又經札委陳兆翱會同監造，諒無訛誤。即使將來船不合用，照原約退用，並無異說。今奉函詢前因，具徵指示周詳，莫名欽感。惟其中委曲多端，不但外國浮言最多，即福建輪船局諸學生之於陳兆翱，亦難無猜忌之意，蓋皆以染指為快也。語云：近日人心被一利字蝕盡，言之慨然。此時惟有以不睹不聞之法處之而已。……[840]

按晚清政府向外國採購軍需乃至一切工業機械設備，早已成為弊藪。鴻章所報告，其中定多不盡事實之處，自甚顯然。宗棠所聲辯，亦自有若干真相。惟以宗棠之明察，不知此輩稗販良心即已被一利字蝕盡，乃欲以不睹不聞之法處之，跡類遁辭護短，且正見其猶昧於洋務。抑宗棠對於德商，原頗信任，在陝、甘、新所用兵器與機械，幾全為德商所承辦。以是因緣，德商在我國西北，自早已有較大之勢力，且嘗藏有極大之野心，一面欲由已攫得之膠濟路，更要求承造高徐鐵路（由膠濟線上之高密至徐州）與隴海鐵路（經過徐州），一面欲由計劃中之三B鐵路更經波斯與阿富汗以達新疆西界，此亦研究晚清洋務者所不可不知也。[841]

宗棠於商務之思想又何如乎？有一點宜先說明者：當日之商務，不僅指貿易而言，實包含兩層意義：一為因充實軍備而財無所出，因欲模仿西洋方法，開闢財源，充裕國庫；一為中外互市後，中國現銀大量流出，而中國工商業受洋人之壓迫剝奪，日形衰落，因欲模仿西洋方法，

挽回利權，救濟民生。如上所述，其先中國以為欲抵制洋人，只須充實軍備，即亦有西洋船炮；稍後始發覺洋人之船炮，質量精進不已；且欲造船、炮，須開煤、鐵等礦；而與軍備相輔者，尚有電訊與鐵路等等。——模仿舉辦，無此巨額資本。同時，發現自洋商在中國沿海與沿江行駛輪船，航業悉被壟斷，機製貨物源源而來，土貨為之滯銷，真有民窮財盡之概。於是中國政治社會雖向諱言利，而若干先知先覺者至是不得不模仿洋人所為，開闢利源，挽回利權，而混括其名曰商務，由圖自強而進於求致富。然宗棠於商務，無甚建樹，僅在蘭州省城時實行用機器織呢（參閱五十七節），第二次在福州省城時倡議用機器製糖而已（參閱五十八節）。在江寧省城時，則曾於具報善後事宜摺中，表現其如下之思想：

> 水次船戶專以攬載為生。自輪船行駛長江，各省亦置備洋輪，以資運用。於是出入江海，華洋相雜，往返如織，賈客爭趨，而江船水手盡失其業，無以謀生。故謂兵燹之後，富變而貧，貧者轉為極貧，而末流將有不可勝言者。若不亟籌養民之政，專以賑恤為仁，是以乞丐視民，非惟無此政體，亦將何以為繼。……[842]

顧宗棠所籌養民之政，僅限制典當取息，以輕平民負擔；廣栽林木，供平民燃料，建築簡單房舍，供平民租住而已（參閱六十一節）。誠以中國所患在貧，所謂養民之政無財莫舉也。至充實軍備所需經費，宗棠僅取給於整理鹽務，所得殊有限，並未採用西洋方法，別闢財源。

中外互市後，辦理洋務最困難之問題，為缺乏諳習洋務人才。清代官吏之來源：一為皇族；一為門蔭；一為科舉；一為捐納；而以科舉為正途，為數最多。然科舉規定，文員所考試，僅為經義、詩賦，乃至舊時所謂經濟之策論。在當時政事性質比較單純，由科舉出身之人，尚堪應付。其刑名與錢穀則因別有幕友所謂師爺者為之，猶今之於專門事務，畀之專家也。至武員所考試，尤為簡單，僅有弓矢刀石之表演，向

不足重。然辦理洋務，則一須諳習外國語言與文字，二須諳習外國技術與制度。中國閉關數千年，宗教與曆算而外，向少接受外國學術思想，將安所取得此項人才乎？於是始則用客卿，繼則用客卿教習中國人士。宗棠創辦福建船政，附設藝局，實為日後學校之雛型。是宗棠對於洋務之思想，頗為敏銳。後在南京，復就妙相庵，創設同文館，正取學生二十名，副取六名，每名月給薪資正銀三兩，副半之，以冀養成通曉外國語文之人才。然於此仍有一困難之問題，即中國人之出身，既惟有科舉為正途，則大多數人仍惟科舉是趨。對於學習西洋之語言、文字、技術與制度，往往夷然不屑。欲移轉此觀念，於是激烈者主張廢止科舉；緩和者主張修正科舉，在考試科目中，加入洋務科目。宗棠則主張將諳習洋務者之登進，別為一種考試：

> 登進之初，必先由學臣考取錄送，咨部行司註冊，然後分發各海口效用差委，補署職官，乃憑考核。立法之初，應由海疆督、撫飭委海關道及候補道員專司察驗考生三代籍貫，具冊開報：一呈送督、撫，一由督、撫咨送學政。其願就文、武兩途，由各考生自行呈明註冊，聽候學政考試，分別去取，移明督、撫傳驗，會同出榜曉示，一面飭司註冊，由司飭考生本籍州、縣傳知各考生知照；其流寓各考生，即呈由寄籍各州、縣開列加結具文，申送備案。其取中文、武兩科藝事各生，均由各考生自呈願就何項差使，填注試卷面，旁鈐用文科藝事、武科藝事戳記，以便識別。大約藝事以語言、文字、製造三者為要。能通中、西語言文字，則能兼中、西之長，旁推交通，自成日新盛業。其有取於語言、文字者，為其明製造之理與數，雖不能親手製器，尚可口授匠師令其製造也。其能製造而不諳文理者，即以武科開列，以之充當末弁，深其歷練，究勝於趨蹌應對，以弓箭槍炮得差缺補署之流也。至於取中額數，以應考名數為斷。大約學額十名，取錄藝事兩三名。於學額無所損，而於人才則大有益。省虛文而收實效，自強之策，固無有急於此者。……

宗棠所謂藝事，以為「係形而下者之稱。然志道據德，依仁遊藝，為形而上者所不廢。經稱工執藝事以諫，其有位於朝，與百爾並無同異。」[843] 中國人心理每是古非今，故文人學士欲發表其新異之思想或主張，必須托之於古，以為於古有徵，即可間執反對者之口。康有為之作《孔子改制考》，無非思藉重孔子亦嘗變法之說，以達其變法之目的而已。

然辦理洋務，尤有一最困難之問題：即當時之政治制度，不合於洋務，非改弦更張不可。顧中國政治社會最反對變更所謂祖宗成法，以為大逆不道。總理各國事務衙門係被迫設置，其始猶以為臨時機關，敷衍洋人。乃日復一日，無形中反在政治上佔一最重要之地位，浸假而超越軍機處之上。各國之交涉，固集中於此；即模仿外國之軍備與商務，亦特設海防股與總稅務司，不歸之兵、戶兩部，而集中於此。其間又分設辦理南北洋通商事務大臣，為京外辦理洋務之中心。南洋由兩江總督兼任。（掌中外交涉之總務。專轄上海入長江以上各口。其閩、粵、浙三府則兼顧。）北洋由直隸總督兼任。（掌北洋洋務海防之政令，凡津海、東海、山海各關政悉歸統治。）中日台灣事件，中法越南事件發生，朝野一致要求編練海軍，宗棠應詔陳言，竟主張建樹辦理海軍之中心，修正現行制度。其扼要之言曰：「慎選賢能，總提大綱，名曰海防全政大臣，或名曰海部大臣。凡一切有關海防之政，悉由該大臣統籌全局，奏明辦理。畀以選將、練兵、製船、造炮之全權。特建衙署，駐紮長江，南拱閩粵，北衛畿輔。該大臣或駐署辦事，或周歷巡閱，因時制宜，不為遙制。另擇副臣，居則贊襄庶務，出則留守督工。權有專屬，責無旁貸。」後清廷將總理各國事務衙門中之海防股（原掌南北洋海防之事。凡長江水師；沿海炮台、船廠；購置輪船、槍炮、藥彈、創造機器、電線、鐵路，及各省礦務，均屬之）劃出，特設管理海軍事務衙門，且將辦理鐵路等洋務仍悉歸管轄（其機關名礦務鐵路總局），以醇親王主其事而副之以鴻章，正如宗棠之主張。其後之陸、海軍部，農工商部與郵傳部亦即由此蛻化而出。[844]

60 澄清吏治

　　左宗棠由浙江巡撫而閩浙總督，而陝甘總督，而兩江總督，先後膺
疆寄者二十餘年，究以致力軍事者為多，致力吏治者稍遜，顧此乃環境
有以限之，而其所以整飭官方者，要未嘗無所措注。

　　在軍事時期，為一地方之官吏者，自以守土為最高責任。乃當宗棠
之督師入浙也，全省幾在太平軍手，清廷所命官吏，大都棄職而走，其
中地位最高者，為浙江布政使林福祥。宗棠為肅軍律、正人心計，先就
此公開刀。然福祥之出走，非無詞也。據其親供：

> 咸豐十一年（1861）八月十九日，至杭州省城，接浙江布政使
> 印。二十七日，奉派赴諸暨督師。
>
> 九月二十三日，太平軍圍杭州省城。
>
> 二十八日，回師援應，紮營江口。
>
> 二十九日，帶親兵入城。
>
> 十月初二日，太平軍城圍合，與江口營盤隔絕。
>
> 十一月二十八日，城陷，入滿城。先十日，奉浙江巡撫王有齡
> 密札，以杭城糧盡援絕，事無可為，惟江口水陸各營，尚有一萬數
> 千人，城陷之後，應即出城，收集潰散，會合援師，迅圖恢復。
>
> 十二月初一日，滿城又陷，由錢塘門繞出武林門，至海塘五
> 堡地方，聞知江口營盤已潰散。
>
> 初九日，由五堡小路繞道而行。
>
> 十六日，至餘杭、德清交界之處。
>
> 二十六日，抵桐鄉。二十八日，至屠田鎮。

同治元年（1862）正月十六日，由屠田鎮奔至江南提督曾秉忠五索營盤。

二十五日，到上海。

三月二十八日，由上海起程。

五月二十七日，抵衢州。

宗棠之勘語曰：

查林福祥以本任藩司，募勇赴浙，賊未圍杭之前，未能扼賊奔衝，賊既圍杭之後，未能背城一戰，徒藉前撫臣十一月十八日設法出城，收輯潰卒一札，預為逃免之計。後十日，杭城陷，巡撫王有齡死之，林福祥不死，復入滿營。十二月初一日，滿城陷，將軍瑞昌、副都統傑純死之，林福祥不死。江口營盤潰卒，不可得而收矣，海寧、湖州不可得而至矣。出浙一步，便非死所，猶復展轉逃匿，始奔江南提督曾秉忠營，繼奔江南上海，時逾四月，而後行抵衢州，幾忘其身為浙江方面大員，幾忘當官有死事之義。主兵有失律之誅，竟忍死偷生，希求苟免至此。咸豐四年（1854），武昌失守，巡撫青麟率潰軍至湖南，繞道荊州府，奉旨正法。文宗顯皇帝非不知鄂省援盡食絕，青麟之情，亦有可原，只以名義攸關，紀綱所繫，未可屈法宥之，慈懷惻然，千載如見，相應請旨，將已革浙江布政使林福祥立正典刑，以肅法紀。……

奏上，奉旨即着在衢州軍營正法。同時伏誅者，尚有浙江提督朱興朝等數人。[845] 猶憶宗棠初入湖南巡撫張亮基幕府，即言：

軍興以來，未嘗誅一失律之偏裨，退縮之將領，自是將弁均不畏法而畏賊。《書》云：「威克厥愛，允濟，愛克厥威，允罔功。」古今用兵得失，盡此二語……

　　蓋其治軍尚嚴,早有鮮明之表示。[846] 同時,兩江總督何桂清於丹陽失守後,由常州退至蘇州省城,旋亦走上海,既就逮,供稱,彼之由丹陽退蘇州,因於江蘇按察使、江寧布政使等公稟請求。清廷交曾國藩徹查。國藩覆奏之結語曰:「疆吏以城守為大節,不宜以僚屬之一言為進退。大臣以心跡定罪狀,不必以公稟之有無為權衡。」[847] 桂清遂句決。皆誅心之論,固為大快人心之舉。清廷之卒獲中興,猶賴上下有此執法無私之精神也。

　　又浙江當軍事糜爛時,一部份官吏均裹足不前。一種為出差不返,如寧紹台道梁恭辰,於咸豐十一年(1861)八月,經前任浙江巡撫派往福建催餉,遄回原籍,逗留七八月,所催之餉,有無着落,無隻字報告,即由宗棠奏劾革職。[848] 一種為受命不到,如恆山於咸豐十年(1860)九月,授金衢嚴道,劉熙盛於咸豐十一年(1861)十一月,授處州府知府,均至同治元年(1862)七月,尚未到浙。宗棠奏准限一年報到,逾期一律革職。又一種為運動他調,如原派浙江人員,干求他省督撫奏留差委,宗棠奏請一律不准,以為此輩坐視浙事之成敗,以便進止之私圖,居心殊不可問,自宜概予裁抑,以杜規避。[849] 此誠於振作官方,挽回人心,大有關係也。

　　宗棠平時整飭吏治之主張,約可括為三端:

　　　吏治之振新,全在上司精神貫注,除貪鄙、吸煙及全無知覺運動之人,斷不宜用外,餘皆隨材器使,亦可漸收轉移之效。大抵中人之資,可與為善,可與為惡,吾之好惡一端,斯吏之趨向定矣。長沙一猾吏曾語人云:「吾輩所工者,揣摩風氣耳。使上司所尚者,果是廉幹一路,吾亦何樂而貪庸乎?」此言雖諧,卻亦近理。今日道府以至督撫,均言察吏,不知察吏之外,尚有訓吏、恤吏兩端。訓之使不至為惡,恤之使可以為善,斯其成就者多,而轉移自速也。由前言之,表端則影自正,修身以上之事也;由後言之,以人治人,改而止,忠恕之道,齊家以下之事也。……

訓以理，恤以情，察以法，合此三端，以言吏治，吏治自未有不善者已。[850]

宗棠於同治三年（1864）三月，甄別浙江不職知縣，奏云：

> 臣蒞任以來，凡遇屬官之來見者，無不以屏除官場積習，勉作好官，時加勖勉。公事稟牘，無不親手批答，冀其時加省覽，有動於心。……[851]

時加勖勉，可作為口頭之訓；親手批答，可作為書面之訓。口頭之訓，固不能詳，書面之訓，可引兩例。批陝西臨潼縣知縣伊允楨稟報接印視事云：

> 做官要認真，遇事耐煩體察。久之，無不曉之事，無不通之情。一片心腸，都在百姓身上。如慈母撫幼子，寒暖饑飽，不待幼子啼笑，般般都在慈母心中。有時自己寒暖饑飽，翻不覺得，如此用心，可謂真心矣。有一等人，其平日作人好，居心好，一旦做官，便不見好，甚或信任官親、幕友、門丁、差役，不但人說不好，即自己亦覺做得不好。旁人謂其無才，上司亦惜其無才，實則非僅無才，還是不認真耳。如果認真，則保赤之道，心誠求之。天下無不知愛之慈母，故無不能愛子之慈母也，今以百姓之事，交付官親、幕友、門丁、差役，若輩本非官，官既非真，心安得真耶？詩曰：「弗躬弗親，庶民弗信」，當引為大戒。因來稟雖是到任例稟，而其中有東國迂儒，及自愧疏庸，難膺繁巨等語，預以無才自命，覺其用心非真也，姑書此箴之。……[852]

又批甘肅階州州判劉立誠稟陳地方情形云：

> 官莫嫌小，由小可以至大。地方莫嫌瘠苦，惟瘠苦，益足顯其措施。民莫嫌刁頑，惟刁頑，賴官為訓導。昔王文成曾為龍

場驛丞，卒為有明一代名臣，良由動心忍性，增益其所不能，故後來之成就大也。下馬關雖陋，較龍場驛為勝，該倅果能實心實力，為民謀生全，為民廣教化，安見瘠苦不可致富厚，刁頑不可遷善良哉？……該倅自知忠信篤敬，生平所短，即宜切實體認此四字，念念不忘，自有進境。蓋作事不可荒唐，語言不可荒唐，心能主一無適，自然罄無不宜。該倅前在保甲局辦事，便想做官，蒞任不過數月，又想回省聽差，希冀寸階，此是志不專一，便是念慮荒唐也，能弗返己自省哉。……[853]

皆針對其缺點，作切實之糾正。

宗棠在福州省城時，嘗刻陳宏謀纂《從政遺規》《在官法戒錄》二書，發地方官諷誦。移陝甘總督後，常勸僚屬讀汪輝祖著《佐治藥言》《在官法戒錄》二書，又曾輯刊《學治要言》，頒發甘肅屬吏。其札甘肅布政使文云：

服古入官，學優而仕，往訓攸章，未有不學而臨民者。近世士夫，競習帖括，尚詞章記誦，而經術早荒，鶩利祿功名，而儒修罕覯。甲科之選，已不古若。軍興捐例頻開，保敘輩出，官途日益猥雜，求仕風之進於古，不已難哉？治軍餘暇，搜前人書論，有關吏事者，都為一編，題曰《學治要言》，付手民鋟諸木，頒諸寅僚。自慚德薄能鮮，於諸老先無能為役，冀同志諸君子玩索是編，而有得焉。發為經猷，見諸事業，豈惟關隴子遺實受厥賜，善氣所召，休祥應之，造福於民者，己必興焉。即不佞亦可借寡愆尤矣。因公接晤時，當即是編相與考訂往復，以求一是，幸勿泛常視之。

此亦為書面之訓，而及至相與考訂往復，則又為口頭之訓矣。[854]

宗棠所謂恤吏，包含體惜之意，或為精神上之慰藉，或為物質上之補濟，或為法令上之寬假。如陝西綏德州知州成定康剿匪黨，辦善後，竭忠盡智，宗棠於其稟報攻克霍家溝寨時，批答云：

該守積勞成疾，實深掛念，血性男子，遇事不肯放過，不肯隨人，固是本色。然當百忙之中，亦須稍存暇豫之意，庶心神和適，不致竭蹶。古人云：「愛其身，以有待也。」又云：「能事不受人迫促」，乃為入粗入細經綸好手。願賢者百尺竿頭，再加進步。……

甘肅階州知州洪惟善因省母遄歸，宗棠於其稟報交卸時，批答：

該守自權階篆以來，捕匪安良，盡心民事，實牧令中出色之員，已於肅清案內附片保獎矣。此次以急於省侍，於交代清楚出結後，未及稟辭，遽先回籍，念其望雲情切，勉如所請。惟願高堂康適如常，早日度隴，以慰遙盼。……[855]

是為精神上之慰藉之一例。又如云：

林守發深在涇年久，老成謹厚，素所深知。今因患病請假，回籍醫調，景況蕭條，殊為憫念。候飭藩司酌發川資銀五百兩，以示體恤之意。為該守急於言旋，即由該道先行籌墊，俾趁新涼天氣，早日治裝可也。

又如云：

張介卿（宗翰）署西寧道，光景甚窘，須議給津，每月非百金不可，肅州鎮委陳春萬，亦非每月津貼五十兩不行。……新授鎮迪道福裕……旅橐蕭條，計此時已可行抵西安，弟已飛致沈吉田（應奎），妥為照料，抵蘭州後，希於無礙款項內，撥給盤川。……[856]

是為物質上之補濟之一例。又如云：

　　地方初定，一切均宜從新整頓。若不准地方印官便宜從事，必致為文法所拘，不能登時了結，甚或釀成事端。本爵大臣督部堂所蒞，皆係殘破之區，每鑒近時守丞牧令深畏辦案之煩，文法之密，至不能自舉其職，往往假以便宜，從未稍涉苛細。……[857]

是為法令上之寬假之一例。

與恤吏尤有關係者，莫如一面嚴格裁革陋規，一面寬籌公費辦法。宗棠認為：

　　懲貪獎廉，必先將義利之辨，剖析至精，毫無假借，而後紀綱正而士風清，法戒昭然。纖鱗雖遺，吞舟必期無漏，官之薪廉，應得者也。此外如相沿之陋規，或藉以辦公，或取以充交際之用，尚可謂為應得之款。至因巧取而創立名色，因營私而潛通請託，則贓款也。若亦指為應得，而以陋規寬之，是夷蹠可同科，貪夫多倖免，法未立而弊已滋矣。……[858]

然宗棠主張仍當有以維持主官之生計，故周開錫任浙江溫州知府兼溫處道時，宗棠戒之云：

　　鹽厙事，可細心察看，應減者減，應免者免。局卡各員，應參者參，應撤者撤。速將錢糧弊竇剔除，以惠農民也。要州縣過得下去，不可太過太盡，庶幾善政得民財之說歟。……

又一函，其言尤為透徹：

　　減徵一節，最為當今急務，各處情形不同，不能一律，亦自然之理。湖南所以勝於湖北，湖北所以勝於江西者，同一減徵，而施為自別也。若概定一章，則巨屨小屨同價，苦樂不均，事必難成，成亦不久耳。永嘉章程，於縣令尚無過當，而道府兩署，一舉而空之。吾倅作溫處道、溫州府，或尚勉強可行，若別人為

之，則難以終日，必別生枝節，巧立名色，向縣令索錢。其賢者，則惟有襆被而走耳。林聰孫（聰彝）來衢，一如任之在溫，盡革新參、節壽及一切陋規，惟支養廉，以充用度。然僅數百金，萬不濟用。僕鑒其苦，而姑以兩局薪水畀之，計亦不過數百金，將來仍須為渠打算。另曰：「苦節不可貞」，至哉言乎！永嘉二百八十文，留八十文，不為過。任宜審圖之，毋僅取快一時也。……

於是而有另給公費之計，有通省規定者，則嘗行之於福建。後福建巡撫岑毓英嘗稱善其事：

閩省各衙門陋規，經前督臣左宗棠於同治五年（1866）奏准，概行裁革，並將各州縣私茶之茶葉起運稅，耗驗箱經費，提歸公用。即由此雜款，及閩安等關稅餘，與洋藥、百貨一成厘金盈餘，按各缺分之繁簡，用費之多寡，提給公費，不再擾及民間，亦毋庸另動正款。出納一正其名，予取各得其實，於吏治、民生兩有裨益。……[859]

有特別規定者，例如劉思詢任甘肅涼州府知府時，宗棠指示云：

官評以操守為重。屬吏饋贈，官價派買，與衙門一切陋規，不准收受，例禁綦嚴。晚近以來，仕風不正，道府取之州縣，州縣取之民間，上下交徵，吏事遂不可問。該守權篆劇郡，蒞任之始，即將一切陋規概行裁革，具見清白傳家，志趣不苟，深為嘉悅。做官不要錢，是本分事，但能不要錢，不能為地方興利除弊，講求長治久安之道，於國計民生，終鮮裨補，則亦不足貴。所望於該守者，固猶有進也。然非操守清嚴，畫定界限，大本不立，其見諸事為之末者，又安足道哉？自應先將本任內出入實數，通盤合算，按月劃清，令界限內常有贏餘，庶自受篆日起，至交卸日止，毫無虧累，乃能進退綽然。據稟自四月廿六日到任

起，至五月廿六日止，一月之內，徵收畜稅銀一百六十餘兩，商稅銀二百九十餘兩，西稅銀二十餘兩，三項共銀四百八十餘兩。內除畜稅一項，前已批飭，實徵實報，不准稍有侵欺，商稅、西稅兩項，每月照依正額，應報解銀一百五十餘兩外，只可餘銀一百七十餘兩。而遵照舊章，該府支發各處飯食、冊費、津貼、本署書役工食、紙張，供支幕友薪水、家丁口糧，以及伙食、油燭、紙張等項，每月應需銀四百八十餘兩。合該署守滿年應領半廉，並奉公役食等項，除照章折扣外，實應領銀一千六百餘兩。一併通盤合計，每月仍不敷銀一百七八十兩。該署守縱甘心賠墊，以後蒞斯任者，恐難為繼。查畜稅一項，現既清釐明晰，餘羨解歸釐局，應於此項內，每月劃出銀二百兩，作為該府津貼。如所收尚不足數，仍准隨時稟明，以憑再提津貼。如此以稅餘為津貼，奉文指給，受之者無慚，而稅餘由除弊而來，劃款開銷，官款仍歸有着，無損於上，有益於下，較為得之。……[860]

陋規之存在，本為吾國澄清吏治上一大障礙，根本解決，惟有明定足敷之薪費。而在未能根本解決以前，則宗棠此種處置，自較為合理也。

唐劉晏造江淮運船，價五百貫者，輒給一千貫，或議其枉費，晏曰：「大國不可以小道理。凡所創制，須使人有餘潤。私用不窘，則官物牢固。」故轉運五十餘年，船無破敗。宗棠最服膺其說。創辦福建船政局時，與日意格、德克碑訂約，委託其採辦機器等等，即主不惜小費，使有利潤。但仍與聲明約束，條約外，勿多說一字，條約內，勿私取一文。[861] 抑凡宗棠有所經營，無不用此方式，是亦恤吏之一端也。

宗棠於同治二年 (1863) 十二月，奏報閩、浙兩省提鎮司道府各官年終密考結果，略謂：

飭藩臬及各巡道，密察各府縣，飭各府縣，密察所屬丞倅牧

令，飭各縣密察所轄之教職佐雜，以操守、性情、才具、緝捕四條為課，令各詳其事實、聲名，分注各條下，以資考證。……[862]

此可作為察吏方法之一種。又嘗曰：

> 州縣最須得人，樸勤者為上，安靜者為中，沾染近時習氣者，不可留也。……
>
> 官無論大小，總要有愛民之心，總要以民事為急。隨時隨處，切實體貼，所欲與聚，所惡勿施。久之官民浹洽，如家人父子一般，斯循良之選矣。勤理案牘，操守端謹者次之。專講應酬，不幹正事，沾染官場習氣者為下。其因循粉飾，痿痺不仁，甚或倚任丁役，專營私利者，則斷不姑容也。……[863]

此則可作為察吏之標準。大概貪官污吏，宗棠必劾之不稍姑息。范仲淹所謂一家哭，何如一路哭也。

宗棠之所謂訓吏、恤吏、察吏，即以其平日議論釋之，行動證之，大抵如此。然宗棠又嘗曰：

> 欲知民事，必先親民，欲知吏事，亦須親吏。今人但言察吏，而不知訓吏，但言課吏，而不知親吏，故賢否混淆，而屬吏亦無所觀感。所謂親者，不在勤接見，通聲氣，要有一副勤懇心腸，與之貫注，見善則獎，見過則規，寬其不逮，體其艱苦，則中材自奮者必多，而吏治乃有蒸蒸日上之意。各屬壅蔽悉去，彼此誠意交孚，何為不成？何事不辦？百姓有不被其澤者哉？……[864]

似宗棠於吏事，在訓吏、恤吏、察吏三端而外，更有課吏、親吏二端。其實課吏，即是訓吏，而親吏亦在恤吏範圍之內。漢宣帝之為治，曰綜核名實。欲綜核名實，必先掃除一切浮文與俗套。宗棠亦三致意於是。剿捻回師，初入陝境，即批耀州知州王稟候文云：

本爵大臣已行抵臨潼矣。日接閱各屬來稟,所陳地方利弊,賊情地勢,無不隨時批答。惟一切稱頌賀候套稟,概置不覽,且拉雜燒之。該署牧初權耀州,地方事宜,豈無應行稟白者?僅以書啟套語上瀆,徒煩省覽,何耶?原稟擲還。[865]

入甘後,又批寧夏府知府李藻稟報接篆文云:

謝稟用駢語,殊可不必,此即所謂官氣懶殘,所謂為他人拾涕者,於實事無益。……[866]

到肅州,督辦新疆軍務時,又通飭文武印委員弁云:

新疆軍務未竣,本大臣爵閣部堂駐節肅州,啟處不遑,所有關內外文武及營局各員,凡遇慶賀禮節,概應刪除,即謂長屬分義有關,宜隨時通候,以表虔恭之意,稟啟將意,亦無不可,斷不准擅離職守,來轅晉謁,致曠職守。其有專差呈送禮物者,尤干例禁,已早飭文武擯棄不收。各文武印委均應勤思職業,毋得非分相干,自取咎戾。凜之。[867]

人之精力與時間,均有限度。為吏者,於浮文俗套上,多費一分精力與時間,即於為政致治上,減少一分精力與時間。且習於浮文俗套,直接啟貪緣奔競之漸,間接開營私舞弊之門,為害於吏治者無窮。故宗棠凡此所為,雖若末節,不可不謂能見其大。

61 政在養民

　　《洪範》有言：「政在養民，正德利用厚生。」左宗棠早歲，即頗究心及此。年二十七，會試北上，道經直隸之欒城，偶遊市上，見知縣桂超萬所張示諭，勸民耕種，並示以種植木棉、薯芋之宜，及備荒之策，頗為詳備，心焉儀之。報罷南歸，益留意古今農書，探討甚勤，且欲有所著述。徙家柳莊，與家人躬親農事，栽桑、養蠶、繅絲、種茶、蒔竹，凡為土地氣候所宜，而足以資生者，無所不及。居長沙省城時，仍令家人種蔬、養魚，藉以自贍。固以後宦轍所經，無不以教民治生為先，而尤側重於農事，固以興趣所在，亦閱歷有得也。[868]

　　宗棠始過甘肅各屬，見民間所植穀類，僅有大小麥、黃白粟、糜子、油麻、包穀諸種，雖終歲勤動，得獲再收，而皆穗短苗單，顆粒細小。計問一畝之地，不過收百餘斤，其價又賤，除留自食，易錢必不能多。宜其人生日用所需，異常困乏。因思東南之稻，利似過之，何不教以植禾？既駐軍平涼，首令所部兵士試植一種晚稻，初甚秀發，終竟無成，則以為土性非宜，已作罷想。已而平涼知縣試種稻，所得每畝可四五百斤，民間效之，收穫亦豐。宗棠得悉其事，大喜過望，令傳之他縣。惟以為甘肅天寒較早，所擇種子，宜取栽植後經六七十日即可收成者，否則一至露結為霜，即有秀而不實之慮。其後敦煌等縣均報試種有成。[869]

　　甘肅民間，向以栽植罌粟取利，每畝可出煙土，多者七八十兩，少者三四十兩。宗棠以其流毒甚大，斥為妖卉，嚴令各地限期禁絕（詳六十六節）。顧又以為既奪其罌粟之利，自當另覓一種其利相當之農作物代之，方於生計無損，易於樂從。乃審土之宜，提倡種植草棉。蓋棉

之收成，佳者一畝可二百餘斤，每斤約值錢一千文，而其工力翻省於種
罌粟之劖果刮漿也。且甘肅絲縷布匹，太少生產，遠從湖北、四川購運
而至，價值又太昂，宜其人民常多衣不被體，寒凍可憐。如能由自植棉
而進於自織布，則民衣問題，亦且隨而解決。於是刊成《種棉十要》及
《棉書》，分發所屬，令向民間勸說。其在西路，同治十二年（1873）宗
棠赴肅州，道出山丹、撫彝、東樂各處，目擊田間多已種棉，正值成
熟。傳詢農民，亦認利益不下於罌粟。甘肅外來棉花，每淨花一斤，本
售價錢七八百文，後降至四百文左右，殆即本省棉產漸盈之證。其在東
路，如寧州、正寧等處，種棉亦著成效。且購覓紡車、織具，僱倩民
婦，教習紡織。光緒四年（1878），宗棠在蘭州省城，亦特設紡織局，
為民間婦女傳習，惜甘肅不尚女紅，未幾即輟。至陝西經宗棠刊書勸
種，關內漸遍，後竟蔚為出貨大宗。[870]

　　吾人行於甘肅之原野，偶見畎畝間，積礫累累，疑為石田。其實非
也，是名鋪砂，為甘肅特有之一種農法。用井砂、河砂、窪砂或溝砂，
平鋪地面，既可解消土中鹹性，同時保持土層濕潤，增高地底溫度。
鋪砂以後前二十年，謂之新砂地，中二十年，謂之半兩砂地，或中年
砂地，末二十年，謂之老砂地，須換鋪新砂矣。其發明，乃出於偶然，
距今尚不過百餘年。某歲，甘肅大旱，赤地千里，會有田鼠竊麥遺地，
又於往來間，帶砂礫覆其上。次歲，發苗蓬勃，結實繁盛。農人驚異而
則效之，亦有意外之收穫。蓋甘肅地質，常含鹹性，雨水不多，灌溉維
艱，天氣嚴寒，又歷時甚長。此三者，皆不利農產，而此農法恰可彌補
其缺憾也。宗棠既定甘肅，招徠耕墾，遂貸款農民，使廣行鋪砂，改良
土地；尤盛於皋蘭、景泰、永靖、平番、沙、靖遠等縣，使荒灘僻壤，
悉成良田。鼎革而後，砂地衰老，益以天災人禍，政繁賦重，農逃田
荒，至今皋、景交界，百里無人煙。回憶當年宗棠之政績，輒興殷墟之
感喟。光緒六年（1880）宗棠為伊犁交涉，出關馳赴哈密，一路所見，
以告幫辦甘肅新疆善後事宜楊昌濬：

　　　戈壁乏水草，不能度地以居民，固也。然憑軾觀之，亦有

不得於心者。沙石間雜,中含潤氣,雖無湧見之泉源,雨露之滋潤,其足陰嘉穀,一也。蘭州北山秦王川,昔稱五穀不生者,近則產糧最多,省會民食,取給於此,老砂、新砂、翻砂,時形爭訟,其明徵也。惠回堡迤西而北,沙磧尚雜石片,安西前後沙灘,則石子相間,並少塊片,疑可仿秦王川法,用種嘉禾,就中大小沙頭,遍生野草,間有蘆葦叢雜,既產草,則必宜禾,奚僅宜畜牧,不宜耕墾乎?至沙灘戈壁,雖乏樹木,然近水各處,亦見榆柳,疑下濕之地,皆可種植,奚僅宜榆柳,不宜蔬果乎?凡此皆旬日往來,胸中未能少釋者。……

　　此時宗棠又思將鋪砂之法,推之於關外。雖在戎馬倥傯之際,其不忘開發地利以惠民,蓋如此。[871]

　　新疆原產桑,但民間僅取葚代糧,或以充藥材。蠶絲之業,間有而未廣,衣被廬帳之製造,取材於氈片。其參用蠶絲,和毛彈織者,亦頗精緻,售獲善價。顧以與內地交通不便,未能廣銷。而俄人在新疆購絲,實多採之四川。宗棠調查新疆境內,有桑八十萬六千餘株,葉大質厚,確宜於蠶。驗所產絲,色潔質韌,亦不下中土。惟土人於栽培、養育、繅織等技術,多不諳練。爰特從浙江之湖州,僱募工於蠶桑者六十名,並攜帶桑秧蠶種(計三百九十四張),以及繅織應用器具至新,就阿克蘇設立蠶織總局。並在哈密、吐魯番、庫爾勒、庫車、英吉沙爾、喀什噶爾、和闐、葉爾羌、阿依克等地,各設立蠶織分局,大事勸導傳習。當時製成線縐綢緞,頗與浙產差同,獻之宮府,皆詫為奇。嗣逐漸推廣於天山北路。雖蠶織局不久以辦理未盡完善,卒至停辦,然新疆蠶絲之業,究由是而始興。逮光緒末葉,有司重加倡導,猶利用宗棠當時引入之工匠與器具,彼時約計每年可產繭一百二十六萬斤,絲六十四萬斤,和闐、葉爾羌、河浦、皮山等處居民多有以此為業者。[872]

　　宗棠在甘肅,亦頗提倡蠶桑,湖州桑秧初至,分一部留甘肅,時宗棠尚駐節肅州,躬在嘉峪關內外督植,並貽書昌濬,同在蘭州省城行之:

　　蓮花池（按即今小西湖）種桑千餘，東校場、河壖及節園隙
地，均可植之。尊處所留桑秧，宜盡數分種，將來種菷、接枝、
壓條，均可取給於此。十年之後，可衣被隴中矣，幸何如之。此
間於清明日，分栽數百株，急令匠師出關，分種玉門、安西、敦
煌諸處，細察根條，尚含生意，或不至無成。移浙之桑，種於西
域，亦開闢奇談。古今美利，非書愚孰與圖成者，吾曹勉為十稔
之留可耳。一笑。⋯⋯

嗣並在安西、敦煌兩處，設立蠶織局，教民繅織。而當湖桑之運甘
而經陝也，發生一被西安轉運局委員截留之趣聞。宗棠致書陝西按察使
沈應奎論之：

　　瞿丞（良份）事，前函罷其轉運局務，委署相當之缺，想已照
辦。此君廉隅自守，心存利濟，人所共知，以之作簡僻地方官，
必於百姓有益。海忠介（瑞）宰淳安，人稱其不曉事，于清端（成
龍）宰羅山，人呼為醉漢，悠悠之口，其足信耶！涂中丞（宗
瀛）責其擅越，瞿丞固無以自解，惟亦須分別觀之。若如瞿丞之
截留浙桑，遍植各州縣，成活頗多，此等擅越之咎，恐天下亦
不多見也。⋯⋯

瞿丞殆亦書愚之流，宜以截留桑秧，及受宗棠賞識。而宗棠之自喜
於蠶桑，更可見矣。[873] 譚鍾麟為陝西巡撫時，亦頗提倡蠶桑，嘗以所
刊言蠶桑之書相贈，宗棠報以一箋：

　　承示《蠶桑輯要》一編，與近代楊崇峰中丞（名颿）所刻《蠶
桑簡編》略同，而採摭尤備，其為民生計者至周，庶復古豳之舊。
關中草棉桑柘，地無不宜，隴則山高氣寒，不能一律，而民情窳
惰，其有過之。上年，符檄頻催，郡縣多以風土不宜為辭，實則
向陽之地，未嘗不可栽種，即育蠶天氣，亦可緩俟大眠節候，總
以桑葉如錢時為度，自無不宜，何至坐失美利，甘為凍鬼？蓋自

周初王跡以次東指，二千餘年，不沾聖化，隴右淪於戎狄，遂致別為風氣耳。崔寔《五原紀事》謂：「窮民自土穴出，下體不蔽。」今甘涼一帶，笄之女，且無襦褲，猶如昔時，吁！可駭也。大抵官如傳舍，得地不能得人，無以久遠之計存於胸臆者，因循相沿，遂至此極，亦非僅風土之不宜。披覽此編，但增慨歎。……[874]

宗棠又考知陳宏謀為陝西巡撫，嘗勸民養山蠶，因舉下列諸種樹，其葉可飼山蠶者：

> 槲樹　大者為大葉槲，小者為小葉槲。
> 橡樹　葉多棱，結子上圓下尖，狀如蓮子，名曰橡子，橡子落地，以土掩之，即可成樹。
> 青杠樹　類橡葉而小，結子與槲樹同。
> 柞樹　紅皮者名紅柞，白皮者名白柞，葉皆青色，似柳葉而較寬，經霜不落，結子與青杠同而較大。　以上餵養山蠶。
> 椿樹　即臭椿，嫩芽時，紅色，成葉後，青色，似香椿而微臭，子結瓣中，如目之有珠，名鳳眼草。　餵養椿蠶，全賴此種。
> 揭告民間，俾當地有其樹者，知所從事。[875]

宗棠於蠶桑，確有特殊之興趣，後在兩江總督任，又廣採湖州桑秧二百餘萬株，分栽於江寧省城之公私隙地，以廣蠶利。南京絲織業之發展，宗棠當與有力。嗣更發三十萬株於海州、淮安兩屬，並刊佈種植法則，冀推之於江北。上元廩生羅某，提供桑樹去蠹方法，宗棠亦欣然通飭，依以指示種戶。[876]

宗棠以為西北地方宜於畜牧，固矣。要以羊之利為最。羊之皮，可為裘，羊之肉，可為食，而羊之毛，尤宜為織料。每年剪毛兩次，每斤可值銀一錢數分，故既設織呢局（詳五十七節），又頗提倡畜羊。光緒二年（1876），宗棠在蘭州省城，撥銀六千八百二十八兩，貸與農民，自購種羊孳牧，三年歸本。然貧民得錢，多以購食，並未購羊。於

是宗棠修正其辦法，令各屬徑以種羊，如耕牛例，貸與民間。至安西州時，捐廉銀二千兩，交地方官協買種羊，分給民戶與兵丁，各事畜牧。而甘涼道屬散佈種羊三千頭，孳生繁息，尤睹成效。蓋涼州之畜為天下饒，自昔有然也。新疆收復後，宗棠亦命所屬，擇水草便宜處所，查明戶口，散發羊種，責成鄉保連環結保，將所領成本，分三年攤還，不取息耗。[877]

如上所述，雖屬片段，而宗棠之一片熱忱，謀所以為民生利者，固灼然如見。其尤可稱者，在決心復興我國西北荒僻之一隅。宗棠以為《詩經·豳風》：「執筐採桑，元黃載績。」豳即當今陝西之邠州與甘肅之涇州，足徵西北蠶絲業，早已肇興於二千年前。又以為《禹貢》載雍州貢織皮，雍即當今陝甘兩省之一部份，亦足徵西北毛織業，早已肇始於二千年前。我漢族文化，本發祥於西北，既逐漸向東南移徙，竟棄之如遺，浸至西北成為邊陲，文化逐漸落後。宗棠鑒於其人民之鄙陋與貧苦，思有以復興之，則一以教養為先。教之事，為設義塾，為設書院，為甘肅別設學政，為甘肅鄉試分闈（詳五十七節）。養之事，即上述種桑、養蠶、織絲、育羊、織呢、植棉、織布。夫地方教養之事，吏之稍有良心者，類優為之。惟謂將以復興西北，則不能不謂為宗棠之創見。[878]

宗棠任兩江總督為時不久，顧於民生之措施，亦有一二可紀者。

當鋪之設，原為取便窮民，而江蘇、安徽各典取息之輕重，與滿期之長短，參差不一。宗棠因為酌中定議：

（一）無論抵當衣飾或農具，凡資本銀一兩，一律由每月取息二分五厘，減至二分。以前遇每歲隆冬與災欠年份，官廳常令減息，此後可毋庸再減。如仍有自願至時讓減者，是各典商好行其德，官廳只宜代請獎勵，不必加以誘勒，更不准從而要挾，以阻其樂善之心。其有地方情形特別，典商獲利確屬微薄者，得由官廳查明，請撥官款作本，不取利息，僅將該款分年撥還，或於閉歇交替之際，照數呈繳，其取之於當戶之利率，與以下規定之期限，概不得增減。

（二）抵當物贖取期間，原僅十八個月，改以連閏二十四個月計

算，仍放寬三個月，統以二十七個月為滿。

同時規定：

（一）每年除典稅照常完納外，城典每月只准捐錢二十千文，鄉典十千文，此外公事，一概免捐。

（二）官廳發典生息公款，無論何項，利率每月不准超過一分（按當時尚無銀行，地方如有公款，往往發典存放，生息取用）。

（三）官廳向來取自各典之陋規，概行裁革。

宗棠向主張，官廳欲令人少取於民，必使官廳先少取於人。以上對於典商之兩種辦法，猶此旨也。至上海租界多質押鋪，其取息之重，定期之短，尤甚於當鋪，宗棠當令一律改為當鋪。[879]

江寧省城，向多林木，自經太平軍之戰，所在濯濯，生氣索然。一日，宗棠外出，偶見一童山，問左右：「此為何山？」左右對以「山名獅子」。宗棠笑曰：「獅子無毛，無以壯觀。」且省城民間炊事所需薪柴，坐是無由取給，所賴以火食，僅有葦柴。雖有煤炭，自江船運至，然以只能遠泊下關，距城闉三十餘里，起卸所費，幾與成本相埒，非錙銖必較之平民所能享用。葦柴火力，既不如煤炭之猛烈耐久，且每一百斤，需錢二百餘文，估計一家每日兩餐，即共需一百斤之數，貧戶尤以為苦。宗棠惻然憫之，斥資購買松杉秧苗數百萬株，佈種隙地，聽民樵採，並為異日營造取材之助。[880]

同時，宗棠以城中荒地猶多，房舍不給需要，飭保甲總局查明各房屋基地，如其業主有力起造，責令即行興建，其業主無力，與本無業主者，由官撥款興建。分鬧市、中市與僻靜處所，為上中下三等，一俟落成，核定某屋工料價若干，榜示通衢，注明冊籍。其屋先由官出租，俟工料價在房租內收足，其屋便交原業主領去執管，不須再行繳價。其無業主者，仍由官收取租息。辦法既定，先將城北花牌樓及吉祥街一帶興工，專造迎街門面，其餘空地，隨後次第興作。當先後造成千百間，此猶今之平民住宅也。[881]

此外如設公濟局以治疾病，設因利局以便周轉，設掩埋局以免暴露，設救生局以拯覆溺，設義渡以利行旅，皆愛民之惠政，利益之昭著者。[882]

　　管仲云：「治天下，至纖至細也。」故凡此者，雖若薄物細故，以宗棠之雄才大略，要未嘗稍忽視焉。然因此有受人愚弄者。安徽紳士徐紹基為言，中國油燭，價值日昂，外商販運洋油營利，沿海一帶，行銷日廣，漸奪民間日用之利，宜廣栽烏桕，以保利源。宗棠欣然從之，為通令所屬遵辦，並於奏報中具言，烏桕一種，東南各處，遍地種植，土人呼為木子，取子榨油，足供燈燭之用。嗣因麻、豆、棉花、桐楂各色之油，廣產旺銷，桕利遂微，幾於無人過問。外商以桕油販售中土，土人但知其從外洋來，呼為洋油，不知中土素產之桕油，察其功用，與麻、豆各色同，當通行所屬，一律廣勸栽種云云。誤以外國之石油，為中國之桕油，自是笑談。惟現代科學發達，我國近在桐油中，提煉代用汽油，已告成功，安知桕油中不可提煉代用石油耶？[883]

　　至宗棠督辦福建軍務，適值延平、建寧一帶，產茶日旺（按宗棠奏報，閩省出產茶葉，先僅崇安縣屬之武彝山一帶地方，故有武彝茶之名，其後共有七處，為建寧府屬之浦城、建陽、甌寧、建安，延平府屬之沙縣，邵武府屬之邵武、崇安），外來做茶人，愈聚愈眾。益以此時大軍雲集，食指更繁，而福建山多田少，當地產米，本不敷食，江西之米，則以運轉艱難，不能多致，且福建地氣潮濕，亦不能多積，民食軍糈，均大可慮。宗棠因令在南台設立官米局，規定海運米船入口，由局平價量為收買，城鄉各鋪，願赴官局領買者，准予發兌，推陳易新，隨時酌留儲備，以供軍食。以為如此則在公家籌墊價值，不過一次，而輾轉周轉，市儈已無可居奇，商船隨卸，且得現銀，自更樂於販運，軍民並有裨益，與今日糧食統制，用意相仿。[884]

　　宗棠所宗管仲「治天下至纖且細」之說，又可以一事為證。前文不言乎，隴民常歌無襦，宗棠自入關，每發民寒衣，甘州、涼州，發至十萬之多。先是糧運艱難，里無餘車，布棉貴逾常，宗棠則每發新營帳，令繳舊，乃以其布作寒衣，即棚筋布條，亦令軍士織屨，給無屨者。由此更可見宗棠能隨時隨地隨事，運用其縝密之思想，故能實現其治天下至纖且細之理想也。[885]

62 治水

我國政事，向以水利與農田並重。水大抵以江河湖沼為主，其餘則井泉，農作物所恃以灌溉也。而在火車與汽車未傳入我國以前，船舶乃最適當之大量交通工具，故河流為尤要，農產物之所恃以運輸也。然水之為物，有利有害，淤淺阻塞，固不足以資灌溉、利運輸，而泛濫橫溢，則不但無補於灌溉與運輸，且將毀滅一切農田與農民之所有。至海僅利運輸，與灌溉無關。而海上風潮之為害於農民生命財產者尤烈。因我國人民至今大多數以農為業，而我國國庫收入，在從前又大部份依賴於田賦，故因水利失治而引起之荒歉，影響於國計民生者，非常重大。此我國歷史上有名政治家之所謂經濟之學，所以常引水利與農田為主要也。於是左宗棠之為政，既致力於農田之設施（參閱四十九節、六十一節），更從事於水利之措注。

浙江為澤國，亦為農事發達之區，水利自尤關重要。惟宗棠蒞浙未久，即去福建，故其治水之工作，僅具於臨行之一奏：

> 浙江全轄土田，近山者瘠，近水者腴，民田賦重，更賴蠶桑為生理。蠶桑之利，惟浙西最饒。民之治桑，其栽培灌溉，與治水田無異，故自古治浙有聲者，莫不以水利為重也。海塘關係吳越兩省農田，寇亂以來，石工坍卸，欲及時修復，估計非百餘萬兩不可。臣前奏先辦土塘，暫禦鹹潮，亦需銀二十萬兩，其工由紳捐辦，而亂後人稀，料賤工貴，一時尚難迅期蔵事。至杭州西湖，為仁和、海寧水利所關，餘杭南湖，為仁和、錢塘水利所關，省城中河，為民商炊汲舟楫之利。今雖中河修浚完工，南湖

草草畢事，而西湖則淤墊已高，葑長水枯，未遑議浚，此修復之
事尚須經理者也。……

幸繼任者為舊部蔣益澧、楊昌濬，尚得蕭規曹隨，完其未竟之志業。[886]
西北河流湍急，鮮舟楫之利，亦以田高水低，鮮灌溉之利，農田所
需，必另闢渠道，引河水或山水。山水者，山巔積雪，夏日融化下注者
也，宗棠經營西北十餘年，嘗謂：

> 西北素缺雨澤蔭溉，禾稼蔬棉，專賴渠水，渠之來源，惟
> 恃積雪及泉流而已。地畝價值高下，在水分之多少，水足則地價
> 貴，水絀則地價賤。蓋自涼州、甘州、安西、肅州，以達新疆，
> 大致相若。治西北者，宜先修水利，興水利者，宜先溝洫，不易
> 之理。惟溝洫宜分次第，先幹而後支，先總而後散，然後條理秩
> 如，事不勞而功易見。……

宗棠此一見解，自屬準確。[887] 其以機器疏浚涇水之源，殆即欲作
為一種試驗，惜未有成功（詳五十八節）。茲將宗棠在西北時期，各地
興修各渠，概述於次：

> 涇州　疏通頭道磨溝，引涇水，灌田三百餘頃，原名利民
> 渠，至是改稱因民。
> 狄道　開鑿嵐關坪渠，引抹邦河水，灌田數十萬坰——每
> 坰二畝半。此為一偉大之工程，正渠長七十里，廣十六尺，堤高
> 三十五尺，寬二百尺，支渠十八道，歷時十一個月，用錢四百萬
> 串，耗硝磺二千六百石。又疏浚舊渠兩道。
> 秦州　引渭河水，開陳家渠、毛緶家渠、張楊家渠、河邊渠。
> 平羅　重修七星渠。
> 中衛　重修羚羊壽渠、羚羊夾渠、柳青渠、貽渠、李家灘、
> 孔家灘、田家灘、康家灘、通清渠、黃宰灘、柳茂灘各渠。創開
> 永清、順水各渠。

金積　興修漢伯各渠。

西寧　修復城西渠道一里許。

碾伯　創修棲鸞堡一帶溝渠二十餘里。

河州　新挖三甲集水渠四十餘里，又興修祁家集水渠一道。

張掖　開渠七道，又修復馬子渠五十六里，灌田六千八百畝。

酒泉　就臨水河，治七大壩，並以均差徭。[888]

哈密　興修石城子渠，引天山雪水，灌田二萬畝。此亦為偉大之工程，渠底鋪氊條十萬張，以防滲漏，係張曜經營。又興修榆樹溝渠，亦引天山雪水，灌地五千畝。又興修渠二道，一由黑溪阪至大泉；一由拔木登至小楊下，後者長六十餘里，亦均引天山雪水。

巴里坤　興修大泉東渠一道，係從東溝渠分支，引南山雪水，長二十里。

古城子　興修官民各渠。

烏魯木齊　興修永豐渠三道，引大西溝水，東渠長三十里，支渠二，中渠長三十里，西渠長六十里。又興修太平渠三道，亦引大西溝水，一長八十里，支渠二，二長五十里，三長三十里。又興修工興渠。又開闢大地窩堡渠，小地窩堡渠，與九家灣支渠，均引烏拉擺水，共長二十餘里。

瑪納斯　興修大順渠一道。

奇台　興修各渠。

吐魯番　興修官民各渠。又挖掘坎井一百八十五處。

喀喇沙爾　興修官渠十道。又開闢上戶渠一道，引哈蟒河水，長三十里。

庫車　興修阿柯寺塘渠，係從新托依堡渠分支，引渭幹河水，長十里。又興修塞巴里柯渠。

庫爾勒　興修官民渠各一道。

車爾楚　興修河道四十里歸渠。

葉爾羌　堵截蔥嶺南北河洪流，並修復沿河各渠，添開支渠。

巴爾楚克　開鑿大連、小連、萼拉合齊、老南四渠，引大海

水，共長一百六十里。

　　喀什噶爾　修浚英阿瓦提渠，引推滿河水，長八十里，支渠二，喀拉東渠長五里，小英阿瓦提渠長六十里。又修浚牌素巴特渠，引烏蘭烏蘇河水，長一百二十里，支渠格密桑，長五里。

　　此項工程，皆由各防營將領督導兵勇，輪替作成，其兼用民力者，酌給僱值。[889]

　　西北灌田，亦恃於井，然土厚水深，鑿之甚難，且水多鹼質，尤非盡適於灌溉。光緒三年（1877），西北大旱成災，宗棠商同陝西巡撫譚鍾麟，倡導鑿井。宗棠與書鍾麟曰：

　　　民間開井，雖可以工代賑，不必另為籌給，然愚民無知，無樂事赴工之意，則宜察酌情形，於賑糧之外，議加給銀錢，每井一眼，給銀一兩，或錢一千數百文。驗其深淺大小，以增減之，俾精壯之農，得沾實惠。而目前之救奇荒，異時之永水利，均在於此。計開數萬井，所費不過數萬金。如經費難籌，弟當獨任之。……

　　於是華州辦賑章程規定，每鑿一井，給錢二十千緡。然新鑿者寥寥無幾，即舊有井者，澆種無十分之一，緣土厚水深，於力倍艱也。《續陝西通志稿‧井利篇》亦謂：

　　　陝西鑿井，在康熙、乾隆間，確曾大興，惟自嘉慶、同治、光緒以來，開井缺如，蓋以地無餘利，而風氣既開，民自為謀，無待上焉者之督催，或地中多砂石，井工過巨，貧民不能辦而利未行。如光緒丁丑（三年，1877）、戊寅（四年，1878），歲奇荒，大荔知縣周銘旂導民鑿井，津貼工資，開新井三千有奇，然水淺土鬆，旋開旋淤，非磚石砌成，不能經久，非殷實有力之家，未易舉辦也。……

按銘旗之貼費開井，自為奉行功令，然其效如此，則陝西鑿井在彼時，殆已成強弩之末矣。[890] 宗棠又與書幫辦甘肅新疆軍務劉典曰：

> 甘肅各州縣，除濱河及高原各地方，向有河流、泉水，足資灌潤外，惟現在辦賑之慶陽、寧州、正寧等處，川地較多，尤易鑿井，勸有力之家，一律捐資開井。計富者出資，貧者出力，兩得其益。……

慶、寧毗連陝西，地質或較宜於鑿井，其他甘肅各地，可舉撫彝廳通判之報告為例：

> 南鄉路近響山，地勢高亢，土脈堅厚。其較平之處，或一二丈，或三四丈，始可得水，工力維艱，費用較巨，但水由山出，偶爾缺雨，便形乾旱。請俟春暖之時，於平川之處，試為開鑿。東南至北鄉一帶，均藉黑河，水源充溢，向不缺乏，民間只有汲飲之井，似勿煩再議開鑿，以順輿情。東二十里鋪，地勢低下，土脈滋潤，開鑿尚易為力。但地曠民少，其泉水亦足資灌溉，請俟春融，亦試行開鑿，如果水盈費省，更可防天道雨澤之缺……

文中自多為顧全功令，婉轉其詞，然在地方，或不能鑿井，或無需鑿井之情，亦可推見矣。[891]

林則徐戍新疆時，嘗廣鑿坎井。其制先選地下有水處，而又為立土者，先於低處試掘，如得水，則向前丈許，更掘一井，深度略減，如此再前再淺，至地面為止。復於試掘之井後，亦掘一井，深過之，如此再後再深，另掘陰溝一道，溝通各井之底，則水自能從最淺之井，流出地面，用以灌溉。此種坎井，以吐魯番為最多，以其地地質為最宜也。宗棠平新疆後，亦鑿坎井，計有吐魯番之一百八十五口。[892]

宗棠之由陝甘總督應召入都，本為伊犁事件，因備防禦帝俄，攜有馬步各隊約三千人，駐屯張家口，後移懷來。已，帝俄交涉重開，不須

用兵，因奏請以其軍教練健銳及火器各營之旗兵，並修治順天與直隸之水利。嗣以練兵難期實現（參閱四十六節），復請先修治水利。初奏治水之意見：

> 　　畿甸地方，年來旱潦頻仍，雖經多方修浚，尚無明效。臣前由井陘、獲鹿，過正定、定州、保定，入順天府屬之房山、良鄉、宛平各境，道旁冰凌層積，多未融化，其附近高地，則沙塵沒轍，或石徑犖确，不能容趾，人馬均以為苦。回憶道光十三年（1833）初次會試入都，及同治七年（1868）剿捕捻逆，經過各處，儼若隔世，不得水之利，徒受水之害。竊慮及今不治，則旱潦相尋，民生日蹙，其患將有不可勝言者。治水之要，須源流並治，下游宜令深廣，以資吐納，上游宜多開溝洫，以利灌溉。臣自度隴以來，治軍辦賊而外，力務為此。所部均南方農民，素習工作，而營哨各官，又皆勤樸之選，於分防護運之暇，亦各以耕墾、種樹、溝洫為課程。上冬北行，按視各屬，實已目睹成效。竊念若移所部，治順天、直隸上源，其下游津沽各處，仍由直隸督臣經理，通力合作，當必有益。其軍餉仍資之甘肅、新疆，不煩另款支銷，於順天、直隸，並無所損。此開浚水利上源大略也。
> ……

繼奏治水之順序，則先為桑乾河，次滹沱河。桑乾河者，源出山西朔州之馬邑，東入直隸境，經北京南盧溝橋下，流入大清河，即古㶟水，一名蘆河，俗名渾河，以其河流無定，一稱無定河。康熙間，命于成龍疏浚，起良鄉，至東安，賜名永定。宗棠之計，擬即從駐軍所在之懷來，順流而下，節節疏導，以至盧溝橋。滹沱河者，一作嘑河，源出山西繁峙縣東之泰戲山，由代縣、崞縣、定襄、五台、盂縣，入直隸境，歷平山、正定、深澤、安平、饒陽、獻縣，東北流為子牙河，至天津，會北運河入海。宗棠之計，由下流而溯上源，無論支幹，無分地段，不惜勞費，擇要而圖。案既奏定，以恭親王奕訢、醇親王奕譞主其

事，由宗棠與順天府尹，及直隸總督商辦。[893] 會拒馬河在涿州呈險象，直隸總督李鴻章因請先移軍治此處河工。拒馬河即淶水，一曰渠水，晉劉琨拒石勒於此水，故稱拒馬。發源直隸之廣昌縣，至容城縣東北，合白溝河，大清河之北支。當日工程，凡三部，一為就下游永濟橋，至永樂村一帶河道挑淤，面寬二十餘丈，深八尺餘，計程六七里；二為開浚橋南小減河，長可里許；三為修築北面斜堤，束泛濫之水，令出橋下，長約一百丈，高與橋齊，用三合土，堅同鐵石，並開涵洞，以利宣泄。起光緒七年（1881）四月底，訖閏七月中，大溜東趨，舉十餘年積患，一掃而空之。其由永濟橋達胡良橋，驛道低窪，並增厚加高，行旅自是無褰裳涉足之苦。[894]

宗棠親赴工次勘視，並赴天津，與鴻章磋商，其時滹沱河所行古洋河之大溜，已全由鴻章新開之減河入子牙河故道，達天津入海，遂置滹沱河不論，專議永定河，大致詳上恭親王書：

> 比到天津，得晤李相及在事諸員，意見均合，李相即札飭永定河游道智開董其事。茲據游道所稟，永定河難治之故有三，一曰河身積高，一曰河面窄狹，一曰下口高仰，而以疏浚下口一策為然。又稱現屆大汛期內，河水漲落無定，秋後再行詳勘，估計興辦，李相亦以為然。謹按游道所擬治河三難，皆習見習聞之語。夫治水以疏浚為急，乃千古不易之經。水所經過，雖極清且駛，亦必稍有淤積，如東南各水，入海均是清流，而潮退留淤，測約一葉之厚，隨時設法施治，尚易為功，日積月累，則人力所不及。吳越時，於海口設撩淺軍，而水利以興。賈似道廢之，而海口漸梗，稻田失收，職此故也。淤初起時，人力掘之，水力刷之，可耳。若積年老淤，沉在水底，非舟載機器，往返爬搔，仍藉水勢沖刷不可。宗棠在隴，覓機器於滬上，自造船載之，比去冬經過，睹其起土較速，惟所用之洋人，似非熟手，尚須選募，俾逞其奇。昨次天津，溯流而上，亦見此種機器，其駕駛亦欠靈敏，與隴正同。將來束水攻沙一策，必兼資機器之助，如得數

具，舟載以行；乘漲往復，則淤隨水下，蕩滌一空，自無河底積高之患也。至以河面窄狹為難治，則尤不然。河水挾泥沙以行，利於迅急奔赴，若遇平夷寬闊之區，蕩漾遊衍，則水浮沙落，而積淤之勢成。是故刷沙之功，必先束水，束漫流使之急，束濁浪使之趨，則挾泥沙以來者，仍即挾泥沙以去。以水治水，順水之性，不必與之相守，不必與之相爭。但使河身淤淨，水由地中以行，則河面窄狹，可得其徑達之力，而免泛濫之虞。以深抵寬，而往者過，來者續，無一息之停，庶淤去水行，同歸無事，而其效將有可睹也。

再永定河難治之故，由上源挾泥沙以行，昏濁悍激，異於常流。自來有事於此者，皆從下游着意，見病治病，未暇探源，通工各員，既視潰決為固然，每以集料鳩工為利藪，蔽錮日深，久且成不治之症，因循不改，貽患不知所屆。抑思天下古今固無不辦之事，河之受病，既在上源，自應從上源施治，乃可圖成。若從盧溝西北，步源而上，詳為履勘，就近伐石，疊成盤磴，旁留罅隙，分釃其流，俾上源節節停滀，層遞下注，則昏波可清，而急湍可息。每歲秋後，按段挑淤，致力較易，而下游險工盡化，勞費節省，更不待言。宗棠駐軍張家口時，即主此說，昨次由津回涿，與各員弁會食，詳詢治法。適直隸委員鄒振岳亦以此為言，並詳陳辦法，緣其遊宦頗久，於宣化地形，最為熟習，故能了然心口也。惟鑿石疊磴，工繁費巨，事本創舉，無可因依，現擬委員赴宣郡各屬，偕鄒牧等詳勘桑乾上源，報候核酌，如確有把握，即分營移駐，妥為辦理。……

旋將修治永定河事，分兩部份進行。下游由宗棠派王詩正，與智開等商定，自霍家場、盧家鋪、曹家場，逕向安家墳一帶，裁灣截直，分作十段，估計通工長六千一百餘丈，土方四十六萬有奇。挑出之土，平鋪兩岸三十丈外，酌留缺口，以泄盛漲。詩正督楚軍一千五百餘名，擔任由下溯流而上之第七段至第十段，約為土方十二萬五千餘。宗棠另撥馬五百匹，遞運掘出泥沙，藉省勇夫之力。於光緒七年（1881）八月

二十九日開工。原期三個月完成，適以宗棠奉調兩江總督，諸軍皆願從行，並力工作，夜間亦列炬從事。故訖十月初一日而已竣事，前後才一閱月。上游由宗棠派王德榜主辦，而以振岳為之佐。由盧溝橋溯源而上，歷石景山、三家店，曲折入山，越乾隆年間所遺沿河口玲瓏壩廢址，於距京師二百餘里地方，傍巖沿流而下。勘得峽中應建石壩者，共有五處，其地為丁家灘、下尾店、西河灘、野西河灘、城子村。宗棠於楚軍外，復在涿州房山，選募石匠二百餘名助其工，均就地伐石，砌壩鑿渠。於光緒七年（1881）八月下旬開始，至十月中，已成壩五座。時沿河農民，以宣化一帶，自嘉慶六年（1801）被水成災，半成石田，半成沙阜，積困甚深。今見此種渠壩工程，認為足化砂積為膏腴，一經全工完成，可得沃土二十餘萬畝，美利無窮。聞宗棠將去之兩江總督新任，則皆皇皇然公推耆碩申請，務必始終其事。並謂此後願每畝每歲取利錢數十文，二十餘萬畝可得大錢數萬千緡，足資修理，維持不敝。宗棠為色然喜，一如其請。其地為麻峪，為西梁莊，明年四月工成。計建築殺水壩五道，迎水壩十三道，共長七百九十三丈五尺，順水牆三道，共長二百五十七丈，順水堤一道，長九百二十丈，石渠二道，共長二百八十丈，正渠支渠三十餘道，迎水、束水涵洞、石橋六道，過路石橋二十餘道，過水礐槽八道，渠身腰閘三十餘道，可引水灌淤地二三萬畝。而宗棠在江寧省城，別有事於江蘇之水利，不及目睹桑乾之功矣。[895]

宗棠在兩江總督任，以致力於行鹽、海防、水利為三大政綱。防海所以禦外（參閱四十一節），水利所以安內，行鹽（參閱五十二節）則所以寬籌經費，以供兩者之用也。

運河之在江蘇北境者，淮安以北曰中運河，以南曰裏運河。因上有沂水、泗水、淮水、舊黃河，左有洪澤湖、白馬湖、寶應湖、高郵湖、邵伯湖，每當夏秋之交，極易泛濫，實為東南一巨害。宗棠之修治工作，約為三端：（一）加固周家莊、馬棚灣等處西堤、六安閘、鐵牛灣、崇家灣、八堡腰鋪、寶應、汜水、甘江等東堤，俾免水漲時之潰決。（二）浚深楊莊以東之舊黃河，並加固口門迤南之挑壩及對面之托壩，

又添築挑壩一道，俾能合力逼迫運河暴漲時之水，儘量分泄舊黃河。（三）疏導裏下河（按裏下河為裏運河以東之通稱，地勢較低）、各州縣支河，以資引溉。同時，將邵伯西岸至瓦窯鋪已壞纖道二千丈，完全培修，便利舟楫來往。按運河水高至一丈四尺，照章便可開壩，惟光緒九年（1883），待漲至一丈六尺四寸，始行開壩，其時則裏下河農田已告收穫，故未受若何損失，皆宗棠此番修復之功也。[896]

緣通州、泰興兩屬二十鹽場之海濱，舊有長堤一道，為宋范仲淹所建，自昔呼為范公堤。由鹽城北接阜寧，南抵海門，亙六百餘里，灶戶萃居其下。又有潮墩數百座，俾風潮猝至，鹽民得所趨避。堤積久侵毀，潮墩亦坍毀殆盡。光緒七年（1881）夏，颶風大作，海潮挾勢奔騰，灶戶多被漂沒，鹽民淹斃者，尤不可數計。次年，宗棠為大加修治。就墩言，以海勢日見東趨，新漲沙灘，綿延數千里，原有墩址，已覺距海太遠，不能適應需要，因酌就鹽場與海距離，向外遷移。凡在通屬之豐利、掘港、呂四、餘東、餘西、角斜、拼茶等七場，築成五十座。泰屬之伍祐、新興、草堰、廟灣、丁溪等五場，築成四十四座。就堤言，泰屬舊堤，距海已遠，可不再修。惟通屬舊堤，距海猶近，爰將豐利、拼茶、角斜、掘港、呂四等五場各堤，一律興復，長一萬一千七百八十餘丈，土方十九萬七千六百二十九強，兩者共用工料銀十萬五千五百九十五兩。[897]

安徽之滁州、來安、全椒，眾山環繞，山水三面下注，兼受定遠、合肥之水，至三汊河匯流，繞六合二百餘里，而達於長江，所謂滁河者也。每當山水陡發，因河流迂緩，不能驟泄，致滁州、來安、全椒、江浦、六合五屬圩田數十萬頃，常被淹沒。補救之法，惟有自張家堡天然河，開朱家山，殺水勢，由浦口宣化橋入長江。顧自明至清，經雍正、乾隆、嘉慶年間歷任兩江總督，先後規辦十數次，均未有成。光緒初，沈葆楨以兵工任其事，已歷兩年，以統帥他調而寢。此舉之困難有二：一為朱家山中段石脊，須挖深二十餘丈，方能通水，而石根內蟠，堅凝如鐵，連成一片，推鑿之力兩窮；一為下游宣化橋泄水之處，廬墓相雜，一經施工，節節阻礙。宗棠不以其為艱巨，毅然調湘淮軍三十餘

營，再赴其工，以用火藥轟開石脊之方法，解決第一困難，以另闢河道，避開宣化橋之方法，解決第二困難。此新河道係由馬家橋，歷曬布場，以至浦口康家圩，而達長江，凡二十餘里，合三千八百四十餘丈，歷時兩年，竟告厥成。統計土工三百三十一萬五千一百九十餘方，石工二十五萬六千二百餘方，用銀十七萬七千八百八十餘兩。當掘淤泥至八九丈許，發現一碑，為嘉慶七年（1802）江寧布政使康基田所立碧泉碑，言治河方略，正宗棠所取方略也。工成之明年，江北大水，五州縣圩田恃以無患。越二年，江北亢旱，又資以灌溉，收效之速，捷如影響。[898]

句容之東，赤山湖匯茅山諸水，流經溧水，以入秦淮河。湖底既高，圩堤亦薄，旱乾水溢，均受其災，民間苦之。宗棠將湖與河同時浚治，並由東之道士壩起，歷蟹子壩而西，至麻培橋，加築圩堤，凡二十餘里，合三千九百餘丈。復修下游橋閘，令相洄注，弭壅潰之患。此工亦以所屬部隊為之，逾年而成，共挑土十七萬五千八百八十餘方。又修建陳家閘一座，長七丈六尺，寬一丈，高一丈二尺，重建陳家村石座木橋一座，長十二丈二尺，寬九丈，高二丈二尺，共用銀二萬八千四百六十餘兩。又秦淮河流至江寧省城之通濟門外，分兩支，一沿城壕，繞至江東橋入江，一由東水關入城，與珍珠河、青溪諸水會流，出西水關入江。春夏水漲，兼江潮灌輸，朝夕不斷。至秋冬水涸流停，舟楫難通，即汲飲亦皆穢濁。宗棠乃為就中和橋下，建立石閘，秋冬閉之蓄水，修復東西兩水關閘，相時啟閉，開東關閘以灌清流，啟西關閘以泄蓄水。歷十月而工成，命曰通濟閘，計長二十四丈，寬三丈六尺，高三丈六尺，閘門五道，上建屋五楹，存閘板，派員專司啟閉。於是水源以清，又無礙舟楫，共糜銀四萬數千兩。[899]

朱家山之開鑿，使滁河由浦口直達長江。赤山湖之疏浚，與通濟閘之建置，使秦淮河由江寧省城暢達長江，二者因發生一種聯帶關係。先是，安徽之廬江、鳳陽一帶，產豆、麥、穀、米甚豐，徒以糧食笨重，不利行遠，轉有穀賤傷農之象。反之，江寧省城，則以缺乏糧食，而人民待哺情殷。至是，以兩河互通，而糧舶絡繹，廬鳳之糧，得其銷路，

而江寧省城糧價，隨之平減，直接造福平民生計，間接有益地方治安，均非淺鮮。[900]

光緒九年（1883）秋，山東山水驟發，波及江蘇北境，邳與宿遷兩縣之官堤與民堰，均被傷損。官堤先由漕運總督楊昌濬負責修補，其餘民堰與缺口等，則由宗棠用官督民辦，以工代賑方式，分別興修。在邳縣境內者，一為修補自山東交界之黃林莊起至邳汛貓兒窩止運河兩岸民堰、缺口、水溝及殘毀卑薄之處，共四十段。二為修補城鄉民堰及武河、沂河缺口，共十七段。三為展挑淤積之艾山河。四為疏通城內之文曲溝，及城外之玉帶河。在宿遷縣境內者，為堵築六塘河周長八十餘里民堰中最要之二十五段，悉按河工成法，層坏層硪，以期堅實耐久。[901]

宗棠於江蘇水利之治績，大致如上，統共用銀三十六萬餘兩，均於鹽票之費項下開支。未治之前，先往察勘，已治之後，復往驗看，同時則檢閱軍隊與海防設備。綜其在任兩年，幾常僕僕道途，勤勞殆不下於大禹。茲再將臨行時規劃之導淮大計，敘以為殿。

淮水為古四瀆之一，源出河南省之桐柏山，東流入安徽境，瀦於與江蘇境毗連之洪澤湖。其下游本由江蘇安東縣入海。金、元以來，黃河自清河縣西南清口入淮，淮水下游，遂為黃河所佔。咸豐初，黃河北徙，淮水下游亦淤，其幹流自清河縣合於運河，於是向之入海口一變而入江。故江北之水患，淮水之先與黃河合流，後與運河合流，亦為一因。欲弭江北之水患，對於導淮一事，有種種建議。宗棠亦嘗親往觀察研究。會安徽學政徐郙奏請排泗、沂導淮，由大通口入海，蓋以兩河雖在山東，先本入淮，今又入運也。清廷下宗棠議，宗棠覆奏曰：

　　臣於光緒九年（1883）十二月三十日，接准軍機大臣字寄十二
　月二十二日奉上諭：「徐郙奏，敬陳導淮辦法，以弭江皖水災，繪
　圖呈覽一摺。據稱江皖兩省，水患頻仍，亟須排泗、沂為導淮先
　路，仿照從前抽溝之法，循序疏治，並由大通口引河入海，泄水

較易等語。着左宗棠、楊昌濬按照所奏各節，悉心會商，妥籌辦理等因。欽此」查復淮一案，臣宗棠於上年曾經奏明，指撥專款，並委署淮揚海道徐文達、徐州道程國熙勘明稟覆，批令候臣等親歷覆勘，再行商辦。正在料理起程間，欽奉前因，臣宗棠即於正月初五日出省，十二日行抵清江，次日會同臣昌濬及徐文達、程國熙，並臣宗棠所帶熟悉水利各員，先將湖水出路之張福口河、天然引河、碎石河（按洪澤湖東岸與運河西岸間，開河數道，由西而東，名曰引河，碎石河為張福口河之分支）、吳城、七堡、順清河等處，周歷閱視。再由楊莊循舊黃河，沿途察看至雲梯關，並由大通口至響水口，查勘引河入海道路。於二十日回至清江，詳加考究，悉心妥籌。竊以北江運河，北受泗、沂之水，西受淮水，其間可以分導入海之處，僅有一舊黃河，本為淮水東趨之故道，亦即今日宣泄泗、沂之要區也。導淮之議，發於前大學士兩江總督臣曾國藩。同治六年（1867）七月間，因紳士之稟，奏明試辦。光緒六、七等年（1880—1881），前署督臣吳元炳，前督臣劉坤一，踵而行之，而前漕臣張之萬抽挑舊黃河及張福、碎石等河，實為導淮權輿。治水必先下游，舊河不通海，則尾閭壅遏，泗、沂不入舊河，則湖水中梗，雖欲出清口、入運河而不能，遑論歸海。安徽學政臣徐郙所奏，排泗、沂為導淮先路，洵為確論，與近年所辦，大略相同。

查舊河自同治六年（1867）抽挑以後，又經擇挑數次，漸疏漸遠，河底甚寬，斷不能挑至老灘，又多飛沙、陷沙，兼有稀淤，水少之時，易於阻塞。同治十三年（1874）所挑楊莊河頭三百餘丈，至光緒六年（1880），已經淤高數尺。惟光緒七年（1881）所挑河身，適逢連年大水，沖刷得力，自楊莊至安東佃湖一帶，尚屬通暢，可以行舟，泗、沂之水，賴以分泄。八、九兩年（1882—1883）非常汛漲，猶得從容啟壩，以保裹下河秋成者，未始不由於此。擬將楊莊以下至湯陳工四十餘里，再行展寬加深，並將安東以下灣洲積淤地方，間段開闢。又佃湖營以下至雲梯關一帶河道較窄，亦應加闢寬深，俾溜勢激蕩，刷沙攻淤，河身可期漸通。

其雲梯關下二百餘里，河形高仰，且有遠年沙灘，昔以全黃之力所不能通者，今欲以泗、沂分流通之，其勢良難。查大通口在雲梯關下十餘里舊黃河北岸，係嘉慶年間漫口，東北流四十里，至響水口，接連潮河，出灌河口入海，河形已具，但嫌淺狹，就此加挑闊深，途捷而工省，兩面各有寬灘，容易堤防。舊河既通，出海又便，泗、沂來源，自當大為分減，淮未復而運河已可少安，淮已復而歸海無虞阻滯，此排泗沂以為導淮先路，工之宜先辦者也。

淮水挾兩省眾流，匯為洪澤湖，本係江皖巨浸。自道光年間，為黃水所淤，北高南下，形如側釜，由禮字河，趨高郵、寶應湖以入運河者，垂三十年，已成自然之勢。今欲導之復故，不啻挽之逆流。自張福口引河起，至大通響水口入海，計程三百五十餘里，節節窒礙，非於下游暢其去路，上游塞其漏卮，其不能捨下就高，入黃歸海也，明甚。然事在人為，不惜費，不惜勞，天下無不辦之事。工事漸施而不可求速，水可分泄而難以全移。查湖邊引渠，一為張福口河，一為天然引河，皆北趨陳家集之大衝，至碎石河，以達吳城、七堡，又北而至順清河口，以接楊莊舊黃河，張福口河六千餘丈，宜加寬深，天然引河僅存形跡，更須疏瀹，而吳城、七堡一帶，且高於張福口河底一丈六七尺，地勢灣曲，又必大加挑挖，以順其勢。諸河既修，湖水果能入黃，然後可堵禮字河，以截旁趨之出路，堵順清河，以杜運河之奪流。此引淮入海工程，當以次接辦者也。

湖水不高，不能入黃，太高，不但高家堰、盱眙石工可慮（按在洪澤湖東岸，與運河西岸間，自高家堰至盱眙縣界，築壩數處），運口閘壩難支，且於盱眙五河近湖民田有礙，擬將堰盱智、信、林（家西）等三壩，修復堅整，以泄湖漲。更擬建閘於陳家集下大衝地方，俾湖水操縱由人，多入淮而少入運。但其地沙泥鬆浮，植基不易，尚須臨時察看情形，酌量辦理。此又復淮案內宜預籌以善其後者也。

臣等詳覽形勢，博訪周咨，施治之法，大抵不外乎此。天下

無有利無害之水，泗、沂、淮之注於江北，裏下河最患苦之。然當播秧之際，則又惜水如金，每相爭競，藉令涓滴悉歸於海，害則去矣，如灌溉何？臣愚以為疏舊黃河，分減泗、沂已著微效，自當加挖寬深，兼疏大通口，以暢出海之途。復淮各工，仍分年分段，察酌興辦，去其太甚之害，留其本然之利，不急復淮之美名，但求減漲之實效。江北於皖省為下游，下游利，上游自無不利矣。前曾國藩原奏內稱，「復瀆之大利，不敢必其遽興，淮揚之大患，不可不思稍減」，老成謀國，計慮深遠。前署督臣吳元炳，前督臣劉坤一等，奏辦導淮，亦皆以循序程功為主，與學臣徐郙所陳，臣等所擬，均相符合。臣宗棠現蒙恩准開缺賞假，但此等要工，何敢漠視？現商定於清江設立復淮局，遴派大員，駐局提調，一面派員估計工程，次第舉辦，容俟署督臣曾國荃到江，告以所勘情形，以冀事在必成，仰副朝廷軫念東南興修水利之至意。……

至導淮工程費，經規定將淮北新增鹽運十六萬引之課釐，全部撥充，並以十年為完成期云。[902] 然國荃既到任，即奏陳：

> 導河復淮，本係應辦之事，只以時有緩急之不同，費有盈絀之各別，臣欽遵二月初十日聖訓，飭令到任後傳諭：「如未興工，則毋庸遽辦，如已興工，則立即停止。」臣比宣揚聖意，不准興辦，而各處紳商士民，莫不歡欣鼓舞。……

似朝野皆不樂此事之有成，亦可異矣。顧《新京備乘》載有治淮先論一則：

> 淮北一帶，承洪澤之下流，為淮河所浸灌，十年歲事，八九祲凶，告糴告振，歲糜公私巨款無算。清光緒壬午（八年，1882），左文襄督江，有淮紳入謁，文襄喟然告曰：「淮北水災，始於黃河之奪淮，成於黃河之北徙。自黃奪淮，於是淮水無入海

之途。自黃北徙，於是河槽淤墊，淮水不能為故道之歸。此雖地勢之變遷，然苟以人工挽救，且以歷年振款，移作工程之費，一勞永逸，百年之計，無過於此。」某紳亦大韙左議，慫恿左據以入告，其後卒革於部議而止。使當時左議實行，則浚淮復流，已早告成於數十年前，不獨振款可省，而淮北且悉為沃壤矣。[903]

豈所謂是非久而後定者歟？

63 興教勸學

左宗棠一生事業，自以武功為著，而於文教亦非無重要之設施，然以在西北為多。

西北為吾國文化發祥之地，至於晚世，轉為文化落伍之區。其間陝西尚較優，而甘肅為最遜，新疆則歸吾版圖既未久，且多異民族雜處，尤鮮有所謂文化。於是左宗棠西征，頗致力焉。舉其設施，以書院教士子，以義塾課童蒙，以科舉振學風，以禮刑訓齊民。

宋以後之書院，公認為吾國最良之研究學術機關，宗棠亦嘗言：

> 校官位卑祿薄，所課者士，而士亦輕之，與之道古，久已鮮能，則思選士而冀其有成，非求之書院不可。……[904]

同治九年（1870）春，宗棠駐節平涼，督攻金積堡，然猶命甘肅布政使崇保代發蘭州蘭山書院膏火，崇保以院生稟牘轉陳，宗棠命筆批答：

> 覽呈諸生之稟，文理尚可，殊為欣然。本爵大臣四十年前，一貧士耳，然頗好讀書，日有粗糲兩盂，夜有燈油一盞，即思無負此光景。今年垂耳順，一知半解，都從此時得來，筋骨體膚，都從此時練就。邊方無奇書可借，惟就四書、五經及傳注，晝夕潛心咀嚼，便一生受用不盡。諸生勉旃，事平至蘭州，當課諸生背誦也。可錄此示監院，以曉諸生。[905]

嗣宗棠又規定院中正課四十名，每名每月給膏火銀三兩，副課五十

名，每名每月給膏火銀一兩五錢，均自捐廉俸，或酌助公款。[906] 亦常躬親命題閱卷。[907] 由是到處兵戈乍銷，弦歌繼起。有新設之書院，有重建之書院，鄙塞已久之甘肅，復見一片開明景象。[908]

陝甘學政吳大澂，亦留意書院，嘗慨延安府屬各書院經費支絀，商由宗棠致意陝西當局，籌撥銀二萬兩，普加膏火，增聘名師。[909]

宗棠督師平涼時，亦即在崇信縣創設義學一處，講師月薪三兩，命由平涼收入厘金項下撥給，是為宗棠在陝甘倡辦義學之先聲。[910] 同治十三年（1874），宗棠始命地方一律興辦義學。光緒元年（1875），宗棠又撥北山荒絕田七百七十五畝，收租供省城內外各官學經費。[911]

陝西義塾，係由布政使譚鍾麟頒發條規，通飭辦理。同治十三年（1874）六月，陝甘學政吳大澂奏報，每一州縣，少者五六處，多者三十餘處，蓋亦相當發達。[912]

宗棠以為欲使回民與漢人同化，須先使識漢文，故如上所述，在蘭州，即有為回民專設之義學。及平定新疆，於此更三致意焉，列為辦理新疆善後事宜之一。

> 以義塾言之，新疆戡定已久，而漢回彼此扞格不入，官民隔閡，政令難施，一切條教，均藉回目傳宣，壅蔽特甚。將欲化彼殊俗，同我華風，非分建義塾，令回童讀書識字，通曉語言不可。臣與南北兩路在事諸臣籌商，飭各局員防營多設義塾，並刊發《千字文》《三字經》《百家姓》《四字韻語》及雜字各本，以訓蒙童。續發《孝經》《小學》課之誦讀，兼印楷書印本，令其摹寫。擬諸本讀畢，再頒行六經，俾與講求經義。疊據防營局員稟，興建義塾，已三十七處，入學回童，聰穎者多，甫一年而所頒諸本已讀畢矣。其父兄競以子弟讀書為榮，群相矜寵，並請增建學舍，頒發《詩經》《論》《孟》，資其講習。局員送閱各塾蒙童臨摹仿本，筆姿頗秀，並稱蒙童試誦告示，皆能上口，教以幼儀，亦知領會，蓋讀書既可識字，而由音聲以通言語，自易為功也。……

其後復陸續添設，多至七十七處。

每處教師一員，月支薪水銀二十兩，加給津貼朱墨油脂銀四兩，跟丁一名。然學生並不發達，每處僅十五六名至二十名，因回教阿訇多方阻止回民讀漢文，回民亦以入學為當差，讀漢文為苦事，富有者且僱貧苦者為代。而教師待遇既優，鑽營者有如官缺，既得之，亦視如當官，未能盡心教讀。且教師多為湖南人，以湖南土語教回民，而新疆土著多甘陝籍，回民通漢語後，仍不能與漢人交談也。此則為回民義學之障礙，而非宗棠所及知矣。[913]

清聖祖嘗撰頒教民之道十六條：（一）敦孝悌以重人倫；（二）篤宗族以昭雍睦；（三）和鄉黨以息爭訟；（四）重農桑以足衣食；（五）尚節儉以惜財用；（六）隆學校以端士習；（七）黜異端以崇正學；（八）講法律以儆愚頑；（九）明禮讓以厚風俗；（十）務本業以定民志；（十一）訓子弟以禁非為；（十二）息誣告以全善良；（十三）誡逃匿以免株連；（十四）完錢糧以省催科；（十五）聯保甲以弭盜賊；（十六）解仇忿以重身命。是曰聖諭。清世宗復就每條意義，用白話文加以發揮，是曰廣訓，頒佈全國，令地方官吏為人民宣講解說。其後安徽婺源縣教諭夏炘，復用其為人民宣講之資料，輯為一編，題曰《聖諭十六條附律易解》。宗棠在浙江時，曾為刊行。及至西北，亦嘗以此勸諭人民，且附譯回文，便利回民之閱讀。而於第七、第八、第九各條，尤為致意。蓋陝、甘、新三省，回教甚盛，在儒家視之，自為異端，故宗棠特將「黜異端以崇正學」一條，加引宣宗所作韻文，出示曉諭，散佈民間。又以中國治民之道，不外禮刑兩端，宗棠將吳榮光所編《吾學錄》，節取其婚禮、祭禮、喪禮三門，刊發各處，並如《聖諭十六條》例，於每條禮節之後，附列違反禮節應處之罪刑，所謂使民易知易從，以合於講法律、明禮讓之義，而收儆愚頑、厚風俗之效。[914]

甘肅自陝西分省，歷二百年，提督雖已別置，而學政仍由陝西兼任，駐於三原。鄉試武闈，雖已單獨舉行，而文闈仍並在西安省城。於是宗棠決欲彌補此政治設施上之缺憾，以為勸誘人民向學、轉移風化之一種助力，同治十二年（1873）十二月，奏請分甘肅鄉闈，並分設學政：

　　竊維甘肅地處西北邊荒，舊隸陝西行省統轄。康熙年間，拓地日廣，始設甘肅巡撫，駐臨洮。乾隆年間，又改臨洮為蘭州府，後設總督駐之，兼管巡撫事。地當西陲衝要，南北界連藩服，漢蒙回番，雜處其間，謠俗異宜，習尚各別。漢敦儒術，回習天方，蒙番崇信佛教，亙古至今，未之有改。置省以來，諸凡建設，或創或因，於武備尚詳，而文治獨略，其異於各省者兩大端。

　　各省除壤地毗連，一水可通之。安徽一省，鄉試並歸江南取中，士子久習為常，此外均就全省適中，督撫駐紮處所，設立貢院，屆期考官入闈校閱，照額取中。獨甘省距陝，道阻且長，而鄉試必須赴陝，陝甘學政遠駐陝西三原，三年一度，按臨甘肅，舉行歲科兩試，均與各省不同。故自改建省治以來，甘肅士人，經明行修，能自淑其鄉里者，尚不乏人。至掇科登第，以文章經濟取重當世者，概不多見，非各省皆知稽古之力，爭自濯磨，甘肅士人，獨安固陋，不求聞達也。計甘肅府廳州縣，距陝近者，平慶涇、鞏秦階兩道，約八九百里、千里；蘭州一道，近者一千三四百里，遠者一千六七百里；蘭州迤西，涼州、甘州、西寧，迤北寧夏，遠或二千餘里，或三千里；至肅州、安西一道，則三千里，或四千里；鎮迪一道，更五六千里不等。邊塞路程悠遠，又兼驚沙亂石，足礙馳驅，較中原行路之難，奚啻倍蓰。士人赴陝應試，非月餘、兩月之久不達。所需車馱僱價、飲食、芻秣諸費、旅費、卷費，少者數十金，多者百數十金。其赴鄉試，蓋與東南各省舉人赴會試，勞費相等。故諸生附府廳州縣學籍後，竟有畢生不能赴鄉試者，窮經皓首，一試無緣，良可慨矣。

　　軍興以來，學臣不按臨甘肅者，已逾十稔，幸前學臣許振禕不避難險，以次按試，生童踴躍歡呼，迎拜馬首，計補行各屆歲科諸試，取入新生，不下萬人。而從前取進生員，尚不在內，徒以資斧無措，不能遠行，加之夏秋暑雨水潦縱橫，有無從問津者，有中道迍邅，致誤場期，廢然而返者，有資斧耗盡，抑鬱成疾以歿者，其得抵陝完試事者，不及三千人。然則甘肅士子之赴鄉試者，合新舊諸生計之，不過十之二三而已。臣自肅州凱旋，歷

甘、涼各郡，途間見諸生迎謁道左，初疑其秋試被放者，比詢以試事，則僉稱無力赴陝，不知其詳，言已，欷歔不絕，慰喻遣之。

　　前接准學臣許振褘咨送甘肅赴試士子公懇分闈呈詞，當行兩司詳議。昨由肅凱旋後，又據紳士前刑部主事滕烜，道員曹炳，及漢回士紳等聯名呈稱，捐建貢院，擇定袖川門外地基，籌備磚瓦材木，已有頭緒，請援照湖廣、雲貴鄉試分闈取中前來，並稱甘肅武試本係分闈，文試宜可仿照，懇求具奏。臣維湖廣、雲貴等省鄉試，道路險遠，歷蒙列聖恩旨，分闈取中，士林感頌至今。茲甘肅赴陝鄉試，道路險遠，較各省數倍有加。皇上一視同仁，軫念士人赴試維艱，恩允分闈取中，俾邊徼寒微，得照各省一律就近應試，則投戈講藝，士氣奮興，文治之隆，可計日而待也。……遇簡放主考學政之年，另簡甘肅正副考官各一員，甘肅學政一員，俾合省士子得以就近鄉試。而歲科按屆舉行，學臣得免跋涉之勞，生童得以時親承訓迪，習舊學而啟新知，不獨邊方士習，可期丕振已也。

　　臣自西征以來，目睹民俗凌夷，泯棼日甚，不但劫殺爭奪，視為故常，動輒嘯聚多人，恣為不法。而民間倫紀不明禮教久，干名犯義之案，誅不勝誅，緣地雜華夷，習俗漸染日深，恐夏變為夷，靡所止極。不得已，設局鄂省，影刻四書、五經、小學善本，分佈各府廳州縣。師行所至，飭設立漢回義塾，分司訓課，冀耳濡目染，漸移陋習，仍復華風。邇來漢民敦崇儒術，誦習六經，回民亦頗知向慕，爭請設立義塾，延師課讀儒書。前學臣許振褘次第按臨，多方激勸，回生得附學籍，貢成均者，均在所不乏。益欣欣然以得附宮牆為意外榮幸，食桑黮而懷好音，斯其時乎？若荷皇恩，允其分闈就試，屆時簡派學政，按期校閱，則經正民興，邊氓長治久安之效，基於此矣……

　　案既奉准，於是以銀五十萬兩，建成可容四千人之貢院，基址縱一百四十丈，橫九十丈，規模宏偉，最於各省。[915]光緒元年（1875）八月，舉行首次甘肅分闈鄉試，宗棠循例入闈監臨。與試者四千餘人，榜

發，第一名舉人，恰為宗棠屬望之安維峻，於是與書陝甘學政吳大澂，記述其事：

> 榜首安生，文行均美，聞其先世貧苦嗜學，為鄉邦所重，意其報在此。弟於甄別書院，及月課、錄科，均拔置第一；意其不僅為科名中人，闈中秋宵，嘗倚杖橋邊，忽仰視而言，若此生得元，亦不負此舉。不虞監水官在後竊聞，為（楊）慶伯廉訪（重雅）言之。弟初不自覺。寫榜日，兩主試先以闈墨見示，掀髯一笑，乃如四十年前獲雋之樂。頻日讌集，必敘此為佳話，覺度隴以來，無此興也。來示亦及之，然則老饕所賞，固非謬耶……916

至鄉試中額，按陝甘合闈時，原共六十二名，至同治八年（1869）鄉試，始由宗棠奏准，以二十一名為甘肅中額。此次分闈，宗棠再請援各省鄉試中額之貴州，定為四十名，旗營另定二名。結果僅奉准三十名。嗣以軍興以來，甘省人民各項捐輸五千餘萬兩，奏請增加十名，仍為戶部所駁。及至光緒二年（1876）第二次分闈鄉試，復由宗棠申請，始獲特旨允准。由是甘肅鄉試，每科中額，確定為四十名。917先是，甘肅有若干地方，文化比較落後，試卷另編字號，特定分科中額。如寧夏府編為丁字號，甘州府、西寧府編為聿左字號，均一科分中一名，一科公同取中。安西州、肅州、迪化州，編為聿左字號，均每科分中一名。分闈以後，此諸地方士子，不願為分中名額所限，議定甘州、西寧，取消另編字號、分科取中辦法，一律歸入總號，公同取中。安西州、肅州、迪化州，則改為一科公同取中，一科仍編號分中。同時，對於回民，則另編良字號，一科分中，一科公同取中。918

甘肅分設學政，於光緒二年（1876）實行。學政衙門在城南，亦係新建。以前陝甘學政常駐三原，每隔三年，始蒞甘一次，故歲試、科試，均合併舉行。至是，實行歲科分試。惟階州、肅州、安西州，因路途較遠，暫仍歲科併試。數年後，因寧夏、慶陽兩府，地方凋敝，應試

人稀，回復歲科併試辦法，以歸簡便。[919]

清制，每隔三年，各省就廩、增、附生中，考拔優生，貢入太學。其名額，大省無過五六名，中省無過三四名，小省無過一名。陝甘原照中省例，定為四名，陝得三名，甘得一名。甘肅既分設學政，由宗棠會同學政，於光緒二年（1876）間，奏准增加二名，合為三名。又狄道早於乾隆五年（1740）由縣升為直隸州，然廩、增生學額，猶從縣例，亦由宗棠奏准各從二十名加至三十名。[920]

科舉時代士子，以功名為重。甘肅之實行鄉試分闈，分設學政，既便利其考試，復擴充其學額。一般士子對於宗棠，自是感戴切至。而甘肅文風亦由是漸盛，蘭山書院肄業生，驟增至四五百人，即為一證。宗棠固謂：

> 聖賢之學，不在科名，士之志於學者，不因科名而始勤。然非科名，無以勸學，非勸學，則無讀書明理之人，望其轉移風化，同我太平，無以致之。……

其言於此，信而有徵矣。

道咸而後，各省自遭兵事，公私圖籍，泰半蕩然。而當時主兵大員，均屬儒者，大局底定，即盡力宣揚教化，於是同光而後，刻書之風，一時頗盛。宗棠亦為倡導刻書之人。然宗棠刻書之志願，早醞釀於駐軍婺源之時，家書致其長子孝威曰：

> 若我治軍之暇，尚有餘力，當翻刻《小學》《孝經》《四書》《近思錄》……

云云。其後入浙，乃先就寧波僱匠為之。杭州省城克復，正式設立書局，其所刻書之著者，為影刻安徽鮑廷博所刊之六經。其餘可考者，有如上所述夏炘纂《聖諭十六條附律易解》，別有倪國璉重編《康濟錄》。[921]

在福州省城時，創辦正誼堂書局，有告示一通，揭其旨趣：

敬教勸學，衛國於以中興，察孝舉廉，漢治所以近古。曩者儀封張清恪公孝先先生（伯行）之撫閩也，與漳浦蔡文勤公（世遠）聞之先生講明正學，閩學大興。清恪匯刻《儒先遺書》五十五種，掃異學之氛霧，入宋儒之堂奧。本爵部堂鄉舉以後，即得是刻殘編讀之，以未睹全書為歉。茲來清恪舊治，亟詢是書，僅存四十四種。而鼇峰書院所藏版本，則蠹蝕無存矣。爰擇省會文昌宮，設正誼堂書局，飭司道籌款，就所存本，先付手民開雕，餘俟訪尋續刻。書成，散之各府縣書院，俾吾閩人士，得以日對儒先，商量舊學，以求清恪、文勤遺緒。近年科舉頻開，得舉者多，諒不乏有志問學之士，其願入局任分校之役者，各赴署報名，本月十六日取齊，定期十八日面試榜示。取入者，月致膏火銀五兩。本爵部堂判事之暇，亦將來局，與同志之士，共相討論，儻不以時遇不學而棄之乎？

《儒先遺書》原分立德、立功、立言、氣節、名儒粹語、名儒文集六部。宗棠為釐定重刊，增為六十八種，易其名曰《正誼堂全書》。宋儒理學之著作，此為淵海，《正誼堂全書》外，尚刻有陳宏謀《五種遺規》，亦有裨風教。正誼堂書局後即改為正誼書院，專課舉人、貢生，曾由清廷獎給「發藻儒林」匾額。[922]

宗棠移節西北後，鑒於地方經籍消亡，誦習久廢，五經、四書，坊間向無善本，僅由書賈販自川、漢，抑且供不應求，於是復從事刻書。其刻書之機構，一在武昌之崇文書局，一在西安之關中書院。崇文書局將在浙所刻六經，重行翻刻。關中書院所刻，為《小學》《孝經》等書，均廣為分佈於各書院、各義學。新疆收復，後在迪化設立書局，所刻即為前述之《三字經》《百家姓》《千字文》、四字韻言、日用雜文等，專供回民義學所需，亦嘗將《聖諭廣訓附律例易解》，附譯回文，廣為分佈。[923]

金陵書局為曾國藩所創設，光緒七年（1881），宗棠任兩江總督，有人建議裁撤。宗棠以為明年乃舉行鄉試之期，各郡縣士子雲集，購求圖書者必眾，正宜多為儲備，遂撥款增印，至時果銷售大暢云。[924]

64 築路種樹

左宗棠之楚軍，有一特色，為有事作戰，無事作工，以本屬農民，習於勤勞，能勝力役也。其後他軍亦效為之。所謂作工，為墾田（參閱三十九節），為浚河（參閱六十二節），為築路，為造橋，為種樹，為修建公共建築物，而以在西北為尤著績效。宗棠之言曰：

> 甘肅內地，自遭兵燹以後，千里蕭條，東路各屬，地居衝要，如會寧縣之翟家所、張陳堡，安定縣之王公橋，隆德縣之六盤山，固原州之三關口等處，均為著名險隘，其間溝澗深窄，河道沮洳，道路橋梁，率多傾塌，夏潦冬冰，時有阻滯傾覆之患，農商行旅，均以為苦。……[925]

故其所課於此路駐兵之工作，亦以築路、造橋、種樹為主，以蘭州省城為中心，而向東試計之，則在：

> 皋蘭縣境　修築木橋一座，種樹四千五百餘株（以種活者為限，以下均同）。
> 金縣境　修築木石橋三座，種樹四千四百餘株。
> 安定縣境　修築木橋六座，種樹十萬六千餘株。
> 會寧縣境　開築車路四十三里（縣城東至翟家所），修築大小磚石土木橋十九座（內利濟橋長十二丈有奇，寬三丈有奇，履順橋長十六丈有奇，寬二丈有奇），種樹二萬一千餘株。
> 固原州境　開築石路四十餘里（三關口經蒿店，至瓦亭，沿涇

河築），修築大小木石橋十座。

隆德縣境　修築車路二十餘里（六盤山上下），修築大小橋六座。

靜寧縣境　修築大小橋七座。

平涼縣境　修築道路二十里（三關口至瓦亭驛），修築大小木石橋二十九座，種樹二千二百餘株（平慶涇固道署及柳湖書院內外）。

鎮原縣境　種樹一萬二千餘株。

涇州境　修築大小木石橋九座。

環縣境　種樹一萬八千餘株。[926]

其中最重要之工程，當推三關口一路，路旁有碑，載此傑作：

三關口為古金佛峽，山石犖确，雜以橫流，夏潦冬雪，行者苦之。坡南舊通小道，西出瓦亭驛，亂石跊路，車騎弗前。慶涇平固觀察使邵陽魏公（光燾），始以光緒元年（1875）三月，開通此路，為道廿餘里，鑿隘就廣，改高即平，部下總兵官蕭玉元，副將魏發沅、楊玉興，參將周冠群、彭桂馥、岳正南、羅吉亮、徐有禮等分督修作，凡用功八千餘人，役勇丁四萬餘工，炭鐵畚鍤器用功費糜白金千兩有奇，是年五月訖功。行人蒙福，去就安穩，督學使者吳大澂採風過此，美公仁惠，勒石記事，以示來者。[927]

次為翟家所一路，程履豐嘗記之：

會寧縣東數十里，山谿險阻，轍跡不通。光緒丙子（二年，1876）夏，分屯靜邑之武威前營鄭提督連拔，奉統領平慶涇固道邵陽魏公令，於此闢山通道，創建橋梁，以利行者。乃率所部將士執畚鍤以從事，在昔崎嶇陡絕者，今已忽成坦途。更於白家溝、黑耶溝，成橋兩道。又與新右營合修董家溝一橋，車無濡軌，涉不褰裳，且夾道樹官柳以為表。……

蓋此地本有「七十二道腳不乾」之諺也。[928]

此外平涼、慶陽、固原各屬驛路，固原北至平遠，以達惠安堡運鹽之路，並修治平坦。[929] 更自蘭州省城而南，則此種工作，又如下列：

狄道州境　修築道路一百六十里（嵐關坪至白林口），修築橋三座（一橋名永寧，長二十丈，高一丈，寬八尺），種樹一萬三千三百餘株。

碾伯縣境　修築道路二百四十餘里（老鴉堡至響鐺）。

大通縣境　修築道路三百數十里，種樹四萬五千餘株。

丹噶爾廳境　修築東路西石峽，峽道十里，南路藥水峽，峽道三十里。

平番縣境　修築石橋一座，種樹七萬八千餘株。

至於平番而西，即為河西走廊，亦隨在修橋種樹，其在紅城驛等處所植楊樹，有高十餘丈者。[930]

以上為甘肅省內之情形。其在陝西省內，宗棠於同治七年（1868）始入境，即命自潼關以西，修治道路。惟至光緒六年（1880）入京過陝，所見較甘肅遠遜，當沿途指示各州縣與駐軍，一體照辦。在西安省城，復晤商巡撫馮譽驥，譽驥欣然從命。由是東起潼關，西訖嘉峪關，全路三千里，車馬暢通，路面寬度，由三丈乃至十丈，至少能容大車兩輛往來並行，兩旁遍植柳樹一行、兩行，乃至四五行，其厚密有如木城，即世所豔稱之左公柳也。於是後人榜於途曰：「崑崙之陰，積雪皚皚。杯酒陽關，馬嘶人泣。誰引春風，千里一碧。勿翦勿伐，左侯所植。」惜官廳保護不周，軍民樵採無阻，至今摧殘殆盡，無復往日蔥鬱景象也。[931]

出嘉峪關以達新疆，修築道路，由張曜發其端。初帝俄佔伊犁，清廷圖用兵收復，宗棠先遣張曜督嵩武軍出屯哈密。自新疆淪陷十年，關外鮮通人跡，第聞狼嗥。宗棠當復命曜緣路修築，創設塘站，備水草，用便軍運。至哈密後，曜更修築天山過嶺之路，通巴里坤，此路正在幹侖過峽處，故嶺首猶山腰也。自哈密一百二十里入南山口起，在峽中

行，上坡路四十五里，登至嶺首，尚無險，惟下嶺十餘里，係直壁命，身無所擋，塞勢陡峻，曩時大山不通車，下嶺路窄，危懸於壁，秋後積雪，不知其深，偶失足，即墮落直下。自曜興工開山，回繞三十六盤，以舒其險，寬一丈五六尺，並刊木為欄，宛轉遮護，遂若坦途。宗棠特為銘其功：

> 天山三十有二盤，伐石貫木樹扶欄，誰其化險貽之安。嵩武
> 上將惟桓桓。利有攸往萬口歡，恪靖銘石字龍蟠，戒毋折損毋鑽
> 刊。光緒二年（1876）六月刊。[932]

其由巴里坤以西而昌吉、而瑪納斯等處，所有道路、橋梁，別由此路駐軍逐段修築。[933]

天山北路平定後，用兵南路，築路工作，亦向南展開，有若干要工，特別可記者：

由哈密以達吐魯番，自瞭墩至七克騰木四驛，分南北兩路。南為官道，而妖風時作，砂石俱飛，甚者並人馬捲去，渺無蹤跡，俗所稱風戈壁，《漢書》所謂風災鬼難之國者也。其北有小路，可避風災，本為商旅必出之途，然無店宇可資棲息，行旅苦之。因將南路台站移置北路，添備官店，供給水草器用，此患乃免。

由烏魯木齊以達達阪，當天山南北孔道，山路陡絕，車駝經過，常遭折輪失足之厄，因別鑿新路一道，計一里許，自是旅客往來，無復往日之艱阻。

由托克遜以達喀喇沙爾，中隔阿哈布拉地方，兩峰壁立，積石峻嶒，一徑羊腸，下臨無際，厥名蘇巴什山口，長一百七十里，《唐書》所謂銀山道，車駝臨此，輒虞意外，因錘幽鑿險，化而為夷。

由喀喇沙爾而南，在清水河西，有鹹灘五六里，泥淖縱橫，人馬多苦陷溺，因開渠泄浸，墊以巨木，雜覆樹枝，土石平鋪，始免積淖。

由清水河而西，過布古爾，即漢時輪台古地。其間有河，上架一橋，為西通回疆第一要道，《漢書》所謂葦橋之險，因重行加固，俾人

馬輜重，均易安渡。[934]

以上為新疆北路及南路東西城之情形，其西四路，則在老湘軍統領劉錦棠督導之下，更有如次之建設：

由瑪喇爾巴什至愛吉特虎，築路五百三十里，造橋二十餘座。

由玉帶里克至龍口橋，所有道路、橋梁，均經修建。

在七克托地方，修築橋梁二座。

由喀什噶爾而南，築路數百里，造橋二十餘座。[935]

綜上所記，有確實數字可計者：

築路一千三百九十三里，造橋一百三十八座，種樹五十六萬八千四百株。其無數字可計者，自不止此。吾國自來築路工作之宏偉，當無逾於秦始皇帝，賈山至言謂其「道廣五十步，三丈而樹，厚築其外，隱以金椎，樹以青松」。如上所述，宗棠之築路，其規模殆不下於始皇。今日之西北國際公路，亦以此為始基。

而宗棠於種樹，更饒有興趣。無論築路，或浚河，或興造房舍，工成，無不遍植樹木，其意凡四：固地基，一也；限戎馬，二也；增景色，三也；供樵採，四也。

至以兵工修造公共建築物，以各府州廳縣城垣、衙署、祠廟等為多。如修造蘭州省城祠廟、行館、書院等十三所，修蓋循化廳城鋪屋十五間，興造董志原縣丞城、公廨、廟宇、倉廠六所，此修造房屋之可記者。[936] 而以修築城垣之工程為最偉大。如修築蘭州省城外城，凡長一千三百十丈，城根深一丈有奇，寬一丈數尺，城身高三丈七尺，頂寬八尺餘，城壕掘寬三丈餘，或二丈餘，深亦如之。合十一防營之力，歷十個月之時間，用材料銀三千三百九十七兩，悉由宗棠捐廉。同時，在城西龍尾山，修築堅實宏大之碉堡四座，至今以四方坪馳名。[937]

在甘南有若干重鎮，其城垣於戰亂或地震中毀壞者，均先後修復，則有如：

西寧府城　修整東西北三面，長八百八十一丈，高四丈五尺；址寬二丈五尺至三丈，頂寬一丈三四尺，城堞一千二十枚，女牆一座，水槽十六座，城樓三座；新闢南北稍門各一座。

河州城　修整城堞二千二百四十九枚，更房一百四十座。

狄道州城　修整城堞二千零八枚，炮台六十三座。

秦州城　加築中城，小西關城，西關城炮台，東關城，又在南門外，修築耤水新堤，長三百五十丈，高八尺，厚二丈，呂二溝新堤，長三百零四丈。緣堤均植柳樹。

階州城　易地重建，長一百餘丈，高三丈，寬八尺，城堞一千一百六十八枚；炮台二座，又修築南堤，長一百二十丈，寬一丈三尺，北堤長四百餘丈，寬一丈三尺。環城及沿堤，栽樹數十萬株。

階州下馬關州判城　重築石城長二千八百八十一丈，高一丈九尺，城堞四百二十二枚，敵台四座。[938]

在隴東有若干地方，新設治，此時亦新建城垣，則有如：

化平川廳城　長四百十六丈，高二丈五尺，址寬二丈，頂寬一丈二尺，城堞五百五十四枚，城門四座，炮台十二座。

寧靈廳城　長一千一百三十丈，東西址寬一丈五尺，頂寬七尺，南北址寬一丈，頂寬三四尺，高二丈二尺八寸，女牆高五尺，城堞一千二百十一枚，東西兩門。

平遠縣城　長八百五十丈，高三丈五尺，城堞七百零二枚，炮台八座。

董志原縣丞城　長三百九十六丈，高二丈五尺，址寬二丈，頂寬一丈二尺，城堞五百三十二枚，城門四座，炮台十二座。[939]

在河西，則將在圍攻中轟毀之肅州城修葺一新，並將塌陷之嘉峪關城繕補完整，關頭宗棠親書「天下第一雄關」為榜。何福堃詩：「左侯昔日受降歸，釃酒臨關對落暉……額題六字神飛動，想見如椽大筆

揮」，即詠此也。關外安西州治，地近戈壁，飛沙堆積州城東西兩面，高與城齊。宗棠命由城堞逐漸開掘，下至城根，一律淨盡，磚石顯露，還復舊觀，更引疏勒河水成壕，植柳以環之。[940]

新疆在十年變亂中，所毀城垣，不一而足。收復後，南路如喀什噶爾，如葉爾羌，如英吉沙爾，如和闐，如瑪喇爾巴什；北路如烏魯木齊，如瑪納斯，如巴里坤，如精河，均加修補，而以擴大庫車漢城為最。庫車，故龜茲國地，漢時歸附。班超、班勇父子均曾駐此，唐亦就設安西都護。此時，就舊城東南與東北兩部，延長一千三百三十四弓，高一丈八尺，址寬一丈五尺，城樓高四丈八尺，四隅炮台，縱橫四丈四尺，洵足揚大漢之聲威也。[941]

新疆境外，布魯特、浩罕諸部落，均在蔥嶺之西，與嶺東之喀什噶爾，僅一山之隔。故諸部落人至喀什噶爾，動稱過山，此本中外天然界畫。宗棠平定新疆後，鑒於布魯特、浩罕等不時入犯，因奏請更自英吉沙爾北至布魯特界，按照卡倫地址，修築邊牆，並於衝要處，間以碉堡，則行見形勢益完固，界劃益分明，尤為百世之利。清廷採納其議，於是秦始皇以後之又一新長城，屹然在我國國土之西極端出現，亦可謂完成我國經營西域史之一頁。[942]

宗棠凡有興作，不為粉飾一時，必為規畫久遠。即如以上諸種工程，宗棠以為在本人與所屬任內，固可以役使兵力，然決不能以是期諸來者。故又所在酌劃荒絕地畝，招佃承租，指充歲修經費，俾日後易保完固，不致荒廢。嘗見今之從事建設者，往往鋪張揚厲，僅知如何博一時之名，不問如何善百年之後。於是知宗棠辦事之結實，用心之周密，迥不可及。

蘭州省城，北瀕黃河，兩岸往來，冬日利用冰橋，平時利用浮梁，名曰鎮遠，均易肇事。宗棠頗用上海德商泰來洋行福克議，擬建鐵橋，以為一勞永逸計。福克索價六十萬兩，宗棠以其過昂，未有成。然至光緒晚年，升允為陝甘總督，卒成之，而仍歸其造議之功於宗棠焉。[943]

65 己飢己溺之心情

吾華自昔以農立國，顧因灌溉系統窳劣，耕作技術幼稚，故水旱荒歉，已成司空見慣。又因政治不良，各地方大小內亂，幾於史不絕書，凡是天災人禍之結果，恆為田廬頹廢，市廛凋殘，生物喪亡，疫癘漫佈，需要諸般賑濟。積前人之經驗與思想，作為賑濟之書籍，不勝枚舉，殆成一種專門學問。且社會上竟有一部份人士，常恃辦理賑濟以為生活。故在吾國為政治家者，對於賑濟一事，不能不有所研究也。

左宗棠先世，於賑濟事業，多好行其德，故早已耳熟能詳（參閱二節）。且嘗於未出山前小試於鄉里。道光二十八年（1848），湖南於連年苦旱之後，忽患大水，所在饑饉，宗棠就授徒之暇，向富室勸募捐賑。統計在長沙、善化、湘陰、湘潭、寧鄉各屬所得銀錢米穀，不下五十餘萬。又以其時收穫薄而穀愈賤，貧富交困，勸族里儲穀以備荒。次年復大水，宗棠預出束脩糴穀，以半佐左家塅族人，半濟柳家衝本鄉。而柳家衝距湘江僅十里，下游饑民來就食者，日千百計，餓殍相枕藉，宗棠罄倉穀煮粥俵食，病者丸藥治之，筠心夫人與家人親率僕媼，臨門監視。不足，則典釵珥、減常餐佐之，全活甚眾。又次年，宗棠籌族中備荒穀成，悉捐家中長物，建所居仁風團義倉，擇公正之士經理，為立規約，以要久遠。[944]

然宗棠出山後所實施者，則以兵荒之救濟為多。最初，用兵浙江，衢州府屬肅清，即令每一縣設置同善局，擇廉幹紳士董之，並聽其就鄉村設分局，作為主辦救濟之機構，規定其工作凡四：

（一）收養幼孩　遇有被難幼孩，自數歲以至十五歲者，即收入

局，立冊注明姓名、年歲、籍貫、居址、父母伯叔兄弟姊妹存亡，及有無宗族親戚。每口日給米半斤，鹽菜錢八文，兩人共絮被一牀。如有親族來領，須經幼孩自行認明，方准給領，以防冒詐。有拐賣者，事發斬首。或鋪戶願領出學習手藝，取具領字，粘卷備案。姿性穎異者，送入義學讀書，日後長大，聽其歸家。其有無家可歸，無親屬可依，本地人民願收留作養子者，援照道光年間兩江奏准成案，由官給與執照，作為嗣子，收入族譜，宗族不得以異姓阻撓。

（二）收養婦女　凡遇被難婦女，問明年歲、籍貫、居址、翁姑、丈夫、父母、伯叔、兄弟存亡，及有無內外親屬，詳細註冊，由局發棉麻，課令紡績，織成布匹，歸局發售，以充經費。十歲以下，如無可依歸，本地人民願收留作女，作媳者，官給執照為憑，以免異時爭訟。其餘與幼孩同。

（三）恤養孤寡殘廢　城鄉市鎮，遇有孤寡殘廢，報局施賑，並准該地寫立緣簿，沿門乞食。

（四）收埋骸骼　屍骸暴露，慘不忍睹，且凶穢薰蒸，易成疫癘，急宜收埋掩葬。凡收埋一屍，掘深四尺者，給錢二百文。每日由局僱人巡視，遇有暴露，不問親屬有無，即予收埋，插立竹標，暫為誌識。[945]

至於經費，每縣先籌發錢二百千文，以為之倡。復為規定經常收入來源四項：

（一）增鹽茶厘稅　鹽除官運及零星肩挑負販，數在三十斤內，不再加徵厘稅。此外每鹽百斤，加厘稅錢五百文，茶厘亦然。或於場灶增收，或於水陸口岸各卡局徵收，溫州、處州境內，總以此為限，專款提充同善局經費。

（二）增船戶厘稅　海船出口，除所載貨物應徵厘稅外，每船增船稅錢四百文，江船每石加抽船稅錢四文，均於載齊之日，收取給票。

（三）勸捐祠廟私租　凡民間宗族祠堂，積存公款，以三分之二贍其本族，地方廟宇所有田土租息，劃提三分之二歸公，充作經費。

（四）勸捐紳富　凡捐錢八十千者，給予六品功牌，六十千者，給予七品功牌，二十千者，給予九品功牌。每捐至百名，即由局稟縣造

冊，專送本都院行轅，立將各等功牌填給。其已捐領六品功牌，願換捐從九品者，准赴行轅，換給從九品印收。如現有部照，即發部照。或力不能捐資，而設法能全活百人者，准詳明實跡，給予六品功牌。各縣官委及局紳，辦理妥善，全活最多者，分別核請保獎。

然宗棠又以為地方情形各異，習俗亦殊，故如有應行推廣增減之條，准其稟明核奪。其後在浙，每收復一地，即仿此辦法，實施救濟。[946] 及杭州省城克復，別設賑撫局，專辦省城救濟，並將《康濟錄》一書，刊發地方官吏，示以救荒之準繩。[947]

而宗棠於救濟，尤有別具會心者：

（一）招集當地原有農民，貸給種籽、農具、耕牛，俾即耕作。其本無田園，或來自客地之難民，則指撥荒絕地畝，亦貸給種籽、農具、耕牛，令從事。或遇拋荒之地，一時無人耕種，則飭所部兵士，先行墾植以招徠之，俟業主來歸，仍舉以相畀，不取分文。[948] 宗棠認農具、耕牛為農家生存命脈，故嘗謂：「救人之外，亦須為人救牲畜，救農具。」所部兵士，倘獲寇所遺牲畜，輒令給資易之，農具缺乏，則撥款設廠鑄之。[949] 以為言救荒，則「賑墾為第一義，賑者，以乞丐養之，不可久也，墾則無窮利賴，為地方長久計」也。[950]

（二）在浙江時，特撥銀一萬兩，作為資本，令難民在各地採集茶葉、竹筍，以及廢鐵，官為收買，積有成數，運往市場銷售。以所得價，再行收買，難民多倚以生活。截至同治三年（1864）六月，贏餘銀四萬四千餘兩，撥入軍費，其利賴可知。[951] 在陝西時，指示並協助難民掘煤炭，伐樹木，熬硝，牧羊，均可養活多人。又在甘肅時，嘗人與樵採之具，令樵以供軍，倍其值以勵之，一人樵採，得值可贍數口。復鼓勵地方官燒窰，開煤礦、興種植以活災黎。[952]

宗棠嘗言：

> 賑務談何容易，惟將地方可盡之地力，可資之物產，逐一蒐索，令災民得自覓工作，自謀養贍，較之坐食不飽，卒填溝壑，差為得之。……[953]

凡此皆其思想之見於行動者也。

關於天災之賑濟，惟在清光緒三年（1877），嘗有一次。時陝西與甘肅東境，均因旱荒，民不得食。當商同陝西巡撫，備款往湖南產米之區，廣購米穀。同時，禁止民間窖藏，俾利流通，亦禁止災民搶糧，俾糧戶樂於出售。然吾人須知，西北運輸，最為艱巨，用兵運軍需為然，救荒運賑糧亦為然。故宗棠當初即切囑將撥船、車馱，早為準備，無如經理者漫不經心，其後終致賑糧堆積河南之裕州、汝州，緩不濟急。[954] 惟同州府知府饒應祺，仿照宗棠運轉軍米辦法，成效最著，其議曰：

> 南糧由漢江入丹江，可至荊紫關，水盛時，可至龍駒寨，否則至荊紫關，即須用夫，擇貧民之丁壯，前往迎運，亦以工代賑之意。惟長運民力難勝，應由潼關至龍駒寨三百二十里，劃分八站：（一）大峪；（二）黑章；（三）紙房溝；（四）柴峪溝；（五）照樹溝；（六）遊方坪；（七）蒼龍嶺；（八）龍駒寨。由寨至荊紫關二百八十里，劃分七站：（一）華王廟；（二）武關；（三）試馬寨；（四）党家店；（五）青山；（六）小嶺觀；（七）荊紫關。每站各四十里，設一小局，收發運米，各駐夫一二百名，多則三四百名，視來糧衰旺增損。日行四十里，至下站交卸，仍回本站住宿。每人日負米一包七十斤，合京石五斗，給口食米一斤，錢數十文，窮民得食，力費亦省。……惟必俟前途來糧積存荊紫關局者果多，始可發夫前往。如計程可到，而漢江、丹江水涸滯運，則糧不敷運，運夫須以次遞退，發夫再往，又需放空之費。昔殷化行籌此路糧，運夫集而糧未至，糧到而夫又回，轉折勞費，運事弗暢，實為前鑒。若來糧果多，此路行走不開，再分途設站，一由雒南，出嵩峪，至鈞橋；一由商州，出甕峪，至華陰；一由黑龍口，出猴子頭，至渭南。即僱本地夫負運，費亦相垺，可免擁擠而期迅速。[955]

總之，辦理賑濟，最要為同情心，有此同情心，則自能隨時隨地，體會入微，用費少而收效宏。其次為責任心，有此責任心，則自能敏捷

而足赴事機，切實而不涉浮濫。宗棠即富責任心，而又富同情心，故於賑濟，頗有建樹。

至賑濟所需之款，除由公家支撥，亦如常例之取給於勸募，而宗棠尤着眼於為富不仁之輩，且公然形之奏牘。在浙江時，宗棠奏稱：

> 查有籍隸浙江之富紳楊坊、俞斌、毛象賢等十數員，身擁厚資，坐視邦族奇荒，並無拯恤之意，且有乘機賤置產業以自肥者，為富不仁，莫此為甚。現飭盡力速措巨款，廣購米石，運回辦賑，以救阽危而昭任恤之誼。……

清廷竟予照准，且諭旨有「如敢不遵行，即行嚴辦」之語。其後事實可考者，毛象賢認捐米六千石，楊坊則宗棠令捐米五萬石。同時，李鴻章亦令捐京米十萬石。楊坊迫不得已，在宗棠處認捐銀二萬兩，以一萬兩助浙賑，以一萬兩請轉解京米。宗棠以兩處各捐銀一萬兩，按當時米價，對於令捐五萬石之數，僅及三十分之一，對於令捐十萬石之數，僅及六十分之一，而以鴻章令捐京米，在浙報認，尤為取巧，因復奏陳其事，並稱：

> 楊坊以市儈依附洋商致富，十數年間，擁資百萬，捐納道員。從前在浙經手洋務，往往從中漁利，人所共知。即如咸豐六年（1856），為前浙江撫臣借用英商啤喱大輪船一隻，未及三月，竟開銷洋銀七萬九千餘元，名為供應洋人，實則取歸私橐，其昧良私利如此。……

奉旨令鴻章先將京米十萬石勒限如數追繳，繳清後，再押赴宗棠處照捐浙米，毋任狡展。至同治十一年（1872）六月，浙江巡撫楊昌濬奏稱：

> 楊坊現已故世，據伊子鄞縣舉人楊寶鎔稟呈，願蓋父愆，聞甘省肅清在即，餉需緊急，願措江平銀十萬兩，稍助軍餉。

等情，當獲清廷允准。旋將所有繳到捐銀，陸續搭解赴甘，作抵欠餉。[956] 夫貪官污吏，不繩之以法，而勒之以捐，一若一捐即可免其貪污之罪，故此舉雖若痛快，究乖政體。當陝西與甘肅旱災時，宗棠又奏稱：

> 此時籌辦賑撫，兵燹之餘，何從取給？是非擇紳商之稍有力者，勸令捐輸不可。就兩省而論，甘肅貧瘠著名，素乏殷實之戶。至陝西除南山、北山瘠區不計外，富室較多，又經商獲利之家，所在皆有。近遭「回亂」，多散居貿易各省，生計仍完。茲值桑梓奇荒，理宜盡力捐輸，以敦任恤之誼。臣現飭甘肅司道勸令官紳量力酌捐，一面咨商陝西撫臣督飭司道勸諭各紳士富商，盡力捐助，其慳鄙太甚者，恐非擇尤勒令承捐不可。……

致幫辦陝甘軍務劉典書，更申其說曰：

> 荒政首重勸分，而秦人偏喜慳鄙，無可如何，自非分兩種辦法不可。兩者維何？一勸捐，一勒捐也。勸以行之君子，勒以施之鄙夫，出其有餘，為其市義，何用其煦煦孑孑為哉？……

其後據陝西巡撫報告紳民共捐銀九十餘萬兩，捐糧二十五萬餘石。[957] 宗棠此種辦法雖若霸道，殆發於對難民之同情心。夫「朱門酒肉臭，野有餓死骨」，此最人世不平之事，餓夫不敢開罪朱門，宗棠代為打抱不平，自可博得一般社會之好感。

積穀防荒，自昔稱善政。宗棠早年，已在本鄉着意經營，自經此次旱災，宗棠於光緒三年（1877）九月，通令勸辦義倉。同治十一年（1872），陝西延安府稟設社倉，宗棠批云：

> 社倉，善舉也。每因經理不得其人，遂廢不舉，甚或反以為累。然古今無不敝之良法，人存政舉，徒法不能自行，雖聖賢

立法，亦不能保其不敝。惟於所屬良願士民，留心採擇，令各司其社倉之出入，地方官但按年稽核，不令吏胥涉手，稍可留遺久遠，與古人當社立倉之意有合。惟士民不盡良願，而地方亦有無可舉充社長者，是用士民一法，有時而窮，安得留心造士之賢有司，俾善氣熏陶，比戶可封乎？……

此次通令勸辦義倉，其經理殆即採用官督紳辦方式。如崇信縣，每倉遴派正副四人，兩年一換。如東樂縣，各以倉正管理。如洮州，選正副殷實之家經理，大致仍不出宗棠之主張也。[958]

66 拔除妖卉

　　左宗棠痛鴉片戰爭失敗，對於鴉片，素主貫徹禁止。顧自出山以後，僅於軍中禁吸，雖親戚有嗜好者，亦不惜逐回，獨於地方未有若何舉動。至其在西北十四年中，則所目營心注者，禁煙亦為一要政也。[959]

　　陝西與甘肅誠所謂荒徼之區，一切文化，較之內地，均未免見絀。獨罌粟遍地，蔚為大觀，竟佔人先。罌粟既盛產，吸煙者比戶皆然。依宗棠當日調查，如陝西之三原一縣，煙戶多至鄉居其五，城居其七。且凡吸煙之徒，無不尪瘠異於常人，陝甘剛強之民氣，一變而為暗懦不可名狀，坐令回族縱橫，莫能抵抗。而土地既滿種罌粟，穀類之生產減少，平日已不敷民食，一遇地方荒歉，無不餓莩載道，浸至死亡累累。故宗棠嘗言：

　　　　論關隴治法，必以禁鴉片為第一義。欲禁斷鴉片，必先令州
　　　縣少吸煙之人，欲吸煙之人少，必先禁種罌粟，欲禁種罌粟，必
　　　先思一種可奪其利，然後民知種罌粟之無甚得利，而後貪心可塞
　　　也。……

　　宗棠所思可奪罌粟之利者，為草棉，因先積極提倡種棉（參閱六十一節），然後積極禁種罌粟。[960]

　　同治八年（1869）宗棠發佈《禁種罌粟四字諭》，是為在西北禁煙之第一聲：

　　　　諭爾農民，勿種罌粟。外洋奸謀，害我華俗。藉言療病，

實以縱欲。吁我華民，甘彼鴆毒。廣土南土，吸食不足。蔓連秦晉，施於隴蜀。土斁不長，榮必肥沃。惡卉繁滋，廢我嘉穀。紅花白花，間以紫綠。劃果取漿，兼金一束。攲枕燃燈，俾夜作晝。可衣無棉，可食無肉。盋可無糧，棧可無豆。惟腥是聞，惟臭是逐。農輟耒耜，士休卷軸。工商遊嬉，男婦瑟縮。小販零沽，蜷聚破屋。家敗人亡，財傾命促。亂後年荒，民生愈蹙。俵賑督耕，散種給牘。移粟移民，役車接轂。言念時艱，有淚含目。勉搜顆粒，聊實爾腹。爾不謀長，自求饘粥。乃植惡卉，奸利是騖。我行其野，異華芳鬱。五穀美種，仍憂不熟。亦越生菜，家嘗野蔌。蔥韭葵莧，菘芥菜菔。宜食宜飼，如彼苜蓿。鉏種壅溉，饔飧可續。胡此不勤，而忘旨蓄？饑與饉臻，天靳爾祿。大命曷延，生聚曷卜？尚耽鴉片，槁死荒穀。乃如之人，寧可赦宥？自今以往，是用大告。罌粟拔除，禍根永劚。張示郵亭，刊發村塾。起死肉骨，匪詛伊祝。聽我譊譊，則有大戮。發言成韻，其曰可讀。

然在軍事倥傯中，尚未遑積極。同治十年、十一年（1871—1872）間，清廷嚴禁種植罌粟。光緒二年（1876），陝甘全定，又奉旨重申煙禁，明定官吏考成。始復檄飭布政、按察兩使，遴委妥員四出，會同印官，周歷鄉村。本管道府督同廳縣營汛，隨時輕騎赴鄉搜查，月凡數至，遇整段地畝種罌粟者，一律翻犁灌水，其雜植豆麥間者，亦且鋤且拔，俾無遺蘗。光緒三年（1877），陝甘旱荒，賑糧不濟，死亡甚眾。宗棠歸咎於境內種植罌粟太多，致穀產銳減，吸戶激增，而煙癮愈深，又身體愈弱，不耐餓寒，易淪溝壑，始更採嚴厲手段。及新疆平定，見天山南北路亦有種植罌粟者，土人謂之花花子，禁之一如在陝甘，然仍以致力於甘肅者為多。[961]

寧夏府轄境，土質肥沃，最宜罌粟。河東每畝竟可出煙土七八十兩，河西稍次，每畝亦可出煙土三四十兩，致廣泛種植，無所底止。責令拔除，則諉稱積重難返，或以農戶將拒納田賦為詞。宗棠大怒，寧夏

府知府，先已因案撤任，至是更革職查辦。寧夏縣知縣先已奏請升補階州直隸州知州，至是撤任，並注銷升補原案。平羅縣知縣、靈州知州、中衛縣知縣，先以另案撤任，均仍並案查辦。寧朔縣知縣，本與宗棠有深切關係，而宗棠致書幫辦甘肅新疆軍務劉典曰：

> 賀少農（升運）與弟有世誼、年誼、姻誼，弟亦何忍恝然？顧在官言官，伊在任已久，竟無覺察，於寧夏廣種罌粟一事，始終無隻字啟告，則咎有應得，豈可以私廢公？……

於是亦被撤任。蓋寧夏一府六廳州縣，僅寧靈廳通判倖免於處分。自此一番整頓，寧夏將軍、副都統，其始不無藉武力庇縱者，咸告斂跡。於是闔境罌粟根株，一律鋤拔淨盡。各地方官出力者，亦優加獎敘。宗棠又發銀二萬兩，以供耕墾之用。[962]

河西四郡土質亦宜罌粟，種植甚廣。甘州所產，號曰西土，與廣土、雲土齊名。因四郡首長，能認真查禁，故如高臺等縣，均漸著成效。惟撫彝廳通判，先報親身下鄉遍查，後因辦理不嚴撤任。古浪縣知縣，先則一味顢頇，逮煙苗長發時，轉又具稟請示，遂革職永不敘用。[963]

甘南各屬，於栽種罌粟一事，並不禁於未種之先，臨花色結成時，乃派差役下鄉勒拔，藉此索賄，得賄即放。政府禁令，轉成為官吏胥役訛索之具。宗棠聞之，曾嚴切糾正。久之，積習相沿，仍未能悉革。其後如成縣，既未禁止，但藉詞罰修廟宇。寧遠縣雖派員查勘，仍許罰錢免拔。伏羌縣派員下鄉，竟收受規費。於是宗棠將三知縣均革職永不敘用。西和縣知縣派員，亦有科斂情事，降為佐雜。嗣譚繼洵為鞏秦階道，通飭各屬，先禁冬種，後禁春種，又於二三月間，命各州縣官親率鄉總，歷行查勘，始漸肅清。[964]

至對於偷種罌粟者，宗棠命人杖責枷號，地則充公。然如其人後能勤種棉穀，其地仍可發還。宗棠又指示地方官曰：「法在必行，不寬紳富。」[965]

然則宗棠在西北禁種罌粟之成績，果何如耶？宗棠自言：

> 甘之查拔罌粟，最為切實，陝西政令雖嚴，奉行未能一律，
> 除大道兩旁，尚無偷種，餘則不免，而南山郡縣尤多。……

緣陝西雖為陝甘總督轄境，而別有陝西巡撫主政，故不免參差也。至新疆方面，宗棠以為南八城煙禁尚嚴，罌粟不拔自斷。若北路能一律辦理，而奸販屏跡。緣南八城大部為宗棠直系部屬所統治，而北路猶有其他統屬，故亦參差不齊也。更由南八城纏回為多，而伊斯蘭教規素戒吸鴉片也。[966]

我人今皆知西北與西南各省，民間種罌粟，官廳公然按畝收稅。不意當宗棠時代，陝西、甘肅，早有其事，惟宗棠以為罌粟既在禁種，斷無再行收稅之理，概予停止。[967]

宗棠在西北禁煙之第二聲，為對於輸入陝甘境內之四川土、雲南土等國產鴉片，不准收厘，一律焚毀。對於外國煙土，當時所謂洋藥，則不准入境。亦有人對於此項辦法，認為操切，陳之清廷。宗棠乃改於甘省入境首站出示，如有煙販入境，勒令折回，其已落行棧者，由官封存，由煙販自行看守，如敢偷越腹地銷售，即概予焚毀。[968]

宗棠在西北禁煙之第三聲，為傳佈戒煙藥方，勸導吸戶，自行配服，亦鼓勵有錢者，廣為配製贈送，視為善舉，其為數較多者，並按捐賑章程，給予獎勵。其後果戒吸者多，而煙價亦落。[969]

然宗棠在西北禁煙，雖甚嚴，對於吸戶，卻並未予以若何制裁。蓋以為吸戶可在深房密室，稽查難周，必欲深入搜尋，流弊無窮。故宗棠獨着意於消滅其來源，一方對境內罌粟，禁止種植，一方對境外煙土，禁止輸入，以為鴉片之來源既少，鴉片之價值自高，而人民無力再吸，將不禁而自除也。[970]

惟所謂洋藥進口，既格於國際條約，無法禁絕。如一任其流通各地，不加阻遏，則欲求煙禁增大效力，確甚困難。且洋藥稅厘並徵，已列入與英國所訂《煙台條約》。故宗棠於入贊樞要後，建議採取一種寓

禁於徵之政策：

　　竊維鴉片產自泰西印度地方，由英國商人轉販而來，流毒中國，名為洋藥。其患先中於市廛、衙署，凡中人溫飽之家，佚遊燕僻，子弟聚處而嬉，用以遣日，比吸食有癖，積漸成癮。癮重而形神交瘁，於是資傾家破，而身命隨之。內地罷民拋宜穀、宜蔬、宜瓜果腴地，以種罌粟，劃果取漿，名為土藥。其患先中於鎮集、鄉村，凡食貧力作之人，遊人無聊之輩，久且視為尋常日用所需，不知禁令為何事。於是吸食者多，更成積重之勢。華民之吸煙者多，洋藥之銷路亦日益暢。……臣前督陝甘，先以禁種罌粟為務，飭各屬隨時查拔，以清其源，遇有洋藥入境，則標識封存行棧，勒由原路折回，不准在地銷售。其故違者，查出焚之通衢，已著成效。惟此法行之一方為宜。若統籌全局，則令其由原路折回，瘅於此者，或銷於彼，仍為不了之局。詳察事宜，斷非加洋藥土煙稅捐不可。稅捐加則洋土藥之價必貴，價貴則癮輕者必戒，癮重者必減，由減吸以至斷癮，當有可期。若徒恃空文禁制，則丁役之弊索，官吏之欺隱，由此而生，案牘紛繁，訟獄糾繞。竊恐政令不行，而閭里騷然，未睹禁煙之效，而先受其弊也。

　　自古整齊世宙，不能無藉乎政刑，政刑之用窮，不能不濟之以罰。周課田功，有里布夫家之罰。漢重酒禁，有誤酎免侯之罰，其明徵也。近如海國土產出口，輒按其成本而徵之，英人於嗜好之物，更加徵兩倍，亦與贖刑遺意相近。況加徵洋藥土煙稅捐，意在加價減癮，以期坊民正俗，復厥本初，多取亦不為慮。且議加者，中國吸食之價，非取之出產之地，與外國興販之徒，權自吾操，誰能過問？稽經諏律，理有同然，而措正施行，又無煩再計決也。臣奉命與聞各國事務，責無可辭，曾於接晤英使威妥瑪時，論及鴉片宜加徵稅釐，冀可減癮，威妥瑪亦無以難之。適李鴻章至，臣偕赴總署，與威妥瑪會商二次。李鴻章又獨與威妥瑪晤商一次，威妥瑪意見不同，語多反覆，而於加價一節，猶斷

斷斷然若重有所惜者。……加數甚微，不但癮無由斷，適足為興販洋藥者廣其銷路。而內地種罌粟、販土煙者，得以藉口，並加徵捐厘，亦多窒礙。是與擬增稅捐，期收實效本謀，大相刺謬，而其事且有若難行。……若內地私種罌粟，所造土煙，行銷浸廣，應即照洋藥稅則，加捐示罰。惟土煙味淡氣薄，吸者弗尚，其價值亦較洋藥為輕，稅厘之加，未宜與洋藥一律，須按其斤重價值，准洋藥推銷議加，乃與罰捐之意允協。而貧難之民，因惜費而減癮，其實效亦復相同。區區之意，竊謂嚴禁吸食鴉片，本坊民正俗要圖，近因市價日減，吸者日多，為患亦愈積而愈甚。於此而思禁制之方，實非加洋藥土煙稅捐不可。其所議加稅捐者，非僅為聚斂豐財起見。古者取民有制，徵斂固宜從其輕，而由今之道，思變古之俗，道在禁民為非，則稅捐示罰，有不得不從其重者。迨疵俗滌除，民無夭折，弊盡而利自生，其效將有可睹，奚取於富強之術，功利之謀也……[971]

此議由清廷先交各省關將軍、督撫、監督研討，及各省關覆到，復交宗棠閱看。宗棠歸納為數點，而其中最主要者，為洋藥徵稅厘，究為多少，事關外交，非片面所能決定。據宗棠調查，洋藥輸入，每年本僅三萬餘箱，嗣增為五萬餘箱，其時又增至七萬餘箱。而每箱之價格，從前需銀七百餘兩，其時則減至五百餘兩。惟其價格既降，斯銷路益暢。故宗棠務欲加重稅厘，抬高其價。按洋藥稅厘，入口時，每一百斤徵稅銀三十兩，運銷各省時，再徵厘約及入口稅之半。同治七年（1868），曾議增稅二十兩，為印度商會所格。宗棠議於入口稅，仍按每一百斤徵銀三十兩外，運銷內地加徵厘銀一百二十兩，即每洋藥一百斤，運入中國銷售，共收稅厘銀一百五十兩。其土煙厘捐，擬於各省就地徵收。無論本地所產，與外來煙土，總以每百斤徵銀五十兩為率。在威妥瑪，則以稅厘過重，價格驟高，有礙洋藥在中國之銷路，僅允每一百斤共繳稅厘銀八十兩，相差懸殊。經總理各國事務衙門迭與交涉，總無結果。[972]

吸鴉片的煙民，上海，1874 年

其後此案乃移倫敦交涉。曾紀澤為中國駐英使臣，深知宗棠原議，非專為稅收起見，欲藉提高價值，使民間吸食漸少。當與英國外交部力爭，卒定為一百十兩，於光緒十三年（1887）起實行。時為光緒十二年（1886）之六月，先宗棠之薨一月也。其實當初宗棠之倡議，確為意在禁煙，然附議者，只認為籌款之一途，故遽願以每百斤抽厘八十兩定議。按同治十二年（1873）至光緒五年（1879），海關貿易總冊，每年入口洋藥，約有九萬箱，每箱稅厘並課一百十兩，總收數且達一千萬兩，不失為晚清收入之大宗。[973]

67 能訪人才而不容人才

　　用人最難，如何用人，平日頗能知之、言之；而臨事每不能完全實踐其所知、所言者，固比比皆是，乃至於一反其所知、所言者，亦復有之。抑豈惟用人最難，即批評人如何用人，亦豈易易。

　　同治中興，人才鼎盛，曾國藩素著知人之鑒，幕府賓從，自極一時之選。胡林翼不甘示弱，在湖北設寶善堂，專攬俊傑，自言欲與國藩爭賢才之多寡，各奔前程。左宗棠卓立其間，於用人尤自負，且自視勝於國藩、林翼，嘗與林翼書云：

> 楚才之經滌公唾棄，及自鄂歸者，一經訓勉，便各揚眉吐氣，亦不可解。……

又一書云：

> 林天直、劉富成，皆老兄不甚許可者，然弟用之，則無不如志矣。……

　　浸至士之不得志於國藩所者，以就宗棠，宗棠無不特加重用，而士之為宗棠所賞識者，以就國藩，國藩則遲疑不敢果用，是中雖不無意氣作用，要因兩人性情不同，故衡量人才亦不無殊異。[974]

　　宗棠對於用人之道，議論頗多，擇其尤透徹者著錄之，則如云：

> 人才極乏之時，再不寬以錄之，則凡需激厲而後成，需磨練

而後出者，舉遭屈抑矣。只要其人天良未盡汩沒，便有可用。我察人頗嚴，用人頗緩，信人頗篤，此中稍有分寸也。……廚丁作食，肴果都是此種，味之旨否分焉。解此，便可知用人之道。凡用人用其朝氣，用其所長，常令其喜悅，忠告善道，使知意向所在，勿窮以所短，迫以所不能，則得才之用矣……。

又云：

人各有才，才各有用。嘗試譬之：草皆藥也，能嘗之，試之，而確知其性所宜。炮之、炙之，而各得其性之正，則專用、雜用，均無不可。否則必之山而求榛，必之隰而求苓，烏乎可，且烏乎能也。……非知人，不能善其任，非善任，不能謂之知人。非開誠心，佈公道，不能得人之心。非獎其長，護其短，不能盡人之力。非用人之朝氣，不用人之暮氣，不能盡人之才。非令其優劣得所，不能盡人之用。仲叔圉治賓客，祝鮀治宗廟，王孫賈治軍旅，夫如是，奚其喪，此聖人示人用人之法也。自來用人之道，固盡於此矣。[975]

然宗棠本人之用人，果何如乎？其在幕府時期，並不直接用人，僅處舉薦地位。則塔齊布當為宗棠第一選拔之才，由一候補都司，擢權湖南撫標中軍參將，嗣於兩年之中，疊經張亮基、國藩奏保，遽官至提督。王鑫亦為宗棠當時所最賞識，羅澤南課徒長沙省城，王鑫與李續宜、李杏春均從，後又皆參與澤南戎事。宗棠嘗訪澤南於定王台，遂與相識，其題澤南遺像詩，所謂「省識舊遊如昨日，春風歸詠定王台」者也。宗棠贊駱秉章肅清湖南四境，王鑫之功居多，與塔齊布皆可列為征討太平軍前期名將。[976]

及宗棠奉詔襄辦國藩軍務，募勇五千以行，始自有直接用人之權。而其後用人之情狀，王闓運嘗與書論之：

屢聞雨蒼、保之、孟星言，公每與人言，輒慮賢才不登，而

自歎衰老孤立,何大臣深思之賢乎?闓運行天下,見王公大人眾矣,皆無能求賢者。滌丈收人材,不求人材,節下用人材,不求人材,其餘皆不足論。以胡文忠公(林翼)之明果向道,尚不足知人材,何從而收之、用之?今姑以節下用人論之,嚴受庵才氣跅弛,欲以死發其狂,今得備一卒,死鋒刃,將百人,償其志,等死也。而故靳之,使發狂疾自縊而死,豈閩粵營哨諸弁,猶勝受庵乎?此節下欲成全人材,而反夭枉人材者,一也。鄧保之一善論說文人,本非吏材,而節下使之為營務,作府道,卒又不悅而遣之,豈保之先則勝受庵,而後則不若受山乎?此節下欲獎拔人材,而又不鑒別人材者,二也。孟辛負氣好奇,其銳敏不可多得,節下既賞之矣,而不留之,不調之;欲其自投而後收之,此欲籠絡人材,而卒坐失人材者,三也。蔣撫、楊督,皆以薦起。蔣則粗官,楊乃陰鷙,均不得終席。節下徒知文人之非遠器,而不知辯士之非遠模,徒知馬謖之違節度,而不知魏延之非馴擾,此欲別拔人材,而不知遏抑人材者,四也。委克庵以關中,留壽山於福建,一則非宏通之選,一則為客氣之尤,節下久與遊而不知,是不智也。無以易之,是無賢也。將兵十年,讀書四紀,居百僚之上,受五等之封,不能如周公朝接百賢,亦不能如淳于之日進七士,而焦勞於旦暮,目營於四海,恐求士而士益裹足耳。……

又光緒五年(1879)己卯正月四日日記云:

昔余言,胡文忠能求人才而不知人才,曾文正能收人才而不用人才,左季高能訪人才而不容人才,此皆天下所謂賢豪,乃無得人才之用者,天下事尚有望耶?……(按同時尚有一書致丁寶楨,亦作如是語,惟其間又加一句曰:「劉蔭公〔長佑〕、丁稚公乃能知人才而不能任人才。」)[977]

闓運自負其才,而不見用於曾、胡、左諸人,不無耿耿。對諸人措施,常致不滿,故凡所云云,自不足遽認為定論。且即其所論,先後歧

異，足徵其初無的見。惟按此致宗棠書中所提諸人事跡言之，確可窺見宗棠用人之一斑。

嚴受庵，名咸，湖南漵浦人，十七歲中式舉人，詞章沉博雄鷙，喜論兵，願慷慨為烈士。鄧保之，名繹，湖南武岡人，通貫經史，考求古今得失，又潛心理學，以酌其宜，所著《雲山讀書記》五十卷，宏通精密，言多可行。孟辛，左樞字，湖南湘鄉人，才氣縱橫，好談經濟，年二十餘時，已詩文浩瀚，卓厲不可一世。嚴咸、鄧繹，均為宗棠入浙時所特保。當宗棠去閩赴陝時，左樞嘗與一度通訊，宗棠覆函，備致嘉勉，後從席寶田西南軍中，竟客死異域。此三人者，均未嘗得志於宗棠所。[978]

蔣撫指蔣益澧，楊督指楊昌濬，克庵，劉典字，受山，周開錫字。此四人者，合之為宗棠總理營務之王開化，及為宗棠主辦糧台之王加敏，均不失為宗棠東征時期中之幹部人才（詳四十八節、六十八節）。至入於西征時期，則宗棠之幹部人才，劉典、開錫、昌濬、加敏，仍先後追隨外，可益以劉松山、劉錦棠（詳六十九節），然而何其寂寥也！大抵宗棠為人，予智自雄，諸事一手包攬，故凡有才氣，有主張，以及真有學問之人才，不但不易為宗棠所容，即彼等本人亦不欲久為所用。此嚴咸、鄧繹、左樞輩之終不獲在宗棠所展其抱負也。宗棠嘗與劉典書云：

> 弟與營務諸君，皆以情意孚洽，至於大事大疑，則頗取獨斷。除王貞介（開化）一人，為生平所推服，未嘗一語違忤外，如閣下及石泉（昌濬），則間有可否，不嫌異同。……

此為宗棠自視甚高，遇事專斷之自白。不第對於軍政大計如是，即對於奏咨書牘批札，亦親自削草，不假手他人。故宗棠幕府之中，可謂絕少奇材異能之士。[979]

劉典為宗棠所特別器重，而劉典對宗棠尤閎切，然當劉典署陝西巡撫時，嘗與宗棠失和。此事見於吳大廷自訂年譜，同治八年（1869）記云：

二月十三日，同子俊赴三原縣，留行李於西安，令張小齊
守之。次日，謁克庵中丞於大營，時方因公與左公相忤，人頗惶
惶，余力為解之。……十六日，辭赴乾州。次日，抵營，左公極依
依故人之意。……住營十日，左公亦時以克翁不能和衷為言，余又
力解之。二十七日，辭赴三原，反覆關說，督撫之嫌盡釋。……

夫以劉典與宗棠，公私情誼平日甚深切者，猶且如此，其他可知。
於是更可見宗棠為人之難與相處。[980] 益澧入浙，克復一省城、四府城，
與十餘縣城，有助於宗棠甚巨，而宗棠遇之苛。益澧嘗為郭嵩燾言，生
平受左君挫折甚多，始猶相與爭勝，繼乃一力周旋，勿論其他。是又可
見宗棠為人，及如何方可與相處。[981]

國藩固羅致人才甚多，然嘗謂彼募練湘軍，而如澤南、王鑫、李續
宜、楊岳斌輩，皆思自立門戶，不肯寄人籬下，不願在彼與胡林翼、駱
秉章等腳下盤旋。因怪李鴻章募練淮軍，而如劉銘傳、潘鼎新輩，氣非
不盛，乃無自闢乾坤之志，甘在鴻章腳下盤旋，以為鴻章之善於駕馭，
在彼之上。[982] 余謂此非國藩之不善駕馭，正見國藩度量淵弘，足以聽
人並助人之自由發展。即宗棠在國藩處，亦豈不如是？若宗棠之器度，
不免褊淺，未足以語此。如益澧在宗棠幹部中，才氣最大，以是開錫、
昌濬既不得志於福建、浙江，仍走依宗棠，不惜在宗棠腳下盤旋。益澧
則雖不得志於廣東，雖清廷嘗飭往宗棠軍營，而竟未往。又如加敏在宗
棠處，經理軍需，始終僅為一勤謹之賬房先生，至晚年方放補道缺。
若李瀚章在國藩處，初亦經理軍需，而後則回翔疆寄。由是而言，閻運
謂宗棠不能容人才，似尚非無的放矢。且宗棠對於有才之士，喜先加摧
抑，而後拔擢。此在古人自有行之者，意在斂才就範，然必欲強之惟命
是聽，則是斂才就己，絕非有才之士所甘。且此種術數，當僅可施之其
人未有作為之時，若施之於已有名位之人，殆難收效。即如鮑超為人素
高亢，剿捻之役，懼歸宗棠調度，稱病不行。宗棠親往視之，責以大
義，陳之清廷，冀其因清廷之壓力，樂為己用，而超卒不屈。[983] 又施
補華嘗與人書，論宗棠遇李雲麟事：

雨蒼都護，磊落光明，八旗人傑，在營與兄甚契合，將來西北之事，或當寄之。相國有意磨折之，雖有成就之雅，而用意太迂。人生四十餘，材具識見，進益亦復有限，及其朝氣而用之，可收目前之效。若蹉跎歲月，至於精力減而元氣隳，是非成就，實糟蹋也，好漢惜好漢，頗為太息也。……[984]

後雲麟果以不肯伈伈俔俔，怫然而去，凡此又為宗棠不善容人才之例。

宗棠此種用人方式，當其精力壯盛之時，誠能手揮五弦，目營四表，照顧周到，應付裕如，否則易有弊病發生。故宗棠晚年，向所倚賴之周開錫、劉典，既已先後謝世，昌濬、錦棠，已獨當一面，加敏則又已補缺，均不能再為宗棠分勞。於是總督兩江，而以王詩正總理營務處，詩正則宗棠四子孝同之妻弟也。督辦福建軍務而以黎福昌總辦江西糧台，福昌又宗棠三女孝琳之婿也。宗棠於福昌之變產捐官，向所鄙薄，而此時奏報之詞，則許為「廉慎勤幹，辦事實心」。宗棠於詩正，固嘗認為「性情揮霍」，嗜欲太重，而仍進之要職，蓋已不免流入引用及偏信私親之一途。[985] 後詩正便為宗棠引致一嚴重之參案，彭玉麟奉旨查辦，亦頗責備宗棠用人之不當。此則尤為宗棠平日不能容人，尋致無人可用之失也（參閱七十六節）。

在宗棠西征之後期，多引用湖南同鄉，此其故，固亦有可得而言者。甘肅本屬邊陲，當地人才寥落，復經十年「回亂」，內地人士咸不樂往，當大軍逐步前進，須有人辦理運輸等務。及各郡縣收復，又須有人辦理善後等務。本省正規候補人員既鮮可調遣，惟有就軍中幕僚遴派，不特相知有素，可以信賴，且此輩萬里長征，無非希圖寸進，追隨有年，亦自不能不有以慰其意。不幸其中多數為湖南人士，於是反感叢生。如陶斯詠以浙江會稽人，為寧夏道，以故為宗棠所罷免，而代之以湖南桂陽人魏喻義。同時，余士穀以江西南城人，為甘州府知府，亦不得志於宗棠，因案罷免，而代之以湖南安化人龍錫慶。故斯詠致書士穀，發為慨歎曰：

今日隴頭，非楚產不足見珍，諺云：「惟楚有材。」若吾輩三江，備員宇下，宜乎擯棄。……

此種情緒，瀰漫於官場，積之既久，形諸歌詠：

數載聽鼙鼓，於今盡蓋鍋。囊中無白鏹，地下有黃河。絕學將焉用，奇勳又若何。不能生在楚，只好見閻羅。

蓋悲憤之氣深矣。逮大軍出關，而湖南人士更佈滿天山南北路職位。宗棠雖常卻湖南同鄉之求官者曰，此間非仕國，顧在旁人視之，甘新實已成楚國。即論宗棠之用湖南同鄉，確嘗考量才能，並非無所區別，要亦未必無濫竽其間者，即如上述之龍錫慶，自不失為賢能之吏，而魏喻義則難稱循良之選矣。[986]

抑清代用人，文武考試，均統於禮部，文職銓敘，統於吏部，武職銓敘，統於兵部，均有一定則例。其意固在以用人之權壹歸之皇帝，實含有專制色彩，要其主於集中統一，尚不背於人事行政之原則。顧自太平軍興，而此種則例，稍稍破除矣。循舊則例登進之人才，未能應付事變，不足於用，而不能不變通辦理也。自洋務興而此種則例，則更大破除矣。循舊則例登進之人才，不通外國語文，不諳外國法典，及一切科學，不足於用，而不能不變通辦理也。於是上下均不惜破格用人，而凡有一才一藝之長者，不拘進身之階，無不脫穎而出。如宗棠，即以一舉人而驟為巡撫者也。向以防止營私植黨，不容任意調用與保舉者，至是准許自由調用。如開錫、加敏，即經宗棠一再調用，由浙江而福建，由福建而甘肅。而加敏則更由甘肅而江蘇者也。亦准許自由保舉，且可保封疆大吏，如益澧，即由宗棠先保督辦軍務，而後擢督撫者也。然行之既久，流弊滋生，誠以當事者苟無大公無我之心，不免有用情徇私之處。故自太平軍平定，而又漸加裁制矣。宗棠頗不以為然，在陝甘總督任內，曾有以申其說：

　　治亂安危，雖關氣數，而撥亂反治，扶危就安，則必人事有以致之。人事既盡，雖氣數之天，亦退處於無權，而旋轉之機，始有可驗者，所謂干戈起而文法廢，文法廢而人才出，人才出而事功成也。安常習故時，刀筆筐篋之士，奉行例案，亦可從容各奏其能。至事故疊生，則非其人其材，不足以當之。天之生才不易，人之應運非偶，古今以奇才異能著聞，而大名盛業，足重當時，傳於後世者，亦有幾人。苟能補救世局，卓然有所表見，則不得謂非一時之選，然即此已不易得。矧時會方殷，待人而理，需才之亟且眾。如今之陝甘，甚於各省，今之新疆，又甚於陝甘，豈可刻以相繩也？將營廣廈，須購眾材，將合群力，必呼邪許，不蓄三年之艾，何以治七年之疾？不挈舊侶，何以為萬里之行乎？……[987]

所謂不挈舊侶，何以為萬里之行，亦宗棠解釋其所以多用湖南同鄉也。在兩江總督任內，又有以申其說：

　　制治以文，勘亂以武，為政首在得人，則求才宜亟矣。循資格以求之，可免倖進之弊。而美玉恥於炫採，無由自獻其奇，採虛譽以致之，雖博好士之名，而魚目每以混珠，無以濟時局之用。自非限以資格，無以肅銓政而慎登庸，亦非兼用薦舉，無以拔殊尤而備時用。從來世運之隆替，係乎人材之進退，大抵然也。顧言語氣類攸分，見同難確，吏、兵兩部司進退人材之柄，既拘於例案，而愛憎又不能無偏。如是，不肖者不必遽退，所進者不必皆賢，而士氣銷靡，人材因之不振。至知人尤貴善任，廷臣縱虛懷好善，能明而不能遠，非責成督撫因材器使，何能使長短各稱其任，銖兩悉稱其施？而懷才者不能各盡其才，在所難免。……[988]

當時清廷對於前一摺，則批留中，對於後一摺，則批另有旨，旨

意如何，今無可考，或竟無復下文，亦未可知。（按宗棠奏稿，凡奉有批回者，均錄有原文。）清廷欲限制各省破格用人之意，灼然可見。雖然，積重難返，清廷此種願望，誠難貫徹。太平軍以後，勇營代制兵而興，由是兵權在典兵大員私人，而不在政府，浸至釀成中華民國之軍閥。人事行政，一經破除則例，用人之權，亦不復集中政府，而各省督撫得操其柄。馴至清亡，幾無可挽救，既入中華民國，仍復銓政難以建樹，其理一也。

68　寥寥之幹部

左宗棠誄劉典云：「奉命討賊三人從，鞭弭周旋雲與龍。」三人者，其一即劉典，其餘則為王開化、楊昌濬，均最初為宗棠管理營務者也。是為宗棠最初之幹部，亦為最後之幹部。開化為王鑫從弟，從王鑫軍，而王鑫、昌濬，皆羅澤南弟子，又嘗隨澤南作戰者也。劉典亦嘗隸澤南部下，並居王鑫營中，宗棠夙重澤南、王鑫。兩人之參與討伐太平軍事，宗棠實在湖南巡撫幕中左右之。而劉典、昌濬，又宗棠故交也，其已往關係蓋如此，然不久開化卒於軍，於是三人者，僅得二人焉。[989]

劉典，字克庵，湖南寧鄉人。初以諸生，伏處為山，不求聞達，讀書養親，立志以古人自期，時究經世之略。太平軍起，從澤南攻南昌省城，王鑫亦許其才識通達，邀至軍中，於是宗棠亟稱其賢於湖南巡撫駱秉章。及宗棠出山，更自羅致於麾下，而其間合而離，離而合者，凡四階段。劉典從宗棠之戰功，先在浮梁、樂平、婺源間，嗣在衢州、嚴州、金華間，卒又回師皖贛之交，擊太平軍之由江蘇南下者。所將五千人，皆紀綱之僕，以其字名之曰克勇，所至秋毫無犯，簞食壺漿，不絕於道。會以父喪，固請罷歸，是為一階段。其從宗棠者，凡三年四閱月。江浙既定，太平軍餘股竄江西，竄福建，復竄廣東。宗棠先已奏起劉典募新軍，在江西助剿，旋覆奏令幫辦福建軍務。宗棠由閩入粵，所攜親軍，僅五千人。劉典至南雄，語黃少春曰：「尾賊而追，非計也。觀賊返奔甚急，脫左公遇之，必不支，奈何？」少春曰：「計將安出？」劉典曰：「裹二旬糧，取道大嶺之脊，晝夜趨行，猶可及也。」諸將皆稱善。比宗棠抵大埔，而劉典已先一日率諸軍至。宗棠乃安，卒下嘉應州城。而劉典以父喪將終，母年已老，再固請罷歸，臨行繳還截曠銀六

萬兩，不以自私，是為又一階段。其從宗棠者，僅三閱月。宗棠西征，覆奏令劉典募軍往，並幫辦陝甘軍務。西捻東渡，宗棠躬自追剿，留劉典專征討，劉典旋署陝西巡撫，殫誠竭慮，剿撫兼施。諸回西竄入甘，宗棠回師，更戮力同心，定三路進攻之策。後以母病乞終養，是為又一階段。其從宗棠者，凡四年九閱月。劉典歸侍三載，間為宗棠處理家事，而每念西事艱難，不忍宗棠獨任勞苦，朝噓夕唶，至忘寢食。初母恐其遠離，時遣諸孫謹視之。後察其情，許再出，第要以事畢須速歸。於時關內已肅清，宗棠將駐節肅州，經略新疆，則令以幫辦甘肅新疆軍務名義，留守蘭州省城。劉典提挈綱維，剔穢噓枯，隱幽畢達，而遇事咨請以行，不自張大其名。大軍西行萬餘里，周廬止宿，時其緩急，資食與兵應若咫尺，而餉源至絀，劉典更多方撙節，自任其怨，不使同人集矢宗棠，免傷軍中和氣。故宗棠屢疏言，使臣壹志經營關外，無內顧憂，劉某之功為多。新疆既定，如約乞歸，其從宗棠又已三年矣，是為最後一階段。乃解職不久，未及成行，猝以寒喘歿，其母年且百齡，竟不復相見，時為光緒四年（1878）三月。官終通政使司通政使，諡曰果敏。宗棠哭之慟，挽以聯曰：「北闕君恩，南陔母養，西域戎機，忠孝合經權，好與聖賢論出處；廿年交固，萬里功成，九原夢斷，死生關氣數，忍看箕尾唾光芒。」頗能概括兩人生平。劉典性清嚴，而稍流於刻薄寡恩，自奉儉約，人以為難堪，而處之怡然。昌濬嘗詣劉典，登堂拜母，見所居環堵蕭然，一如寒素之舊，寓書宗棠，稱道不已。[990]

　昌濬，字石泉，湖南湘鄉人。宗棠督師東下，昌濬從征，屢辭保舉。中間葬親暫假歸，宗棠贈銀二百兩，不受，只取四十兩作盤費。故宗棠亟許以性情恬淡，尤為可敬。昌濬從宗棠，不甚以戰功顯，而以助理政事，著其忠勤。宗棠入閩，昌濬以浙江布政使，留杭州省城，為善其後。嗣擢浙江巡撫，以楊乃武風流案免。宗棠西征，軍餉取給於各省，而各省報解不時，惟浙江報解較多，則昌濬力也。昌濬又嘗捐廉銀一萬兩，備宗棠犒軍，宗棠姑受之，逮昌濬罷官，知其官囊非豐，復還之。昌濬家居有時，劉典最後乞休，宗棠奏調入甘，以代劉典。昌濬過潼關而西，見路旁宗棠命所植柳毿毿長矣，乃吟詩云：「上將西征尚未

還，湖湘子弟滿天山。新栽楊柳三千里，引得春風度玉關。」傳入肅州大營，宗棠掀髯大樂。宗棠應召入京，昌濬以甘肅布政使護理陝甘總督，留蘭州省城，為善其後。宗棠出為兩江總督，昌濬亦調漕運總督。中法越南之役，宗棠督辦福建軍務，昌濬亦調閩浙總督，幫辦福建軍務。宗棠卒於福州省城，昌濬復為善其後。嗣又調陝甘總督，尚能繼宗棠遺緒。不幸光緒二十年（1894），河州、西寧等處回復大作亂，昌濬不能制，坐是革職，二十三年（1897）卒於家。昌濬嘗主編《平浙記略》《平定關隴記略》二書，推挹宗棠備至。[991]

宗棠之奏起昌濬繼劉典也，追述其最初奉旨討賊，延致素交，襄理營務情事，而加以結語曰：「道義相知，患難與偕，實非尋常可比，雖異時悲歡離合，蹤跡不同，而彼此氣誼交孚，至今猶堪覆按。」持此以觀，如上所記，殆非虛語。[992]

當劉典已去陝，而昌濬尚留浙也。宗棠幹部，閴焉無人。然而隴上軍事方殷，需才綦切，於是有兩人焉，適承其乏。周開錫經營甘南，陳湜周旋甘北。

開錫，字受三，湖南益陽人。父名揚之，宗棠再度入都會試，嘗主其家。宗棠授徒長沙省城，開錫嘗從問學。太平軍興，治團練本縣，已從胡林翼官於湖北。林翼許為美才奇士，以與劉蓉、沈葆楨等十人，同薦於清廷。林翼歿後，入曾國藩幕，宗棠巡撫浙江，奏調開錫署溫州府知府，兼攝溫處道，嗣遷浙江糧儲道。宗棠總督閩浙，復調辦福建軍需局，旋署福建布政使，護理福建巡撫。宗棠去閩，善後事宜，壹以責開錫。開錫佐宗棠，以籌給軍食為主。先是，浙江淪陷，遍地瘡痍，宗棠一軍，輒窘於餉。及浙東肅清，開錫始經營溫處，恃此差完之區，剗剔爬梳，轉餉大營，無虛日。既至福建，歲綜山海之入課估，驟增餉四百萬兩，凡所規劃，必權利害輕重，使可經久，其私取便利者，悉刮去之，造端宏大，人見者驚疑怯顧，而斷行不疑，其終翕然稱便。宗棠西征，留開錫於福建，本欲其如昌濬之在浙江，為濟餉之便利，顧為忌者所阻，未獲久其任，復往依宗棠。宗棠方趣攻回於甘肅北路，而南路甘軍，挫於狄道，士氣銷靡，不可終日，將士無足任者。開錫言於宗棠

曰：「母老多病，而遠從公，恬然挾刀筆，贊方略，何以為心？請為公前殺賊。」宗棠大喜，命總統甘南諸軍，兼理民事。開錫至，罷各軍捐糧之令，汰冗卒，勸耕墾，定課稅，革陋規，踔厲風發，謗者甚於在浙閩，然卒得民和，一時稱治。旋用兵復狄道、渭源兩城，進規洮、岷、河州，適黑頭勇丁潰變，擒其兇逆磔之，貸附和者死，反側以安。宗棠之得蕆功北路，開錫之鎮撫南路，與有力焉。同治十年（1871）五月，因公由鞏昌赴秦州，途次病革，舁回遽卒，臨終口號曰：「國事中興日，家親垂暮時。」聞者悲之。清廷得報，贈內閣學士，後秦人祠於天靖山，宗棠為作碑文，繫以歌詞，有云：「謗喙短兮謳吟長。」蓋實錄也。[993]

陳湜，字舫仙，湖南湘鄉人，宗棠始因蔣益灃而識之。石達開之由江西竄湖南也，宗棠欲命陳湜助防剿，而陳湜從益灃留廣西，宗棠促之，乃歸。長灘橋之戰，宗棠譽以謀勇兼擅，旋又去從曾國荃軍中，參與江寧省城之光復。同治四年（1865），積功授山西按察使。陝亂如鼎沸，清廷命陳湜防守黃河。宗棠西征，又命節制河防，遂復與陳湜相晤，蓋契闊已十年矣。西捻張總愚突渡河而東，陳湜以疏於防範，受革職留任處分。嗣論戍新疆，奉免發遣，交宗棠差委，宗棠命募勇五營往。九年（1870）七月，行抵平涼大營，即被委總理營務處，適大軍進攻金積堡，經年不下，清廷嚴旨詰責，其實此時已垂克矣。而居前敵者，有湘軍，有蜀軍，有皖軍，不無各懷意見，專思利己，於是宗棠遣陳湜馳往，聯絡疏通。已而諸回酋降，其善後諸端，亦由宗棠指示陳湜與諸軍將給辦。事定，陳湜得開復原官原銜。繼是，宗棠進攻河州，而開錫病故後，甘南又無人料量，於是陳湜銜命返旆而西，作大軍渡河之諸種準備。已而傅先宗、徐文秀陣亡，兩軍敗退，陳湜接統徐軍。諸回酋降，又洽辦善後，如在金積。劉錦棠克西寧、循化，陳湜亦督師復巴燕戎格，諸回酋降，又洽辦善後，如在河州。所謂善後者，收繳馬械，遣送至指定區域，發給耕牛籽種，從事耕墾，頭緒萬端。與宗棠書札往復咨商，殆無虛日。時宗棠長子孝威隨侍在軍，與陳湜頗稱莫逆，欲以陳湜女偶其子，宗棠亟贊成之。由是以縞紵之交，重申葭莩之誼。

（後陳女夭，未成婚。）十二年（1873）七月，陳湜假歸，原以六個月為期，然終於未返，過長沙省城，為宗棠與當道商增收釐金，資西征，亦未有成議。[994]

開錫既逝，陳湜不歸，於是宗棠幹部，又闃焉無人。而經營新疆，後方不可無親信坐鎮，乃又邀致劉典，劉典乞罷，而更邀致昌濬，如上所述。

至宗棠移督兩江，並督辦福建軍務時，雖猶有昌濬相隨，然位分已高，似關係轉淺，宗棠之幹部，益覺寂寞。在兩江，曾以王詩正總理營務，在福建，曾以黃少春總理營務。詩正，字藎農，候補道員，先在陝甘總督營務處。少春，字芍巖，劉典部將，嘗官浙江提督，雖關係頗深，而資望猶淺，對於宗棠，似少裨贊。

69 諸將

　　左宗棠募練楚軍，在並世湖南諸統帥中，最為後起。將才先被各軍朝取暮取，已空其群。宗棠久居湖南巡撫戎幕，所識武人，自是甚眾，然宗棠決意不選調現成將領，故宗棠最初用兵江西、安徽之交，其部屬多非上等，即中等亦不多。[995] 就中惟王開化最稱健將。

　　開化，字梅村，湖南湘鄉人，年十七，即隨從兄王鑫於行陣，王鑫歿，分統其軍。宗棠東征，所募楚軍，一部份本王鑫舊部，故以開化總理營務。開化轉戰建德、婺源、樂平、德興間，所向有功。樂平之役，太平軍如蚊如蠅，聯亙十餘里，西門一路尤密集，宗棠自當之。開化忽奮起，躍馬馳去，而密囑劉典從宗棠出中路，意不欲宗棠以主帥躬冒危險，而甘以己身當之。開化厚重沉毅，行軍常以寡擊眾，雖在矢石如雨中，意態安閒，不異平常，至其摧鋒陷陣，飆忽電舉，則賁育不足喻其勇。咸豐十一年 (1861) 九月，因病告歸，不幸行抵廣信，遽卒，諡曰貞介。同時，開化族叔文瑞，族兄弟開琳、開來，與劉典、張聲恆，均以王鑫舊部，從宗棠著戰績。王鑫威名，太平軍畏之如虎，號稱王老虎。文瑞戰法，一如王鑫，亦號虎云。[996] 至宗棠平定浙江，則以蔣益澧之功為獨多，然益澧亦王鑫舊部也。

　　益澧，字薌泉，湖南安福人。少頗跅弛，不為鄉里所容，逃之四方。羅澤南、王鑫治軍，與太平軍戰，益澧曾往依之。澤南歿，與同僚失歡告歸，悒悒不得志。久之，廣西重苦匪亂，乞援於湖南，益澧用宗棠推轂，由巡撫駱秉章命率一千八百人往，轉戰四年，廣西以安。宗棠入浙，曾國藩為奏調以助，時益澧已官至廣西布政使矣，仍與同僚失歡，未能盡發抒其意思。益澧將八千人，馳抵衢州，宗棠委以當一面，

由是進取湯溪，克金華，拔諸暨，復富陽，宗棠軍勢益振，以次平定浙中郡縣，卒下杭州省城，獲太平軍窖金數十萬，悉散為善舉。宗棠入閩，益澧為浙江布政使，廉明果決，吏治一新。旋以宗棠奏保，督辦廣東軍務，未久，授廣東巡撫。自裁巡撫衙門陋規，每年二萬五千八百兩，又裁省內外文武衙門陋規，每年一萬兩；顧終以與同僚失歡降官，自此乞病歸，不再出山。縱清廷命統兵一千名，以按察使候補，派赴宗棠軍營差委，宗棠亦一度相招，均未果往。宗棠於益澧，時而譽之，時而貶之。如益澧在廣西，克興安，復靈州時，宗棠與書胡林翼曰：「薌泉在湘，蓋亦二三等人才耳。」後又與書曰：「薌泉克復平樂府，首逆就擒，殺賊總在兩萬以上，此才亦頗難得，惟心地不純淨，才氣太露，則少讀書之故也。」及疏薦益澧督辦廣東軍務，則許為「才氣無雙，識略高臣數等」。但後又以益澧在杭所為，斥為打把式。大抵益澧天姿豪邁，不為人下，而宗棠則亦不甘下人者，此兩人所以落落寡合歟。抑宗棠嘗訾益澧少讀書，而益澧功名既成，竟折節延杭州二貢生，在廨講論，躬師事之，憾少年失學，未習科舉文，乃日課一篇，詞義卓然，後二人以公事干請，益澧許之，而告薦者曰：「師命固不敢違，然恐後來難繼，為我敬謝先生。」於是二人辭去，益澧厚贈焉。同治十三年（1874），清廷詔益澧入覲，抵京，未奉後命而歿。浙人士欲宗棠為請諡，宗棠辭之，然卒仍獲諡果敏。益澧部下有兩健將，曰熊建益，在富陽陣亡，曰高連升，後由宗棠調從西征。[997]

　　李鴻章征太平軍，用外國軍將助戰，知名者，有美人華爾，英人戈登。在寧波者，一部份為法籍，其渠有曰日意格，曰德克碑者，後歸宗棠節制。日意格初以法參將，與英美兵會防上海，後充浙海關稅務司，統法志願兵，復寧波府城，復會官兵，攻慈谿、上虞、奉化均有功。德克碑為法國總兵，亦嘗參與奉化之役。已而將受代歸，謁宗棠於龍游。宗棠善遇之，德克碑感服，願留為中國，繼續效力，且自去其虬髯，易中國服色，守中國法令。其後會攻富陽、杭州省城，均有功。宗棠欲效泰西自製輪船，命日、德兩人先試造一小船，行駛西湖中。既平福建，遂大規模經營船政，以日意格為正監督，德克碑副之。船政功成，日意

格加提督銜，賞花翎，德克碑亦賞花翎。[998]

宗棠入陝，於自領楚軍外，以劉典帶克勇，高連升帶果勇，為兩大枝，其時更有先已在陝甘之諸軍將，如：

都興阿入甘時所帶胡世英等；

多隆阿入陝時所帶雷正綰、陶茂林、曹克忠、穆圖善、金順等；

楊岳斌入甘時所帶楊占鼇等；

劉蓉入陝時所帶劉厚基、黃鼎等；

曾國藩所遣劉松山等；

喬松年入陝時所帶郭寶昌等。

渡黃擊捻時，又有清廷指歸節制之諸軍將，如嵩武軍統領張曜，毅軍統領宋慶，皖軍統領程文炳等。[999]然論馳驅前敵，摧鋒陷陣，以劉松山之功為最大。

松山，字壽卿，湖南湘鄉人，亦王鑫舊部，所屬號老湘營。松山行軍，篤守王鑫家法。將戰，先召諸將集謀，各手一圖以示奇正分合。次日戰，無不如約者，因是知諸將才否。國藩嘗令他將效之。江寧省城光復，國藩悉裁湘軍，獨留老湘營，移以剿捻。捻既西竄入陝，松山亦西，屢擊有功。宗棠至，受宗棠節制。捻東走畿南，松山亦東。冒雪兼程，日踔數十里，先入援。捻平，仍從宗棠回陝，征北山土匪，竭六晝夜之力，降匪十七萬有奇。乃入甘攻回酋馬化隆老巢金積堡，連下五十餘寨。會親督兵舉薪燒馬五一寨，左乳中飛彈，落馬，軍士負入破屋，諸將聞主帥受創，皆奔視環泣，松山叱出戰，諸將奮怒陷陣，立俘馬五，平其寨，以報松山。松山曰：「我傷重，不復生，汝等殺賊報國，我不死矣。」遂絕。時為同治九年（1870）正月，諡忠壯。松山年已三十餘，聘婦未取，婦翁送女過洛陽相遇，始成婚禮。國藩初擬為奏請給假數月，則聞居旬餘後，已捲旆而西，蓋其忠義奮發，絕不以身家為念，故所至常足以激士氣而勵軍心也。時宗棠與國藩積隙甚深，國藩

部將均不願受宗棠指揮，松山獨曰：「帥不同，而殺賊捍國，則同也。」謹視宗棠無忤。以故宗棠亦極禮重松山。西捻之平，宗棠特疏以功歸之，金積堡既下，宗棠追念松山遺烈，請以奉賞一等騎都尉世職，合之松山原得三等輕車都尉世職，畀松山嗣子承襲。清廷卻其議，而特賜祭松山一壇。及甘肅肅清，加賞一等輕車騎都尉，並原得世職為男爵，由其嗣子襲焉。松山既倉卒歿於軍，宗棠引其侄錦棠接統其眾，繼續作戰。[1000]

錦棠，字毅齋，父從王鑫戰歿，錦棠年方九歲，即有滅賊之誓。年十六，隨松山軍中，轉戰南北，其西征陝甘回也，數臨前敵，為賊所傷，然銳進不少退，故回中呼為「大闖」。松山陣亡，形勢險惡，宗棠密書，以堅守退屯為囑，錦棠以為不可，必齊致死，而後此軍可全。祕其書，果迭敗金積堡突出之回，更大破由河州、狄道來援之回，軍勢復振，宗棠於是奏陳其可大用。論老湘軍中諸將資望，當推黃萬友，而宗棠特擢錦棠繼為統領，屈萬友為幫辦。萬友率先推奉，一如子皮之於子產，絕無怨懟，君子多之。錦常既嗣事，矢為松山復仇，卒夷金積堡，馬化隆就逮，宗棠猶欲貸其一死，錦棠力爭之。其啟宗棠文中有句云：「義不共天，難效寬洪之量；時維正月，群聞歡笑之聲。」實效宋夏竦句也。馬化隆遂伏誅，錦棠又搜獲加害松山之馬八條，剖心以祭，則雖快意而太忍矣。由是宗棠先後肅清關內，平定天山南北路，皆以錦棠之老湘軍為主力。錦棠善撫循士卒，當鏖戰冰天雪窖中，月黑風號，軍士多相向而泣，錦棠一巡師，則又皆如挾纊。功成論賞，清廷酬以男爵。宗棠入都，錦棠繼為欽差大臣，督辦新疆軍務。新疆建省，為第一任巡撫。翁同龢贈聯曰：「齊名曾左無前績，開府疏勒第一人。」信無溢美。在新疆十餘年，以祖母老病，乞歸省，時祖母已耄年，不省家人子弟，錦棠亦鬚髯盈頰，不類少時。錦棠登堂拜見，祖母以為上客，錦棠持之大號，終不可辨識。錦棠嘗言：「我將兵三十年，鹵獲無慮巨萬，家無餘財，誰實信之，我身後乃知耳。」光緒十七年（1891）七月，錦常卒，諡襄勤，家人發其笥，所存清廷賜物數事，奏牘叢殘而已。居鄉儉約，廬舍蕭然，不知為達官貴人也。錦常部將著者，為黃萬鵬，為余虎恩，

在平定新疆中有功，各得男爵。[1001]

老湘軍外，諸軍將作戰有聲者：

張曜，字亮臣，號朗齋，原籍浙江錢塘，因肄業國子監，占順天大興籍。少倜儻不羈，有親舊為河南固始知縣，往依焉。時防捻，張曜為督團勇三百，日訓練之，以剿捻，輒有功。久之，成一軍，號曰嵩武。宗棠追剿西捻而東，張曜曾與共戮力。捻平，宗棠調屯陝甘北邊討回，由是轉戰而西，以達天山南路。宗棠之籌畫新疆軍務也，所苦厥惟遠道饋糧，勞費萬狀，則以張曜率先出屯哈密，大興水利，墾熟荒地二萬畝，歲獲數千石，又修建嘉峪關外經戈壁至哈密過天山大道，以利軍運。宗棠以是為基礎，始濟師成大勳。先是，張曜以剿捻積功，洊擢至河南布政使，御史劉毓柟劾其目不識丁，詔改總兵。張曜恥之，鐫此四字為印章，記公牘稿草末。自以少時失學，益延通儒問經義，詩文斐然可觀，字仿顏真卿，遒勁逼真，旋以功授廣東陸路提督。新疆平，宗棠為奏請仍改文職，既辨其並非目不識丁，益許其器識宏遠。逾時，授山東巡撫，聲聞卓著，光緒十七年（1891）七月，卒於官，諡勤果。張曜與錦棠同在新疆作戰，同主南路東西各四城，今乃同年同月下世，亦巧合也。[1002]

金運昌，字景亭，安徽盱眙人。少孤貧，郭寶昌母撫之長，遂姓郭氏。寶昌領卓勝軍，剿太平軍，剿捻，運昌皆從，西捻渡河，宗棠命寶昌與松山同追擊。捻平，運昌遷提督，復姓金氏，隨寶昌還陝。同治八年（1867），寶昌病歸，運昌代領其眾，調防綏德。松山進攻金積堡，運昌亦緣陝北而西，與松山會師。寧靈悉定，移駐纏金，旋又移駐包頭。宗棠用兵關外，運昌數請自效。光緒二年（1876），北路諸軍南下，宗棠遂奏調卓勝軍馳往填防，運昌授烏魯木齊提督。地方喪亂頻年，戶口減耗，運昌興水利，課農桑，建橋梁，皆割俸自任之，在任八載，民眾蒙庥。十一年（1885），謝病歸，逾年卒。[1003]

徐占彪，字崑山，四川西充人。彝營統領黃鼎部將，素驍勇，從征金積堡。金積堡平，清廷命準備收復新疆，宗棠遂分彝營之八營，命占彪率以先赴肅州，謂其所部多百戰之餘，堪當一路之寄也。乃馬四復據

肅州叛，占彪與苦戰，傷其足。肅州平，大軍出關，宗棠命占彪駐防巴里坤，已而進攻吐魯番，占彪受命移師南下，會錦棠、張曜軍克之，補巴里坤總兵，光緒十六年（1890）卒。[1004]

宗棠西征，入潼關，出嘉峪關，綿延數千里，一路前進，每肅清一地區，即留軍駐焉，其任務重在鎮撫。於是陝西肅清，而以劉厚基駐陝北，李輝武駐陝南。隴北肅清，而以黃鼎駐寧夏。甘南肅清而以王德榜駐狄道。同時，更以魏光燾駐隴東，此諸將者，其事功亦可得而述焉。

厚基，字福堂，湖南耒陽人。蕭啟江部將，藍大順等擾四川，厚基隨軍馳援，同治二年（1863），始帶湘果營五百人，獨當一隊。藍大順黨入陝，與太平軍，與捻，與回合勢，厚基又奉命馳援，轉戰陝南、甘南。陝西巡撫劉蓉將撫標馬步五千餘指歸總統。六年（1867）二月，移師陝北，陝西巡撫喬松年將駐在鄜州之義字軍指歸統轄。宗棠入陝，知厚基所部猶不敷防剿，復將駐在宜君之鎮西軍指歸接統，自是兵力益宏，戰功益著。橋扶峪之役，以二千人，破土匪首張幅滿及其黨萬餘。雲巖鎮之役，破土匪首袁大魁老巢。清澗之役，降土匪首扈彰。七年（1868）八月，始任延榆綏鎮總兵。光緒三年（1877）正月，卒於任，先後於役陝北者且十年。宗棠所以維縶之者，凡三次。厚基有母，迎養在陝，病水土不服，厚基寢饋難安，力請給假侍奉，宗棠稱為孝子。徒以軍事方得手，不允所請，特奏准清廷賞給人參慰藉之。秦隴肅清，厚基奏請入覲，宗棠以地方猶待綏靖，特奏准暫緩北行。光緒二年（1876）二月，丁母憂，厚基力請奔喪，宗棠又以關外方用兵，蒙邊緊要，特奏准奪情，遂至歿於王事，年才三十有八。延榆綏鎮控制邊陲，統轄三十六營堡，縱橫二千餘里，厚基東與綏遠城將軍，北與鄂爾多斯諸蒙旗，善事聯絡，山西、蒙古胥賴以安。榆林城坍廢者已三十餘載，厚基以兵勇修之，於半年間，成工七百丈。其總兵署、校場、武庫、堆房，亦先後修復。城西北河決，城根積水丈餘，城內普患，北海子兩泉，以無由宣泄，亦匯為巨浸。厚基請於宗棠，資以庫款，成堤兩道，都長一千五百數十丈。厚基於武備外，亦留意文教，嘗修復榆陽書院，捐廉千緡，生息充膏火，宗棠亦助銀二百兩，並題「北學其先」四字為贈。

設義學四所，以課兵民子弟，就西安省城，建榆林試館，以便赴鄉試之士子棲止，赴試士子之貧寒者，更助以資斧。[1005]

輝武，字荔友，湖南衡山人。本周達武部將，轉戰湖南、北，嗣從征四川。同治六年（1867），西捻竄陝，輝武率步隊五營赴援，又撲滅汧陽、隴州、寶雞等處叛回。八年（1869），補漢中鎮總兵，十一年（1872），簡授甘肅提督，宗棠因漢中地方重要，奏准暫留總兵署任。輝武於治軍之暇，頗致力於地方公益，漢中府城東，河道淤塞，每值夏秋，雨水暴漲，浸漫田廬，輝武親率士卒，疏通浚淪，直達漢川。復旁引溝渠，以資灌溉，褒斜道傾圮，行旅裹足，眾議修理，而需費浩繁，輝武知民力維艱，獨率將士修復。光緒四年（1878），積勞致疾，兩次瀆請宗棠轉奏，懇准開缺回籍調養。宗棠鑒於漢中毗連川境，輝武在任久，深得民心；益以時值旱災，賑務方殷，正資鎮壓，多方慰留。不意輝武傷病舉發，竟至不起，蓋留鎮漢中者，亦且十年矣。[1006]

黃鼎，字彝封，四川崇慶人，為何紹基弟子，以縣學生從戎。同治二年（1863），松潘藏人作亂，四川總督駱秉章命布政使劉蓉，就川人中物色知兵者，蓉以黃鼎應。遂命募五百人，自成一營，是為彝字軍之始。正進兵松潘，而陝亂劇，隨蓉馳援。西捻闖入潼關，冀直下西安省城，灞橋會戰，在劉蓉指揮下各軍，潰敗者三十營，獨彝字軍卓立不動，省城賴以全。宗棠由陝入甘，檄赴秦隴之交，大破陝回於三不通，克其老巢董志原，大破土匪於莊小河川，降其渠魁張貴。官軍進攻金積堡，宗棠命黃鼎總理營務，全權指揮中路各軍，遂會峽口之師。金積堡下後，先駐四百戶，嗣駐勝金關，留辦寧靈、中衞一帶善後。黃鼎修舊渠，浚新渠，以利農田，貸軍餉，購牛籽，以興屯墾，設月課，給膏火，以獎士子。又由西安省城廣購經典及古今詩文，普遍傳佈。如是者，由同治十年（1871）以迄十三年（1874），先後凡四載。會厚基病歿，陝西北山防軍統領譚仁芳繼任，宗棠知黃鼎能，移往填防，黃鼎鎮撫，一如在寧夏。尤足稱道者，嘗於山西平遙一帶，採買耕牛一千餘頭，羊八百餘隻，農具千餘件，大規模興墾，北山由是復興。惟宗棠對於黃鼎與其舊部徐占彪，均頗嫌其利心太重，故未欲大用。光緒三年

（1877）宗棠擬調黃鼎出關，而忽為叛弁所戕。[1007]

德榜，字朗青，湖南江華人。初，太平軍竄江華，兄吉昌散家資，募勇自衛，德榜從焉。嗣轉戰湖南、江西間，吉昌歿，代領其眾。宗棠東征，德榜在江西東路作戰。浙江平，太平軍南竄，德榜入閩，會各軍攻漳州、南靖。福建平，德榜復入粵，會各軍克嘉應州。時德榜年才三十，已擢授福建布政使，而清廷慮其少不更事，詔詢宗棠，能否勝任，德榜遂告歸終養。同治十年（1871），宗棠調德榜至甘肅，會攻河州，總辦前敵營務處，受降回眾十餘萬，拔出難民數十萬，德榜為協同安插。河州平，統甘南四百餘營，分駐狄道一帶，實行屯墾。德榜又開洮河酒奠峽，以通岷、狄間運道，濟軍民之食，闢嵐關坪德遠渠，引洮河水，灌田百餘萬畝，均利用火藥，炸裂巨石，以成偉工。狄、河間荒亂十年，野曠人稀，旅舍無煙，巢禽無樹，豺狼千百成群，夜入庵帳，德榜令軍士習獵搜捕，患始滅，自較宗棠之僅以文責城隍神者為尤有效也。光緒三年（1877），因母喪歸，留鎮狄道者，蓋六載。六年（1880），應宗棠召，北上防俄。十年（1884），又應宗棠召，南下抗法，鎮南關、諒山之戰大勝。十六年（1890），授貴州布政使，十九年（1893），卒於官。[1008]

光燾，字午莊，湖南邵陽人。宗棠平定浙江，光燾實與戰陣。同治八年（1869），宗棠在甘肅，規金積堡，調光燾往助，督武威軍，常在慶陽、平涼一帶，剿竄回，清後路，旋授平慶固道。自是至光緒六年（1880），久於其任者，凡十有一年。宗棠肅清甘肅，收復新疆，所有蘭州省城東以達陝西之交通，均由光燾負責維持。光燾築路、造橋、種樹，歷久弗懈，築路工程之尤偉者，為開闢長達二十里之平涼三關口山道，為平治「七十二道腳不乾」之會寧翟家所車道。宗棠奏准新設寧靈廳、化平川直隸廳、平遠縣、海城縣、董志原縣丞，並將涇州升為直隸州，於是平慶固道亦改稱平慶涇固化道，寧靈而外，均歸管轄。此新設各廳縣，亦均在光燾督導下，先後成立，並以兵力為修築城池。其在平涼修復之柳湖書院，尤為一大學府。光緒六年（1880），始擢甘肅按察使，由是回翔於西北者，又約十年，卒授陝甘總督。[1009]

　　至宗棠直屬楚軍，多居後路防剿，無出色之將才，其可指述者，則有劉端冕、周紹濂、鄧榮佳諸人。在西征期中，端冕、紹濂即與光燾同駐隴東，榮佳駐甘南，均已積功保至提督。由是可知宗棠兵事上之成功，所恃還是老湘營與湘軍，而其統領如王開化，如蔣益澧，如劉松山叔侄，且均為王鑫舊部，及至督辦福建軍務時，則舊日諸將，或已作古人，或已居方面，猶隸指揮者，惟有劉璈、黃少春諸人而已。

70 四君子

光緒五年（1879）三月，左宗棠已平定新疆，上摺言：

> 竊維治軍以求才為急，方略必資儒碩，經武厥賴英才。蓋必志節著於平時，其體已立，故事功見於當世，有用必行。善觀人者，正不在乎事為之末，彼夫工於論辯，惟知獵其華者，不足以言儒。徒尚氣矜，不知養其勇者，不足以言武。功名之際，志節存焉。非華士之彬鬱，粗才之猛厲，所可襲而取也。臣湘水寒生，於當世賢豪，少所結識，初參戎幕，繼領兵符，自忖學殖荒陋，無補時艱，亦惟藉助同心，匡其不逮，所與商略軍事，始終攸賴，齎志以沒者，約有四人。其成就之大小，志事之顯晦，各有不同，而立身本末，均有可觀，在臣軍營，多有裨贊，雖人往風微，而回首舊時，每耿耿於懷，未嘗一日去諸胸臆。……

於是撮舉四人行誼，請宣付史館立傳，朝旨允之。[1010] 四人者：
內閣中書，安徽潁州府教授夏炘，字心伯，號弢甫，安徽當塗縣人，道光五年（1825）舉人。

宗棠之言曰：

> 臣前轉戰江皖之交，夏炘時官婺源縣教諭。以賊勢方張，分起狎至，外無援軍，婺源為程朱系出之鄉，先世廬墓在焉。士多恪守舊聞，素明禮義，地介江皖，形勝攸關，每馳書告警，臣與劉典躬率所部，星往赴援，擊賊安民，婺源倖免蹂躪。夏炘日居

營幕，代籌軍食，師得宿飽。嗣臣入浙，督辦軍務，餉源久斷，夏炘久官婺源，時遣生徒赴江皖，書券乞銀米，餉臣軍。比杭城克復，夏炘年已七十餘矣，猶時來臣軍，詳舉兩浙形勢，用兵次第以告。蓋乾嘉之間，故大學士阮元，視學浙江，嗣撫浙，平海寇，時夏炘均曾襄事幕中，故山川能說，閱歷亦多，所言多協機宜。所著《景紫堂文集》，於朱陸異同，辨析頗精。同治七年（1868），其門人刑部侍郎胡肇智，進呈其《恭繹聖諭十六條附律易解》，暨所撰《檀弓辨證》《述朱質疑》等書，欽奉諭旨：「該員年屆耄耋，篤學不倦，所繹《聖諭十六條附律易解》，得周官與民讀法遺意，用於講約，甚有裨益，著刊刻頒發，其《檀弓辨證》《述朱質疑》，均留覽。」具見其所著述，上契聖衷。臣前督閩浙時，以甫經兵燹，幕學久荒，地方有司，多屬新進，不習法律，曾刊發夏炘所繹《聖諭十六條附律易解》，廣為傳佈，移督陝甘，復重刊之。大經大法，易知易從，官吏藉有遵循，罔敢失墜，夏炘之學有經術，通知時事，此其徵也。……[1011]

按太平軍犯婺源，夏炘倡辦團練自衛，設局四鄉。咸豐十一年（1861）六月，宗棠抵婺，對夏炘頗加禮遇，命在城中設總局，使勇營與團練相聯絡以為固。同治元年（1862），宗棠入浙，肅清開化，克復遂安，夏炘誠以當慎於前攻，亦慎於後顧，得尺則尺，得寸則寸之道。宗棠嘉納其言。及宗棠克龍游，更向嚴州而東下，杭州省城，唾手可得。而皖南太平軍勢復熾，休、寧、歙危急，夏炘語宗棠：新安不守，雖得杭垣，無益也。宗棠以為然，分兵回援，蓋亦貫徹其慎於後顧之主張也。夏炘嘗贈宗棠以《小學》《孝經》《近思錄》、四書，刻本極精，頗啟發宗棠刻書之宏願。入浙後，乃得為之，夏炘亦頗參與其事。如宗棠重刊《康濟錄》，即為夏炘所校。夏炘著述甚富，先已刊行多種，宗棠主匯為一編，並親為題籤，後亦在杭州省城刻成，此即今行《景紫堂全書》，凡為十七種。其後成之《大象解義》，宗棠又嘗議敘而刊之，然已在夏炘下世後矣。夏炘生朱子之鄉，研朱子之學，而宗棠學術，亦

素宗朱子，嘗言行軍用兵之法，皆得力於《四書注》之中，宜兩人自有針芥之投也。[1012]

刑部主事王柏心，字子壽，湖北監利縣人，道光二十四年（1844）進士。

宗棠之言曰：

> 王柏心素以文學見重於時，為臣素識。咸豐三年（1853），臣從已故署湖廣總督張亮基在鄂，王柏心與臣同居幕中，見其籌筆從容，算無遺策，心誠傾服。後張亮基調撫山東，臣與王柏心同舟而歸，過其所居邁園，王柏心盡發所著錄十數種見示，其早年所刻《樞言》一書，於歷代興亡成敗得失之故，言之了然，尤多可採。時則東南鼎沸，群盜縱橫，王柏心作《漆室吟》，自寫憂憤，當事延致戎幕，概辭不赴。胡林翼撫鄂，請主荊州講席，書函往復雖勤，然未嘗一詣省會也。臣在閩浙，音信時通，未得一晤。移督陝甘，師過黃州，郵書訂其漢皋營次一見。築營甫成，王柏心適至，詢以關隴山川形勢，用兵次第，及時務所宜先者，王柏心罄所知以告。蓋嘗入前雲貴總督林則徐及前陝甘學政侍郎羅文俊幕，遍歷關內郡縣，與程日記，歷歷可稽，其於漢回及種人習俗性情，知之尤審也。維時臣去湘已久，親故聞臣將有萬里之行，來鄂省視，言及入關度隴艱險情狀，多為臣危者，王柏心獨不謂然，臣為氣壯。後此三道進兵，堅持緩進急戰之議，亦王柏心有以啟之。其學問深邃，識略超群，足達其忠愛之意，非時賢所易及也，旋卒於荊州講舍。[1013]……

按柏心好為大計，咸同間，各省軍興，柏心對於各統兵大員，時有獻策。宗棠東征，柏心建議中有兩點，似於宗棠頗有啟發。一為對太平軍以計購間，使內自猜疑，無復鬥志。當時宗棠是否自動用間，固無明徵，然遇各地太平軍發生內訌，或表示款附，輒立即迎機以赴，用速成功，則無疑也。一為請清廷寬省江浙苛重之田賦，收拾人心。其後宗棠

在浙，陸續減賦額，去浮收，殆即實現柏心主張，惟柏心更冀清廷自先宣佈耳。陝甘變亂，柏心認為平定之道，重在才略處置，不盡在強力戰鬥。歸納其意見，約有四端：第一，用兵當有先後緩急之分，捻之患在腹地，故宜先肅清。捻滅，再移兵治回；第二，治回當視彼中尤驍黠者誅夷之，餘當徐待其畏服請撫，然後因兵力移而分置之。闌之以山河，扼之以屯戍，令弗與漢民雜處。又簡彼族良善者，使自相什伍，加之約束，毋得四出滋擾；第三，西北糧缺運艱，宜先事屯田，專務墾闢，力行勸課，與朝廷約，勿責速效，勿遽促戰，必食足兵精，乃可進討，請以三年為度；第四，蘭州省城，孤懸極西，當前玉門關外，不絕如縷，無取控制建牙，宜先固秦中根本，勿遽深入，若必先至蘭州省城受事，則楊岳斌前車可鑒。後此宗棠西征之言動，均與相合，顧於收復新疆，則柏心未以為然，嘗向宗棠提供下列之見解：

> 頃間傳者謂，俄夷意欲兼併西域，朝廷聞之，遂詔麾下移師出玉門陽關，規復新疆。竊謂此為失策之甚者。佐廟謨者，不能料敵知兵，猶狃於中國全盛之勢，以為城郭屬國，皆吾祖宗所開拓，豈可令遠夷蠶食；一二宵小，又忌麾下澄清關隴，功名太盛，將欲使之困於窮沙荒磧，疲憊匱乏，至潰散而後快，此非為國家謀者也。果有成命，則請抗疏力陳，不可出關，如無此事，亦望先行疏列，置嘉峪關於不問，惟極力守關，保固秦隴內地，此安危所繫，不可不先事陳奏者。請為麾下舉其大略，而酌採之，為入告張本。

> 昔者匈奴強盛，則漢武開置西域，斷其右臂，匈奴遂弱，漢亦衰矣。至光武則不納質子，閉玉門以謝使者，而隴民獲安。厥後段潁奮其武節，盡滅東西兩羌，可為奇快，然未幾即階董卓之亂，曹氏遂起而移祚矣。唐之盛時，亦闢地至安西四鎮，後卒淪於吐番。明成化、弘治間，號為盛時，曾棄哈密、吐魯番，但守嘉峪關，未聞有闌入內地者。明之亡也，乃在流寇，而不在西戎，此往事之宜鑒者也。近十數年前，中原群盜縱橫，竊聞新疆

南北諸城，若存若亡者久矣。是時有索酋者，竊據僭號，勢且逼近甘州。今者俄夷不知與索酋相首尾，抑已掠及南北諸城，且又總吾罪人以臨之。有匈奴用中行說，金人用郭藥師，俺答用趙全故智，彼反為主，我反為客。俄夷在諸種中，最強且大，諭之以理與詞，彼必不應，威之以勢，又不足，此近事之宜審者也。且今吾力不能興師出關與爭者，有三：

瓜沙以外，聲氣久經隔絕，保塞舊部，無為我用命者，水草美地，彼先據之。糧糒安出乎？芻稾安出乎？馬牛橐駝安出乎？往時台棧頓舍，大半已廢，斥堠道路，荊棘叢生，自嘉峪關至南北諸城，近者七八千里，遠者萬餘里。驅中國壯士，鬥之黃沙白草，冰天雪窖，寥闊無人跡之地，吾未見戰之必勝也，此其不能者，一也。

兵少不足制敵，兵多又苦飛挽不繼，幸而勝，必留兵駐守，設亭候，嚴烽燧，增壘幕，障水泉，功費不可勝計。彼西戎種落，非吾孝子順孫，稍不得志，即導夷深入，糧援告斷，異時仍不免委而棄之，此其不能者，二也。

中國自軍興以來，垂二十餘年矣。海內虛耗，將士凋傷，滇黔尚有未復之郡縣，長鯨毒螫，佈滿畿甸，未嘗一日敢忘戒備。若復舉銳士精騎，自頓於輪台、交河之外，腹地有警，不能還顧，譬螳螂不見黃雀在其後也，此其不能者，三也。

奈何中朝之士曾未一涉思及此，而甘為夸父逐日，精衛填海之愚耶？故曰，失策之甚也。麾下不言，更有何人能言哉。⋯⋯

此自與宗棠之見，大相剌謬，而宗棠亦卒收復新疆，當出柏心所逆料。浙閩初定，柏心致書宗棠曰：

夫有矯世之見者，必有高世之略，言之遂能行之，信乎明公為中興以來奇才第一。柏心他無所補助於明公，惟願自茲以往，勳益盛而心益下，望益峻而量益閎，筆筆忠勤，始終無懈，則超然智略事功之上矣。⋯⋯

下其心，閎其量，正切中宗棠之病，君子贈人以言，柏心有焉。[1014]
員外郎銜中書科中書吳士邁，字巽行，號退庵，湖南巴陵縣人。
宗棠之言曰：

　　吳士邁為諸生時，專心經濟之學，家居洞庭湖畔，習見風濤
之險，舟行有失，眾漁戶乘危劫掠貨財，其呼號求救者，輒置不
顧。吳士邁請於官，設救生船，創敦善堂拯之，全活甚眾，劫掠
之風遂絕。咸豐二年（1852），粵寇犯湖南，前湖北巡撫常大醇議
防江不如防湖，躬赴岳州，延吳士邁主其事。吳士邁傾財誓眾，
集漁戶千數百，分堵入湖諸港口，惟槍炮軍械領於官。長沙解
圍，賊眾由湘西犯寧鄉、益陽，出臨資口，漁戶見賊即遁，賊得
其空船，水陸並進，遂陷岳州，迅趨武漢。吳士邁收所領槍炮，
繳還鄂台，謀入城與共存亡，詎尾賊而行，江路早為賊斷，比抵
金口，賊眾已陷漢陽，合圍武昌矣。武昌旋陷，吳士邁以救援不
及為憾。實則鄂撫未嘗給以文札，委以事權，船戶皆倉卒召集，
未嘗編列隊目，無人鈐束，亦未發給餉糧，遇賊即潰，非戰之
罪。吳士邁乃引為私戚，日夜思所以報國雪恥者，深自愧厲，寢
處不遑。曾國藩、胡林翼常遣人招之，令選其徒眾俱來，旋失意
而返。

　　臣入浙時，道員李元度遵前浙江巡撫王有齡檄調赴援，率
所部安越軍抵衢州，李元度旋擢浙臬。杭城陷，其軍無所歸，課
餉甚急，臣奉命撫浙，兵力甚單，檄調安越軍助剿。會戰時，見
其中有稱宗岳營者，旗械鮮明，行列甚整，鏖戰甚力。詢其營，
則吳士邁所召集，與李元度偕行者也。李元度以曾國藩劾去，解
軍事，吳士邁亦歸。臣旋由浙入閩粵討賊，事平，吳士邁來閩。
適臣調督陝甘，囑其精選壯士，同賦西征，吳士邁星夜馳歸，仿
古束伍法，募選入格者，以軍法部勒之，滌除營伍惡習，身自教
督，率以入關。臣令其駐華州，扼渭水南岸。吳士邁斬獲探騎，
遏賊南竄。捻蹤甫颶，回氛復熾。臣於同治六年（1867）冬，追
捻北行，吳士邁一軍隸前署陝撫劉典，專剿逆回。七年（1868）

四月，臣在吳橋行營，得劉典函報，三水大捷，稱吳士邁烈士苦心，數戰大挫凶鋒，厥功尤偉，並錄摺稿送閱，保獎員外郎銜，賞戴花翎。臣由燕齊回軍，調吳士邁度隴，剿秦安逆回，破康平堡，斬賊目周瑞。適逆回糾合大股，由清水竄陝西隴州、寶雞邊界，臣慮前漢中鎮李輝武兵力單薄，勢將不支，預調吳士邁回軍助剿。吳士邁時患氣陷腹泄之疾，委頓殊甚，急起赴之，遂獲陳村、羅局兩大捷，解李輝武之圍。陝撫蔣志章上其功，保加四品銜。因羅局之戰，所部記名總兵，本任浙江處州鎮游擊朱德樹，違其調度，致渠目漏網，吳士邁憤甚，手刃朱德樹，徇於軍。臣得報，正飭查辦，接吳士邁書，病勢增劇；自稱殆將不起。旋接其營員飛稟，吳士邁發函次日，已沒於軍次矣。臣比據實上陳，奉旨：「吳士邁業經病故，其擅殺朱德樹之案，免其查參，所請給予卹典，著無庸議，欽此。」吳士邁為人，尚志節而重然諾，治軍嚴整，廉公有威，深自刻厲，在營衣粗食淡，與下卒同其苦，臨陣意度安閒，堅不可撼，軍名宗岳，蓋其徵意所嚮往者也。嘗與人言，以洞庭漁戶往事為恥，求為憔悴專一之人，藉此補咎報國，若復希圖利達，是負初心。每當論功敘保，必再三推辭，雖虛銜亦不肯受，其特立獨行，有如此者。……[1015]

按士邁於岳州土星港設柵，遏上下商船萬數，太平軍未至營田，士邁已先遁走，太平軍遂盡挾此萬數商船，順流東下，銳不可當。而官軍尾追，轉無船可駛，此乃貽誤天下之最大者，為不爭之事實。士邁引咎自責，尚為知恥。至士邁經營岳州防務，係自請於大淳，而大淳為奏明清廷，宗棠所謂未嘗給以文札，委之事權，又謂遇賊即潰，非戰之罪，不免曲筆彌縫。士邁手刃朱德樹，宗棠初次奏報，以不免專殺責之，又以實非枉殺寬之。及德樹家屬向都察院訴冤，宗棠奉旨查覆，復以「是統領以違令殺營官，非中書殺總兵」為解，其言甚辨。而元度以德樹為其從姑之子，又嘗為部將，素相親厚，頗於哀辭中，訟言其冤：

同郡吳士邁者……出從左公西征，仍領宗岳營，凡二千餘人，夙知君樸忠，請於左公，調君司營務，每戰必出力。左公命增馬隊，翼長周君開錫尤賢之。士邁以君名出己上，頗忌之，君不知也。會川督奏派李提督輝武，帥二千五百人，援秦隴，號武字營，與宗岳營同出一路。士邁素蔑視同人，於武員尤甚，君則傾心結納焉。（同治）八年（1869）三月十七日，賊圍武字營於草柏，勢張甚，君帥馬隊馳救之，力戰解圍，軍民大歡噪。先一夕，士邁令君剿別路，會其地已無賊，賊悉萃武字營，君念川軍眾寡不敵，不救，且同盡，遂改道赴援，圍既解，眾口交美，士邁益忌惡之，君仍不知也。二十二日昧爽，士邁召君，數其違令，出不意斬之，牒總督，誣以違令吞餉罪。總督大駭，顧已無可如何，而各軍皆為憤痛。……秦州士民立碑孔道，曰「朱鎮軍被害處」……

元度與宗棠久交惡，或不無藉此以短宗棠之意。而德樹家屬之京控，宗棠亦指為受元度之慫恿，然當日宗棠曾有致劉典一書，亦可略見本案之真相：

朱德樹事，得其（按指士邁）來牘時，殊為詫異。然思范宣子聞韓獻子將斬人，馳救無及，遂令以徇一段，覺古人處此，亦不能專論是非。誠恐是非一明，軍情翻因而搖動也。然終疑其別有緣故，不盡因違令致然。日昨見隴州湯牧敏稟稱，朱德樹上次到隴時，曾以軍裝布百餘卷，向周署牧借領銀三百兩，又索借一百兩。周以人地生疏，託湯轉借應付。後吳退庵到隴，向其索還，始猶應允，繼則以藥材驟頭抵算。比請還銀，則覆信飭其私相授受為非例，大約退庵之殺朱德樹以此。而原稟一字不及，又不知其何故，豈新病後，神智昏迷耶？朱德樹保至總兵，實任游擊，不宜如此草草。若以侵軍餉，販私貨，及強借州縣銀錢，有犯軍律為說，加以軍法，亦尚有可原，又何必代為隱飾，專坐以違令之罪。至其軍中營哨各官均懷不服一說，此間尚無所聞，然

此公若久留軍中，必有異變，擬密致受三（按指周開錫），因其病重求歸，好為遣之，惟聞其鄉人怨之者多，恐歸後亦不免異患相干也。……

蓋士邁為人，自視甚高，遇事立異，故居恆與人不合，宗棠亦嘗屢諍其非，而不謂終以是釀成巨變也。至宗棠謂軍中均懷不服一說，此間尚無所聞，似猶為士邁開脫。而如元度所謂秦州士民立碑志德樹被害處，則士邁之謬戾，亦有難逃公論者。或曰，士邁從兄吳士敏，為宗棠鄉試同年，友好甚篤，故於士邁，不無偏私之見，倘或然歟？[1016]

翰林院編修吳觀禮，字子俊，浙江仁和縣人。

宗棠之言曰：

臣督閩浙時，聞其潛心書史，內行甚篤，調其入軍，練習營務。漳州克復，全閩肅清，吳觀禮相從入粵，剿賊嘉應，事畢返閩。歸途，治漳、泉、龍巖積匪，整飭吏事，均資其籌策。嗣隨赴陝西，復由晉追賊赴燕、齊，相與講求陣法，所用惟方、圓、仰月、偃月諸式，步兵槍炮刀矛，結陣居中，騎兵斜佈於後，張左右翼，賊敗則抬陣追之。所至成營，師行平原曠野中，雖夜深天黑，哨隊不亂也。吳觀禮短衣匹馬，輒居臣前，時或並轡徐行，與商戰略，傳宣進止，臣頗賴之。惟素患肝疾，兩目汁流不止，遇塵飆頓起，則蔽翳益甚，中途轉劇，兩睛且陷，臣勸令少憩就醫，吳觀禮遂辭臣歸。捻平，臣復返秦，吳觀禮目疾漸減，嘗作書寄臣，詢訊兵事，時臣已度隴，駐軍平涼。吳觀禮以回勢尚張，急請赴隴襄事，臣念其目疾雖幸少愈，而隴右寒苦，風塵時起，實非所宜，商其暫駐西安，督辦採運餉需局務，聊資養息，俟全愈赴營未晚。吳觀禮以從軍而避勞就逸，於義不可，乃注銷所保道員官階，以原資赴試，復成進士，入翰林，臣聞喜甚，冀其有所建立。吳觀禮心繫西事利鈍，深以臣擔荷日重，衰疾漸臻，無分任勞勩之人為憂，臣每詳舉近事告之，或雜以諧語，釋其念慮。吳觀禮自典蜀試歸，應詔陳言，多蒙採擇，雖局

外論事，容有未及詳審者，而直抒所見，要本於忠愛之忱，固非建言要譽比也。旋聞肝疾舉發，殉於邸寓。檢其寄函時日，相距不過旬許，而議辨之切，意念之深，無殊平昔，惜夫未見其止，遽齎志以殞也。……[1017]

按當日觀禮對於宗棠之阻其去隴，似不無介介，故宗棠語楊昌濬曰：

> 吳子俊，浙士之良，弟欲其官秦，不欲其度隴，蓋以其體氣素弱，目疾尤畏風寒，與隴不宜也。渠並不赴陝，未達愚衷。……

觀禮入都，見翁同龢，故同龢記云：

> 吳子俊觀禮，一別十餘年矣。其人識力才分皆好，在左營五六年，待以上賓，不合而去，今來會試。……

會試榜發，果然獲中，宗棠以書賀之，而仍置念於其目疾，勸常服白水海參，以為「曾見人服之二十年，盲而能視，老猶炯然，足知滋陰之功也」。光緒三年(1877)，觀禮典試四川歸，以記行之作寄宗棠，宗棠覆書喜其「細字長篇，知目力猶能及百里」。次年，北方旱災，觀禮應詔陳言，頗有多起。其與左氏有關者，一請召募山西、河南流民，以其入陝西者，分發玉門關外墾荒，此件清廷以為恐多窒礙，是否可行，交宗棠酌度辦理；二請詳計新疆善後，蓋深慮大功既蕆，將士思歸，則相度形勢，督理屯墾，安設郡邑，佈置營汛，將無所措手，請懸懋賞，以期人人急於赴功，此件清廷認為所籌不為無見，交左氏加意圖維，凡辦理善後各員，務使始終其事，見諸實效，此殆即宗棠所謂本於忠愛之忱者也。惜同時觀禮承命辦理京畿振濟，積勞染疫不治。陳寶琛，觀禮至友也，時方赴甘典試，以告宗棠，宗棠與書，即有入一文字之約，乃復逾年而踐之，並寓書朱智云：

子俊夫人處，已撥三百金。由兒輩交何伯源（伯源，慶涵字，紹基子，蓋觀禮為紹基女夫也）轉寄，尚未得回信。此次將夏、王、兩吳四君宣付史館立傳，正值黎簡棠（培敬）、劉峴莊（坤一）兩奉嚴諭之後，恐不能邀允。惟愚衷如結，實非無病呻吟，亦有不得不然者。所惜四君後嗣凋零，難期表章先德，故妄意干瀆，以存其人耳。……[1018]

由此可知宗棠上疏動機，最初原為觀禮一人，臨文乃並及於夏炘、柏心、士邁。所謂培敬、坤一兩奉嚴諭，係指為已革雲貴總督賀長齡請求恤典，大受申斥。宗棠所請為四人立傳，情事本不相同，惟四人中，夏炘於學術，自多貢獻，尚有立傳之價值，柏心跡近策士，立傳已較勉強，士邁、觀禮均屬無當，而士邁尤不可取。苟非清廷當時顧念宗棠新有收復新疆之功，決不能邀俞允，而宗棠所以遲至此時着筆者，似亦正欲擇一有利之時機。抑今考《清史稿》，竟未為四人立傳，不識何故，僅柏心《百柱堂全集》卷首，列有國史本傳一篇，亦不知伊誰之擬稿也。

71 左氏浮誇

左宗棠不樂為文人，而頗以文自負。所謂少年狂態者，見諸文字，則為浮誇，亦垂老而不衰。宗棠嘗寓書曹耀湘，綜述西北戰功：

> 西事總是實幹，或可圖數十百年之安，家言中頗詳之，可就孝威索觀也。周文、武以來，王跡日趨日東，遂視西極為荒裔禽獸之居，數千年未沾聖人之化，戎羌雜處，益以種人，其不能與十五國同風並治，亦固其所。然蚩蚩者何非人類，可鄙夷之耶。度隴以後，漸思效法古治，度可為者，見諸措施，而年徂智耗，又時患疾病，不能稱其意，行自悲耳。閣下見此，得毋笑左氏浮誇乎。……

是宗棠亦自認浮誇也。然宗棠之自認浮誇，正宗棠之自鳴得意耳。[1019]

宗棠歿後六年，諸子編纂遺著，於光緒十八年（1892）刊版行世，所謂《左文襄公全集》者，包括下列各種：

> 張大司馬（亮基）奏稿四卷，每卷一本。
> 駱文忠公（秉章）奏稿十卷，每卷一本。
> 奏稿六十六卷，每卷一本，附目錄一本。
> 書牘二十六卷，每卷一本，附說帖兩篇。
> 批札七卷，每卷一本。
> 咨札一卷，一本，附告示。
> 文集五卷，二本，附詩及聯語。

　　合卷首一本，都一百十八本。奏稿、批札、咨札，均為公牘文字，即書牘中亦多言公務之作，而以奏稿為多，約佔四分之三。按宗棠好自削牘，疏咨函札，取辦一手。即小校寸稟，亦常親筆批答。僅例行官書，委之文案幕友，故宗棠之全集，不啻為其一生事功之記錄。然猶未盡也。即如書牘，以今由湘陰郭氏，湘鄉楊氏、陳氏，陽湖史氏，以及南京國學圖書館，商務印書館等刻印者校之，已多全集所未錄，如此豐富之資料，可謂前無古人，後無來者。[1020]

　　宗棠於奏稿，頗為重視，生前曾自纂輯。如在肅州時，告其家人曰：「近飭排釘疏稿一百七十餘本，分年月編成」，且自謂：「有關國故，當俟身後刊行。」[1021] 然生前亦曾自行酌刻，如創辦福建船政諸摺，印成《輪船奏稿》一帙。又曾發生一小交涉，當宗棠在總理各國事務衙門時，與英國駐華使臣威妥瑪議增洋藥稅厘，具陳其事於朝，旨交各省關議覆，宗棠旋將奏稿刊佈分寄，而為上海之《申報》所發表。威妥瑪據此具函責難，以為：「此摺刊入《申報》，不但毫無利益，不免有損國庫」，宗棠以書覆之：

　　　上海《申報》，遇有新聞，輒便鈔刊傳佈，向無查禁明文，亦無關輕重。此次本爵閣大臣所奏嚴禁鴉片，先加洋藥土煙稅厘一摺，係奉旨通行各省關之件，《申報》從何處傳鈔得來，無從查禁，實則本非密摺，亦可無庸查禁也。……

　　又於致楊昌濬書中，述其刊佈奏稿之旨趣，及反對外交文件不公開之主張：

　　　疏稿惟關地方利害，民生疾苦者，始隨時刊佈。外間牧令，奉有文檄，每不留心省覽，付之幕吏，而文書由院行司道，司道行府廳州縣，遇連篇累牘，帖寫厭其冗長，隨意刪節，漫無文理，其報張貼日期處所，一紙塞責，上下不相檢校如是，而望草野周知，政令必達，難矣。愚意澌此陋習，非院司文檄切實詳明

不可。欲院司切實詳明，非細繹原奏，不能了於心而達於口也。
（按宗棠同時致李鴻章書：「陳文恭撫秦，以州縣不細看文書為戒，
意在施之有政，貴行其心之所明，若事理未及瑩澈，望其見諸行
事，無少差謬，蓋亦難矣。」云云，亦是此意。）且所言公，則公
言之，原奏所未及審者，外間補其罅漏，原奏之鮮當者，外間糾
其闕失，固無不可。即原奏陳義雖是，而外間施行，苦多窒礙，
亦可隨時瀝諸殿陛，聽候聖明採擇，斟酌損益，衷諸壹是，庶放
之皆準，官私均便，而利樂可垂永遠。是原奏刊行，藉資考訂，
非有逞其私見，沽取名譽之心，且均是准行之件，本無所庸其祕
密也。至洋務公文，向來多取慎密，而各國每先多方窺探得之，
反脣相譏，徒增話柄。弟入樞垣，力陳其失，以為不如重門洞
開，絕去關防為愈。誠以天下事，當以天下心出之，不宜以私慧
小智，示人不廣。近如鴉片增加稅厘，奉諭通行各省關，弟慮外
間照常咨轉移行，必多詭脫，議刊行諭旨原奏並發，以取捷速，
亦俾外間知朝廷意在必行，齊心振作，冀可日起有功。而主者不
察，並以非故事尼之。未幾，英使威妥瑪乃以《申報》中照鈔原
疏，還以告我，嗤其無益。弟據實覆之，伊乃嚃不發聲，聞弟病
假，旋即走問，以致殷勤。然則遇事關防，非徒無益，亦可見也。
……

玩此書語氣，似昌濬先有所質疑，故宗棠詳為剖釋，所謂「主者不
察，並以非故事尼之」云云，當指總理各國事務衙門諸人。彼等此時已
漸知外交慣例，而宗棠向在外任，輒不顧一切。「伊乃嚃不發聲」以下
數語，又是宗棠之浮誇。惟其論院司要求州縣推行政令，必先使於本案
事理先行瑩澈，確為精當。昔王守仁辦理十家牌，派張繼芳遍歷各縣督
責，在公文中有曰：「務要不失本院立法初意，仍先將牌諭所開事理，
再四細繹，必須明白透澈，真如出自己心，庶幾運用皆有脈絡，而施為
得其調理。」派胡松督查所屬，在公文中又曰：「務將牌諭講究明白，
必使胸中透澈，沛然若出己意，然後施行，庶幾事有條理，而功可責

成。」誠以不如是，則奉行者非敷衍搪塞，即魯莽滅裂，或更曲解條文，因緣為利，雖有良好之政令，往往發生惡劣之經過。[1022]

宗棠之奏稿，於其在日，亦已有人鈔刻。如羅大春嘗就其在浙總督任內各摺片，刻成《左恪靖伯奏議》三十八卷。王先謙嘗就同治十年（1871）七月至十一年（1872）二月各摺片，鈔成《左相國恪靖疏稿》八冊，送請李慈銘校閱。慈銘特提出其中三疏——陳金積堡戰事一疏、陳軍餉奇絀一疏、陳撫綏諸番僧俗一疏——為可取。蓋宗棠奏議文字，在當時已被推為大手筆。胡林翼嘗言：「天下奏牘三把手，而均在洞庭以南，此三子者，名次高下，尚待千秋。」此三把手，乃指宗棠、曾國藩，以及林翼本人也。其後國藩只謂：「目下外間咨來之摺，惟浙、滬、湘三處較優，左、李、郭本素稱好手也。」左、李、郭，乃指宗棠、鴻章與崑燾也。而宗棠則直謂：「當今善章奏者三人，我居第一。」而以其餘二人，數林翼、國藩。[1023] 西寧之役，宗棠頗認為愜心貴當，致書沈應奎云：

> 西寧捷狀，兩疏詳之，實非唐宋以還所有戰事，即趙壯侯當日，恐無此艱苦。十餘年天昏地暗，名存實亡，到此乃成嶄新世界，疏中限於時式體裁，不能如古章奏，然多讀史，知史法者，或尚能細繹而自得之也。……

並答袁保恆云：

> 西寧進兵六十餘日，血戰五十餘次，其間二十餘夜，未曾收隊，將士植立雪窖中，號寒之聲，與柝聲相應，良可念也。弟未與前敵諸公分此勞苦，亦何忍壅不上聞。疏稿字字踏實，只微有未能抒寫盡致者，論戰事之苦，勞烈之最，則固漢唐以還所無也。……[1024]

蓋自喜其功，且自喜其文。然時人批評宗棠奏議文字者，即如崑燾，則謂：「左氏文章尚氣，而不盡衷於理。」薛福成則謂：「文襄出筆

太易，乃其習慣使然。」又林翼嘗誡宗棠：「言事太盡。」實則皆浮誇之所由致也。[1025]

宗棠詩文，寥寥可數，蓋宗棠讀書，志在經世，務力行，不樂為尋常縞紵，視時賢矜鶩詩古文家派標榜之習，尤不屑屑然也。出山後所作，間命胥吏錄存副本，則署其檢曰《盾鼻餘瀋》。嘗舉以告楊彝珍：

> 弟學殖久荒，近更畏尋文字，計橫戈躍馬，與壯兒處者，又已廿年。絳灌之武，固鮮足稱，隨陸之文，更知難逮。……詩文僅《盾鼻餘瀋》約可百餘首，皆不足傳。……

雖曰自謙，亦常自誇。如作華嶽廟碑成，致吳觀禮一札云：

> 近作西嶽碑文，頗似不俗，以徑二寸，篆副之，成當寄覽，先取鍥行者附閱，吳桐雲（大廷）亦當謂於彼法有合耶。……

又致吳敏樹一札云：

> 近作華山碑，似周秦人語，謬以拙篆副之，擬俟刻完，奉質左右，因未便急迫，先以鈔本請教，幸加圈點，綴批語，勿有所吝可乎。……

更如作《飲和池記》成，別函敏樹云：

> 飲和池一篇，實隴中一奇。其事蓋數千年未有舉之者。愚因金城缺水，居民艱汲，恐一旦有事，汲道斷，而城弗守。渾流重濁，挾泥與沙，飲之者，多愚魯悍鷙，遂決為此。二十年後，茲邦其昌乎。拓本奉寄，老人見之，又將謂此作乃仿子厚也。……

大廷、敏樹，皆當時以古文鳴者，而宗棠亦嘗與敏樹論文，申其見解：

文無所謂古也。經者，後人尊之之詞，尊者，尊其道，尊所言之皆道。聖者之作，經也，明者之述，亦經，此不可以朝代拘也。文無所謂派別也，就所習與其性所近言之，或剛或柔，或醇或肆，或褥或瑣，或簡或陋，根心生色，此不可以家數拘也。世有升降，升降者，運數使然，非道有隆污也。氣有強弱，強弱者，稟賦使然，非道有異同也。是故就文而言，則朝代家數之分有之，至語夫道，則其原出於天，其是衷諸聖，亙古今未之易也。不若於道者，詞工弗取，諸子百家，廢之可也。有見於道者，詞俚必錄，夫婦知能，弗之忘也。夫是之謂經，若限於朝代，則《易》《書》《詩》《禮》，奚以儕乎《春秋》？若限於家數，則言文者，當斷自唐宋，而後之有述者，將不得與於斯也，庸有當乎，否也。愚謂學者當由枝葉以尋其本，由其聲以窺其心，心聖賢之心，自能言聖賢之言，不必自命為文人也。論文者，當以明理習事為尚，理不悖而能饜乎人人之心，言事物而於本末終始，罔所遺缺差謬，返諸身，無言責，放諸天下古今，無異議，不必文而文，不必古而古矣。何必等而上之為昌黎學經，等而下之為熙甫手筆耶？……

宗棠此段議論，自頗精闢，其實亦只是文以載道說之演繹，因宗棠早年浸染性理之遺教甚深，故雖天姿豪邁，自負能文，而其對於文之觀點，仍不能擺脫儒者之窠臼，此《盾鼻餘瀋》，即為後此全集中詩文集之所本。[1026]

宗棠之古文，周同愈評為：「導源史記，其氣之雄，橫絕一世。」又謂：「自漢到今，直入史記之室，能得其精奧者，韓退之、王介甫、左季高與戴潛虛先生而已。」[1027]

宗棠之詩，錢蕚孫評為：「如龍城飛將，豪氣凌雲。」[1028]

宗棠家書，未列入全集以內，後由四子孝同別刊，其時已在中華民

國九年（1920），書中亦多浮誇之語。

宗棠書法，以小篆著，其習篆經過，如崑燾告李元度之言：

> 往歲與左季老同習小篆，季老取法何氏（紹基），務以磅礴為
> 能，僕則守虔禮之言，初學分佈，但求平正，季老嘗用見笑。……

其好作篆原因，又如宗棠自告敏樹之言：

> 五十以後，患脾瀉，飯後輒欲睡，乃取古法作篆驅魔，而譽
> 我者，即以為有異於人，愚亦欲竊能文章，善小篆之號，以自娛
> 也。……

今甘肅省政府內，有宗棠篆書刻石四種，一《履霜操》第十二本，
一《東銘》第五本，一《西銘》第十本，一《正氣歌》第十本，殆即為
平日作篆之成績，而所作必尚甚夥也。又宗棠與書譚鍾麟云：

> 弟近年遇倦怠欲睡時，輒即端坐作楷，以遣睡魔，必不可
> 止，乃就胡牀假寢片時，小慰魘意，以此為常。楷、行亦有進
> 境，人謂其有異，實則以驅遣為葆練耳。……

是宗棠平日作書，固不限於小篆，亦有楷、行，惟以後流傳者，則
以小篆為多耳。[1029]

各家批評宗棠書法：

康有為：「文襄篆書，筆法如董宣強項，雖為令長，故自不凡。」

向燊：「文襄小篆，學李陽冰，卓然可傳。」

章炳麟：「宗棠篆書遒勁。」

符鑄：「文襄好作小篆，筆力殊健，行草有傲岸之氣，霸才亦自見也。」

《霋嶽樓筆談》：「文襄行書，出清臣誠懸，而稍參率更，北碑亦時
湊其筆端，故肅栝森立，勁中見厚。篆書則得力於霍真語台，有渟有

峙，不矜姿作勢，自然蒼挺，清代專以篆名家者，未能或之先也。」

王潛剛：「左季高篆書有功，書楹帖頗有古意，行書不稱。」[1030]

胡林翼嘗與書李續宜曰：「公欲以書法壓倒諸葛，諸葛仍說公瞻甚大。」諸葛者，朋儕戲呼宗棠也。是宗棠於書，即在早年，亦已自負，然宗棠之書名、文名，同為功名所掩。[1031]

綜括宗棠詩文書法，似有相同之一點，即氣勢浩瀚，卓然不群，此亦其個性之表現，所謂言為心聲，字為心畫者也。

72　田園樂境

　　左宗棠習於農家生活，故於所居止，頗好闢圃、鑿池、養魚、種樹，其早歲所營柳莊，固純粹田園風味，嘗作《柳莊春景圖》，其次女孝琪題詩云：「繪事誰能在筆初，依依風物見空虛。雲煙半作風雲態，認取先生五柳居。」即可窺見柳莊形態之一斑。而宗棠《催楊紫卿畫梅》詩所謂：「柳莊一十二梅樹，臘底春前花滿枝」者，此中正復不知飽含幾許雅人深致。以後遁跡白水洞，則更完全度其山村之歲月，而徙居長沙省城司馬橋時，喜其地在半村半郭之間，仍蒔蔬數十畦，畜魚數百尾，饒有城市山林之勝。晚年，應詔入都，浼友預覓寓屋，鄭重囑以宅旁須有隙地，可以畦蔬，一生酷嗜田園，老而彌篤。[1032]

　　惟宗棠自被命襄辦曾國藩軍務出山後，在東南則馳驅於贛、皖、浙、閩、粵；在西北則往返於陝、晉、豫、冀、魯，戎馬關山，靡有寧息。同治十一年（1872），行抵蘭州省城，始寢處稍定。公暇，修葺陝甘總督署後園，將烈妃、義士墳廟廢址，闢為菜畦，晨夕徜徉其間，間或躬自汲水種菜，榜於園門曰：「閉門種菜，開閣延賓。」幕府施補華《節園種菜》詩：「湘陰老耕夫，功名抗伊呂。河隴春風生，種菜開後圃。」即詠此也。西北本少菜蔬，蒙人、藏人、回人均不喜蔬食，其種子皆宗棠命自湖南故鄉採運而來。[1033]

　　陝甘總督署為明肅王故邸，基宇壯闊，園亭之勝最各省。後園北倚蘭州城垣，相傳為秦長城遺址，城外即黃河。肅王時，就城巔築拂雲樓，高出霄漢，宗棠為重新之，易名曰「望河」，於河濱起建汲水設備二，一為利用水力之舊式水車，一為利用火力之西式抽水機，引水渡木槽入園，冬日冰凍用機，春日冰解用車。而宗棠之經營全園，係肖西北

形勢，可以宗棠所撰《飲和池記》釋之：

> 園西北阜疊石峻嶒，高逾仞，疑積石也。阜下……劑為三池。
> ……繞澄清閣……池溢北出少東，迆西而南，繞瑞穀亭，如經三
> 受降城，曲折銀夏間也。又南趨隆阜下，如出壺口，過龍門，而
> 面二華，渠中石起，上立數石，則砥柱然。遵射堂東而南，清流
> 汩汩，注大池中，命曰飲和，與古之大陸，何以異也。……

中流砥柱，殆宗棠所以自況，而閣名「澄清」，自更寓攬轡之志
焉。澄清閣南，築屋如舟，號曰「槎亭」，相傳此為宗棠之簽押房。亭
前鑿石二，一肖耕牛，一肖支機，題曰「一繫」，復繫以跋：

> 余以湘上農人，謬任軍事，持節秦隴。邊事略定，以病乞休
> 未得，於節園開畦種菜，頗得故鄉風味。阜間隙地，劣容棲止，
> 乃縛葦為屋，其形如槎，以博望故事實之，回首躬耕，如在天上
> 故楹帖亦曰：
> 八月槎橫天上水，
> 連畦菜長故園春。

抑老杜有詩：「叢菊兩開他日淚，孤舟一繫故園心。」宗棠倘亦身
在隴上，而心在湘上，不忘柳莊田園之樂乎。[1034]

光緒二年（1876），宗棠為用兵關外，規復新疆，移節肅州，駐此
先後互六載。面祁連山而營，又闢田十數畝，以為蔬圃，而令材官為之
備。宗棠早起，治文書，接賓客，倦則扶杖遊於圃。宗棠嘗自言：「閒
趣清尚，與眾有別。」洵非誇也。[1035]

四年（1878），新疆還我版圖，宗棠就肅州城東，浚酒泉為湖。周
可三里許，環堤種花樹，構亭湖心，亦名曰「槎」，建閣湖上，亦名曰
「澄清」，中造小舟，以便遊眺。堤外拓出腴田百畝，為園圃，落成日，
宗棠有詩詠之，其末曰：

西顧幸無他，我歸事錢鎛。水國足魚稻，筍蕨耐咀嚼。梓洞泉柳莊，況舊有邱壑。……

則又回想故鄉田園，期待於將來下野後之享受也。[1036]

七年（1881），宗棠出關，駐節哈密鳳凰台，時伊犁交涉緊張，而宗棠好整以暇，不忘其老圃之生涯，仍闢地種菜，昕夕督視，詔諸子曰：

請心可兄速買紅蘿蔔子，及天鵝蛋種子寄來，以便散給各營哨，愈多愈妙，此間地脈甚厚，種蔬最妙。……

《新疆實業志》云：

蔬菜品匯特繁，軍興以後，湘人之從征者，捆載芽荄，移植茲土。……

皆宗棠教之也。[1037] 昔張騫通西域，以彼處苜蓿、葡萄等傳入中國，今宗棠西征，復以南中菜蔬，繁殖塞外，可謂後先媲美者矣。

宗棠之嗜好田園風味，亦可於其家書中見之。周夫人及長子孝威夫婦既逝世，家人治墓地於山中，宗棠命：

大約山場均須廣栽樹竹，池塘均須畜養魚苗，擇勤樸佃農，俾其安心耕種，則田產常熟，歲租無減，可為久遠計。……

蓋猶是經營柳莊成法，其用意則梁啟超《跋周大烈藏宗棠手札》嘗發明之：

其泰半乃家人語，謀所以治生產作業，計農畜出入，至纖悉。昔劉玄德論人物，以為求田問舍，為陳元龍所羞，而躬耕之孔明，則三顧之，抑何以稱焉？我又嘗讀曾文正公（國藩）家書，

其訓屬子弟以治生產作業，計農畜出入，至纖悉，殆更甚於左公書，又何以稱焉？蓋恆產恆心之義，豈惟民哉？士亦有然。士不至以家計攖慮，乃可以養廉，可以壹志；恃太倉之米，以自贍畜者，其於進退之間，既鮮餘裕矣。……

噫，是堪深長思矣。吾人即謂宗棠清廉貞幹之人格，陶成於田園環境，亦無不可也。[1038]

宗棠不僅耽田園，且嗜食蔬菜，尤嗜家製小菜。此其情趣，表現於親舊之通訊中，最為濃厚。彭光藻，宗棠在福建時屬吏也。宗棠剿捻直隸，光藻寄以乾蔬，宗棠欣然作覆曰：「正軍中求之不得者，飽啖之餘，留香齒頰。」楊昌濬，宗棠布衣交也。西行至蘭州省城，帶有宗棠家人所託寄物，宗棠自肅州馳書曰：

> 明春三月，邊關始見青草，與君到酒泉痛飲一場，而以自種園蔬下之，樂當何極。四兒求帶三木匣，當是醃虀及菜種，遇有便差，可將醃虀先寄，春暖再寄菜種，庶免凍壞。……

已又函告諸子曰：

> 前寄三板箱，楊石翁已轉到。諸品均佳，鹽薑尤妙。惟蝦鹵瓜一種，非家製，我不尚也。諸兒婦知我所嗜，製以奉進，亦見孝思，且能留此家風，不忝先姑，尤可嘉也。……

鼓勵家人，利用農產，自製小菜，國藩亦有此作風。逾時，昌濬既自肅州回蘭州省城，宗棠於書函中又特筆曰：

> 節園新蔬，度已青青入口。從天上俯視積石龍門，河流縈帶，樹石皆仙，與牛郎織女，日日晤對，勝博望多矣。惜老我移封酒泉，不復共此池堂樂意也。……

更逾年，宗棠仍駐節肅州，昌濬仍坐鎮蘭州省城，宗棠貽書曰：

> 春日和淑宜人，園蔬甫有出土者，樹葉含青欲吐，乃一夜寒
> 風，竟日雪厚兩寸許，簷滴冰，欲盼青青入口，不可得矣。移封
> 於此，故不如歸臥故園之得也。……

極言園蔬之留戀，醰醰有味，讀之亦令人悠然意遠。及宗棠入京，
又憶及節園所種菜，為函昌濬：

> 節園蔬長，能晾乾見餉，許識故鄉風味，亦至幸耳。……

身處廟堂，口甘藜藿，其淡泊有如此者。

宗棠歿後，羅鎮嵩輓聯云：「食性我能諳，白菜滿園供祭饌。」宗
棠地下有靈，當許為知己也。[1039]

宗棠晚年，有菟裘之營。就長沙省城司馬橋舊居，購入李氏屋而展
拓之，對於佈置，家書屢有指示，其一通曰：

> 司馬橋李氏屋，可通為本宅前進，方向一式，惟頭門宜改向
> 西，中空一夾道，由頭門進夾道，由夾道進前棟正屋大門。大門
> 以內，中為大廳，左為夾室，儲書籍，廳右為我會客之所，旁為
> 住屋，前植花木，後為廚，足供棲止，夏不熱，冬不寒，明窗淨
> 几，起居自適足矣。……

余在長沙省城時，嘗訪友至宗棠故居，由頭門而入，仿佛即如是規
模。又與書譚鍾麟曰：

> 弟舊居之前，隔街李氏，有屋求售，約及老屋三之一，以千
> 金得之。擬改為一堂一宅，堂可會賓友，宅可利棲息，擬為退休
> 之所。將來以堂為祠，不必營造，以宅儲書籍祭器及奏稿版片。

隙地植花木，備庖匽，但取粗具已足，吾子若孫，其永歌哭於斯乎。朝廷軫念勞臣，逸之以老，然後能畢餘年於此，否則海上神仙窟宅，可望不可即，只留作畫圖誇耳。……

鍾麟亦湖南人，時在長沙省城，築一密園，與宗棠居密邇，故有偕隱之約。所惜王事靡鹽，宗棠之言，不幸而中，後竟客死福州省城，司馬橋侯邸，終成神仙窟宅。然宗棠之魂魄，倘猶留戀於其花木間乎？ 1040

73 惟崇儉能廣惠

左宗棠為人頗省嗇，同時又頗慷慨，省嗇者處己，慷慨者待人。

宗棠家世寒素（參閱第二節），食無求美，衣無求華，誠已習之。然至出山督師，居處較崇，仍僅限定歲以銀二百兩供家用，在家書中屢以為言。如咸豐十年（1860）十月與長子孝威云：

> 家中用度，及延師之費，每年由營中付二百金歸，省嗇用之，足矣。此外斷不准多用，斷不能多寄，致損我介節。……

十一年（1861）五月，又與孝威云：

> 每歲我於薪水中，存二百金，為寧家課子之費，上年曾見之公牘，不可多取欺人。家中一切，均從簡省，斷不可浪用，致失寒素之風，啟汰侈之漸。……

是年，家中教師欲他就，十月，又與孝威云：

> 先生加束脩留之，每年百金為度，如必欲就江西三百金之館，亦可聽便。我每年只取二百金薪水付家，不能請三百金先生也。……

其維持每年二百金寄家費用之堅決如此。然此二百金之數，總屬不敷，如以一百金奉師，則所餘僅一百金矣。故同治元年（1862）九月，又與孝威云：

> 我在外每年以二百兩寄家，不敷家用，今擬明歲以後，多寄
> 二百兩歸可耳。……[1041]

其後雖官至兼圻，而對於家人費用，仍斤斤計較。孝威中式湖南本省鄉試舉人，僅允刊發朱卷數十本。後知孝威印一千五百本，以為未免太多。其謁祠掃墓之費，僅限用錢數十緡。筠心夫人歿後，不許發訃，嚴責諸子治喪所費太奢，以為「恐家中已有官氣矣」。宗棠年六十，次子孝寬在家建屋，擬為治觴，宗棠與孝威書，大加申斥：

> 家中加蓋後棟，已覺勞費，現又改作轎廳，合買地基及工料等費，又須六百餘兩。孝寬竟不稟命，妄自舉動，託言爾伯父所命。無論舊屋改作非宜，且當此西事未寧，廉項將竭之時，與此可已不已之工，但求觀美，不顧事理，殊非我意料所及。據稱欲為我作六十生辰，似亦古人洗腆之義，但不知孝寬果能一日仰承親訓，默體親心否？養口體，不如養心志，況數千里外張筵受祝，亦憶及黃沙遠塞，長征未歸之苦況否？貧寒家兒，忽染腦滿腸肥習氣，令人笑罵，惹我惱恨。計爾到家，工已成矣。成事不說，可出此諭，與爾諸弟共讀之。今年滿甲之日，不准宴客開筵，親好中有來祝者，照常款以酒麵，不准下帖，至要至要！ [1042]

四子孝同嘗奉母挈侄，省宗棠蘭州省城，宗棠與書為約：

> 在督署住家，要照住家規模，不可沾染官場氣習，少爺排場，一切簡約為主。署中大廚房，只准改兩灶，一煮飯，一熬菜，廚子一，打雜一，水火夫一，此外不宜多用一人。[1043]

其間劉典告宗棠，家中尚有債負，且家用委實支絀，宗棠答以書曰：

> 舍下虧欠積項，或係二兒前次修造住屋所致，因弟責其不稟命而行，妄費多金，於是兒輩不敢復以還債為請。又值連年眷口

喪殘，喪葬一切，耗費過多，不但無可彌補，遂致難於結束，未可知也。承示寬為寄付，極承厚誼。但恐無底之壑，年復一年，他時投老還鄉，一貧如故，只贏得身後蕭條四字耳。[1044]

宗棠處己之省嗇，大抵如此。

宗棠任恤之心，雖在寒微，已甚濃厚。如初度會試北上，旅費無着，筠心夫人出奩資銀一百兩治行。會歸朱氏姐貧不能舉火，竟悉以遺之。又如伯兄宗棫早逝，盡以家傳遺產畀其孤。又如仲兄宗植在日，歲奉銀二百兩為甘旨。又如道光末，湖南連年水旱，就館穀所入，在柳莊施粥施藥（參閱二節），[1045] 皆其例也。從仕後，祿入加豐，於公益事業，益悉力以赴。如同治二年（1863），以銀八百兩在長沙省城購舊祠。越三年，復以銀一千六百兩，建成左氏通族試館，此對於本族者也。五年（1866），以銀六千兩，捐充湘陰義舉，此對於本鄉者也。八年（1869），以銀一萬兩，捐辦湖南災賑，此對於本省者也。[1046] 此外於師友故舊親戚鄰里，生前貧困，身後蕭條者，無不或給以贍養，或資其喪葬，少則十金百金，多則千金數千金，絕無所吝。宗棠待人之慷慨，又大抵如此。

余嘗推論宗棠此種處己省嗇，待人慷慨之心情，當發生於下列五種因素：

（一）宗棠之先世，皆好行其德（參閱二節）。宗棠或秉有遺傳性，或欲無忝家風，故恆以為善，最樂自期，而家人亦以是化之。即如道光二十八、九年（1848—1849），柳莊辦賑時，筠心夫人及張夫人均躬與其役，且典質衣物為助，可謂刑於寡妻。又同治九年（1870），孝威借穀四百石俵散，以救鄉里之饑荒，赴義如恐不及，可謂善繼善述。[1047]

（二）宗棠念父母在日，僅獲勉度清苦之生活，故不忍自身與家人享受過分。當同治元年（1862）孝威中式舉人時，宗棠與書述先世苦況相戒勉：

　　吾家積代寒素，先世苦況，百紙不能詳。爾母歸我時，我已

舉於鄉，境遇較前稍異，然我與汝母言及先世艱窘之狀，未嘗不泣下沾襟也。我二十九初度時，在小淹館中，曾作詩八首，中一首述及我父母貧苦之狀，有四句云：「研田終歲營兒哺，糠屑經時當夕飧。乾坤憂痛何時畢，忍屬兒孫咬菜根。」至今每一諷詠及之，猶悲愴不能自已。自入軍以來，非宴客不用海菜，窮冬猶衣縕袍，冀與士卒同此苦趣，亦念享受不可豐，恐先世所貽餘福，至我身而折盡耳。古人訓子弟以「咬得菜根，百事可作」。若我家則更宜有進於此者。菜根視糠屑，則已為可口矣，爾曹念之，忍效紈綺所為乎？……

三年（1864），孝威得子，又與書曰：

新得一孫，足慰老懷，乳足則無須僱用乳母，不可過於愛之。我家本寒素，爾父生而吮米汁，日夜啼聲不絕，臍為突出，至今腹大而臍不深。我母嘗言育我之艱，嚼米為汁之苦，至今每一念及，猶如聞其聲也。爾生時，我家已小康，亦未僱乳媼，我蓋有念於此。……

又光緒四年（1878），因孝威夫婦病中及歿後耗費太甚，為家訓致孝寬等三子曰：

我本寒生，驟致通顯，四十年前，艱苦窘迫之狀，今猶往來胸中。汝祖母病劇時，求珍藥不得，購西洋參、高麗參數錢，蒸勺許以進。喪葬一切，竭誠經理，不過二百數十兩，所舉之債，直至壬辰（1832）鄉闈獲雋，乃克還款。今汝兄嫂醫藥喪葬之費，不啻十倍過之。（按孝威婦醫藥棺斂一切費用，至二千數百兩，參價已一千數百兩。）爾曹以為如此，庶幾理得而心安，自我視之，則昔時不得十一以奉我親者，今什倍以賠我子若婦，於心何以為安，徒恒痛耳。自今以後，均宜從儉，不得援照爾兄嫂往事為例。此紙可裝訂成冊，以示後人。……

宗棠此種情緒，至為深刻，故嘗寓書彭玉麟，以為：「不知者謂其矯，愛我者稱其廉，要皆不得弟之心耳。」[1048]

（三）宗棠本人飽嘗貧乏之痛苦，故對於處境相似者，不禁發生同情心，不惜予以援助，俾不再如己之飽嘗痛苦。宗棠平生所受痛苦，最深切者，殆莫如三次會試北上，及報罷南旋。故以後對寒生赴試，輒飲以資斧。如在甘肅時，同治十二年（1873）嘗以養廉銀二千兩，光緒元、二年（1875—1876）各以三千兩，分贈本省入都會試、朝考之士子。同治十三年（1874），於本省會試士子，亦每人贈銀二十兩，更以八百兩分贈朝考拔貢，以為「四十餘年前，金盡裘敝，人困驢嘶景況，猶在目前也」。又光緒二年（1876），甘肅鄉試，宗棠方督師肅州，對於本州及安西士子之赴蘭州省城與試者，每人贈與試費票銀八兩，六十二人共四百九十六兩。而孝威會試時，斥金助同試者，宗棠亦作書嘉之：

> 下第公車，多寒苦之士，又值道途不靖，車馬難僱，思之惻然。我當三次下第時，策蹇歸來，尚值清平無事之際，而飢渴窘迫，勞頓疲乏之狀，至今每一憶及，如在目前。兒體我意，分送五百餘金，可見兒之志趣，異於尋常紈絝。……

後總督兩江，以江寧府七屬公車費款少人多，沾溉無幾，捐廉銀五千兩，發商生息，永資補助。[1049] 而宗棠生平又一最苦痛之境遇，嘗寫以告郭崑燾：

> 道光二十八年（1848），柳莊耕田，遭淫雨之害，穀盡發芽，典質罄盡，而一家十二口，無不患病者，嘗吟杜老《同穀歌》「男呻女吟四壁靜」之句，戲語孺人曰：「我欲改靜為空，始與此時情事相合也。」……

然宗棠與筠心夫人於斯時，固猶竭力施賑也。同治八年（1869），湖南又大水為災，宗棠以家書述捐廉助賑之意：

今歲湖南水災過重，災象疊見，我捐廉萬兩，並不入奏。回思道光二十八、九年（1848—1849），柳莊散米散藥，情景如昨。彼時，我以寒士為此，人以為義可也。至今時位至總督，掌握欽符，養廉歲得二萬兩，區區之賑，為德於鄉，亦何足云？有道及此，謹謝之。我常言，士人居鄉里，能救一命，即一功德，以其無活人之權也。若居然高官厚祿，則所托命者，奚止數萬，數百萬，數千萬，縱能時存活人之心，時作活人之事，未知所活幾何。其求活未能，求救不得者，皆罪過也，況敢以之為功乎？是以入關隴以來，首以賑撫為急，總不致令我目中見一餓斃之人，我耳中聞一餓斃之事。……[1050]

觀此兩事，可知宗棠之同情心，實係推己及人，故尤為懇摯。

（四）宗棠感覺國家多難，不欲以室家自肥。如同治元年（1862）六月，與孝威書云：

今年秋初，吳都司歸，曾寄薪水銀二百兩，此次未免又增一番用度。除卻應用各項，不宜太省，此外衣服等事，概宜節之又節，免我遠地牽掛。如實不敷，亦只准再寄百兩。兵已缺餉七月，我豈可多寄銀歸耶？……

宗棠治軍，常與士卒同苦，亦猶此意。[1051]

（五）宗棠欲子弟習於節約，能受勞苦，不以富厚生活，損短志氣。如同治八年（1869）家書與孝威云：

我一介寒儒，忝竊方面，功名事業，兼而有之，豈不能增置田產，以為子孫之計？然子弟欲其成人，總要從寒苦艱難做起，爾為家督，須與諸弟及弟婦，加意刻省，菲衣薄食，早作夜思，各勤職業。撐節有餘，除奉母外，潤贍宗族，再有餘，則濟窮乏孤苦，其自奉也至薄，其待人也必厚。……

又十二年（1873）一書云：

> 古人教子，必有義方，以鄙吝為務者，僅足供子孫浪費而已。我之不以廉俸多寄爾曹者，未為無見。爾曹能謹慎持家，不致困餓，若任意花銷，以豪華為體面，恣情流蕩，以沉溺為歡娛，則我積多金，爾曹但多積過，所損不已大哉！……

而曾國藩記宗棠語云：

> 凡人須從吃苦中來，收積銀錢貨物，固無益於子孫，即收積書籍字畫，亦未必不為子孫之累云云，多見道之語。……

皆可顯示宗棠旨趣所在。[1052]

省嗇與慷慨，本屬相背，宗棠則同時並舉。一般人處己多慷慨，所謂千金一擲；待人恆省嗇，所謂一毛不拔。宗棠則一反其道。且在宗棠，固以為省嗇與慷慨，可以相因，即上述所謂「其自奉也至薄，其待人也必厚」。又同治二年（1863），家書與孝威云：

> 家用雖不饒，卻比我當初十幾歲時好多些，但不可亂用一文，有餘則散諸宗親之貧者，惟崇儉乃廣惠也。……[1053]

崇儉猶之自奉至薄，廣惠猶之待人必厚，此數語，實為千古不刊之論。夫人之好善，誰不如我，凡遇可以悲憫之事，而漠然恝置者，究佔極少數，只以平日素無餘蓄，乃致力不從心，或一念及私人生活之負擔，為善之勇氣，亦輒少餒，此皆人情之常，不庸深責。故我人欲充分發揮待人慷慨之精神，必自處己十分省嗇始，宗棠之言行，可為師法。

74　盡其在我

魏光燾輓左宗棠聯云：

平生作事，獨為其難，大業佐中興，遺疏猶煩天下計；
一息尚存，此志不懈，斯言嘗自道，千秋共見老臣心。

其語可更引宗棠子孫所作哀啟為注腳：

以書生位至將相，任封圻，且三十年，而無一日居處安享用
之厚。舉艱險盤錯，人所卻避者，輒堅忍刻厲，肩任不辭。生平
以諸葛武侯自勖，卒之淡泊寧靜，鞠躬盡瘁，皆如所言。疾革之
時，猶以君恩未報，夙願未償，和局不可長恃，戰備不可緩籌，
晤及僚友，諭語將佐，冀共同心戮力，共濟時艱，而無一語及家
事。⋯⋯[1054]

一言蔽之，忠而已矣。光燾追隨宗棠二十餘年，此聯所道，亦自有
以知其深也。

范仲淹曰：「我知為之自我者當如是，其成與否，有不在我者，雖
聖賢不能必，我豈苟哉？」此諸葛亮「謀事在人，成事在天」之意，無
非謂凡事應盡其在我，而成敗利鈍，可置不顧，亦猶謂「只問耕耘，不
問收穫」。宗棠既常以諸葛亮自勖，而遇事輒好援引仲淹「為之自我者
當如是」一言，表示其一往無前之氣概，蓋盡其在我，即忠之極則。[1055]

宗棠之忠於事，先於教讀見之。陶澍之喪，遺孤桄方七歲，陶氏族

人多覬覦其產,以獨富之家,處眾貧之地,其勢誠頗危險。故賀熙齡、胡林翼之議以宗棠為陶桄師,意固不僅在作育陶氏之遺孤,且在保全陶氏之遺業。宗棠對於前一點,主張不必定欲使桄與貴介子弟爭功名,僅須使其不染紈綺習氣,克承其家。對於後一點,主張先自分陶澍之家產若干,以貽族人,俾無所藉口,而於其非分要求,則婉辭以謝。遇有地方公益事業,宗棠又勸陶氏以世家大族地位,率先捐輸,博取社會之同情。陶氏夫人之喪葬,宗棠亦為經紀。太平軍起時,宗棠又策畫徙陶氏於安全之地。於是陶桄固不失為佳子弟,而陶澍之業更賴以不墜,所謂「受人之託,終人之事」,即忠宗棠之忠於所事,復於遊幕見之。其參贊湖南巡撫、湖廣總督軍事,鑒於太平軍之恣橫,大局之危殆,以各盡心力挽救,與儕輩相期,如函李續宜云:

> 天下紛紛,吾曹適丁其阨,武鄉不云乎,「成敗利鈍,非所逆睹」,則亦惟殫其心力,盡其職,俟之而已。……

函王開化云:

> 方今時會艱難,正賴賢傑挺身任事,共與維持,救得一分,是一分,幹得一事,是一事,豈可遇事推讓,置天下大局於不顧。……

又函林翼云:

> 時局至此,不能不挺身任事,成與不成,非人謀所及,亦盡其心力所至者而已。……

然斯時宗棠僅一幕客也。而宗棠與人論幕職,則謂:

> 幕之職,原以助官為理,既為人役,自不得不殫精竭慮為之。……

又謂：

> 本地人居大府幕中，任是天生孔子，亦必多招嫌忌，既為時勢所迫，不得已而就此席，惟有殫誠竭慮，本吾心所謂是者為之。若多所畏避，反於事體無補，究亦未能執讒慝之口。幕所辦之事，本是官事，若是避攬權之嫌，則除是不辦事也。……[1056]

此宗棠自道其作幕之見解，亦即忠之表顯。[1057]

逮宗棠出而督師從政，益以忠於所事自勵。在贛皖時，嘗一再告家人曰：

> 時局方艱，未知攸濟，亦惟有竭盡心力所能到者為之，期無負平生之志而已。……
>
> 現在主少國危，左右之人，未必能肩此艱巨。時局殆不堪設想，且各盡其心力所能到者為之，求無負吾君以負平生耳。……[1058]

入浙後，並以此與僚屬交勉，不問恩怨，以為：

> 任事無不任怨，只要自己無錯，那管背後議論。……
>
> 自古任事之人，無不任怨之理，自反而縮，心中差安，豈有聞謗而遽自表白，與群小爭曲直乎？無論吾輩肝腸如雪，不能因此擾其淡定之天，且操存因此益加邃密，愈覺受益不淺耳。……[1059]

不問毀譽，以為：

> 身入仕途，即宜立定主義，毀譽聽之人，升沉付之命，惟做一日官，盡一日心，庶不負己以負斯民也。……
>
> 毀譽不足道，功名不足道，能盡我心力，以善我事，斯可矣。……[1060]

不問事之成不成,以為:

> 凡事只能盡我心力圖之,利鈍固未能逆料也。⋯⋯
> 利害生死之際,庸人畏避而不敢前,且或託為明哲保身,以文
> 其懦。獨慷慨仗節之士,義憤所激,其事之克濟與否,舉非所知,
> 而必不肯洰認韜晦,以求免其難,夫亦盡我心之所安而已。⋯⋯[1061]

亦不問成之遲與速,以為:

> 功成遲速,定數成焉,不能由人迫促,然必人事盡到十分,
> 乃可聽之天。⋯⋯[1062]

而益以實幹為依歸。故認為:

> 天下事,無不可為,如果實心實力去幹,必有治效可睹。⋯⋯

更進而認為:

> 天下事總是要幹,要幹事,最是要一部實心。⋯⋯[1063]

夫子曰:「狂者進取。」狂者之進取,即忠者之實幹。宗棠素有狂
名,乃適成其為忠。故陝甘「平回」,人皆視為畏途,宗棠一手擔當,
收復金積堡後,宗棠嘗慨然語其子曰:

> 我移督陝甘,有代為憂者,有快心者,有料其必了此事者,有怪
> 其遲久無功者,我概不介意。天下事,總要人幹,國家不可無陝甘,
> 陝甘不可無總督,一介書生,數年任兼圻,豈可避難就易哉?⋯⋯

進攻肅州時,又語其友曰:

> 西事甫有頭緒，玉關以東，年內或冀澄清，然勝殘去殺，必
> 期諸善人，期諸百年以後，則又何能釋諸念慮間乎？弟之不以衰
> 疾為諱，又不早決引退之計，蓋欲俟可退之時，再作區處耳。使
> 我身退而心安，亦奚取鬱鬱居此。……[1064]

其忠勇真摯精神，躍然如見。至於用兵新疆，更為如何艱險之工
作，宗棠亦一手擔當，以謂：

> 西事尚有可圖，衰朽雖未堪負荷，不敢他諉。……

及其收復，則又曰：

> 吾輩數書癡，一意孤行，獨肩艱巨，始願亦何曾及此？而幸能致
> 之者，無私利之見，無忌嫉之心，苟利社稷，死生以之耳。……[1065]

蓋自其西征，即誓與西事相終始，務求實踐所言。至當伊犁交涉之
急，雖在盛夏，仍甘於西出玉門，陳兵哈密，越南交涉之急，雖時在隆
冬，亦急欲東渡台灣，力戰孤拔，絕不以高年多病之身，臨事稍有回慮
卻顧。「炎風朔雪天王地，惟在忠良翊聖朝。」可為宗棠詠也。[1066]
　　宗棠固亦嘗以衰疾乞退，然非為畏難，而為恐貽誤，且表示卸職
後，仍當有所盡力，其意義乃積極而非消極。如同治十一年（1872）
十二月，請簡員接任陝甘總督欽差大臣時奏明：

> 隴事不外剿撫兼施，然其中頭緒紛繁，情偽百出，接任之
> 員，雖才力十倍於臣，亦難遽悉底裏，臣自當暫留此間，以備諮
> 訪，斷不敢以事權不屬，遽請放歸，自耽安逸。……

光緒七年（1881）在北京，兩次請交卸各項差使時，亦陳明「仍當
以閒散留居京師，以備顧問」。光緒九、十年間（1883—1884），宗棠

再三請開兩江總督及兼辦理南洋通商事務大臣之缺,清廷先已准其給假四個月,回籍調養,旋又命其不必拘定假期,一俟稍愈,即行銷假。於是宗棠復瀝陳其衷曲:

> 臣自奉命出督兩江,即自矢一息尚存,不敢輒萌退志。既因衰病日迫,目疾浸深,尚思勉強支持,仰承委任。原擬於交卸後,再留三個月,俟海防就緒,再懇恩旨歸籍,以養衰軀。……茲復蒙天語諄諄,微臣素懷,豈敢自逸?竊擬假期內,海防有事,固當照常經理,不敢稍存諉卸,致負恩知。即三個月外,海防如有變更,臣亦當力任其難,斷不稍形推諉。良以頻年講求有素,與在防將士,相信頗深,較之生手從新交涉,事體稍易,而營務、支應、文案諸幕僚,均係舊人,所部統領營哨官隊目,均相孚洽,遇事較易措手耳。……[1067]

宗棠之志,洵乎諸葛亮「鞠躬盡瘁,死而後已」之志也。
抑推論宗棠之忠,尤在求不負。一曰不負己,嘗謂:

> 吾輩言事,但論理之是非,不計准駁,如其發必當理,則問心自安,不求勝於人,先已無負乎己也。……

言事如此,治事亦然,無負乎己,即盡其在我也。二曰不負人,嘗謂:

> 人不可負心,亦不可負人之知。……彼受我之知者,竟不如我心中所期,此即負心之甚,以此責人,以此自責。……[1068]

於是受知於陶澍,而以作成陶桄,保全陶產,如所期。受知於張亮基、駱秉章,而以內安全省,外援四鄰,如所期。受知於清廷,而以蕩平東南,規復西北,如所期。至如何而後不負人,亦惟有先盡其在我耳。
宗棠欲以忠自謚,可謂自知明而絕非虛妄者矣。

75 不欲以一絲一粟自污素節

　　左宗棠微時，一貧徹骨，而居恆恥言貧字。由是一點推之，表現於其性行者，正面為介，反面為不貪。且不第對於非義之財，一介不取，即於應得之財，亦不欲厚自封殖。故宗棠自任疆圻，所支廉俸，恆舉以充賙恤，或作公共事業。同治三年（1864）五月，家書與長子孝威云：

　　　　我應得浙撫養廉，擬呈繳萬兩入官，其總督養廉，則以之修
　　茸浙撫署矣。……

八月，又與孝威云：

　　　　帶兵五年，不私一錢，任疆圻三年，所餘養廉，不過一萬數
　　千金，我尚擬繳一萬兩作京餉，則存者不過數千兩已耳。……

至五年（1866）十二月，去閩浙總督時，與書仲兄宗植云：

　　　　昨抵章門，遣石清攜匯票八千兩，以六千金捐入湘陰作義
　　舉，以一千五百金建試館，餘以買史陂墓田，閩浙廉銀用盡，留
　　三千兩，作家眷回湘之資，此八千，乃預支陝甘廉也。……[1069]

曰「閩浙廉銀用盡」，則宗棠之宦囊，可知矣。
　　光緒二年（1876）五月，宗棠任陝甘總督且十年矣，乃家書與長子孝威云：

　我家積世寒素，近乃稱巨室，雖屢申儆，不許沾染世宦積習，而家用日增，已有不能撙節之勢。我廉金不以肥家，有餘輒隨手散去，爾曹宜早自為謀。大約廉餘擬作五分，以一為爵田，餘作四分，均給爾曹，已與勳、同言之，每分不過五千兩也。爵田以授宗子襲爵者，凡公用均於此取之。……

四年(1878)二月，致書王加敏，又申其說：

　弟自咸豐十年(1860)出山以來，拮据戎馬間，未嘗以餘粟餘財，自污素節。即應受廉俸，通計亦成巨款，然捐輸義舉，在官在籍，至今無倦。其因家運屯蹇，買藥營齋，寄歸舍間，實不及一歲之入。近始略查大概，歸計茫然，子孫食指漸繁，不能不早為之所。四兒各擬以五千金畀之，令其各謀生業。弟歸後，亦須過活，每年非數百金不可，擬以五千金，為養老之資。身後之用，置買薄田，食其租息，將來即作爵田，為承爵之人奉祀當差費用。……[1070]

　又越年餘，宗棠始去陝甘總督。然宦囊之不能更逾於此，自可想見。陝西布政使王思沂，知其窘乏，商之按察使沈應奎，擬以陝西經收甘肅捐輸尾款，奉備使用。宗棠與書應奎力卻之：

　陝西甘捐尾款，積存有項，尊意與雩軒方伯，擬將此數，移濟都寓之乏，並示及官私無礙，廉惠不傷，與者受者，均有以自處，尤見用情之摯，實倍尋常，感戢下懷，曷可言喻？惟愚衷尚有難於盡釋者，請卒言之。僕早歲甘於農圃，不樂仕進，所求易足，無營於外，心亦安焉。入世卅年，漸違素願，而無負於官私，始終猶可覆按也。茲於時事迫促，勉玷朝班，羈縻鹿以文犧，束縛蹉跎，奚裨大局？而酬應紛紜，徒增私累，良可哂矣。幸外侮漸平，伏莽尚少，長揖歸田，自有其會，已預擬封存歸途舟車之費，曳杖而還，蓋可止則止，可速則速，衰病餘年，尚能

自立耳。近時於別敬，概不敢受，至好新契之例贈者，亦概謝
之。非惟介節自將，人己本無二致，亦俸外不收果實，義有攸
宜。至甘捐尾款，儲為關隴不時之需，以公濟公，於事為合。弟
已去任，不能指為可取之數。若因一時匱乏，遽議及之，將人知
己知之謂何，斷有不可。且此間雖無入款，而出款非不可節，省
嗇用之，得過且過，正復無須乎此。幸與雩軒方伯道及，俾釋念
慮。……[1071]

洵乎清風亮節，垂老不變，能守孔子戒得之訓。

嘗有人調查同治中興將帥財產，曾國藩、國荃兄弟，身後各有田
一千畝。其房屋則國藩所有，值十萬兩弱；國荃所有，值十萬兩強。
李鴻章遺產約一千萬兩，而其兄瀚章則為六七十萬兩。郭松林約有四百
萬兩。席寶田、陳湜稍次，宋慶五十萬兩，董福祥不及一百萬兩，其餘
積資百餘萬兩、數十萬兩者，不一而足。[1072] 至宗棠遺產，究有若干，
無可稽考。就家書所載，約略可計者，動產部份，即上述之二萬五千
兩，不動產部份，在長沙省城，有司馬橋第宅一所，原為駱秉章、胡
林翼所購贈，值五百兩，後改造後棟，並添造轎廳，所費二千餘兩。
後又購入毗鄰李姓地，直三四丈，橫十餘丈，改造前棟，並添造大廳
與夾室。又有府城隍廟地基一方，值三百兩。在鄉間，有柳莊田屋、
石湖田屋、板橋田屋各一處，有板石坳墓地一處，即筠心夫人葬所，
似值一千兩，歲租三十餘石。又有天鵝池墓地一處，為孝威夫婦葬
所。此外似又有河西田一處。[1073] 統共計之，以意揣測，其值當不能
超越十萬兩。然柳莊田（二百餘畝）與屋，均積課徒束脩所購，尚非遊
幕與出仕後之收益也。

後安維峻奏參李鴻章、岑毓英子侄捐保取巧，猶稱述宗棠之廉介，
以作比較，略謂：

故大學士左宗棠，其功業倍於岑毓英，而名望高於李鴻章，
當其病故也，朝廷賜恤之典，不為不優，但其平生清白傳家。在

陝甘總督任內，督辦軍務，雖用數千萬之餉，無絲毫染指，廉俸所入，則又隨手散用，故沒世未幾，家遂困窮。其嫡長孫左念謙，由世襲侯爵，官通政使司副使，前年病故都門，至貧不能殮，經其同鄉京官徐樹銘、龍湛霖為之告幫，始得歸葬湘陰。近聞其子左孝寬、左孝勳俱死，只餘舉人左孝同一人。至其庶子，尚不乏人，然臣遍查搢紳，其子孫並無服官者。假令左宗棠生前以所得廉俸，為其子孫捐官，固自易易，又使假手於人，為其子孫保舉，如李鴻章諸臣之所為，亦未見其不能，而左宗棠不為也。今岑、李兩家，貴盛如此，而左氏子孫，衰微如彼。然則以左宗棠與李鴻章諸臣比較，孰清孰濁，誰公誰私，自有不容掩者。……1074

且宗棠之介，至為透徹，即在小小節目，亦極公私分明。如筠心夫人曾請將家中閽人，給以勇餉，夫人歿後，宗棠與孝威書云：

> 何三在家看門久，老實而晚景不好。在閩時，爾母曾說過，給與一名勇價，我已諾之。惟念勇之口糧，不可給家人，是以久未給予，亦且忘之。今寄信（王）若農觀察（加敏），請其劃撥二百十兩零六錢，交爾給何三，以了此項，蓋四年勇費之數也。……1075

即此一端，其他可知。

又清代政治場中慣例，上官行經各處，一切供應，責之地方官吏，名曰辦差。浸至上官之家屬過境，亦復如是。宗棠則不然，在福建時，曾迎筠心夫人及諸子至福州省城，經過南昌，江西巡撫劉坤一飭屬照料，旋以書報宗棠曰：

> 世兄奉其母夫人及各眷口，於日前抵江，詢悉旌麾入粵，刻難回閩，擬暫寄寓此間。晚生亦勸令小住，已於昨日移裝登岸，賃居城內新建縣署後公館，世兄稱奉先生之命，不許費地方官一

錢，晚生未敢相強。……

坤一蓋亦能了解宗棠介節而成人之美者。

在甘肅時，三、四兩子省之肅州，既別回里，宗棠與書劉典云：

> 兩兒啟程，已給盤費百兩，到蘭後，請飭支應處給盤費百
> 兩，到陝後，請沈觀察（應奎）給盤費百兩，均從養廉還款。沿途
> 水陸防營，均請其照護，州縣則概不關白也。……[1076]

此札說明二點，一為川資自備，一為不通知州縣，即不欲地方官吏
招待也。

宗棠於僚屬饋遺，向所謝絕，在肅州時，且書面通飭文武印委員
弁，不得呈送禮物。特殊情形之下，則受而償以原值，或報以他物，如
答福建布政使張銓慶云：

> 昨袁弁歸時，該護中軍曾寄福圓膏及印色，已諭其開帳領
> 價。數雖無多，然弟於僚屬饋遺，向不收受，亦不欲自破其例。
> ……

批閩侯縣丞彭光藻云：

> 所贈燕菜二斤，知捐清俸不少，現以分贈病將，亦古者投醪
> 之意，遲仍照價繳還。……

答上海採辦轉運局委員胡光墉云：

> 承遠惠多儀，謹已拜登。荷珠玉之奇珍，領山海之異味，關
> 隴得此，尤感隆情。惟金座珊瑚頂並大參二件，品重價高，斷不
> 敢領，平生享用，未敢過厚，硜硜之性使然，謹原璧奉趙，即祈
> 驗收。乘便寄呈諸品，非敢言贈，亦投桃報李之微意耳。……[1077]

其情義兩全，往往如此。

尤有一事，足見宗棠在金錢上之真實，絲毫不苟。宗棠既為樊燮參案被牽，擬北上而治裝無資，以正值憂讒畏譏，親友饋贈，均不欲受。有李棨者，貸以銀三百兩。後二十二年，宗棠回里，棨已前卒，宗棠祭於其墓而還銀於其家。[1078]

夫子曰：「狷者有所不為。」宗棠欲自諡曰介，亦狷者類也。

76　暮年抑塞

左宗棠自新疆奉召回京，功蓋古今，譽隆中外，朝廷倚畀之深，社會責望之切，自在意中。然入贊樞機，曾不逾年，即出為兩江總督。僅餘二年，遽復內調，未及半年，又匆匆出督福建軍務，越一年而謝世。五年之間，席不暇暖，雖勞瘁有加，而聲望驟落，終於屢病，以至不起。此固高年所必至之境，而其晚歲之鬱怫不如意，實有以致之，顧亦非無因也。試嘗論之，其故蓋有數端。

西北交通閉塞，消息隔膜，宗棠盤桓其間者，前後殆有十年之久，思想落伍，一旦東歸，對於沿海各省與國際情形，認識不足，而以在軍事上低估各國之實力，專事主戰，尤為危險。

北京素稱宦海，人與人之關係，有利害，而少是非，江南局面，尤為復雜，宗棠向在軍中，予智自雄，且性本伉值，自屬不合時宜，直道而行，觸處荊棘。

當用兵之時，朝廷所望於各統兵大員者，殺敵致果，用人用錢，多所寬假。及其事定，文網漸密。宗棠治軍二十年，用人用錢，自由已慣，晚年在江蘇，在福建，處處為法律所持，不能放手做事，偶爾獨斷獨行，輒為朝野所指摘。

宗棠往日作事，一手獨攬，左右鮮有良佐。自西北回來，年事已高，精神衰茶；記憶薄弱，遇事不能自行照顧周匝，勢不得不委諸手下，而幕府並無賢俊，魁柄漸移，代人受過。

宗棠自幼有誇大狂，發言為文，恆渲染過甚。晚歲縱不至恃功驕蹇，而憬憧往日勳業，不免好自我宣傳，此種表演，為一般人所不喜。

於是宗棠在短促之五年中，三次被人彈劾，兩次受清廷詰責，其處

境之狼狽，為從前所未有。

第一次彈劾，在光緒七年（1881）五月，提出者，內閣侍讀學士文碩也。原奏略謂：

奴才於五月初七日，在初六日刻邸報中，看得湖南巡撫李明墀代奏前任陝甘總督楊岳斌為前剿辦鞏昌等回匪，札委已革道員王夢熊就地勸捐，接濟軍糧，迄今十餘年，尚未核獎換照，懇恩飭下現任督臣查案給獎一摺。敬悉軍機大臣奉旨：「着李明墀咨行陝甘總督查明辦理，該部知道。欽此。」奴才因見此案初非難辦之事，何至十五六年之久，懸而未結。其時在左宗棠任內之日為多，尤堪詫異，事屬離奇，情殊障目，意其易結不結，必非無因而致。爰就楊岳斌原文所敍情節，悉心玩索，前後推勘，乃覺此案所以多年未結之故，正由左宗棠在任日久，若與楊岳斌夙相齟齬，有意積壓，藉以示權掣肘之所致。其致釁之由，不可得知。然此案必因二人各持門戶之私，壓擱乃至如此之甚，則確有可徵也。……查此案據楊岳斌所稱，前派王夢熊就地勸捐，供應各營軍食，歷時不過七八閱月，既已截清造冊核獎，抑又何難。乃楊岳斌移交穆圖善，穆圖善又遞交左宗棠，直至今日，案懸未結。雖當時該省軍書旁午，或者兼顧未遑，然亦何致輾轉遷延，一至於此。況左宗棠素稱勇於有為，蒞任又復年久……底缺並未出署，猶恐經制藩代折代行，日久不足倚任，是以破格奏請，指名歷舉賢員，駐省會辦。……似此易結之案，豈有闒茸因循，無故久稽之理，此奴才所謂事屬離奇者也。奴才乃駭然以為離奇，而左宗棠坦然不以為離奇，且恬然自諱其離奇，此奴才所謂情殊障目者也。至謂左宗棠敢挾私嫌，壓擱公事之說，則此案本甘肅應辦之事，王夢熊又甘肅本省之人，既已造冊呈經原委上司，移交後任總督有案，日久未蒙核獎，理應具呈本省總督或藩司衙門，懇請速辦，何必遠赴鄰疆，仍求原委上司代為申理？推其不憚跋涉之勞，必有稔知二人有隙，左宗棠之有意積壓，為所素窺，明知於事無濟，不肯進省具呈，否則必已具呈本省，因遭過抑，隱忍多

年。茲幸左宗棠進京之際，前往湖南，仍求楊岳斌主持其事，以冀沉淪海底之苦，猶有死灰復燼之機。此就王夢熊之捨彼就此，已可旁徵左宗棠之有意壓擱掣肘矣。而楊岳斌若與左宗棠果無夙怨，此案初不由左宗棠有意積壓，則當王夢熊懇催之日，與其咨請湖南巡撫請旨，何若備文徑移陝甘總督之為直捷了當。顧乃捨捷徑而就迂途，則是其客氣用事，不特有憾於左宗棠，且並疑及楊昌濬，惟恐為彼私人，或仍望風希旨，所謂門戶之見也。……

此案自是咎不在宗棠，岳斌去職後，穆圖善署陝甘總督，夢熊之請獎，尚屬穆任內事。其後宗棠查得夢熊有通匪吞捐情事，奏准將夢熊革職歸案訊辦，而夢熊避匿不到。又其後靜寧州之捐輸，併入通省捐輸，奏准增廣甘肅鄉試名額，夢熊之捐案，已無從特別給獎。文碩之參案，雖曰未明源委，要亦無非藉以打擊宗棠也。[1079]

第二次彈劾在光緒八年（1882）六月，提出者，御史李鴻逵也。清廷將命彭玉麟徹查，玉麟與宗棠為至好，然覆奏悉陳其事實無隱：

臣於光緒八年（1882）七月十四日，在江南江陰縣巡次，承准軍機大臣字寄，六月十九日，奉上諭：「有人奏劣員招權納賄，有損勳臣聲望，請旨飭查一摺。據稱兩江營務處道員王詩正、知縣柳葆元，狎妓浪遊，權勢熏灼，賄賂公行。又有遊客道員張自牧、知府郭慶藩，內外串通，招搖撞騙，捏報商名，請引漁利等語。着彭玉麟確切查明，據實奏參，無稍徇隱。原摺着鈔給閱看，將此諭令知之。欽此。」臣跪讀之下，仰見聖主信任勳臣，扶正黜邪，以示保全之至意，曷勝欽悚？

臣伏思自古君明臣良之世，上下相與以誠，臣責難於君，君責善於臣，開誠佈公，盡言無隱，此所以上下交而為泰也。左宗棠忠直性成，勳績卓著，久在聖明洞鑒之中。方今海宇清平，封疆任重，皇上以兩使相分為南北洋大臣，如周召之分陝而治，知人善任，媲美成周。左宗棠職任兩江總督，兼奉命為南洋大

臣，則察吏安民，籌餉練兵，鹽漕河務，江海防營，地大事殷，固皆責無旁貸。然年逾七旬，雖盡瘁竭誠，而一人之精神，自難周密。況到任未久，人地生疏，須用向來親信得力之員，以資任使，此亦勢所宜然。惟朝廷貴慎簡大臣，而大臣亦必慎簡僚吏，得其人，庶足以資佐理，不得其人，即難免受欺蒙。昔尹吉甫佐周中興，成功之後，必以孝友之張仲為賓僚，然後足以受多祉，此前世勳臣之法則也。

道員王詩正，係前道員王鑫之子。王鑫以諸生首練湘軍，歷樹戰績，後以帶勇進剿江西吉安、撫州、瑞州、臨江等處，受傷病亡。蒙文宗顯皇帝賜諡壯武，優予蔭恤，而其所遣老湘營，東征西剿，勳勞大著於天下。王詩正以難蔭從戎陝甘，左宗棠以其年少有才，久習戎事，又以其為忠藎後嗣，派委總辦兩江營務處，以造就之，出於公忠之忱，無私意也。兩江營務繁難，為吏治軍政上下公事之樞紐，文武員弁交涉事多，權勢所在，趨承者半，謗議者亦半。王詩正初到江南，資望本淺，少年意氣，難免驕矜，言者謂其浪遊狎妓，招權納賄，臣查尚無確據，然舉措頗多輕率，言語不無放誕，矜才使氣，行事不檢，用致物議沸騰，不得謂其無因而至。

前知縣柳葆元，係留甘補用之員。左宗棠以其嫺於詞章，派司文案，帶至兩江，用資熟手，此不過隨才器使，無甚事權。查柳葆元文采翩翩，不至如言者之所詆。惟江南風土景物，素號繁華。左宗棠巡閱之時，署中文案事少，柳葆元偶爾閒遊，事亦有之。不思節署關防甚嚴，何得任意遊覽，致生疑謗。是二員者，皆不免負左宗棠之任使。

至道員張自牧，知府郭慶藩，均在湖南本籍，且郭慶藩有奉使參贊日本之行，臣再四訪查，實未來遊兩江，則串通內外，請引漁利之說，係言者得諸傳聞之誤。

惟查有廣西候補知府，聞於貴州案內保升道員之張崇澍，少年寡學，貪鄙性成，慣事蠅營，放達不檢。當左宗棠整頓鹺綱，奏請添票添引之時，張崇澍聞之，意圖買票充商漁利，遂在長沙

商同饒太和錢鋪，代向銀號挪借銀六十萬兩，匯兌親來兩江，捏報賀全福鹽商牌名，請運湘鄂鹽三百票，每票銀五千兩，設法鑽謀，先交現銀六十萬兩，希圖掣票到手，在外招搖，加價賣票與人，不須真運鹽行銷，而本利先已俱獲，然後繳清票銀，歸還錢鋪，而彼收無本之利。左宗棠籌劃軍國大計，鹽政係其職分所當經營，整飭鹽綱，收回楚岸引地，添票添引，皆前督臣曾國藩、沈葆楨等所欲為而不能遽為者。左宗棠曾面奉皇太后諭旨，並非不候旨遵行，故見有來案稟請買票行鹽者，先交現銀，後交欠銀，似在情理之中，自應照例批准，毫無私見也。惟求效太急，奸巧小人，乘間而入，從中漁利，左宗棠被其欺蒙，所謂君子可欺以其方耳。

又查有武巡捕、參將柳國瑞，前投效甘肅，充當勇丁，打仗尚能出力，左宗棠保至今職，派充巡捕，原冀其感激知遇，實心從公。不意小人得志，昧良喪心，與稿案門丁唐鈞，陽為謹慎，陰肆鬼蜮。又有遊客附貢生王代英，湘潭縣人，附生蔡熙霖，長沙縣人，至兩江圖謀館地。宗棠念繫故舊子弟，留食署中，並未授之以事，乃乘左宗棠閱兵外府，遽勾引交遊少年子弟，肆行不謹，在外招搖，原奏所謂狎妓浪遊，內外串通漁利者，實皆張宗澍、柳國瑞諸人之所為。言者因姓氏多同，故風聞不無訛串，現在諸人多已為左宗棠查知屏逐矣。

臣維近君子，遠小人，自古聖君賢相，莫不守此為兢兢。然豈有知其為君子而不近，知其為小人而不遠之理。大抵君子多直，小人多佞，君子多正大，小人多回邪。左宗棠勳高望重，齒邵位崇，苟非有碩德耆儒，參其幕府，直節正士，為其佐僚，而又虛心訪求，獎進直諒，則用人行政之是非，孰敢盡言無隱？彼二三小人，或貌為謹愿於其前，或外似有才，故作忠言至計，以投其所好，而實假公以營私，所以左宗棠受其蒙而不覺。昔漢臣諸葛亮下教參佐曰：「願諸君勤攻我短。」明王守仁懸牌示眾曰：「求通下情，願聞己過。」古之名臣大儒，深防壅蔽也如此。即前兩江督臣曾國藩，亦諭僚佐曰：「願諸君常攻我短，勿事迎合，以

壞公事，兩江幸甚。」王詩正職司營務，為左宗棠信任之人，當如何感激報效，乃如張崇澍之奸巧營謀，柳葆元之外出遊覽，柳國瑞、唐鈞等之昧良喪心，王代英、蔡熙霖之在外招搖遊蕩，豈得委為不知，而互為蒙隱，實孤左宗棠栽成委任之心。言者為令左宗棠數十年重望，為之頓損。查左宗棠清操大節，偉烈豐功，信及豚魚，忠貫金石，固已中外咸仰，士庶皆知，即令僚庶一時行檢有虧，而左宗棠生平，心跡雙清，仍皎如白日。然不即遵旨參奏，則不惟慮損勳臣之聲望，誠恐墮我國家之屏藩。

道員王詩正，以忠藎子孫，不知自重，年少氣輕，致招物議，應請旨恩施格外，暫行革職，撤去營務處差使，交左宗棠嚴加管束，不假事權，如能降心讀書改過，謹言慎行，再准左宗棠奏明候旨，加恩錄用，以示曲全。知縣柳葆元，職司文案，雖無狎妓納賄情事，究不應私出閒遊，應屏出督署，仍至甘省候補，以示薄懲。知府張崇澍，既作奸商，巧謀漁利，參將柳國瑞，身充巡捕，貪鄙卑污，昧良之極，皆有玷縉紳，均應革職，永不敘用，以儆官邪。附貢生王代英，附貢生蔡熙霖，既居督署，何得浪遊招搖，雖經左宗棠斥逐，不足示警，王代英應革除附貢生，蔡熙霖革去附貢生衣衿，以端士習。門丁唐鈞，已經左宗棠嚴辦，遞解回籍，應不准其再至江南，文武衙署均不准收用，以生弊竇。道員張自牧，知府郭慶藩，查明實在事外，應均免置議。並請諭令左宗棠廣求賢才，以為輔佐，採納直言，以通下情。凡僚屬、僕隸、遊客，有似此類者，皆屏出勿用，俾勳臣之令譽永終，而國家之封圻永固，庶聖主賢臣之頌，萬世垂型矣。……

清廷據是降旨云：

前據御史李鴻逵奏，兩江營務處道員王詩正等，招權納賄各款，當經諭令彭玉麟查奏。茲據彭玉麟奏，遵旨確切查明，據實覆陳各摺片，覽奏均悉。道員王詩正，知縣柳葆元，雖無狎妓浪遊，招權納賄確據，惟王詩正總辦兩江營務，舉止輕率，意氣驕

矜,行事不檢,致招物議,實屬不知自愛,着即行革職,勒令回籍。柳葆元職司文案,身處關防嚴密之地,何得任意私出閒遊,着以府經歷縣丞降補,以示懲儆。其道員張自牧、知府郭慶藩,被參各節,現據查明,該員等均在湖南本籍,並未前赴兩江,即着毋置議。又據查出廣西候補知府張崇澍,貪鄙性成,在兩江捏報商名,請領鹽票,從中漁利;參將柳國瑞,經左宗棠派充巡捕,竟敢與門丁陰肆鬼蜮,實屬貪鄙卑污。張崇澍、柳國瑞,均着即行革職,永不敘用。餘着照所議辦理。左宗棠勳望素著,向來辦事認真,上年陛辭時,欽承懿旨,諭令隨事整頓,不可輕議更張。鹽務為兩江要政,即使為規復舊制起見,亦應將擬辦情形,奏明請旨,何得率意徑行,致多窒礙。嗣後左宗棠惟當遇事虛衷,屏除成見,於一切用人聽言,尤當加意詳慎,抉去壅蔽,以期政通人和,用副朝廷倚任至意。⋯⋯

　　此案自予宗棠以最大之難堪,而尤足以關其口者,為張崇澍捏報賀全福商名,蒙請鄂湘兩岸鹽票漁利一點。宗棠於是年七月二十九日,在奏報增復各岸引額及收繳票費案中,猶謂:「凡出示行文,批發呈詞,均由臣一手料理。曾不逾時,一一猶堪覆按,而批發新商認捐各稟,又正值出省閱伍之時,舟次遞稟,埠頭看批,較之衙署,重門洞開,尤覺毫無障隔。」初不料八月一日玉麟之覆奏,已將張崇澍黑幕和盤托出。至次年正月,戶部咨商減引加費,宗棠乃以眾商意見參差,無力承運為詞,將賀全福撤銷,另歸和致祥等接辦。且張崇澍即張自牧之子,自牧與本案亦有關係,玉麟同屬湘人,斷無不知之理。殆以不欲牽累多人,故以並未前赴兩江,一筆輕輕了事。然次年事發,經湖南巡撫卞寶第查明,奏請拿辦,時自牧在揚州,命由宗棠押解結案。平心論之,宗棠本人,誠如玉麟所謂心跡雙清,要總不能不謂失察耳。[1080]

　　清廷諭旨中所謂「上年陛辭時,欽承懿旨,諭令隨時整頓,不可輕議更張」。似為針對玉麟覆奏中「曾面奉皇太后諭旨,並非不候旨遵行」而發。好更張,亦為宗棠之本性,而原於輕視他人所為,及好與人立異

兩點。今試數宗棠足跡所至,對於當道設施,幾無一滿意。蒞任閩浙總督後,與人書云:

> 閩中吏事、兵事,敗壞莫支,環顧九州,鮮有其比。中丞(按福建巡撫時為徐宗幹)廉慈而少割之才,雖遇事規益,不必盡納,司道無能任事者,知府中僅有兩人稱職,餘皆庸猥不堪。……

督師抵嘉應州時,與子書云:

> 此方土匪遍地,非良吏猛將,錯落佈置其間,不能望其改變也。(按廣東巡撫時為郭嵩燾,兩廣總督則為瑞麟。)……

剿捻過山西,與人書云:

> 晉雖完善,吏事、軍事、民風,窳惰已極,非大有更張不可。……

過直隸,與人書云:

> 直省吏事、軍事,全無可觀。……而民風之兇悍好利,竟非意想所到。(按直隸總督時為官文。)

又云:

> 劉蔭渠(長佑)作直督數年,弟意流風餘韻,必有異乎人,而所見州縣,多闒茸不堪,所過地方,亦與三十年前迥異。……

「剿回」入甘後,與人書云:

> 此間公務廢弛,自設行省以來,因陋就簡,馴至於今,則並其簡陋而亡之矣。(按宗棠為陝甘總督之前任,乃楊岳斌,中間由

穆圖善暫代。)……

宗棠此種議論，料必不止筆之於書，猶且騰之於口，則其見惡於人，自在意中。而如嵩燾、長佑、岳斌輩，固嘗共戎事者也。其履兩江總督任後與人書，則云：

> 江南克復廿年，而城邑蕭條，田野不闢，劫竊之案頻聞。金陵向非貿易埠頭，人煙寥落，近則破瓦頹垣，蒿萊滿目，雖非荒歉之年，而待賑者恆至二萬數千之多，較四十餘年前光景，判若霄壤。而河務、鹽務，敗壞不振，農田、漕運，均無益而有害，向有所聞，今則又有所見矣。……

將曾國藩、李鴻章、馬新貽、李宗羲、沈葆楨、劉坤一等太平軍平定以來歷任兩江總督，一概罵倒。坤一，宗棠前任也。鴻章嘗與書云：

> 左相威望才略，自以外任為宜。近因年高，精神似稍散漫，江南自文正創造規模，可大可久，諸賢接踵，蕭規曹隨，士民欽服，望交替時詳告而諄勸之，勿過更張為幸。……

鴻章目中所見之江南，適與宗棠相反。然不欲多所更張，則鴻章所主張，恰與清廷同之。爾時，南洋方議整刷海防，而苦經費無所出，宗棠則毅然以此自任，意即在以整理淮鹽，為籌款法門。鴻章又與書四川總督丁寶楨云：

> 左相自謂到任自有辦法，其近名而多意氣，政府同事靡不深知，若更張過驟，銳意復淮，不但川鄂必須力持，農部亦斷不能順手也。……

所謂「近名而多意氣」，殆為宗棠一生好輕視人，與好更張之原因。果也，宗棠之恢復淮鹽引額，上不直於朝廷，中不諒於四川、湖北

兩省督撫，下不滿於一般鹽商。惟其一往無前之勇氣，自屬可佩。而究其結果，於收入確有增益，惜乎誠如玉麟所云：「求效太急，不免為奸巧小人所累。」[1081]

第三次彈劾，在光緒十年（1884）七月，提出者，禮部尚書延煦也。《東華續錄》載：「乙巳，諭：『延煦奏，六月二十六日萬壽聖節行禮，左宗棠秩居文職首列，並不隨班叩賀，據實糾參一摺，左宗棠着交部議處。』」

己酉，奕譞奏：「本月初三日，內閣奉上諭：『延煦奏，六月二十六日萬壽聖節行禮，左宗棠秩居文職首列，並不隨班叩拜，據實糾參一摺，左宗棠着交部議處。欽此。』臣初以為糾彈失儀，事所常有。昨閱發下各封奏，始見延煦原摺，其飾詞傾軋，殊屬荒謬。竊思延煦有糾儀之職，左宗棠有失儀之愆，該尚書若照常就事論事，誰曰不宜？乃藉端訾毀，竟沒其數十年戰陣勳勞，並詆其不由進士出身，甚至斥為蔑禮不臣，肆意妄陳，任情顛倒。此時皇太后垂簾聽政，凡在廷臣工之居心行事，無不在洞燭之中，自不能為所搖動。特恐將來親政之始，諸未深悉，此風一開，流弊滋大。臣奕譞於同治年間，條陳宗人府值班新章，雖蒙俞允所請，仍因措詞過當，當奉旨申飭。今延煦之疏，較臣當日之冒昧不合，似猶過之，謹恭摺陳奏。」上諭：「欽奉慈禧端佑康頤昭豫莊誠皇太后懿旨：茲據延煦奏，萬壽聖節行禮，左宗棠並不隨班叩拜，當將左宗棠交部議處。茲據醇親王奕譞奏稱，延煦糾參左宗棠，並不就事論事，飾詞傾軋，藉端訾毀，甚至斥為蔑禮不臣，肆意妄陳，任情顛倒，恐此風一開，流弊滋大等語。延煦着交部議處。」吏議上，延煦應得降三級調用處分，加恩改為革職留任，仍罰俸一年。宗棠亦受罰俸一年之處分。[1082]

此案自屬延煦吹毛求疵，藉題發揮。所可注意者，第一次參奏之文碩，為旗人，第三次參奏之延煦，亦為旗人，則殆因宗棠與旗人積有惡感之故。

宗棠在湖南巡撫幕府，見惡於湖廣總督官文，為樊燮參案，官文竟欲置宗棠於死地。官文，漢軍旗人也（參閱十四節）。宗棠繼耆齡為閩

浙總督，直陳：「前督臣耆齡所轄各軍，亦統領乏力，急須分別去留，約以營制，乃收餉節兵精之效。」耆齡，滿洲旗人也。郭嵩燾參奏兩廣總督瑞麟及其幕友徐灝，宗棠奉旨查辦，覆奏不滿瑞麟所為，清廷為令瑞麟驅逐徐灝。瑞麟，滿洲旗人也。

至宗棠西征，益與滿洲大吏，形成正面之衝突。在太平軍發生以前，各省督撫，本多用滿人。甘肅、新疆高級官吏，尤例用滿人。及太平軍勢張，清廷自知滿員之無用，欲倚仗漢人平亂，於是各省督撫，始多用漢人。西北「回亂」，本亦以滿員負責征剿，因滿員無功，先後以征討太平軍人物楊岳斌為陝甘總督，劉蓉為陝西巡撫，岳斌去任而宗棠繼之。時穆圖善以寧夏將軍權陝甘總督，對回壹主撫，而宗棠則壹主剿，至少先剿後撫，意見已相左，屢訐於清廷，而宗棠獲勝。嗣穆圖善以陝甘總督任務移交宗棠，清廷令出關剿新疆回，而宗棠奏陳其無用。清廷為飭留駐涇州，並悉撤冗雜之步隊。烏魯木齊都統成祿，被命出關「剿回」，而逗留甘肅之高台七年，藉詞不行。宗棠一劾其兵額不足，虛縻餉糈，既截留省糧，反蒙奏知縣私賣倉糧，既揞發糧價，反蒙奏道員虛報糧數；再劾其在高台七年，苛斂捐輸銀三十萬兩，誣民為逆，縱兵枉殺二百餘命，成祿遂被旨拿問。原任烏魯木齊都統景廉，清廷旨詢宗棠，其為人如何。宗棠直陳人地不宜，清廷即將景廉召回。張曜出屯哈密，宗棠奏准分墾哈密辦事大臣前後任文麟、明春認為己部所有之地，並遣撤其所部冗雜之威儀軍。伊犁將軍金順所部馬步四十營，宗棠奏陳其缺不足額，請准裁併為二十營。穆圖善、成祿、景廉、文麟、明春、金順等，皆以豐鎬世族，在天高皇帝遠之甘新一帶，久恣威福，而宗棠務裁抑之。雖宗棠所持，詞嚴義正，但彼等之不快於宗棠，亦屬人情之常。不特此也，迪化道於法本應歸陝甘總督節制，而事實則稟承於烏魯木齊都統。宗棠奏爭，奉准回復舊制。及新疆如宗棠初議建省，而向日位置滿員之辦事大臣、參贊大臣等名目，一掃而空，且由是而陝甘總督，而新疆巡撫，均由漢員遞嬗，滿員不與焉。則彼等之不快於宗棠，更可想見。其駐節肅州也，與僚屬會餐，輒詈及旗人「沒寸」，淋漓嬉笑。「沒寸」，湖南土語「無用」也。此種議論，傳入旗人之耳，

其反響如何，亦不問可知。故文碩、延煦之遽以小事彈劾宗棠，當有作用，或竟為旗人圖報復。[1083]

第一次受清廷詰責，係在光緒十年（1884）閏五月，為黃少春募勇準備應付法侵越南事。時宗棠已交卸兩江總督，乃不關白繼任之曾國荃，徑札江寧籌防局發給經費銀四百兩，清廷據國荃奏報，急詔宗棠速回京供職。乃至京，又以擅用內閣印文，經上諭作如下之指斥：

> 左宗棠請調黃少春帶營赴粵，未經奏定，即用內閣印文，照會該提督，殊屬非是。嗣後務當隨時審慎，不得稍逾體制。所取備用印封，均著交回內閣。本日已諭令黃少春帶營馳赴廣西關外，與潘鼎新會辦防務，該大學士在京供職，所請調度之處，著毋庸議。……[1084]

此兩端，自為宗棠越軌之行動，貽京內外之話柄。

第二次受詰責，乃在光緒十一年（1885）六月，為劉銘傳棄守基隆事。上諭：

> 欽差大臣督辦福建軍務左宗棠奏，覆陳劉銘傳退棄基隆實在情形，得旨：劉銘傳倉猝赴台，兵單糧絀，雖失基隆，尚能勉支危局，功罪自不相掩。該大臣輒謂其罪遠過於徐延旭、唐炯，實屬意存周納，擬於不倫，左宗棠著傳旨申飭，原摺擲還。……[1085]

此案當為楚淮兩軍衝突之表面化。原摺如何措詞，今無可稽，想必非常深刻，致被將原摺擲還。宗棠從未蒙清廷如此嚴厲之申飭，實為一生最大之難堪，於是不閱月而宗棠亦奄忽長逝矣。

咸豐十年（1860）閏三月，宗棠與曾國藩、胡林翼等會於英山，國藩於十七日之夜談記曰：

　　季高言及姚石甫（瑩）晚年頹唐之狀，謂人老精力日衰，以不出而任事為妙，聞之悚然汗下，蓋余精力已衰也。⋯⋯

時宗棠將出山而未出山，其言固甚為切至。
其在兩江時，在與人書中亦云：

　　案牘勞形，實所難堪，山鳥自愛其羽毛，晚節如有疏誤，悔將何及？何能婆娑以俟，供人刻畫乎？⋯⋯[1086]

　　知之又頗自稔。顧使其思退者，乃其聰明也，使其不能退者，乃其環境也。而其好勝爭名之一念，亦有以致之。此宗棠晚境之所以大可憐也。

77 寂寞身後事

　　左宗棠以一幕客督師，方一年，遽擢浙江巡撫，未四年，封一等伯爵，後又封二等侯爵，誠可謂奇跡。以一舉人竟官至大學士，且得諡以文，亦可謂異數，典兵垂節歷二十四年，遍於江西、安徽、浙江、福建、廣東、陝西、山西、河南、直隸、山東、甘肅、新疆等十二省，尤為古今稀有之事。歿後，清廷給予恤典，極為優崇：

　　（一）追賜太傅；

　　（二）照大學士例賜恤；

　　（三）賞銀三千兩治喪；

　　（四）賜祭一壇（光緒十五年〔1889〕親政時，又賜祭一壇）；

　　（五）加恩予諡（文襄）；

　　（六）入祀京師昭忠祠、賢良祠，並於湖南原籍及立功省份建立專祠（其後長沙、南昌、江寧、杭州、福州、西安、蘭州、迪化各省城，及婺源、衢州、甘州、肅州、哈密、巴里坤各郡縣城，均建立專祠。先在宗棠東征時，即有皖南與金華士民，欲為建生祠，宗棠以事干例禁，且謂「今日祝我之人，安知非異日詛我之人」，力阻其議。西征時，甘人於同治十一年〔1872〕就蘭州省城之五泉山麓建一生祠，時宗棠猶未到省也。既至，別題祠榜，改祀泉黿神。然越三年，甘人復在省城貢院之西北隅，建一報德祠，每值宗棠生辰，齊詣慶祝。此外西寧、甘州亦嘗為宗棠建生祠，均命改為書院）；

　　（七）生平政績事實，宣付史館；

　　（八）靈柩回籍時，着沿途地方官妥為照料；

　　（九）賜御製墓碑文；

（十）長孫念謙，襲侯爵，賞給太常寺少卿，次子主事孝寬，賞給郎中，三子附貢生孝勳，賞給主事，四子廩貢生孝同，賞給舉人，准其一體會試。[1087]

閩浙總督楊昌濬、新疆巡撫劉錦棠，先後臚陳宗棠事實，奉准宣付史館。昌濬原摺略云：

> 竊大學士、軍機大臣、二等恪靖侯左宗棠，因病出缺，臣與福州將軍臣穆圖善會銜具奏，並聲明生前勳績，由臣昌濬另摺詳晰續陳在案。嗣奉到恩旨，備極優隆，左宗棠有知，固已毫髮無憾。其歷年戰功政績，均有奏報可查，本無俟微臣贅述。惟臣與左宗棠，為同鄉布衣之交，共事日久，相知最真，其立心行事，有為人所不盡知者，謹舉其梗概，為皇太后、皇上陳之。
>
> 左宗棠由道光壬辰（1832）恩科舉人，三試禮部不第，遂絕意仕進，究心經世之學，伏處田里十餘年，課徒自給，已隱然具公輔之望。前兩江總督臣陶澍，前雲貴總督臣林則徐、賀長齡，交相推重。咸豐之初，粵逆竄湖南，犯長沙，撫臣張亮基、駱秉章素知左宗棠誠有匡時之略，先後延佐軍幕。是時，民不知兵，兵不經戰，左宗棠以為欲遏賊勢，先固民心，欲固民心，須先使民知兵。適朝命在籍侍郎、故大學士臣曾國藩練團禦寇，乃就商，意見甚合，遂各舉平素知名之士，召練鄉勇，激以忠義，曉以利害。一時民氣興奮，踴躍爭先，先清本省，復分援鄰省，所向有功。湖南之得為上游根本，湘楚軍之用能殺賊者，曾國藩主之，駱秉章助之，左宗棠實力成之。
>
> 左宗棠敢於任事，勞怨不辭。居撫幕日久，猜疑易起，而忌之者中以蜚語，幾危及其身。幸蒙文宗顯皇帝聖明洞察，特命以四品京堂，襄辦兩江軍務。左宗棠感激思奮，募五千人，立為楚軍，以赴江西。其時，曾國藩駐軍祁門，以景德鎮、樂平為後路，徽州新失，江西邊境皆賊，左宗棠以新集之卒，往來馳援，所至克捷，而樂平一戰，尤為著名。既而諭軍中曰：「始賊以重圍困我，賊眾我寡，其鋒銳甚，不可戰也。賊見我不動，以為怯，故數挑戰，賊驕也。驕極必怠，俟其怠而擊之，用力少而成功倍

也。」軍中咸服其善於審賊如此。

至其由太常寺卿任浙撫也，值全浙淪胥，僅餘衢州一城，亦岌岌可危。就地無可籌之餉、可採之糧，孤軍深入，士卒有竟日不得食，至採棕櫚子以充飢者。左宗棠以忠義誓師，歲除，由皖南間道入浙，節節掃蕩，先解衢州之圍，然後分道進搗金（華）、嚴（州），取建瓴之勢。迨浙東肅清，機局較順，乃會師以規杭省。故杭省之復，與蘇州、金陵相後先。

同治甲子（1864）秋，全浙底定，移師入閩，先以一軍由海道赴漳州，而自率所部由延平進剿。未幾，閩事告竣，復追賊及於廣東嘉應州之黃沙嶂。舉十餘年劇寇，一鼓蕩平，若非堅忍耐苦，洞燭幾先，何能克期奏功，如此之易也？

其督師入關也，關中「回亂」有年，當事者狃於撫議，加以回捻交訌，遂至糜爛而不可收拾。左宗棠力持先陝後隴，先剿後撫之議。師次渭南，值捻逆張總愚乘間涉冰橋竄晉，乃轉旆渡河而北，追及於燕齊之郊，破平之。事畢入觀。復振旅入關，分三路並進，以提督劉松山，由北山趨金積堡，取馬化漋；以翼長周開錫，趨秦州、鞏昌，以剿甘南之賊，自由邠州、涇州趨平涼為中路，兩面策應。同治九年（1870），克金積堡，誅馬化漋，北路定，南路亦平。左宗棠進次安定，規河州，迨河回就撫，然後進省，遣軍剿西寧，磔馬桂源兄弟，乃移軍以搗肅州。同治十二年（1873），肅州克復，馬四伏誅，關內大定。方戊辰（1868）召見之日，左宗棠面奏，西事以五年為期，人或以驕譏之。至此，果如所言。詢其故，則云：「天威咫尺，何驕也？新命甫下，思及進兵、運糧之難，合山川道里計，非二三年所能蕆事，天語垂詢，應聲而對，實自發於不覺，今之如期，亦幸耳。」以此見其成功不居，即辭爵之疏一再上，蓋皆出於至誠也。

光武用兵，兼課吏治，左宗棠頗師其意。故克一城，復一郡，即簡守令，以善其後。於浙則核減漕賦，裁革陋規，修治海塘。於閩則創設船政，裁定兵制，別鹽課釐捐等弊，立為定章，至今賴之。於隴請分甘闈，增學政，以作士氣，禁罌粟，修河

渠，以重農功，皆卓卓在人耳目者。用人因材器使，不循資格，為政因時制宜，不拘成例，設卡榷釐，主用士人，則又參以唐臣劉晏之法。揚歷中外，久任巨艱，凡有利於國家之事，知無不言，言無不盡，見無不為，為無不力，其果敢之氣，剛介之風，足以動鬼神而振頑懦。論者不察，或以專擅少之，以褊急目之，殆亦未知其用意之所在耳。

左宗棠外嚴厲而內慈祥，所至之處，威惠並行。跡其治關隴，平新疆，桀黠者誅之，不遺餘力，歸義者待之，不設疑心，甘省安插回眾十餘萬，至今耦居無猜，不聞復有叛者，固由措置之得宜，實亦恩信之久孚也。

方其督師出關也，籌兵、籌餉、籌糧、籌轉，無一不難，人莫不以為危，而左宗棠精心獨運，算無遺策。不數年，卒將全疆恢復，用暢皇威，強鄰聞之，亦帖然斂手。兵事略定，即請設郡縣，俾窮荒黎庶，同我華風，臣每誦其疏稿，見其精神力量，貫徹始終，誠非僥倖成功者可比也。

至於廉不言貧，勤不言勞，縮欽符十餘稔，從未開支公費，官中所入，則以給出力將士及親故之貧者。歲寄家用，不過二十分之一，自奉儉約，而於孑遺之民，救之惟恐弗及。每歲施寒衣，施藥餌，施饘粥，所費以巨萬計，曾不少惜。軍務倥傯之際，章奏書牘，從不假手於人，往往至夜分不倦。公餘稍暇，則臨書翰以為樂，尤喜寫西銘、太極、正氣歌、琴操諸篇，遒勁之中，自饒逸氣。督兩江時，年已七十餘矣，仍時檢校簿書，審視軍械，事事親裁，或勸以節勞，則答以「平生習慣自然，敢因老而稍懈乎」。

自各國通商以來，洋務最為難辦。左宗棠則言洋務要訣，不外論語「言忠信，行篤敬」六字。物必相反，而後能相克，西人貪利而尚廉，多詐而尚信，彼亦人耳，未必不可以誠動，以理喻也，旨哉斯言矣。

居嘗以漢臣諸葛亮自命，觀其宅心澹泊，臨事謹慎，鞠躬盡瘁，以終王事，可謂如出一轍。至其遭際聖明，荷三朝知遇之恩，以成其不世之勳，百爾觀型，九邊懾威，則度量過前賢遠矣。⋯⋯[1088]

錦棠原疏略云：

原任大學士臣左宗棠，上年七月在閩病故，渥荷聖慈，優加褒恤，其生平戰功政績，經楊昌濬據實臚陳，臣亦何容煩瀆？惟念臣與左宗棠，有鄉子弟之誼，自束髮從戎，即隨同該故大學士轉戰晉、豫、燕、齊、關、隴間，相從萬數千里，歷事二十餘年，其於左宗棠平日立心行事，親炙日久，相知最深，謹就見聞所及，為皇太后、皇上敬陳之。

伏查左宗棠廉正果毅，學問深純。道光末年，里居不仕，授徒自給，旋於邑中柳莊置薄田，躬自稼穡，澹泊明志，嘯歌陶然，鄉人士咸以漢臣諸葛亮目之。會粵西髮逆肇變，湘楚戒嚴，原任湖廣督臣張亮基，湖南撫臣駱秉章，先後強起入幕。左宗棠遇事持正，不避嫌怨，遂為言者所摘，荷蒙文宗顯皇帝特達之知，感激奮發，以身許國，遭逢殊遇，由舉人擢升卿寺，歷任疆圻，襄贊綸扉，賞延世爵，寵任倚畀，蔑有以加，而蹇蹇臣心，確有萬變不渝者。

其蒞事也，無精粗巨細，必從根本做起，而要以力行，如師行萬里砂磧之地，雖酷暑嚴寒，必居營帳，與士卒同甘苦。民房官舍，從不少即休止，壘旁隙地，悉令軍士開墾，荒蕪既闢，招戶承種，民至如歸。城堡、橋梁、溝渠、官舍，每乘戰事餘暇，修事完善，官道兩旁，樹株遍植，迄今數千里，柳蔭夾道，行旅便之。蠶織、畜牧諸政，罔不因勢利導，有開必先，而襟懷浩蕩，絕無凝滯。公餘，輒徒步出營，循畦流覽，或作書適意。在蘭州督署時，嘗就閣後鑿池引流，同民汲飲。家私一無所營，玩好一無所嗜，其歷任廉俸，除置田供祭祀，與歲給同胞兄嫂外，餘悉以充義舉。軍興日久，教澤浸衰，該故大學士身在行間，講學不輟，嘗手書孝經、東西銘、正氣歌之類，付手民刊佈。每克復一城，招徠撫綏，興教勸學，嘗以為士者民之望也，不作士氣，無以勸民，故於甘肅鄉試，請旨分闈，鼓舞振興，常如不及。俄官索斯諾福斯齊遊歷過甘，攜帶教師，沿途闡說西教，逮

至蘭州，該故大學士接見如儀，飲食酬酢，備極款曲，與講孟子三必自反之義，俄官為之斂容。臣時在座，拱默而已。後語臣曰：「忠信篤敬，蠻貊可行，彼亦人也，心知氣血，不甚相遠，但能積誠相與，久將自感，無他道也。」索斯諾福斯齊自請由在山諾爾，代購麵糧，以濟軍食，訂約而去。其遇事善存國體，持名教類如此。素性嗜學，博通經史，旁及輿地掌故，罔不迫宗探賾，得其指歸。凡有設施，援古證今，不泥不悖。雖入官以來，夙夜宣勤，於著述未暇旁及，然軍書旁午，批答如流，章奏書牘，悉由手出，連篇累牘，何啻等身，其所發明，多出人意表。

治軍嚴整，好謀而成。自蕩平髮逆，由閩浙總督，調任陝甘，值逆回、捻匪，內外交訌。該故大學士自度生平足跡，未涉關隴，所部南方將士，於西北風土，捻回伎倆，毫無聞見，隴土殘敝尤甚，彌望蒿蕪，師行艱難，百倍他省，非熟審主客長短之勢，饑飽勞逸之情，權其輕重，察其緩急，慮善以動，隨機立應，莫要厥成。乃定議進兵次第，先捻後回，先陝後隴，分道並進，剿撫兼施，必清後路，然後進駐蘭州，必清河湟，定肅州，然後及於關外。議既定，猶未及行，適捻逆張總愚全股，渡河狂竄，兇燄甚熾，該故大學士遵旨北向。臣時隨侍臣叔父原任廣東陸路提督臣劉松山，率步隊從之，常以步當馬，日馳二三百里，截剿騎賊。左宗棠日在行間，親自督戰。捻患平，奉旨陛見，返旆入關，專討回逆。同治八年（1869）冬，肅清陝北。逾年，蕩平金積堡老巢，肅清寧（夏）、靈（州）。十一年（1872）冬，克復西寧、定河（州）狄（道）。十二年（1873）冬，肅州平，傳檄至關以西，皇威丕暢。其間叛將、潰弁、土匪、遊勇，以及就撫復叛之逆回等，隨時追捕，各伏其辜，關隴全境肅清，以時奏績，皆如其言。其奉命進規新疆也，慮糧運萬分不給，乃創為分起出師之議。先派張曜，置屯哈密，金順晉駐古城，遠自晉邊俄境，近而甘（州）、涼（州）、肅州，四路籌策，軍儲備足，然後檄臣率大軍出關，與金順會師，先清北路，以固根本。既定吐魯番、闢展，然後遣師南向，勢如破竹，南路八城，一鼓戡定。雖帕夏殘

黨五次寇邊，隨即撲滅。不數年，全疆底定，收還伊犁，謀出萬全，故能奏功迅速。師行所至，罔不仰體皇仁，切禁枉殺，於關內收撫降回，撥地安插，所全活甚眾。

關內外自遭兵燹，田地荒蕪，無所得食。左宗棠籌發籽種，使兵民雜耕，收穫有餘，以市價官為收買。嘗自謂籌防邊地，莫要於屯田，然興屯必多籌經費，今度支告絀，安可復以此上煩朝廷。故行軍以來，未嘗一言顯及於屯政，其實力所能行，無非屯田遺意也。其言如此，故兵民相勸，耕者日多，民務蓋藏，而軍無匱乏。

其與人也，開誠佈公，取長略短，獎勵誘掖，惟恐不至。於舊僚宿將，與共患難者，念之尤不能忘。待降將一出以坦白，以故隨從征剿，均能得其死力。愛人而不流於姑息，疾惡而不傷於苛細，精察明斷，不為已甚，非獨性情之正，抑亦學術有以濟之。及新疆既平，乃議設行省，以規久遠。臣愚不學，猥承其後，所以展轉數年，尚無遺誤者，皆左宗棠先事預籌之力也。……[1089]

對於宗棠功業，昌濬摺詳於東南，錦棠詳於西北，合之可略窺全豹。至對於宗棠人格，則兩摺互有發明，亦約可概括平生。
宗棠家書與長子孝威云：

> 士君子立身行己，出而任事，但求無愧此心，不負所學，名之傳不傳，聲稱之美不美，何足計較？「吁嗟沒世名，寂寞身後事。」古人蓋見及矣。爾母在日曾言：「我不喜華士，日後恐無人作佳傳。」我笑答云：「自有我在，求在我，不求之人也。……」[1090]

斯言也，可謂宗棠自信之深，亦可謂宗棠自知之明。竊嘗綜論同治中興名臣，宗棠武功，實在胡林翼、曾國藩、李鴻章諸人上，文治亦不弱，才略為任何人所不如，德操堪與林翼、國藩相比，而優於鴻章。氣度則不特迥不及國藩，即以林翼、鴻章視之，猶覺遠遜。惟其氣度不足，浸至由褊淺而時或流於忮刻，故在宗棠固不喜華士，即華士亦不喜宗棠，遂使一代偉人，常不為士論所許與，可勝慨哉！

本表除年曆與年歲外，分為三部門，每部門之範圍及根據大致如下：

一　私生活及家庭大事　記左宗棠本人與家人動態，以及其他家事之有紀念價值者，取材以《左文襄公年譜》為主，而參以《左文襄公全集・書牘》及《左文襄公家書》。

二　本人事功及關係大事　記左宗棠對於社會國家之功業，以及其寅僚共任一事之情形，取材以全集（主要為奏稿，其次為書牘與批札）為主，而參以年譜並引用同時人物之年譜與著作。

三　清廷及國際大事　記直接間接與左宗棠功業有因果關係之事，取材以一般史籍為主，而參以年譜。

帝后與朋僚生卒時期等宜備參考者，分列附注中。

凡事實有月份可稽者，按月分列，無月份可稽者，列於年尾。其有宜列日期，確切顯示進行之動態者，並酌列日期，無日期可稽者，從闕。

凡事之成果，有確實時期可指者，繫於成果發生之年月日，其不能有確實時期可指者，繫於其事創始之年月日，記述公文書，則繫於實在公佈之年月日。

西曆
1812

清曆
仁宗嘉慶十七年（壬申）

年齡
一歲

私生活及家庭大事
十月初七日寅時，誕生於湖南省湘陰縣東鄉左家塅。

附注
羅澤南五歲，曾國藩一歲，六月，胡林翼、江忠源生。

西曆
1813

清曆
嘉慶十八年（癸酉）

年齡
二歲

附注
洪秀全生。

西曆
1814

清曆
嘉慶十九年（甲戌）

年齡
三歲

私生活及家庭大事
五月，祖母楊卒（年八十）。

清廷及國際大事
十一月，河南捻軍起。

西曆
1815

清曆
嘉慶二十年（乙亥）

年齡
四歲

私生活及家庭大事
從祖父人錦讀書梧塘，外父周系輿（字立齋）卒（年二十八）。

西曆
1816

清曆
嘉慶二十一年（丙子）

年齡
五歲

私生活及家庭大事
隨仲兄宗植、從父觀瀾讀書長沙省城宗祠（在貢院東）。仲兄入縣學，長姊壽清適湘陰朱震暘。

附注
彭玉麟生，劉蓉生。

西曆
1817

清曆
嘉慶二十二年（丁丑）

年齡
六歲

私生活及家庭大事
九月，祖父卒（年八十），讀《論語》與《孟子》。

西曆
[1818]

清曆
嘉慶二十三年（戊寅）

年齡
七歲

附注
三月，郭嵩燾生。劉長佑生，李續賓生。

西曆
[1819]

清曆
嘉慶二十四年（己卯）

年齡
八歲

私生活及家庭大事
父補廩膳生。伯兄宗栻入縣學。

附注
劉典生。

西曆
[1820]

清曆
嘉慶二十五年（庚辰）

年齡
九歲

私生活及家庭大事
初學為制藝，間讀史。

附注
七月，仁宗卒。沈葆楨生。

西曆
1821

清曆
宣宗道光元年（辛巳）

年齡
十歲

附注
李元度生。

西曆
1822

清曆
道光二年（壬午）

年齡
十一歲

私生活及家庭大事
族人議遷長沙省城宗祠於湘陰。

西曆
1823

清曆
道光三年（癸未）

年齡
十二歲

私生活及家庭大事
始留意書法。伯兄補廩膳生，二月卒（年二十五）。

附注
正月，李鴻章生。郭崑燾生，李續宜生。

西曆
1824

清曆
道光四年（甲申）

年齡
十三歲

附注
八月，曾國荃生。

西曆
1825

清曆
道光五年（乙酉）

年齡
十四歲

私生活及家庭大事
仲兄充拔貢生。

附注
王鑫生。

西曆
1826

清曆
道光六年（丙戌）

年齡
十五歲

私生活及家庭大事
始應童子試。仲兄應朝考，列二等，選授新化訓導。

西曆
1827

清曆
道光七年（丁亥）

年齡
十六歲

私生活及家庭大事
三月，應府試，列第二，以母病未與院試而歸。十月，母
余氏卒（年五十三）。

西曆
1828

清曆
道光八年（戊子）

年齡
十七歲

私生活及家庭大事
居母憂，益勉於學。

西曆
1829

清曆
道光九年（己丑）

年齡
十八歲

私生活及家庭大事
始讀《天下郡國利病書》與《方輿紀要》諸書，為札記。

西曆
1830

清曆
道光十年（庚寅）

年齡
十九歲

私生活及家庭大事
正月，父卒（年五十三）。始與賀長齡相見。纂《廣區田圖說》。

西曆
1831

清曆
道光十一年（辛卯）

年齡
二十歲

私生活及家庭大事
從賀熙齡讀書長沙省城城南書院。參與湘水校經堂課試，屢列高等。始交羅澤南、丁敘忠。

西曆
1832

清曆

道光十二年（壬辰）

年齡

二十一歲

私生活及家庭大事

四月，納資為監生。與仲兄同應湖南本省鄉試，中式第十八名舉人，仲兄中式第一名。八月，就婚湘潭周氏【名詒端，字筠心，嘉慶十七年（一八一二）五月二十一日生】。

西曆
1833

清曆

道光十三年（癸巳）

年齡

二十二歲

私生活及家庭大事

正月，入京會試，報罷。南旋，舉先世遺產畀伯兄嗣子世延，自儆居湘潭周氏。八月，長女孝瑜生。手抄陸氏《讀朱隨筆》。始交胡林翼。

西曆
1834

清曆

道光十四年（甲午）

年齡

二十三歲

私生活及家庭大事

居湘潭周氏。十二月，次女孝琪生。

西曆
1835
清曆
道光十五年（乙未）
年齡
二十四歲
私生活及家庭大事
居湘潭周氏，入京會試，額滿見遺，挑取謄錄。

西曆
1836
清曆
道光十六年（丙申）
年齡
二十五歲
私生活及家庭大事
居湘潭周氏。肇事方輿家言。納妾張夫人【嘉慶十九年（一八一四）八月初三日生】。

西曆
1837
清曆
道光十七年（丁酉）
年齡
二十六歲
私生活及家庭大事
居湘潭周氏。五月，長姊卒。八月，三女孝琳生。九月，四女孝璸生。主講醴陵淥江書院。始與陶澍相見。

西曆
1838
清曆
道光十八年（戊戌）
年齡
二十七歲
私生活及家庭大事
居湘潭周氏。正月，入京會試，報罷。南旋，取道江寧省城，謁陶澍於兩江總督任。始留意農書，分類抄錄方輿家言。

西曆	清曆
1839	道光十九年（己亥）

年齡

二十八歲

私生活及家庭大事

居湘潭周氏，為輿地圖說。始就所居種桑飼蠶治絲。始交鄧顯鶴、鄒漢勳。

清廷及國際大事

四月，林則徐在廣州省城焚毀英商所繳鴉片煙土。

附注

六月，陶澍卒。

西曆	清曆
1840	道光二十年（庚子）

年齡

二十九歲

私生活及家庭大事

居湘潭周氏。九月，賀長齡在貴州巡撫任相邀，不赴。就館安化小淹，課陶澍子桄、侄世延。重訂往作輿圖考覽、海防記載。族中修譜成。

清廷及國際大事

六月，鴉片戰爭作，英國艦隊第一次北上攻陷浙江之定海，進逼直隸之海河。八月，中英議定停戰。十二月，中英和議決裂。

西曆
1841

清曆
道光二十一年（辛丑）

年齡
三十歲

私生活及家庭大事
居湘潭周氏，館安化陶氏。

清廷及國際大事
六月，英國艦隊第二次北上，於攻陷福建之廈門、浙江之定海、鎮海、寧波，與江蘇之吳淞後，直抵江寧省城。七月，中英和議成，簽訂《南京條約》。

西曆
1842

清曆
道光二十二年（壬寅）

年齡
三十一歲

私生活及家庭大事
居湘潭周氏。館安化陶氏。

西曆
1843

清曆
道光二十三年（癸卯）

年齡
三十二歲

私生活及家庭大事
居湘潭周氏。館安化陶氏。始買田湘陰東鄉柳莊。

西曆
1844

清曆
道光二十四年（甲辰）

年齡
三十三歲

私生活及家庭大事
居湘潭周氏。九月，始移家柳莊。館安化陶氏。

西曆
1845

清曆
道光二十五年（乙巳）

年齡

私生活及家庭大事
三十四歲

本人事功及關係大事
館安化陶氏。纂《樸存閣農書》。

西曆
1846

清曆
道光二十六年（丙午）

年齡
三十五歲

私生活及家庭大事
館安化陶氏。八月，長子孝威生，始以古農法耕柳莊田，種茶，植桑竹。

附注
十月，賀熙齡卒。

西曆
1847

清曆
道光二十七年（丁未）

年齡
三十六歲

私生活及家庭大事
館安化陶氏。四月，次子孝寬生。八月，長女孝瑜適陶桄。

西曆
1848

清曆
道光二十八年（戊申）

年齡
三十七歲

私生活及家庭大事
林則徐在雲貴總督任相邀，不赴。

本人事功及關係大事
為本鄉水災勸賑積穀。

西曆
1849

清曆
道光二十九年（己酉）

年齡
三十八歲

私生活及家庭大事
十一月，始與林則徐相見，就長沙省城朱文公祠課徒。

本人事功及關係大事
為本鄉水災散米、俵食、給丸藥。

西曆
1850

清曆

道光三十年（庚戌）

年齡

三十九歲

私生活及家庭大事

與郭嵩燾周歷湘陰東山，為遊地之約。

本人事功及關係大事

在本鄉建仁風堂義倉。

清廷及國際大事

六月，洪秀全在廣西桂平縣之金田村舉事。閏八月，洪秀全入永安，建號太平天國。捻盛河南與安徽間。

附注

正月，宣宗卒。十一月，林則徐卒。

西曆
1851

清曆

文宗咸豐元年（辛亥）

年齡

四十歲

私生活及家庭大事

九月，三女孝琳適湘潭黎福昌。舉孝廉方正科。不赴，始交李續宜、王鑫、李杏春。

西曆
1852

清曆

咸豐二年（壬子）

年齡

四十一歲

私生活及家庭大事

八月，徙居湘陰東山白水洞。

本人事功及關係大事

八月，始入湖南巡撫張亮基幕府。（授計江忠源，剿除瀏陽徵義堂土寇，檄調羅澤南等督帶湘鄉勇營至長沙省城防守。湘軍始起。）

清廷及國際大事

三月，太平軍攻桂林省城，旋解圍去。七月，太平軍攻長沙省城，十月，解圍去。十二月，太平軍初下武昌省城，曾國藩奉詔幫辦湖南本省團練，搜查土匪，始參與征討太平軍事。

清曆

咸豐三年（癸丑）

年齡

四十二歲

私生活及家庭大事

三月，三子孝勳生。

本人事功及關係大事

正月，張亮基調任湖廣總督，隨入幕府。（赴黃州設防田家鎮，肅清回竄之太平軍，舉劾湖北與湖南各屬將吏三十七人。）亮基以防守湖南功，奏保以知縣用，並加同知銜。

四月，駱秉章復任湖南巡撫，追敘平瀏陽徵義堂土寇功，奏保以同知直隸州選用。

九月，張亮基調任山東巡撫，遂辭歸白水洞，駱秉章相邀，不赴。

清廷及國際大事

正月，李鴻章奉詔隨同侍郎呂賢基回安徽本省辦理團練，始參與征討太平軍事。太平軍棄武昌省城東走，初下安慶省城，旋亦棄之。二月，太平軍下江寧省城，以為首都。五月，太平軍再下安慶省城，攻南昌省城。八月，解圍去，攻開封省城，旋解圍去。

附注

十二月，江忠源卒。

西曆
1854

清曆

咸豐四年（甲寅）

年齡

四十三歲

私生活及家庭大事

三月，太平軍逸騎至梓木洞，遂親挈家人送往湘潭周氏。

四女孝瓊適湘潭周翼標。

本人事功及關係大事

三月，始入湖南巡撫駱秉章幕府。（肅清回竄湖南之太平軍，剿除湖南邊境土寇，遣援湖北與廣東，設局製造船炮，舉劾失守鎮道以下十八人。）

閏六月，辭幕欲歸，駱秉章堅留不許。

清廷及國際大事

正月，胡林翼奉調帶黔勇行抵湖北通城，受曾國藩節制，始參與征討太平軍事。二月，太平軍重入湖南。六月，太平軍再下武昌省城。八月，曾國藩復武昌省城。

西曆
1855

清曆

咸豐五年（乙卯）

年齡

四十四歲

本人事功及關係大事

在湖南巡撫駱秉章幕府。（剿除邊境土寇，遣援湖北、貴州，罷戶部大錢與鈔票、舉辦百貨厘金，整頓漕糧浮折。

十二月，御史宗稷辰奏薦為人才，奉旨由湖南巡撫出具切實考語，送部引見。駱秉章覆奏，候湖南軍務告竣再行送

部引見。

清廷及國際大事

二月，太平軍三下武昌省城。三月，胡林翼署湖北巡撫。

西曆
1856

清曆

咸豐六年（丙辰）

年齡

四十五歲

私生活及家庭大事

六月，以湖南籌辦軍需得力，賞父母五品封典。

本人事功及關係大事

在湖南巡撫駱秉章幕府。（遣援江西、湖北、貴州，舉辦鹽茶厘金，保舉循良七人。）正月，曾國藩以接濟軍餉功，奏保以兵部郎中用，並賞戴花翎。二月，湖廣總督官文奏調差遣，旨詢駱秉章，據覆奏已在幕中，無須諮調。七月，胡林翼奏薦為將材。

清廷及國際大事

五月，清軍江南大營初陷。十一月，胡林翼復武昌省城。

附注

三月，羅澤南卒。

西曆
1857

清曆

咸豐七年（丁巳）

年齡

四十六歲

私生活及家庭大事

九月，四子孝同生。始移家長沙省城司馬橋。

本人事功及關係大事

在湖南巡撫駱秉章幕府。（遣援江西、貴州、廣西。）

五月，清廷諭詢駱秉章，左宗棠能否幫同曾國藩辦理軍務，抑或無意仕進，與人寡合，難以位置？秉章奏留。

清廷及國際大事

二月，曾國藩以父喪歸。十月，英法兩國為要求修改《南京條約》不成，聯軍攻陷廣州省城。

附注

七月，王鑫卒。

西曆
1858

清曆

咸豐八年（戊午）

年齡

四十七歲

本人事功及關係大事

在湖南巡撫駱秉章幕府（遣援江西、貴州。）

九月，駱秉章以運籌功，奏保賞加四品卿銜。

清廷及國際大事

七月，曾國藩奉詔復出督師。八月，清軍江北大營陷。十月，胡林翼以母喪歸，逾月，奉詔復出視師。十一月，英法聯軍第一次北上，攻陷大沽，迫訂《天津條約》。李鴻章留曾國藩江西軍中，襄辦營務。

附注

十月，李續賓卒。

西曆
1859

清曆

咸豐九年（己未）

年齡

四十八歲

本人事功及關係大事

在湖南巡撫駱秉章幕府。（遣援江西、貴州，肅清回竄湖南

之太平軍。）

十二月，以駱秉章劾永州鎮總兵樊燮案，為湖廣總督官文所誣，遂出幕，請諮入京會試。

清廷及國際大事

四月，太平軍下蘇州省城。

西曆
1860

清曆

咸豐十年（庚申）

年齡

四十九歲

私生活及家庭大事

正月，自長沙北上。三月，行抵襄陽，以胡林翼勸阻折回，訪林翼於英山，訪曾國藩於宿松。五月回抵長沙省城。

本人事功及關係大事

三月，潘祖蔭奏為雪冤，詔詢曾國藩應否令仍在湖南襄辦團練事宜，抑或調赴該侍郎軍營。國藩覆奏，無論何項差使，但求明降諭旨。胡林翼奏請令募勇救援江西、浙江、安徽。

四月，命以四品京堂候補，隨同曾國藩襄辦軍務。

五月，曾國藩遂咨靖募練六千人，赴援安徽。

六月，始在長沙金盆嶺訓練楚軍。會石達開將竄四川，清廷擬令督辦四川軍務，辭不赴，曾國藩、胡林翼並奏留。

八月，督師東行，二十六日抵南昌省城。

九月十六日，抵樂平。

十月二十日，抵景德鎮，二十七日，抵祁門與曾國藩相見。

十一月一日，復德興縣城，三日，復婺源縣城，十四日，復浮梁縣城，十七日，復建德縣城。

十二月，以三品京堂候補。

清廷及國際大事

二月，太平軍初下杭州省城，旋棄不守。三月，清軍江南

大營再陷。四月，曾國藩署兩江總督。越兩月實授，並授欽差大臣，督辦江南軍務。六月，英法聯軍為清廷欲廢《天津條約》，第二次北上，進據天津，攻陷北京。駱秉章督辦四川軍務，次月授四川總督，九月，中英、中法和議成，分別簽訂《北京條約》。

西曆	清曆
1861	咸豐十一年（辛酉）

年齡

五十歲

私生活及家庭大事

秋病疫。五十生日，婺源、浮梁、樂平與景德鎮士民不遠數百里冒雨至廣信公祝。長子孝威娶賀熙齡女，為張起毅（僚婿張聲玠之子）刊刻遺集《過窗遺稿》。

本人事功及關係大事

三月，復景德鎮（二月間被太平軍襲陷。）四月，賞白玉搬指、翎管、火鐮、小刀、荷包。改幫辦曾國藩軍務。

五月二十一日，再復建德縣城，授太常寺卿。閩浙總督瑞昌、浙江巡撫王有齡奏調援浙，曾國藩奏留，以重徽防。

六月，駐婺源。

七月，續募楚軍。

十月，駐廣信，曾國藩奏准以徽州與廣信防軍悉歸統轄，督辦浙江軍務。

十二月，授浙江巡撫（前任王有齡）。

清廷及國際大事

八月，曾國荃復安慶省城。十一月，太平軍再下杭州省城。十二月，曾國藩節制江蘇、江西、安徽與浙江四省軍務。

附注

七月，文宗卒。八月，胡林翼卒。

西曆

1862

清曆

穆宗同治元年（壬戌）

年齡

五十一歲

私生活及家庭大事

長子孝威入縣學，應湖南本省鄉試，中式第三十二名舉人。

本人事功及關係大事

正月初八日，民團復天台縣城。十五日，督師由汪口逾大鏞嶺。二十日，肅清開化，移駐馬金街，設糧台於廣信，轉運局於玉山。

二月初九日，復遂安縣城，民團復遂昌縣城，移駐常山之水南，嗣復進至四都。

三月，移駐江山，嗣回開化。

四月，遣撤李元度安越軍。初三日，民團復仙居縣城、太平縣城。初八日，寧波軍復鎮海縣城。初九日，民團復台州府城。初十日，民團復縉雲縣城，又復黃巖縣城。十二日，寧波軍復寧波府城，福建軍復青田縣城。十四日，民團復奉化縣城。十五日，寧波軍復象山縣城，民團復寧海縣城，寧波軍復慈溪縣城。十九日，福建軍復樂清縣城。二十日，青田知縣等復縣城。

五月，移駐衢州。初一日，劉培元到浙。十六日，泰順民團復景寧縣城。十九日，民團復雲和縣城。

六月，肅清衢州，府城解嚴。二十日，福建軍復松陽縣城。二十二日，福建軍復宣平縣城。開辦減成米捐，充軍費。

七月，遣撤衢州鎮總兵李定太軍。初六日，寧波軍復餘姚縣城。十九日，福建軍復處州府城。

八月初六日，蔣益澧到浙，誅失守杭州省城之浙江布政使林福祥、浙江提督米興朝。閏八月初六日，復壽昌縣城。

十八日，寧波軍再復奉化縣城。二十七日，寧波軍再復慈溪縣城。

九月，移駐龍游新涼亭，太平軍回竄皖南且圖贛東，當分軍援剿。

十月初一日，寧波軍復上虞縣城。初五日，民團復新昌縣城。初七日，民團復嵊縣城。

十一月初二日，復績溪縣城。初十日，復祁門縣城。十四日，復嚴州府城。

十二月，規定兵災善後事宜十二條，通飭各縣舉辦。捐資為皖儒夏炘刊行其所著《景紫堂全集》。

清廷及國際大事

二月，太平軍入陝西。三月，李鴻章為江蘇巡撫，率淮軍抵上海。四川寇藍大順入陝西。四月，陝回在渭源與漢民相仇，亂作。五月初三日，湖州府城失守。陝西同州漢人屠回，亂益熾。七月，陝西鳳翔回亂繼作，遂漸被及各地，熙齡為陝甘總督。八月，甘肅固原回始作亂。十月，甘肅河州、金積、狄道回繼作亂。十二月，甘肅平涼漢回相屠殺。

西曆 1863	**清曆** 同治二年（癸亥）

年齡

五十二歲

私生活及家庭大事

夏秋間病瘧兩月。次子孝寬娶婦余。

本人事功及關係大事

正月，移駐嚴州，令軍士並廣招鄰省農民就新復州縣耕墾，畀以耕牛與種籽，劾道府以下及失守將吏十七人。十一日，復湯溪縣城，十二日，復龍游縣城、蘭溪縣城、

金華府城。十三日，福建軍復武義縣城，民團復永康縣城，東陽縣城、義烏縣城。十八日，復浦江縣城，二十二日，復諸暨縣城。二十六日，寧波軍復紹興府城。二十九日，復桐廬縣城。

二月初二日，寧波軍復蕭山縣城。

三月十七日，會江西軍復黟縣縣城。

四月，授閩浙總督，仍兼浙江巡撫。二十四日，接受閩浙總督關防（前任耆齡）。更定厘金規約，溫州行運甌鹽，留寧波新關稅以裕軍食，裁汰福建軍。

五月，肅清竄入浮梁、鄱陽、彭澤等處之太平軍。

六月十九日，再復黟縣縣城，設閩浙總糧台於衢州，轉運局於浦城。

八月初八日，復富陽縣城。

十一月，移駐富陽。初八日，淮軍復平湖縣城。十二日，淮軍復乍浦縣城。十三日，淮軍復海鹽晝城。二十八日，淮軍復嘉善縣城。

十二月，減浙東地丁南米浮收，並緩徵本年額賦。二十七日，復海寧州城。在寧波刻書。

京察異等。

清廷及國際大事

正月，甘肅西寧回陷府城。七月，劉蓉為陝西巡撫。九月，甘肅寧夏漢回互鬥，靈州回亦變。十月二十五日，李鴻章復蘇州省城。

附注

十月，李續宜卒。

西曆

1864

清曆

同治三年（甲子）

年齡

五十三歲

私生活及家庭大事

四月，外姑王卒（年七十五）。十月，長子孝威至杭州省城相見，旋赴北京會試。冢孫念謙生。

本人事功及關係大事

正月初八日，復桐鄉縣城。

二月十八日，會淮軍復嘉興府城。二十四日，復杭州省城、餘杭縣城，設賑撫局，收養難民，招商開市。禁軍士毋得入民居。蠲浙江全省本年額賦。籌資收購茶、筍、廢鐵，使民資以為生，修浚河道，設書局刊刻經籍。

三月初二日，進駐杭州省城，加太子少保銜，賞穿黃馬褂。初四日，復武康縣城。初五日，復德清縣城、石門縣城。

四月，籌修海塘，太平軍竄入江西，分軍援剿。

五月二十四日，淮軍復長興縣城。

六月初四日，復孝豐縣城，核減寧波府屬浮糧。

七月初十日，復崇仁縣城與東鄉縣城，十二日，復宜黃縣城。二十七日，會淮軍復湖州府城，二十八日，復安吉縣城。

八月，浙江全省肅清。設清賦局，核減杭州、嘉興、湖州三府屬浮糧。

九月，仿造小輪船，在西湖試行。

十月，杭州、嘉興、紹興、松江四府商鹽改票運，停徵杭州南北新關稅，提撥厘金每年十萬兩，補充織造經費。二十四日，交卸浙江巡撫任（繼任馬新貽，先由浙江布政使蔣益灃護理）。二十八日，以太平軍竄入福建，自杭州省城啟行，馳往督剿。封一等伯爵，賜號恪靖。

十一月十六日，行抵浦城，二十七日，進駐延平。

十二月二十一日，復長泰縣城。二十九日，會廣東軍復永定縣城，查考孔子南宗承祀，修理衢州廟庭，贖還廟田。修治桐鄉明儒張履祥墓，重刻《康濟錄》，頒發地方官吏。制止金華府人氏建立生祠。

清廷及國際大事

三月，甘肅慶陽回陷府城。四月，新疆庫車回叛。五月，太平軍攻西安省城，旋被撲滅。楊岳斌為陝甘總督。六月十六日，曾國荃復江寧省城。新曜葉爾羌回叛，奇台回叛。八月新疆喀什噶爾回叛，和闐回叛。九月，新疆烏魯木齊回叛，擁妥明為清真王。十月，太平天國幼主洪福瑱在江西被逮，新疆伊犁回叛。

附注

五月，洪秀全卒。

西曆
1865

清曆

同治四年（乙丑）

年齡

五十四歲

私生活及家庭大事

三月，長子孝威以三品蔭生試優等，特賞主事。

本人事功及關係大事

正月二十四日，復龍巖州城。

三月，淮軍抵廈門援剿。

四月十五日，進駐福州省城。二十一日，會淮軍復漳州府城。二十二日，復南靖縣城。二十七日，復平和縣城，淮軍復漳浦縣城。二十八日，復雲霄廳城。二十九日，移駐興化。

五月初一日，淮軍復詔安縣城，初四日，移駐泉州，初十日，移駐漳州。太平軍竄入廣東，分軍援剿。福建全省肅清。更定厘金規約。停補額兵。

六月，鹽法改行票運，淮軍撤回。

七月初十日，復鎮平縣城。

八月，奉詔節制福建、廣東及江西三省援粵各軍。

十月十一日，由平和縣之琯溪赴粵督師。

十一月二十八日，進駐大埔。

十二月二十二日，復嘉應州城，捐養廉銀八千兩辦福建平糶。宣佈治閩六禁（一禁抗官拒捕，二禁徇庇匪盜，三禁拜會結黨，四禁主唆械鬥，五禁開場誘賭，六禁抗糧）。訪求漳州黃道周、藍鼎元二家子孫。

清廷及國際大事

正月，新疆塔爾巴哈台回叛。二月，肅州回踞城叛。涼州、甘州回亦亂作。三月，安集延帕夏阿古柏入新疆。五月，曾國藩奉詔督師北上剿捻。八月，趙長齡為陝西巡撫。

西曆	
1866	**清曆** 同治五年（丙寅）

年齡

五十五歲

私生活及家庭大事

四月，長子孝威奉周夫人等至福州省城相見。十二月，家人由海道回長沙省城，道出漢口相見，仲兄亦自長沙省城至漢口相見。

本人事功及關係大事

正月二十四日，班師。

二月十八日，回抵福州省城，賞戴雙眼花翎。

三月，平定陷踞崇安、建陽兩縣城之「齋匪」。開蠶棉館。設正誼堂書局，刊刻《儒先遺書》。令州縣增積貯備荒。釐定賦稅，整理制兵。

五月，始議創設福建船政局，整頓台灣軍政。

八月，肅清興化、泉州、汀州、漳州各屬土匪。調陝甘總督，治陝甘「回亂」。

十月十七日，交卸閩浙總督任（繼任吳棠，先由福州將軍英桂兼署）。奏准停止武職捐例。

十一月初十日，自福州省城啟行，途次奉詔先入陝西剿西捻。

十二月十六日，抵九江。二十三日，抵黃州，二十六日，抵武昌省城，營於漢口後湖。

京察異等。

清廷及國際大事

三月，蘭州省城督標兵叛變，旋平。八月，喬松年為陝西巡撫。九月，捻首張總愚竄陝西，是為西捻，任柱與賴文光為東捻。十月，曾國藩請罷，以李鴻章剿東捻，十一月，曾國藩派劉松山督老湘軍入陝援剿。十二月，西捻圍西安省城。

西曆	清曆
1867	同治六年（丁卯）

年齡

五十六歲

私生活及家庭大事

置義田湘陰。購回並修建長沙省城故宗祠，為族中士人試館。

本人事功及關係大事

正月，駐漢口，授欽差大臣，督辦陝甘軍務，以劉典幫辦軍務。二十六日，接受欽差大臣關防。創置獨輪炮車，籌練馬隊。設陝甘後路糧台於漢口。

二月二十四日，自漢口啟行入陝，沿途截擊竄入湖北之東捻。

三月，初借洋債銀一百二十萬兩充軍費。六日，抵雙廟。十六日，抵德安。二十七日，抵隨州。

四月初五日，抵棗陽。初八日，抵樊城。十三日，抵瓦店。五月六日，抵新野。十九日，過南陽。

六月十三日，抵靈寶。十八日，抵潼關，整飭河防，設採辦轉運局於上海。

八月初三日，移駐臨潼，開辦陝甘米捐，充軍費。

九月初六日，復寧條梁城。十一日，赴涇西與各軍將商作戰機宜。十五日，回臨潼。

十月，以西捻迭陷延川、綏德，革職留任。初九日，復正寧縣城。十六日，復寶雞縣城。二十五日，復宜君縣城。二十八日，復延川縣城，復安塞縣城。

十一月初十日，復綏德州城。二十三日，西捻渡河，竄入山西，經河南趨京畿，遣劉松山、郭寶昌、喜昌等步馬各軍追擊。二十六日，復吉州縣城，二十七日，復中部縣城。

十二月十八日，自臨潼啟行，應詔東征。陝甘軍務交劉典代辦。二十一日，抵潼關，二十三日，繼進，再借洋債銀二百萬兩充軍費。

清廷及國際大事

二月，西安省城解圍。三月，穆圖善署陝甘總督。十月，淮軍在贛榆擊斃捻首任柱。十二月十一日，淮軍在瓦窯鋪陣擒捻首賴文光，東捻平。劉典與西安將軍庫吉泰、陝西巡撫督辦陝西軍務。阿古柏盡有新疆南八城，稱畢條勒特汗。

附注

十二月，駱秉章卒。

西曆

1868

清曆

同治七年（戊辰）

年齡

五十七歲

私生活及家庭大事

次子孝寬入府學。《左恪靖伯奏議》刻於福州省城（羅大春編刊）。

本人事功及關係大事

正月十六日，抵壽陽，過平定州，撥款修南天門山徑。

二十二日，抵獲鹿，奉詔總統前敵各軍。

二月初七日，抵保定省城，自請身赴前敵，由是南下追剿，復狄道州城。

三月，西捻竄入山東，奉詔專防直運，以李鴻章總統各軍。

四月十四日，抵吳橋，由是常川往來吳橋與連鎮間，督同劉松山等所部協剿。

五月，攻克留陝西捻集中之宜川雲岩鎮。

六月，攻剿陝西北山回略盡。二十八日，捻首張總愚在平南投徒駭河死，西捻平。

七月，降陝北土匪扈彰。晉太子太保，開復迭次處分，照一等軍功議敘。

八月初十日，至北京。十二日，賞紫禁城騎馬。十五日，陛見，二十六日，出京。

九月十八日，抵河南孟縣。

十月十三日，至西安省城，駐延秋外。

十二月，平定鎮靖堡，延安府、榆林府與綏德州屬悉定。

清廷及國際大事

二月，劉典為陝西巡撫。

西曆

1869

清曆

同治八年（己巳）

年齡

五十八歲

本人事功及關係大事

正月，就西安省城設西征糧台。招募浙匠至西安製造槍彈子藥。

二月初十日，移駐乾州。二十三日，平定董志原，二十四日，復鎮原縣城，二十五日，復慶陽府城，涇州及慶陽府屬悉定。教民以區田代田法耕種。始禁種罌粟。

四月，移駐邠州，陝西全省甫清。分三路進剿甘回，首取靈州、寧夏。

五月十九日，移駐涇州，辦理賑恤，招集流亡，勸種秋糧。秦州屬悉定，蘭州省城以東運道始通。

六月，刻發《禁種罌粟四字諭》。

九月二十九日，復靈州城。

十月二十五日，受陝甘總督關防（前任穆圖善署），復降德縣城與靜寧縣城。

十一月初一日，移駐平涼，以周開錫總統秦州諸軍，並整理甘南庶政。修治涇陽徐法績墓（在城外土門徐村）。修治靈台左丘明墓。

京察異等。

西曆

1870

清曆

同治九年（庚午）

年齡

五十九歲

私生活及家庭大事

正月二十三日，四女孝琪殉夫卒（年三十三）。二月初二

日，周夫人卒（年五十九）。

本人事功及關係大事

正月十五日，總統老湘軍劉松山攻金積堡陣亡。諸回竄陝西，當以劉錦棠繼統老湘軍，分軍馳往陝西截擊。清廷更飭李鴻章以淮軍援剿。

四月十二日，淮軍抵同州。二十七日，李鴻章抵西安省城，因天津教案，奉詔折回。安置降回於平涼。

五月十九日，復渭源縣城。

六月初三日，復狄道州城。

十月，重建西嶽廟成（六年十月開工）。

十二月十六日，平定金積堡。

寧夏府與靈州屬悉定。浚平涼暖泉池。重刻《聖諭十六條附律易解》，頒發各州縣教官。建左丘明祠（在涇州城西南四十里楸社莊）。

清廷及國際大事

三月，署陝西巡撫劉典告養歸，蔣志章繼任。妥明與阿古柏戰敗乞降，阿古柏進踞迪化並有新疆北路大部分地。

西曆

1871

清曆

同治十年（辛未）

年齡

六十歲

私生活及家庭大事

十月，六十生辰。奉旨賜壽，並奉賞御書「旂常懋績」匾額及尚方珍物。長子孝威至安定相見，長沙省城住屋加蓋後棟。

本人事功及關係大事

正月，安置降回於化平川，設化平川廳，置通判、化平營都司。詔賞加一騎都尉世職。

四月，就武昌省城、西安省城刊刻經籍，分發陝甘各書院義學。

五月十七日，俄國取伊犁，並揚言更取迪化。奉詔分軍進駐肅州，接應新疆諸軍，會肅州回踞城叛，即以此軍攻剿。

七月十二日，移駐靜寧，籌取河湟。

八月初二日，移駐安定。設製造局於蘭州省城。

清廷及國際大事

十一月，翁同爵為陝西巡撫。十二月，與俄訂北京條約（其中一部分劃定新疆邊界）。邵亨豫為陝西巡撫。

附注

四月，張亮基卒。

西曆
[1872]

清曆

同治十一年（壬申）

年齡

六十一歲

私生活及家庭大事

五月初六日，仲兄卒（年六十九）。

本人事功及關係大事

正月，遣撤甘南諸軍。

二月，復河州城。豁免同治元年至八年間甘肅被災最重各屬丁糧。改寧夏府水利同知為寧靈廳撫民同知，移駐金積堡，增設靈武營參將。

三月，循化廳撒拉回歸誠。

四月，內閣學士宋晉議撤福建船政局，奏主維持。

五月，安置降回於平涼會寧、靜寧、安定。

七月十五日，進駐蘭州省城。

十月十九日，復西寧府城，恢復蒙鹽規制，整理陝甘茶務，改為票運。

十二月，輯刻《學治要言》，分發各官。葺陝甘總督署後園，建明肅王烈妃廟，建忠義祠。鑿飲和池（在陝甘總督署東）。定蘭山書院正課副課名額及膏火額。命將上年甘人士在五泉山所建生相，改為泉雹兩神祠。京察異等。刊發《禁信邪教示諭》。

附注

二月，曾國藩卒。

清曆

同治十二年（癸酉）

年齡

六十二歲

私生活及家庭大事

二月十三日，二女孝琪卒（年四十）。七月十四日，長子孝威卒（年二十七）。為外母周夫人姊妹及諸女作品刊成《慈雲閣詩鈔》。

本人事功及關係大事

正月初八日，復大通縣城。安頓降回於西寧。清厘地畝，查編保甲，興建義學。

二月初四日，復巴燕戎格廳城。

四月初六日，復循化廳城，河州、西寧府屬悉定。

五月，升固原州為直隸州，增設通判於硝河城，平遠縣於下馬關，巡檢於同心城。改鹽茶廳為海城縣。增設縣丞於打拉城，銷毀戶部及甘肅布政司已往所發腐爛鈔票。

七月十九日，自蘭州省城啟行，赴肅州督師。

八月十二日，抵肅州。

九月二十四日，復肅州府城。

十月，安置肅州客回於蘭州省城。巡視嘉峪關，回至蘭州省城，甘肅全省肅清。

十二月，以陝西總督協辦大學士，改騎都尉世職為一等輕車都尉世職。遣撤前署陝甘總督穆圖善步隊，奏准甘肅鄉試分闈並分設學政。遣張曜督嵩武軍赴哈密以墾荒貯軍糧。捐養廉銀八百兩，充甘肅皋蘭縣恤嫠經費。置甘肅軍裝局。鑿挹清池（在陝甘總督署西）。飭設恤嫠局於西安省城。裁撤按畝出車、按糧攤費之各縣承辦兵差辦法。給皋蘭農民羸馬、駱駝，以代耕牛。

清廷及國際大事

六月，陝回白彥虎竄新疆與阿古柏結合。十一月，法國攻越南。

西曆	
1874	**清曆**

清曆

同治十三年（甲戌）

年齡

六十三歲

私生活及家庭大事

四月，長子孝威以往嘗割臂肉和藥治母病，奉旌孝行。三子孝勳娶婦夏。四子孝同入縣學。

本人事功及關係大事

正月，輯刻《種棉十要》及《棉書》，通飭陝甘各屬設局教民紡織。

二月，豁免甘肅本年以前積欠錢糧。

三月，三借洋債銀三百萬兩充軍費。

四月十三日起，開放陝甘總督署後園三天。

七月，晉東閣大學士。

八月，命督辦出關各軍糧餉轉運事宜。

十一月，奏准甘肅分闈鄉試，增中額為四十名。

十二月，平定河州回閔殿臣之變。通飭甘肅各縣恢復義學，捐資為皖儒夏炘刊行所著《大象解義》。

清廷及國際大事

正月，法國與越南訂和親條約。二月，譚鍾麟為陝西巡撫。三月，日本藉口台灣生番殺死琉球船戶，並殺死日本人民，派兵踞台灣。十一月，日本自台灣撤兵。

附注

十二月，蔣益澧卒。穆宗卒。

西曆

1875

清曆

德宗光緒元年（乙亥）

年齡

六十四歲

私生活及家庭大事

三子孝勳入縣學。為仲兄遺著刊成《慎盦文鈔》與《詩鈔》。

本人事功及關係大事

正月，改循化廳，置吾八族番民隸洮州。

二月，李鴻章奏請專營海防，停止塞防，應詔核議，覆奏辨其非。

三月，授欽差大臣，督辦關外剿匪事宜。

八月，甘肅始分闈鄉試，入闈監臨。置甘肅火藥局。

京察異等。

清廷及國際大事

二月，英國翻譯官馬嘉里在騰越被殺害。

附注

二月，嘉順皇后卒。

西曆

1876

清曆

光緒二年（丙子）

年齡

六十五歲

私生活及家庭大事

三子孝勳、四子孝同到肅州相見。

本人事功及關係大事

正月，遣劉錦棠總統老湘軍出關。

二月初八日，幫辦甘肅新疆軍務劉典抵蘭州省城，二十一日，祭旗啟行。

三月十三日，抵肅州。

四月初三日，劉錦棠軍由肅州出發。

六月二十八日，復古牧地城。二十九日，復迪化州城、昌吉縣城、呼圖壁縣城與瑪納斯北城。

八月，英國請以喀什噶爾地居安集延人，為中國屬國。

九月二十一日，復瑪納斯南城，天山北路悉定，裁併哈密辦事大臣，文儀、威儀軍。

十一月，裁併伊犁將軍、金順軍。就天山北路人煙稀落地方，招集流亡開墾，給皋蘭農民種羊、貸款。

清廷及國際大事

始分設甘肅學政。

西曆

1877

清曆

光緒三年（丁丑）

年齡

六十六歲

本人事功及關係大事

二月，福建船政局始派學生留學英法兩國。

三月初七日，復達坂城。初九日，復闢展城。十三日，復

托克遜城，吐魯番悉定。始奏陳新疆建省之議。

五月，四借洋債銀五百萬兩，充軍費。

六月，英國復為安集延人請降，並許其在喀什噶爾立國。奏陳駁斥之議。

九月初一日，復喀喇沙爾城。初三日，復庫爾勒城。十八日，復阿克蘇城，白彥虎竄俄國境。二十日，復烏什城。通令所屬勸辦義倉。

十月，遣撤古城領隊大臣額爾慶額馬隊。

十一月十三日，復喀什噶爾城。十七日，復葉爾羌城。二十日，復和闐城。二十二日，復英吉沙爾城，天山南路悉定。制止西寧府城禮拜寺作為生祠，僅准改設書院。刊發陝儒王心敬著《井泉區田園田說》。

西曆	清曆
1878	

清曆

光緒四年（戊寅）

年齡

六十七歲

私生活及家庭大事

正月初三日，冢婦賀卒（年三十三）。次子孝寬到肅州相見。四子孝同補廩生。

本人事功及關係大事

正月，由一等伯晉為二等侯。

七月，裁併征營為防營，改行餉為坐餉。

八月，擊破入寇烏什、阿克蘇之白彥虎餘黨。

九月，五借洋債華債各銀一百七十五萬兩充軍費。

十月，平定阿克蘇地方「回亂」，擊破入寇英吉沙爾之安集延人，並誅其酋阿里達什。

十二月，新任幫辦新疆善後事宜楊昌濬抵蘭州省城，劉典交卸。就天山南北路開徵厘金，開河引渠，鑄銀圓，興建義塾，

教民種桑育蠶，並設局傳習繰織。設織紡局於蘭州省城。
京察異等。

清廷及國際大事

十月，崇厚至帝俄交涉收回伊犁事宜。

附注

十二月，劉典卒。

西曆

清曆

光緒五年（己卯）

年齡

六十八歲

私生活及家庭大事

十二月，四子孝同奉張夫人到蘭州省城。長沙居屋添購鄰
地，加建廳齋。捐銀三千兩助修宗祠。

本人事功及關係大事

正月，擊破入寇烏帕爾博斯特勒克等處之安集延人與布魯
特人。

三月，清丈天山南北路地畝，並定地丁賦則規約，釐定關
內外兵制。

四月，擊破入寇色勒庫爾之愛克木汗與阿布都勒哈瑪。

九月，奏准甘肅狄道直隸州學廩生、增生，各加十名為
三十名，符定制。十月，刻發《黜異端以崇正學諭》。設織
呢總局於蘭州省城。修治肅州酒泉。

清廷及國際大事

八月，崇厚未得清廷批准，遽與帝俄簽定《伊犁條約》。馮
譽驥為陝西巡撫。日本併琉球。

附注

三月，沈葆楨卒

西曆

1880

清曆

光緒六年（庚辰）

年齡

六十九歲

私生活及家庭大事

四子孝同奉張夫人到肅州相見，旋返蘭州省城，冢婦賀以往嘗割臂治夫病，並於撫成遺孤後殉夫，奉旌節孝。始議以所積廉俸分給諸子，人得銀五千兩。為三子孝勳捐附貢，四子孝同捐廩貢。在北京東華門內購置住宅一所。

本人事功及關係大事

正月，奉詔統籌天山南北路戰守，備應付帝俄。

三月，平定洮岷番亂。

四月十八日，輿櫬啟行出關。

五月初八日，抵哈密。

七月，奉詔來京陛見，備顧問。

十月初六日，新任督辦新疆軍務劉錦棠抵哈密。十二日，移交欽差大臣關防。即日啟行入關。

十一月二十一日，回抵蘭州省城。

十二月初三日，交卸陝甘總督（甘肅布政使楊昌濬護理）。初四日，自蘭州省城啟行，酌遣楚軍赴屯張家口。二十一日，抵西安省城。二十四日，重復啟行。以機器治涇川。以機器探文殊山金礦及肅州油礦。刻《吾學錄》，頒行各塾。捐購水雷二百枚，魚雷二十枚，助固浙江、福建海防。

清廷及國際大事

閏二月，曾紀澤至帝俄商改《伊犁條約》。五月，帝俄增兵伊犁，別以兵艦至海上。

西曆	清曆

清曆

光緒七年（辛巳）

年齡

七十歲

私生活及家庭大事

秋觸暑致疾，乞退未准，先後給假四個月。冢孫念謙娶陶桃女，張夫人等隨侍在京。北京邸第產玉芝七本。《盾鼻餘瀋》始刻於西安省城（沈應奎刻），增刻於北京（石本清等編刻）。指捐每歲三十石河斛穀，充湘陰左氏家塾膏火。

本人事功及關係大事

正月，抵京陛見，管理兵部事務，在軍機大臣上行走，並在總理各國事務衙門行走，行走班次定在李鴻章之次。

二月，楚軍抵張家口，會中俄和議成，奏請助修順直水利，奉命於管理處所免其帶領引見。

四月，六借洋債銀四百萬兩，充陝甘新軍費。

五月，始奏陳嚴禁鴉片，先增洋藥土煙稅捐之議，嗣將此項疏稿刊行。十二日，赴涿州勘視滹沱河。十六日赴天津，晤直隸總督李鴻章，商楚淮兩軍分浚永定河下游辦法。

六月初四日，還京。

七月，委員履勘永定河上游。

閏七月十二日，楚軍辦理滹沱河永濟橋築堤浚河工程完成。

九月初六日，授兩江總督，兼充辦理南洋通商事務大臣。

十月十六日，出京。楚軍修浚永定河下游工程完成。

十一月二十五日，抵長沙省城，旋至湘陰省墓。

十二月初八日，啟行取道長江東下，沿途察看水師安營處所，並與各省總督、巡撫、提督會商佈置事宜。二十二日，抵江寧省城，二十四日，接任兩江總督（前任劉坤一）。京察異等。

清廷及國際大事

正月，曾紀澤《修訂伊犁條約》成。

附注

三月，慈安皇太后卒。

西曆

1882

清曆

光緒八年（壬午）

年齡

七十一歲

私生活及家庭大事

冬，舊疾增劇，乞退未准，給假三個月。張夫人等隨侍在任。

本人事功及關係大事

正月二十五日，在省閱兵。二十六日，出省，歷瓜洲、揚州、清江，閱兵並巡視河工。

二月二十五日，回省。楚軍治永定河上游工程完成。

三月，立清丈局，整理江寧省城內荒地。發官錢，就江寧省城北建屋賃民居住。四月，始整頓兩淮鹽務，興復引岸，並增加引數。初十日，出省，歷鎮江、常州、福山、蘇州、吳淞閱兵。二十七日，回省。

七月，始整頓海防，增造快船五艘與小輪船十艘。

九月，奏促新疆建省。

十月，核減典商利率，酌定贖限，並借撥官本。

十一月，招商開採銅山利國驛煤鐵礦。設公濟局以治疾病，設因利局以便周轉，設掩埋局以免暴露，設救生局以拯覆溺。重建江寧省城明靖難忠臣祠。

清廷及國際大事

八月，朝鮮內亂，清廷遣兵定之，執其朝鮮王生父李罡應以歸。

附注

十月，郭嵩燾卒。

西曆	清曆
1883	

清曆

光緒九年（癸未）

年齡

七十二歲

私生活及家庭大事

冬，舊疾復發，左目漸致失明，乞退未准，給假兩個月，張夫人等隨侍在任。

本人事功及關係大事

正月二十四日，出省巡視上元、丹徒、丹陽、江陰、靖江、寶山、上海、儀徵、江都、甘泉、泰州、如皋、通州、東台、鹽城、高郵、寶應各屬。二月十八日回省，便道閱視朱家山河工。二十七日，出省，閱視赤山湖工程。二十九日，回省。

三月，平定海州、沭陽、安東境內教匪。

五月，整理南通、泰興各鹽場，范堤完成。江寧省城建待質公所，落成。

六月，舉辦沿江陸路電報，創設漁團。

七月，命王德榜在湖南募練恪靖定邊軍，並撥軍火運存桂林省城，以赴越南之急。江寧省城設同文館，開學。

九月十九日，出省校閱漁團，勘驗沿江新造水炮台，並察看運河堤工。

十月初三日，回省。

十二月，江寧省城通濟閘完成。遵旨撥湘淮軍四營歸台灣道劉璈調遣。建江寧省城陶（澍）林（則徐）二公祠。

清廷及國際大事

四月，天山南路試設州縣。七月，法國復攻安南，強訂《順化條約》認為法保護國。

西曆
1884

清曆

光緒十年（甲申）

年齡

七十三歲

私生活及家庭大事

正月以病乞退，未准，給假四個月回籍安心調理，交卸後，仍在江寧省城居住。張夫人等隨侍在任，《盾鼻餘瀋》再增刻。

本人事功及關係大事

正月初五日，出省，赴清江勘視淮工，並赴長江下游察閱漁團。初十日，開始興修邳與宿遷兩縣境內水利。

二月初三日，回省。始定引淮入海辦法。王德榜恪靖定邊軍開抵南寧。

三月，整理朱家山、赤山湖工程，完成。聘洋人在江陰設局教習水雷。十三日，交卸兩江總督任（繼任曾國荃）。

四月初二日，因越南事急提前銷假，奉詔來京陛見。二十一日，由江寧省城啟行。

五月二十日，抵京陛見，仍在軍機大臣上行走，並管理神機營事務。

七月十八日，授欽差大臣，督辦福建軍務。二十六日，出京。

八月二十六日，抵江寧省城。

九月十三日，由江寧省城啟行。十九日，抵湖口，就九江、湖口設立糧台，江西之河口與福建之詔安設立轉逐分局。

十月十四日，抵延平，暫駐。二十四日，啟行。二十七日，抵福州省城。

十一月，舉辦沿海漁團，奉頒「忠忱一德」匾額（因慈禧皇太后五十萬壽）。

十二月二十六日，出省巡視海防，各軍陸續渡台。

清廷及國際大事

七月，法攻福州（擊毀馬尾船政局）、台灣，清廷下令宣戰。楊昌濬調閩浙總督，與福州將軍穆圖善均幫辦福理軍務。十月，新疆實行建省，劉錦棠為首任巡撫。

西曆

1885

清曆

光緒十一年（乙酉）

年齡

七十四歲

私生活及家庭大事

五月，疾愈劇，乞退未准，給假一個月。六月，疾亟，復乞退，奉准交卸差使。七月二十七日子時，卒於福州省城旅邸（次年十一月，葬湖南善化縣八都楊梅河柏竹塘山）。

本人事功及關係大事

正月，借洋債英金一百萬鎊。就福州省城貢院，會考各書院舉貢生監童生。

七月，裁撤漁團。二十六日，交卸欽差大臣關防。

清廷及國際大事

一月，法攻陷鎮南關。三月，中法停戰。四月，中法天津和約成，越南始不屬我。六月，曾紀澤與英國議定洋藥稅釐併徵辦法。

注釋

注 1　羅正鈞《左文襄公年譜》（家刻本）卷一頁 1。《左文襄公文集》（家刻全集本）卷一頁 21《錢南園先生文存序》。

注 2　《左文襄公年譜》卷一頁 1。

注 3　《湘陰縣圖志》（光緒六年〔1880〕纂）本傳。賀熙齡：《寒香館文鈔》卷一頁 6《左斐中象贊》。《左文襄公年譜》卷一頁 3—4。

注 4　《左文襄公年譜》卷一頁 6—7。《左文襄公文集》卷三頁 14《長沙徐君墓表》。《寒香館文鈔》卷一頁 6《左斐中象贊》。

注 5　《左文襄公年譜》卷一頁 2、頁 5、頁 11。

注 6　《左文襄公年譜》卷一頁 2、頁 6、頁 10，卷六頁 31。《湘陰縣圖志》本傳。左宗植《慎庵文鈔》（家刻本）卷上頁 11《書張海門感興詩後》，頁 47《上祁相國書》，頁 28—30《與季高弟書》。祁寯藻，字春圃，山西壽陽人，嘉慶十九年（1814）進士，官至大學士，同治五年（1866）卒，諡文端，著述有《䜱䜪亭集》。江忠源，字岷樵，湖南新寧人，道光十七年（1837）舉人，官至安徽巡撫，咸豐三年（1853）十二月，殉廬州三河之役，諡忠烈，著述有《江忠烈公遺集》。《左文襄公文集》卷一頁 13《慎庵詩文鈔序》。郭嵩燾《養知書屋文集》（家刻本）卷二十四頁 1《左彥沖及妻郭氏合葬銘》。

注 7　王闓運書中常稱宗棠為十三丈，詢據宗棠後裔云是大排行。

注 8　《慎庵文鈔》卷上頁 17—19《朱氏先姊墓志銘》。

注 9　《左文襄公年譜》卷一頁 15。

注 10　左宗植《慎庵詩鈔》（家刻本）卷上頁 15《巴陵別周氏妹》。

注 11　《左文襄公年譜》卷一頁 2。

注 12　《左文襄公年譜》卷一頁 10，卷五頁 44。《左文襄公文集》卷三頁 15—16《亡妻周夫人墓志銘》。《慎庵文鈔》卷上頁 54《祭弟婦文》。

注 13　《左文襄公年譜》卷一頁 14。王先謙《虛受堂文集》（民十〔1921〕重刻本）卷八頁 12《左母張夫人墓志銘》。《左文襄公書牘》（家刻全集本）卷二十三頁 65《與楊石泉（昌濬）》。

注 14　《左文襄公年譜》卷一頁 11、頁 23。陶澍，字子霖，號雲汀，嘉慶七年（1802）進士，道光十九年（1839）六月卒，諡文毅，著述有《陶文毅公集》《蜀輶日記》《陶桓公年譜》《陶靖節年譜》等。

注 15　《左文襄公年譜》卷一頁 12。《左文襄公家書》（中華書局排印本）卷下頁 46。

注 16　《左文襄公年譜》卷一頁 14、頁 28，卷四頁 56。黎吉雲，原名光曙，字雲徵，號樾喬，道光十三年（1833）進士，官至江南道監察御史，咸豐四年（1854）三月卒，著述有《黛方山莊集》；宗棠為撰墓志銘，見《左文襄公文集》卷三頁 20—23。

注 17　《左文襄公年譜》卷一頁 14，卷二頁 6。周詒晟，字汝充，鹽提舉銜，廣東候補鹽課大使，同治十年（1871）八月卒。

注 18　《左文襄公年譜》卷一頁 23，卷三頁 8、頁 41，卷六頁 55。《左文襄公家書》卷下頁 47。吳大廷《小酉腴山館文集》（光緒五年〔1879〕改刻本）卷十頁 18《左子重墓志銘》。施補華《澤雅堂文集》（光緒十九年〔1893〕刻本）卷六頁 8《左子重哀詞》。《左文襄公文集》卷三頁 28《塚婦賀氏壙志》。《左文襄書牘》卷十四頁 19《答李仲雲（概）》。張亮基，字石卿，江蘇銅山人，道光十四年（1834）舉人，官至雲貴總督，同治十年（1871）六月卒，諡惠肅。賀熙齡，字光甫，號蔗農，湖南善化人，嘉慶十九年（1814）進士，官至湖北學政，道光二十六年（1846）十月卒。著述有《寒香館文鈔》《詩鈔》。

注 19　《左文襄公年譜》卷一頁 23、卷七頁 48。《左文襄公書牘》卷十八頁 3《與劉蔭渠（長佑）》。劉長佑，字子默，號蔭渠（又作印渠），湖南新寧人，道光二十九年（1849）拔貢，官至雲貴總督，光緒十三年（1887）六月卒，諡武慎。著述有《劉武慎公遺書》。長佑子思詢，字考軒，隨宗棠西征。余東安，字明珊，曾隨宗棠東征，辦理厘金。

注 20　《左文襄公年譜》卷一頁 36。夏廷樾，字憩亭，官至湖北布政使，咸豐八年（1858）十月卒。

注 21　《左文襄公年譜》卷二頁 23，卷七頁 8。《左文襄公家書》卷下頁 11。王鑫，字璞山，所部號老湘軍，積功保至候補道員。咸豐七年（1857）七月，

卒於吉安軍次，諡壯武。著述有《王壯武公遺集》。《左文襄公書牘》卷十六頁 74《答王蓴農（詩正）》。閔爾昌《碑傳集補》卷二十頁 22—24。陳三立《清江蘇提法使兼署布政使左公神道碑》。吳大澂，字清卿，號恆軒，又號愙齋，江蘇吳縣人，同治七年（1868）進士，官至湖南巡撫，光緒二十八年（1902）正月卒。著述有《愙齋詩文集》《愙齋集古錄》《恆軒所見所藏吉金錄》等。大澂為陝甘學政，宗棠方任陝甘總督，頗與交好，為大澂大父作傳，見《左文襄公文集》卷三頁 2，並嘗奏准調用。黃遵憲，字公度，廣東嘉應人，光緒二年（1876）舉人，官至湖南按察使，三十一年（1905）二月卒，著述有《人境廬詩集》《日本國志》等。程德全，字雪樓，四川雲陽人。

注 22　《慎庵文鈔》卷上頁 22《族譜公序》。

注 23　《湘陰縣圖志》氏族表。

注 24　《左文襄公年譜》卷一頁 1。

注 25　《湘陰縣圖志》本傳。《寒香館文鈔》卷一頁 6《左斐中象贊》。

注 26　《慎庵文鈔》卷下頁 56《湘陰左氏試館記》。

注 27　《左文襄公書牘》卷一頁 23《上賀蔗農（熙齡）》。

注 28　《左文襄公年譜》卷一頁 11。

注 29　《左文襄公詩集》（家刻全集本）頁 3《二十九歲自題小像》。

注 30　《左文襄公家書》卷下頁 44。

注 31　《左文襄公書牘》卷一頁 24《上賀蔗農（熙齡）》。

注 32　《左文襄公家書》卷下頁 24。

注 33　《慎庵文鈔》卷下頁 56《湘陰左氏試館記》。

注 34　《左文襄公書牘》卷二十三頁 21，卷二十四頁 21，均《答西園族弟、作山族侄》。

注 35　《左文襄公家書》卷下頁 37、頁 40。

注 36　《左文襄公家書》卷下頁 55、頁 60、頁 63、頁 67。

注 37　《左文襄公文集》卷三頁 27《亡妻周夫人墓志銘》。

注 38　《慈雲閣詩鈔（左氏家刻本）‧淡如齋遺詩》頁 2《病亟口占奉寄翁姑大人》。詩題稱奉寄者，因翁姑遊宦在廣東也。

注 39　《左文襄公文集》卷三頁 29《塚婦賀氏壙志》。

注 40　《左文襄公文集》卷一頁 23《慎庵詩文鈔序》。

注 41　《養知書屋文集》卷二十四頁 1《左彥沖及妻郭氏合葬銘》。

注 42　《左文襄公家書》卷上頁 61。泉州，今福建晉江縣。

注 43　《左文襄公家書》卷下頁 23。

注 44　《左文襄公家書》卷下頁 53。《左文襄公聯語》（家刻全集本）頁 1—2《左氏家廟家塾》。

注 45　《湘陰縣圖志》本傳。魏源，字默深，湖南邵陽人，道光二十四年（1844）進士，官江蘇高郵州知州，咸豐七年（1857）卒。著述有《古微堂文集》《清夜齋詩稿》《聖武記》《海國圖志》等。宗棠曾為《海國圖志》作序，見《左文襄公文集》卷一頁 10—12。陳起詩，字筠心，湖南郴州人，道光九年（1829）進士，官吏部員外郎，光緒二十一年（1895）十二月卒，著述有《四刪詩》等。湯鵬，字海秋，湖南益陽人，道光三年（1823）進士，官戶部郎中，道光二十四年（1844）卒，著述有《海秋詩集》《浮邱子》等。

注 46　《左文襄公文集》卷一頁 12—13《慎庵詩文鈔序》。

注 47　《慎庵詩鈔》卷上頁 28《題碧芙蓉館詩草》。

注 48　《左文襄公年譜》卷一頁 11。

注 49　《左文襄公文集》卷三頁 25《亡妻周夫人墓志銘》。

注 50　鄭振鐸：《晚清文選》卷上頁 47《張聲玠四十自序》。張聲玠，字奉茲，又字玉夫，湖南湘潭人，道光十一年（1831）舉人，官直隸元氏縣知縣，道光二十八年（1848）十一月卒，著述有《衡芷山莊詩文集》。宗棠為作墓志銘，見《左文襄公文集》卷三頁 15—17。張起毅，聲玠子，字叔容，咸豐九年（1859）六月卒，著述有《過窗遺稿》，宗棠為刊之，並為作墓碣，見《左文襄公文集》卷三頁 23—25。

注 51　《左文襄公文集》卷一頁 8《慈雲閣詩鈔序》。周系興，字衡在，號立齋，湖南湘潭人，嘉慶二十年（1815）卒。

注 52　以下均錄《慈雲館詩鈔》。

注 53　《夏敬觀繼室左淑人行述》，見左又宜《綴芬閣詞》。

注 54　《慎庵詩鈔》卷上頁 29《題碧芙蓉館詩草》。

注 55　《左文襄公年譜》卷一頁 16、頁 22。

注 56　郭嵩燾：《八賢手札（湘陰郭氏摹刻本）跋》。郭嵩燾，字伯琛，一字仁先，號筠仙，晚更號玉池老人，湖南湘陰人。道光二十七年（1847）進士，官至兵部左侍郎，光緒十七年（1891）卒。著有《郭侍郎奏議》《養知書屋文集》《詩集》《札記》《玉池老人自敘》等。郭崑燾，原名先梓，

字仲毅，號意城，晚號樗叟，湖南湘陰人，道光二十四年（1844）舉人，官內閣中書，光緒八年（1882）十月卒，著述有《雲臥山莊文集》《詩集》《別集》《尺牘》等。

注 57　駱秉章，字籲門，廣東花縣人。道光十二年（1832）進士，官至協辦大學士。同治六年（1867）十二月卒，諡文忠，著述有《駱文忠公奏稿》《自訂年譜》等。

注 58　《左恪靖伯奏稿》（同治七年〔1868〕福州刻本），羅大春序。

注 59　《左文襄公批札》（家刻全集本）卷一頁 31《蔣藩司益澧稟連日苦戰獲勝情形由》。《左文襄公文集》卷二頁 9《善化張氏篤光堂題額跋尾》。

注 60　《左文襄公批札》卷三頁 1《李道耀南等稟繕稟錯誤由》。《左文襄公書牘》卷四頁 51《答王梅村（開化）》。

注 61　《左文襄公書牘》卷二十頁 16《與王若農（加敏）》。

注 62　《左文襄公書牘》卷五頁 63《答郭意城（崑燾）》。詠公指胡林翼。

注 63　《道咸同光名人手札》（商務印書館輯印）第二集，有一通稱柳莊居士；又新建夏氏家藏宗棠手札，有一通稱退宜軒主人。

注 64　《左文襄公年譜》卷一頁 3。

注 65　《左文襄公年譜》卷一頁 4。

注 66　《左文襄公書牘》卷八頁 17《答吳桐雲（大廷）》。《左文襄公文集》卷三頁 14《長沙徐君墓表》。

注 67　《左文襄公聯語》頁 1《家塾》。

注 68　《左文襄公家書》卷上頁 42。

注 69　《左文襄公詩集》頁 1—2《燕台雜感》。

注 70　《左文襄公書牘》卷一頁 11《上賀蔗農（熙齡）》。

注 71　《左文襄公詩集》頁 5—6《題孫芝房蒼筤穀圖》。孫鼎臣，字子餘，號芝房，湖南善化人，道光二十五年（1845）進士，官至翰林院侍讀學士，咸豐九年（1859）三月卒，著述有《蒼筤集》。

注 72　《左文襄公家書》卷上頁 38。

注 73　《左文襄公家書》卷下頁 79。胡光墉，字雪巖，浙江仁和人。自宗棠東征，即為辦理軍需與軍運，積功保至道員、布政使銜，光緒十一年（1885）九月卒。並見四十八節。

注 74　《左文襄公年譜》卷一頁 3。《左文襄公詩集》頁 5《題羅權如讀書秋樹根圖》。

注 75　《左文襄公年譜》卷一頁 7—8。《寒香館詩鈔·附崇祀鄉賢錄》頁 8。《正

誼堂全書》（同治六年〔1867〕福州刻本）卷首頁 5《與楊雪滄（浚）》。

注 76　《寒香館詩鈔》卷一頁 3。《左文襄公書牘》卷二十四頁 18《答陶少雲（桄）》。

注 77　《左文襄公書牘》卷一頁 10《上賀蔗農（熙齡）》。

注 78　《左文襄公奏稿》（家刻全集本）卷五十七頁 29—30《請將前任雲貴總督賀長齡事績宣付史館並准入祀湖南鄉賢祠片》。賀長齡，字耦耕，號西涯，晚號耐庵，嘉慶十三年（1808）進士，官至雲貴總督，道光二十八年（1848）六月卒，著述有《耐庵詩文集》。

注 79　《左文襄公年譜》卷一頁 14、頁 16、頁 19。

注 80　《左文襄公年譜》卷一頁 24。《左文襄公書牘》卷一頁 49—50《答胡潤之（林翼）》。林則徐，字元撫，一字少穆，晚號俟村老人，嘉慶十六年（1811）進士，官至雲貴總督，道光三十年（1850）十一月卒，諡文忠。著述有《林文忠公政書》《雲左山房文鈔》《詩鈔》《荷戈紀程》《滇軺紀程》《畿輔水利議》等。則徐長子汝舟，號鏡帆，道光十八年（1838）進士。次子聰彝，號聽孫，宗棠均與交好，入浙時，以聰彝知衢州府。

注 81　《左文襄公書牘》卷一頁 53《唁林鏡帆（汝舟）》。黃冕，字服周，號南坡，湖南善化人，官雲南迤西道。

注 82　《左文襄公聯語》頁 8《挽林文忠公（則徐）》。

注 83　《左文襄公奏稿》卷六十頁 6—7《已故督撫遺澤在民懇合建專祠春秋致祭摺》。《左文襄公聯語》頁 5《江寧陶文毅（澍）林文忠公（則徐）兩公祠》。

注 84　《左文襄公書牘》卷十九頁 53《與吳子俊（觀禮）》。吳觀禮，字子儁，號圭盦，浙江仁和人，同治十年（1871）進士，官編修，光緒四年（1878）卒，著述有《圭盦詩錄》《效蜀日記》等。並見七十節。

注 85　李元度《天岳山館文鈔》卷五頁 1《林文忠公（則徐）別傳》。

注 86　龔鞏祚，原名自珍，字璱人，浙江仁和人，道光九年（1829）進士，官至禮部主客司郎中，著述有《定盦詩文集》。魏源《海國圖志》（光緒二年〔1876〕甘肅平慶涇固道署重刊本）自序，卷一《籌海篇》頁 1。魏源《古微堂集》，有討論漕運票鹽諸篇。《左文襄公書牘》卷一頁 39《上賀蔗農（熙齡）》，卷二十四頁 18《答陶少雲（桄）》。

注 87　《左文襄公奏稿》卷五十四頁 35《已故軍務人員志節可傳懇宣付史館摺》。王柏心，字子壽，湖北監利人，道光二十四年（1844）進士，官刑部主事，同治十二年（1873）五月卒，著述有《百柱堂全集》。（並見七十節）

注 88　《養知書屋文集》卷十八頁 22—23《黃南坡事略》。裕謙，姓博羅忒氏，原名裕泰，字魯山，蒙古鑲黃旗人，嘉慶二十二年（1817）進士，道光二十一年（1841）八月於鎮海自盡，諡靖節。

注 89　《左文襄公年譜》卷一頁 6。張錫謙，字益舟，號侍橋，湖北黃安人，嘉慶十年（1805）進士，官至湖南辰沅永靖道。

注 90　《左文襄公年譜》卷一頁 9—10。《左文襄公文集》卷二頁 3《徐熙庵先生家書跋後》。吳敏樹，字本深，號南屏，湖南巴陵人，官瀏陽訓導，同治十二年（1873）八月卒，著述有《柈湖詩集》《文集》等。羅汝懷，字念生，一字研生，湖南湘潭人，官龍山訓導，光緒六年（1880）九月卒，著述有《綠漪草堂文集》《詩集》《尺牘》等。吳榮光，字殿垣，一字伯榮，號荷屋，又號石雲山人，嘉慶四年（1799）進士，官至湖廣總督，道光二十三年（1843）閏七月卒，著述有《石雲山人文稿》《綠伽南館詩稿》《歷代名人年譜》《筠清館金石錄》《吾學錄》等。徐法績，字定夫，號熙庵，嘉慶二十二年（1817）進士，官至太常寺卿，道光十七年（1837）八月卒，著述有《東河要略》。徐韋佩，字礽庵，舉人，官平涼等府知府。

注 91　陳夔龍《花近樓詩》。

注 92　《左文襄公年譜》卷一頁 11—12、頁 16。溫葆深，原名葆淳，字子函，號明叔，江蘇上元人。道光二年（1822）進士，官至戶部侍郎，光緒十四年（1888）卒，著述有《春樹齋叢說》。

注 93　《左文襄公聯語》頁 3。

注 94　《左文襄公書牘》卷二頁 1《上譚張兩學師》。

注 95　《左文襄公家書》卷上頁 58。羅典，字徽五，號慎齋，湖南湘潭人。乾隆十六年（1751）進士，官至鴻臚寺少卿，著述有《凝園五經說》及《詩文集》。嚴如熤，字炳文，號樂園，湖南漵浦人，孝廉方正，官至陝西按察使，著述有《樂園詩文集》《洋防備覽》《苗防備覽》等。

注 96　《左文襄公家書》卷下頁 53。

注 97　《左文襄公書牘》卷一頁 1《上徐熙庵（法績）》。

注 98　《左文襄公家書》卷上頁 3。

注 99　《左文襄公年譜》卷一頁 7。顧祖禹，字景范，江蘇無錫人。顧炎武，字亭林，江蘇崑山人，康熙二十一年（1682）三月卒，著述有《日知錄》《亭林文集》《詩集》等。齊召南，字次風，號瓊台，又號息園，浙江天台人，乾隆元年（1736）舉博學鴻詞科，官至禮部右侍郎，著述有《史漢侯第考》《後

漢公卿表》《歷代帝王年表》《寶綸堂集》《賜硯堂文集》《詩集》等。

注 100　《左文襄公年譜》卷一頁 13。《慈雲閣詩鈔·飾性齋遺稿》頁 6。

注 101　《左文襄公書牘》卷一頁 2。

注 102　《左文襄公年譜》卷一頁 19。

注 103　《左文襄公年譜》卷一頁 16。《左文襄公書牘》卷一頁 8《上賀蔗農（熙齡）》。

注 104　《左文襄公書牘》卷一頁 36《答羅研生（汝懷）》。李兆洛，字申耆，江蘇武進人。嘉慶十年（1805）進士，官安徽鳳台縣知縣，道光二十一年（1841）卒，著述有《李氏五種》《養一齋集》等。閻若璩，字百詩，號潛邱，山西太原人，康熙四十三年（1704）卒，著述有《四書釋地》《潛邱札記》《日知錄補正》《毛朱詩說》《博湖掌錄》《眷西堂詩集》等。胡渭，字朏明，號東樵，浙江德清人，著述有《禹貢錐指》《易圖明辨》《周易揆方》《洪範正論》《大學翼真》等。

注 105　《左文襄公咨札》（家刻全集本）頁 3—5《咨覆總理衙門繪縣輿圖情形》。《左文襄公書牘》卷七頁 1《上總理各國事務衙門》。

注 106　《左文襄公書牘》卷十五頁 33《與譚文卿（鍾麟）》。何國宗，字翰如，順天大興人，康熙五十一年（1712）進士，官禮部尚書，降侍郎。

注 107　《左文襄公奏稿》卷十八頁 15《擬購機器僱洋匠試造輪船摺》。

注 108　《左文襄公書牘》卷一頁 34《上賀蔗農（熙齡）》。

注 109　《左文襄公書牘》卷二十頁 26《答王孝鳳（家璧）》。

注 110　《左文襄公年譜》卷一頁 11。

注 111　《左文襄公年譜》卷一頁 22。《左文襄公文集》卷三頁 35《亡妻周夫人墓志銘》。

注 112　《左文襄公年譜》卷一頁 23。《左文襄公書牘》卷一頁 36《答羅研生（汝懷）》。《左文襄公詩集》頁 4《二十九歲自題小像》。《慈雲閣詩鈔·飾性齋遺稿》頁 7《和季高夫子自題小像》。

注 113　《左文襄公書牘》卷二頁 1《與賀仲肅（瑗）》。賀瑗，字仲肅，熙齡子，官浙江慈溪縣知縣。

注 114　《左文襄公年譜》卷一頁 22。《左文襄公書牘》卷一頁 36《答羅研生（汝懷）》。

注 115　《左文襄公文集》卷一頁 2—5《廣區田制圖說序》。

注 116　黃輔辰《營田輯要》（同治三年〔1864〕成都刻本）外篇頁 6。

注 117　《左文襄公書牘》卷一頁 40《上賀蔗農（熙齡）》。

注 118　《左文襄公書牘》卷十九頁 33《答劉克庵（典）》。劉典，見六十八節。陳宏謀，字汝咨，一字榕門，廣西臨桂人，雍正三年（1725）進士，官至東閣大學士，乾隆三十六年（1771）卒，諡文恭，著述有《陳文恭公全集》。崔紀，原名珺，字南有，號虞村，一號定軒，山西蒲州人，康熙五十七年（1718）進士，官至吏部左侍郎。王心敬，字爾緝，著述有《豐川集》《關學編》《四禮寧儉編》《豐川易說》《江漢講義》《語錄》等。

注 119　《左文襄公書牘》卷十九頁 61、頁 64，均《答譚文卿（鍾麟）》。譚鍾麟，字雲覲，號文卿，湖南茶陵人，咸豐六年（1856）進士，官至兩廣總督，光緒三十一年（1905）卒，諡文勤，著述有《譚文勤公奏稿》。

注 120　《左文襄公批札》卷四頁 34《鳳翔府原守峰峻稟陳到任察看地方情形由》，頁 41《鳳翔府原守峰峻稟呈區田圖摺由》。原峰峻，河南溫縣人。

注 121　《正誼堂全書》卷首頁 5《答楊雪滄（浚）書》。《左文襄公書牘》卷一頁 12《上賀蔗農（熙齡）》，頁 1《上徐熙庵（法績）》。

注 122　《左文襄公家書》卷上頁 65。

注 123　《左文襄公年譜》卷一頁 8—9、頁 14。《左文襄公文集》卷二頁 7—8《吳荷屋中丞衡嶽開雲圖跋後》。《醴陵縣志》卷四頁 11。

注 124　《左文襄公書牘》卷一頁 5《答周汝光（詒昱）》；又《上賀蔗農（熙齡）》。

注 125　《左文襄公年譜》卷一頁 18。

注 126　《左文襄公書牘》卷一頁 9《上賀蔗農（熙齡）》。

注 127　《左文襄公批札》卷四頁 1《平涼縣王令啟春稟設義學條規由》。

注 128　《左文襄公文集》卷二頁 10《江陰南菁書院題額跋尾》。

注 129　《左文襄公書牘》卷一頁 30《上賀蔗農（熙齡）》。

注 130　《左文襄公書牘》卷一頁 27—28《上賀蔗農（熙齡）》。王育燿，字師璞，湖南安化人，陶澍女夫。

注 131　《左文襄公年譜》卷一頁 24。周開錫見六十八節。

注 132　牛鑒，字鏡堂，甘肅武威人，嘉慶十九年（1814）進士，官至兩江總督，咸豐八年（1858）卒。宗棠西征，鑒孫端覘以鑒藏成親王墨跡，宗棠跋而還之，見《左文襄公文集》卷二頁 4。

注 133　穆彰阿，姓郭佳氏，字鶴舫，滿洲鑲藍旗人，官至文華殿大學士。

注 134　琦善，姓博爾濟吉特氏，字靜庵，滿洲正黃旗人，官至文淵閣大學士，咸豐四年（1854）閏七月卒，諡文勤。

注 135　《左文襄公書牘》卷一頁 10、頁 11、頁 15、頁 17、頁 18，均《上賀蔗農（熙齡）》。

注 136　《左文襄公詩集》頁 4—5《感事四首》。

注 137　《左文襄公書牘》卷一頁 26《上賀蔗農（熙齡）》。

注 138　《左文襄公書牘》卷一頁 19—20《上賀蔗農（熙齡）》。

注 139　《左文襄公年譜》卷一頁 34《上賀蔗農（熙齡）》。

注 140　《左文襄公年譜》卷一頁 29。《養知書屋詩集》卷十頁 6《由粵東歸述懷留別》。《左文襄公書牘》卷一頁 34《上賀蔗農（熙齡）》。余星棠，道員，通星命風水之學。黃立鈴，字鍔雲，湖南安化人，拔貢，候選教諭。黃雨田，字臥雲，立鈴弟，縣學生，候選訓導。

注 141　《左文襄公詩集》頁四《二十九歲自題小像》。昭山在湘潭。

注 142　《左文襄公書牘》卷一頁 45《上賀蔗農（熙齡）》。

注 143　王闓運《湘軍志》（長沙初刻本）卷一《湖南防守篇》頁 2—3。王定安《湘軍記》（江南書局刻本）卷一《粵湘戰守篇》頁 7—11。永州，今零陵。衡州，今衡陽。

注 144　胡林翼《胡文忠遺集》（光緒六年〔1880〕湖北刻本）卷五十五頁 22—23《致左季高（宗棠）》。

注 145　《左文襄公書牘》卷五頁 34《與胡潤之（林翼）》，卷七頁 16《答美里登》。

注 146　《養知書屋文集》卷十八頁 8《仲弟撝叟家傳》。

注 147　《左文襄公年譜》卷一頁 29、頁 33、頁 35。

注 148　《湘軍志》卷一《湖南防守篇》頁 6。《湘軍記》卷二《湖南防禦篇》頁 1。

注 149　《左文襄公全集·張大司馬奏稿》（家刻全集本）卷二頁 1—3《剿辦徵義堂土匪竣事摺》。

注 150　郭嵩燾、郭崑燾《湘軍志平議》（家刻本）頁 18。

注 151　《左文襄公書牘》卷二頁 6-7《與江岷樵（忠源）》。

注 152　《張大司馬奏稿》卷一頁 5《籌辦軍務據實直陳摺》。《左文襄公書牘》卷二頁 9《與陶少雲（桄）》。徐廣縉，字靖侯，河南鹿邑人，嘉慶二十五年（1820）進士，長沙之役，奪職，咸豐八年（1858）十月卒。荊州，今江陵。

注 153　《湘軍志》卷一《湖南防守篇》頁 8。《湘軍記》卷二《湖南防禦篇》頁 13。

注 154　《駱文忠公自訂年譜》（光緒二十一年〔1895〕北京重刻本）卷上頁 28。

注 155　《張大司馬奏稿》卷四頁 22—25《河南賊匪竄楚水陸夾擊獲勝摺》。《左文襄公書牘》卷二頁 11—12《與陶少雲（桄）》。許州，今許昌。

注 156　《張大司馬奏稿》卷三頁 3—4《覆陳編籬安炮舉辦為難片》。

注 157　《左文襄公書牘》卷五頁 35《與胡潤之（林翼）》。王柏心《百柱堂全集》（唐氏刻本）卷一頁 17。

注 158　《左文襄公年譜》卷二頁 1。《駱文忠公自訂年譜》（四川初刻本）頁 30。彭玉麟，字雪琴，湖南衡陽人，縣學生，官至兵部尚書，光緒十六年（1890）四月卒，諡剛直，著述有《彭剛直公奏議》《詩集》。楊岳斌，原名載福，字厚庵，湖南長沙人，官至陝甘總督，光緒十六年（1890）卒，諡勇愨，著述有《楊勇愨公遺集》。樊燮，字鑒庭，湖北恩施人。

注 159　《左文襄公書牘》卷五頁 35《與胡潤之（林翼）》，卷二十六頁 25《答郭筠仙（嵩燾）》。

注 160　《左文襄公書牘》卷三頁 58《答夏憩亭（廷樾）》。《湘軍記》卷二《湖南防禦篇》頁 9。

注 161　《駱文忠公奏稿》（家刻本）卷一頁 57—58《兩廣匪徒滋擾南界摺》，頁 68—69《調兵援粵片》，頁 81—82《兩廣賊匪同時犯界摺》，頁 94—95《詳陳兩粵賊情片》。《駱文忠公自訂年譜》頁 32—33。《湘軍志》卷一《湖南防守篇》頁 11。《湘軍記》卷二《湖南防禦篇》頁 9。韶州，今曲江。

注 162　《駱文忠公奏稿》卷二頁 23—28《廣東賊陷郴宜摺》，頁 43—45《南北兩路剿賊獲勝摺》《收復東安摺》，卷三頁 14—19《永興茶陵失守摺》，頁 40-50《克復茶陵桂陽兩州摺》，卷四頁 1—7《郴州克復摺》。《駱文忠公自訂年譜》頁 34。《湘軍志》卷一《湖南防守篇》頁 11—13。《湘軍記》卷二《湖南防禦篇》頁 10—11。

注 163　《駱文忠公奏稿》卷四頁 61《越境追剿粵匪摺》，卷五頁 23—25《剿辦潭源洞粵匪片》。

注 164　《駱文忠公奏稿》卷十頁 11—12《另股賊匪竄擾南路各屬摺》，頁 19—21《剿辦兩粵股匪摺》，頁 44—47《越境剿辦粵匪摺》，頁 59—60《剿辦廣東禾洞賊匪摺》。《湘軍志》卷一《湖南防守篇》頁 17—19。《湘軍記》卷二《湖南防禦篇》頁 13—14。

注 165　《駱文忠公奏稿》卷一頁 83—90《兩廣賊匪同時犯界摺》，頁 95《詳陳兩粵賊情片》，卷二頁 4—5《粵賊竄陷江藍廳城片》。《駱文忠公自訂年譜》頁 32。《湘軍志》卷一《湖南防守篇》頁 10—11。《湘軍記》卷二《湖南防禦篇》頁 9。江藍廳在江華東南，設有理傜同知。

注 166　《駱文忠公奏稿》卷三頁 53—56《廣西賊匪竄陷永明摺》，卷四頁 30—
　　　　35《永明江華克復摺》。《駱文忠公自訂年譜》頁 37。《湘軍志》卷一《湖
　　　　南防守篇》頁 13。《湘軍記》卷二《湖南防禦篇》頁 10—11。

注 167　《駱文忠公奏稿》卷六頁 11—12《廣西賊勢狓猖片》，頁 59—66《克復
　　　　興安縣城摺》，卷七頁 44—49《進圍平樂府城摺》，頁 53—59《克復平
　　　　樂府城摺》，卷八頁 6—7《協濟廣西軍餉軍火摺》。《駱文忠公自訂年譜》
　　　　頁 44。《湘軍志》卷一《湖南防守篇》頁 14，卷十一《援廣西篇》。《湘軍
　　　　記》卷二《湖南防禦篇》頁 11。蔣益灃，見六十九節。江忠濬，字達川，
　　　　忠源弟，官至江西布政史。

注 168　《駱文忠公奏稿》卷十頁 13《另股賊匪竄擾南路各屬摺》，頁 17—18《剿
　　　　辦兩粵股匪摺》，頁 36—41《剿辦粵西回竄股匪摺》。《駱文忠公自訂年譜》
　　　　頁 46。《湘軍志》卷一頁 17—19《湖南防守篇》。

注 169　《左文襄公書牘》卷二頁 28、頁 34，均《與王璞山（鑫）》。《左文襄公奏
　　　　稿》卷一頁 7—8《請各路營勇來浙片》。羅心鈞《王壯武公年譜》（家刻
　　　　全集本）。勞崇光，字辛階，湖南善化人，道光十二年（1832）進士，官至
　　　　雲貴總督。同治六年（1867）二月卒，謚文毅，著述有《常惺惺齋詩文稿》
　　　　《讀書日記》等。

注 170　《駱文忠公奏稿》卷一頁 1—3《賊勢全注湖南摺》，頁 5—14《靖港擊賊
　　　　湘潭克復摺》，頁 17—19《靖港敗賊下竄崇通賊匪南犯摺》，頁 24—26《華
　　　　容龍陽失守常澧吃緊摺》，頁 27—29《常德府城失守摺》，頁 30《中東兩
　　　　路剿賊片》，頁 32《鄂城失守摺》，頁 34《籌議進剿岳州摺》，頁 59—61《克
　　　　復通城片》。《駱文忠公自訂年譜》頁 29—32。《湘軍志》卷一《湖南防守
　　　　篇》頁 8—11。《湘軍記》卷三《規復湖北篇》頁 6—14。江忠濟，字汝
　　　　舟，湖南新寧人，忠源季弟，保至道員，咸豐六年（1856）三月在湖北通城
　　　　陣亡，謚壯節。羅澤南，字仲岳，號羅山，湖南湘鄉人，咸豐三年（1853）
　　　　舉人，孝廉方正，六年（1856）三月殞於武昌省城，謚忠節，著述有《羅山
　　　　遺集》。塔齊布，姓托爾佳氏，字智亭，滿洲鑲黃旗人，官至湖北提督，
　　　　咸豐五年（1855）七月，攻九江，氣脫而卒，謚忠武。龍陽，今漢壽。

注 171　《駱文忠公奏稿》卷二頁 35—36《覆陳鄂督敗退武昌失守情形摺》，頁
　　　　41—42《南北兩路剿賊獲勝摺》，頁 55—57《北路賊敗退出境摺》，
　　　　頁 22—24《克復通城摺》，頁 35—36《北路官軍先勝後挫摺》，卷五頁
　　　　69—71《北路官軍越境追賊摺》，頁 80—83《肅清通城崇陽蒲圻通山四

縣摺》。《駱文忠公自訂年譜》頁 34、頁 41—42。《湘軍志》卷一《湖南防守篇》頁 11—14，卷二《湖北篇》頁 2—8。《湘軍記》卷三《規復湖北篇》頁 14—23。何忠駿，字龍臣，湖南平江人，咸豐二年（1852）舉人，保至同知直隸州，八年（1858）六月在三河陣亡。劉騰鴻，字嶠衡，湖南湘鄉人，羅澤南部將，咸豐七年（1857）七月卒於江西上高軍次，諡武烈。義寧，今修水。

注 172　《駱文忠公奏稿》卷四頁 16《黔匪攻撲鎮筸摺》。思州府，今岑鞏、玉屏、青溪三縣地，府城即今岑鞏縣城。沅州府，今芷江、黔陽、麻陽三縣地，府城即今芷江縣城。

注 173　《駱文忠公奏稿》卷三頁 58—60《黔匪攻撲鎮筸摺》，卷四頁 12—17《黔匪攻撲鎮筸綏靖沅州摺》，頁 23—26《克復松桃廳銅仁府兩城摺》，卷五頁 44—51《貴州東界民苗俱變摺》，頁 72—76《攻克三元屯三角莊摺》，頁 85—86《銅仁府境肅清摺》。《駱文忠公自訂年譜》頁 37—38。《湘軍志》卷一《湖南防守篇》頁 13，卷十二《援貴州篇》頁 1—2。《湘軍記》卷十四《平黔篇》頁 3—4。

注 174　《駱文忠公奏稿》卷五頁 89—93《援剿黎平摺》，卷六頁 39—44《攻克金山錦屏摺》，卷七頁 19—24《克復永從縣城摺》，卷十頁 77—78《剿辦黔匪》。《駱文忠公自訂年譜》頁 44。《湘軍志》卷十二《援貴州篇》頁 2。《湘軍記》卷十四《平黔篇》頁 4—5。古州，今榕江。

注 175　《駱文忠公奏稿》卷八頁 76—79《調兵援剿黔匪摺》，卷十頁 54—57《克復鎮遠府衛兩城摺》。《駱文忠公自訂年譜》頁 46、頁 54。《湘軍志》卷 12《援貴州篇》頁 2—3。《湘軍記》卷十四《平黔篇》頁 5。

注 176　《湘軍志》卷一《湖南防守篇》頁 11—13。《湘軍記》卷十四《平黔篇》頁 4。永從，今從江。《左文襄公書牘》卷二頁 43《答王璞山（鑫）》。《駱文忠公自訂年譜》頁 37—38。

注 177　臨江府，今清江、新淦、新喻、峽江四縣地，府城即今清江縣城。袁州府，今宜春、分宜、萍鄉、萬載四縣地，府城即今宜春縣城。吉安府，今廬陵、泰和、吉水、永豐、安福、遂川、萬安、永新、寧岡、蓮花十縣地，府城即今廬陵縣城。瑞州府，今高安、宜豐、上高、銅鼓四縣地，府城即今高安縣城。

注 178　《駱文忠公奏稿》卷四頁 37—42《克復萍鄉縣城摺》，頁 47—58《克復萬載縣城摺》，卷五頁 1—9《會攻袁州摺》，頁 57—63《克復袁州分宜

郡縣兩城摺》，卷六頁 15—23《克復新喻摺》，頁 34—38《援江西官軍疊獲全勝摺》，頁 79—84《克復臨江府城摺》，卷八頁 18—21《克復四縣兩府摺》。曾國藩《曾文正公奏稿》（上海東方書局全集本）卷七頁 208—209《劉長佑克復萍鄉摺》，頁 221《陳明鄰省援兵助餉片》，卷九頁 40《湖南援師克復袁州府摺》。《駱文忠公自訂年譜》頁 41、頁 44、頁 45。《湘軍志》卷四《江西篇》頁 4—12，卷十《援江西篇》頁 2—7。《湘軍記》卷四《援守江西上篇》頁 11—21。撫州城，今臨川。新城，今黎川。

注 179　《駱文忠公奏稿》卷五頁 3—9《收復新昌上高摺》。《曾文正公奏稿》卷八頁 8—9《湖北援師進攻瑞州府城摺》，頁 16—18《收復靖安安義二縣摺》，頁 23—24《瑞州一軍九月接仗情形片》，卷九頁 35—37《瑞州奉新攻戰情形摺》，頁 50—55《克復奉新縣城摺》。《湘軍志》卷四《江西篇》頁 4—12，卷十《援江西篇》頁 5—8。《湘軍記》卷四《援守江西篇》頁 10—21。

注 180　《駱文忠公奏稿》卷五頁 67—68《籌撥兵餉援剿吉安片》，卷八頁 50—55《會克吉安府城摺》。《曾文正公奏稿》卷九頁 43—44《克復安福縣城摺》。《駱文忠公自訂年譜》頁 45。《湘軍志》卷四《江西篇》頁 4—12，卷十《援江西篇》頁 5—11。《湘軍記》卷四《援守江西篇》頁 10—31。曾國荃，字沅甫，湖南湘鄉人，國藩弟，道光二十七年（1847）優貢，封一等威毅伯，官至兩江總督，光緒十六年（1890）十月卒，謚忠襄，著述有《曾忠襄公全集》。

注 181　《駱文忠公奏稿》卷六頁 53—56《馳剿援賊大捷摺》，卷七頁 1—7《王道疊獲大勝摺》，頁 8—13《王道續獲大捷摺》，頁 27—28《王道剿賊疊勝摺》，頁 37—40《追剿阜田回竄逆匪摺》，頁 67—76《擊退石逆大股摺》，卷八頁 21—28《克復四縣兩府摺》。《駱文忠公自訂年譜》頁 43—45。《湘軍志》卷四《江西篇》頁 7—12，卷十《援江西篇》頁 6—11。文中以王鑫為王珍，鑫即珍之古文。《湘軍記》卷四《援守江西篇》頁 16—21。

注 182　《駱文忠公奏稿》卷四頁 64—68《江西賊匪竄犯湖南東路邊界摺》，卷六頁 7—10《楚邊防軍收復江西旁縣摺》。《曾文正公奏稿》卷九頁 54《兩湖官軍收復各縣摺》。《駱文忠公自訂年譜》頁 43。龍泉，今遂川。

注 183　《駱文忠公奏稿》卷八頁 59—60《接濟援江西軍餉數目片》。《駱文忠公自訂年譜》頁 46。《湘軍志》卷十《援江西篇》頁 11。

注 184　《駱文忠公奏稿》卷八頁 34—37《籌擬分軍援浙摺》，頁 39《曾侍郎起程赴浙摺》，頁 73《加增曾侍郎援浙軍餉片》，頁 69—71《皖軍失利閩賊遠竄摺》。《曾文正公奏稿》卷十頁 65《恭報起程日期摺》，頁 70—71《移師援閩摺》，頁 77—78《遵旨斟酌具奏摺》，卷十一頁 103《恭報入皖日期摺》。李續賓，字克惠，號迪庵，湖南湘鄉人，官至浙江布政使，咸豐八年（1858）十一月殉難，諡忠武，著述有《李忠武公遺書》。

注 185　《湘軍志》卷十頁 1—3。王闓運，字壬甫，原名開運，字紉秋，湖南湘潭人，咸豐七年（1857）舉人。賞翰林院侍講官，清史館館長，中華民國五年（1916）九月卒，著述有《湘綺樓全集》《湘綺樓日記》。

注 186　《駱文忠公奏稿》卷九頁 1—5《江西大股賊匪竄擾南路摺》，頁 12—19《賊撲永州祁陽摺》，頁 27—38《賊勢趨重寶慶摺》，頁 52—60《寶慶府城解圍摺》，卷十頁 1—5《逆賊南竄漸次肅清摺》，頁 22—25《桂林重圍漸解摺》，頁 31—33《粵西重圍已解摺》。《駱文忠公自訂年譜》頁 47—53。《湘軍志》卷一《湖南防守篇》頁 16—19。文中以石達開為石大開。《左文襄公書牘》卷五頁 35《與胡潤之（林翼）》。劉坤一，字峴莊，湖南新寧人，廩生，長佑族侄，官至兩江總督，光緒二十八年（1902）九月卒，諡忠誠，著述有《劉忠誠公全集》《補讀齋文集》。南安，今大庾。桂陽縣，今汝城。興寧，今資興。寶慶，今邵陽。慶遠，今宜山。

注 187　《左文襄公年譜》卷二頁 32。按王柏心此札不載《百柱堂集》。

注 188　《左文襄公年譜》卷一頁 33。

注 189　《咸豐東華錄》卷三十七頁 2。

注 190　《左文襄公書牘》卷二頁 27—28《答劉霞仙（蓉）》。兩諸葛指郭崑燾、劉蓉。劉蓉，字孟容，號霞仙，湖南湘鄉人，縣學生，官至陝西巡撫，同治十二年（1873）卒，著述有《劉中丞奏議》《養晦堂詩文集》。

注 191　《左文襄公年譜》卷二頁 27。

注 192　宗稷辰《躬恥齋詩文鈔》卷四頁 8。《左文襄公年譜》卷二頁 14。宗稷辰，字滌甫，號滌樓，浙江會稽人，道光六年（1867）舉人，官至山東運河道，同治六年（1867）卒，著述有《躬恥齋詩文鈔》。

注 193　《胡文忠公遺集》卷十頁 19《附陳左郎中韓知府才略疏》。

注 194　《左文襄公年譜》卷二頁 22。

注 195　《左文襄公年譜》卷二頁 15。

注 196　《左文襄公書牘》卷二頁 16《與夏憩亭（廷樾）》，頁 17《與陶少雲（桄）》。

注 197　《湘軍志》卷一頁 11—12。

注 198　《駱文忠公奏稿》卷八頁 88—90《參劾永州鎮樊變違例乘輿私役弁兵摺》，
　　　　卷九頁 7—11《已革樊總兵劣跡有據請提省究辦摺》。

注 199　官文，字秀峰，姓王佳氏，滿洲正白旗人，江寧省城克復，封一等果毅
　　　　伯，官至文淵閣大學士，同治十年（1871）正月卒，諡文恭，著述有《敦復
　　　　堂詩鈔》。

注 200　《駱文忠公奏稿》卷八頁 91—92《永州栗署鎮難期勝任片》。

注 201　《咸豐實錄》卷二百八十八頁 13。《左文襄公書牘》卷五頁 24—25《答李
　　　　迪庵（續賓）》。黃文琛，字海華，湖北漢陽人，著述有《玩靈集》。錢寶
　　　　青，字萍矼。

注 202　《駱文忠公自訂年譜》（四川初刻本）頁 15。《左文襄公書牘》卷五頁 29《與
　　　　劉印渠（長佑）》。

注 203　《左文襄公書牘》卷五頁 36《與郭意城（崑燾）》，頁 37《與陶少雲（桄）》，
　　　　頁 38—40《答李希庵（續宜）》。《胡文忠公年譜》卷三。

注 204　郭嵩燾《玉池老人自敘》頁 6。《咸豐實錄》卷三百十五頁 4。《曾文正公
　　　　奏稿》卷十一頁 105《請簡用左宗棠摺》。《胡文忠公遺集》卷三十七頁 8
　　　　《敬舉賢才力圖補救疏》。潘祖蔭，字伯寅，號鄭盦，江蘇吳縣人，咸豐二
　　　　年（1852）一甲三名進士，官至兵部尚書，光緒十六年（1890）十月卒，諡
　　　　文勤。

注 205　《咸豐實錄》卷三百十六頁 29。

注 206　《左文襄公家書》卷上頁 40。嚴正基，原名芝，字仙舫，湖南漵浦人，副
　　　　貢生，官至通政使，同治二年（1863）十一月卒。

注 207　《咸豐東華錄》卷六十三頁 7，卷六十四頁 4。

注 208　《湘軍志》卷五《曾軍後篇》頁 2。《湘軍記》卷五《援守江西篇》頁 1。常
　　　　州，今武進。蘇州，今吳縣。安慶，今懷寧。

注 209　《左文襄公年譜》卷二頁 36。羅近秋，字鹿鳴，湖南湘鄉人，王鑫舊部，
　　　　保至副將，咸豐十一年（1861）三月在樂平陣亡。黃少春，字芍巖，湖南
　　　　人，趙煥聯舊部，官至浙江提督，以告養開缺。張聲恆，原名聲訓，湖南
　　　　湘鄉人，王鑫舊部，保至道員。王開化、劉典、楊昌濬，並見六十八節。
　　　　王開琳，字毅卿，湖南湘鄉人，王鑫族弟。

注 210　《曾文正公奏摺》卷十一頁 116《請留左宗棠襄辦軍務摺》。《左文襄公年譜》
　　　　卷二頁 37。

注 211　《湘軍志》卷五《曾軍後篇》頁 4。鮑超，字春霆，四川奉節人，官至湖南提督，光緒十二年（1886）八月卒，諡忠壯。張運蘭，字凱章，湖南湘鄉人，王鑫舊部，官至福建按察使，同治三年（1864）戰歿汀州，諡忠毅。饒州，今鄱陽。

注 212　《曾文正公奏稿》卷十二頁 141—142《左宗棠軍克德興婺源摺》，頁 143《近日南岸軍情賊勢片》，頁 144—146《水師保守湖口克都昌縣摺》。《湘軍志》卷五《曾軍後篇》頁 5—6。《湘軍記》卷五《援守江西篇》頁 1—2。池州，今貴池。建德，今至德。

注 213　《曾文正公奏稿》卷十三頁 153—155《官軍扼守景德鎮會剿洋塘大捷摺》，頁 158—163《官軍分剿婺源樂平大股竄匪摺》，頁 163—164《景德鎮失陷摺》，頁 165—167《官軍破賊樂平鄱景浮樂一律肅清摺》。《曾文正公家書》卷八，同治元年（1862）九月初四日。《湘軍志》卷五《曾軍後篇》頁 6。《湘軍記》卷五《援守江西下篇》頁 2—3。徽州，今歙縣。《左文襄公家書》卷上頁 18。

注 214　《曾文正公奏稿》卷十三頁 172《近日軍情片》，頁 179—180《左宗棠五六兩月戰守情形摺》。《湘軍志》卷五《曾軍後篇》頁 7。《湘軍記》卷五《援守江西下篇》頁 4—7。廣信，今上饒。汀州，今長汀。

注 215　《湘軍志》卷五《曾軍後篇》頁 7—8。《左文襄公家書》卷上頁 29。徽州府，今歙、休寧、婺源、祁門、黟、績溪六縣地。饒州府，今鄱陽、餘干、樂平、浮梁、德興、餘江、萬年七縣地。廣信府，今上饒、玉山、弋陽、貴溪、鉛山、廣豐、橫峰七縣地。

注 216　《咸豐東華錄》卷六十六頁 6，卷六十八頁 5。《曾文正公奏稿》卷十三頁 165《請將左宗棠改為幫辦軍務摺》。

注 217　《曾文正公奏稿》卷十三頁 173—174《覆陳左宗棠軍不能赴浙摺》，卷十四頁 190—191《左宗棠定議援浙節制諸軍摺》，頁 193—194《力辭節制浙省各官摺》，頁 198—199《浙省失守通籌全局摺》，卷十五頁 2—3《再辭節制四省摺》，頁 7—9《籌辦江浙軍務摺》，頁 11《遵旨統籌全局摺》。《同治東華錄》卷二頁 12，卷四頁 12。《平浙記略》卷一頁 1。《湘軍志》卷七《浙江篇》頁 1—2。《湘軍記》卷十一《謀浙篇》頁 9—11。李鴻章，字少荃，安徽合肥人，道光二十七年（1847）進士，封一等肅毅伯，官至文華殿大學士，光緒二十七年（1901）七月卒，追封一等侯，諡文忠，著述有《李文忠公全集》。溫州，今永嘉。石浦，今象山。

注 218 　《左文襄公奏稿》卷一頁 7，《請催調各路勇營來浙片》，頁 9，《請速令劉培元募勇來衢片》。《曾文正公奏稿》卷十四頁 190—191，《左宗棠定議援浙摺》。《平浙記略》卷十四頁 1。《湘軍志》卷五，《曾軍後篇》頁 9，卷七《浙江篇》頁 2。《湘軍記》卷五《援守江西篇》頁 5，卷十一《謀浙篇》頁 9、頁 11。劉培元，字祝廷，號竹亭，湖南長沙人，縣學生。屈蟠，字文珍，號見田，江西湖口人，廩生，統領平江營，同治十一年（1872）卒於樂平軍次。王德榜，字朗青，湖南江華人，官至貴州布政使，光緒十九年（1893）二月卒。段起，字培元，湖南清泉人，官至廣東鹽運使，署按察使。魏喻義，字質齋，湖南桂陽人，浙江溫處道。

注 219 　《左文襄公奏稿》卷一頁 3—4《遵旨督辦浙江軍務摺》，頁 31—32《覆奏駐軍開化馬金街兼顧衢城摺》。《曾文正公奏稿》卷十五頁 7《籌辦浙江軍務摺》，頁 11《遵旨通籌全局摺》。《平浙記略》卷一頁 9。《湘軍志》卷七《浙江篇》頁 1。《湘軍記》卷十一《謀浙篇》頁 12。《左文襄公年譜》卷三頁 2(夏炘函)。處州，今麗水。台州，今臨海。湖州，今吳興。嚴州，今建德。趙景賢，字竺生，浙江歸安人，道光二十四年（1844）舉人，授福建督糧道，不赴，同治元年（1862）城陷被執，次年三月不屈遇害，諡忠節。

注 220 　《左文襄公奏稿》卷一頁 23—27《由徽入浙開化肅清摺》，頁 39—40《遂安克復摺》，頁 48—52《衢州江山兩城解圍摺》，頁 56—57《遂安解圍摺》，卷二頁 23—27《湖州府城失守摺》。《平浙記略》卷二。《湘軍志》卷七《浙江篇》頁 2、頁 4。《湘軍記》卷十一《謀浙篇》頁 13。王開來，湖南湘鄉人，王鑫族弟。王文瑞，字鈐峰，湖南湘鄉人，王鑫族弟，官至江西贛南兵備道。

注 221 　《左文襄公奏稿》卷二頁 21—24《衢州東南北三路一律肅清摺》，頁 54—56《進攻龍游摺》，卷三頁 1—6《克復壽昌縣城摺》，頁 22—27《逼攻龍游湯溪縣城壘摺》，頁 36—38《嚴州郡城克復摺》，頁 50—52《圍攻龍游湯溪兩城截剿金華蘭溪援賊摺》，卷四頁 1—4《連克湯溪龍游蘭溪三縣並金華府摺》，頁 16—17《連復武義永康等縣城摺》，頁 25—26《克復桐廬縣城摺》。《平浙記略》卷三—四。《湘軍志》卷七《浙江篇》頁 4—7。《湘軍記》卷十一《謀浙篇》頁 14。高連升，字果臣，湖南寧鄉人，官至甘肅提督，同治八年（1869）二月兵叛遇害，諡勇烈。劉明燈，字簡青，湖南永定人，保至提督，光緒二十一年（1895）三月卒。

注 222　《左文襄公奏稿》卷二頁 25《寧波郡縣克復摺》，卷四頁 25《克復紹興府城摺》，頁 44《查明紹興蕭山克復情形摺》。李鴻章《李文忠公奏稿》（南京刻全集本）卷一頁 8《洋將克復寧波片》，卷二頁 36—39《克復上虞縣城摺》，卷三頁 18《克復紹興諸暨蕭山等城片》。《平浙記略》卷九。《湘軍志》卷七《浙江篇》頁 3—6。《湘軍記》卷十一《謀浙篇》頁 15—20。張景渠，江西上饒人，以寧紹道台失守革職，後協同英法軍克復寧波、紹興府屬，歸左宗棠差遣，宗棠以其挾外兵自重，不為開復原官。寧波，今鄞縣。

注 223　《左文襄公奏稿》卷二頁 25—26《台州郡縣克復溫郡漸就肅清摺》，卷四頁 16《連復武義永康等縣城摺》。《平浙記略》卷八。《湘軍志》卷七《浙江篇》頁 3—6。《湘軍記》卷十一《謀浙篇》頁 14—20。秦如虎，字嘯山，官至浙江提督。林文察，字子明，號密庵，台灣人，原籍福建彰化，官至福建陸路提督，同治三年（1864）十一月在漳州陣亡，諡剛湣。

注 224　《左文襄公奏稿》卷三頁 4—5《攻剿湯溪逆賊摺》，頁 22—24《逼攻湯溪賊壘摺》，頁 50—52《圍攻湯溪摺》，卷四頁 1—2《連克湯溪龍游蘭溪三縣摺》。康國器，字佑之，廣東南海人，官至廣西布政使，光緒十年（1884）十月卒。

注 225　《左文襄公奏稿》卷五頁 3—5《進剿富陽摺》，頁 40—43《截剿富陽縣城摺》，卷六頁 49—52《克復富陽摺》，卷八頁 4—5《收復海寧州城摺》，頁 15《收復桐鄉縣城摺》。《平浙記略》卷四頁 4—13，卷六頁 2—4。《湘軍志》卷七《浙江篇》頁 7—9。《湘軍記》卷十一《謀浙篇》頁 21—22。熊建益，諡勇烈。

注 226　《左文襄公奏稿》卷七頁 11—16《進攻杭州兼圍餘杭摺》，頁 35—39《攻剿杭州餘杭踞逆摺》，頁 53—54《攻剿餘杭踞逆摺》，卷八頁 1—3《攻剿餘杭踞逆摺》。《平浙記略》卷五頁 1—12。《湘軍志》卷七《浙江篇》頁 8—9。《湘軍記》卷十一《謀浙篇》頁 21—23。

注 227　《左文襄公奏稿》卷八頁 25《會克嘉興府城摺》。《李文忠公奏稿》卷五頁 27—28《籌辦大略片》，頁 29—31《進規嘉善摺》，頁 36—38《連復平湖乍浦海鹽各城摺》，頁 39—41《攻克平望鎮九里橋黎里等賊壘摺》，頁 44《攻克玕城賊壘片》，頁 45《進圖浙西片》，卷六頁 49《收復嘉善縣城摺》，卷七頁 9—12《圍攻嘉興片》，頁 18《猛攻嘉興片》，頁 20《克復嘉興片》，頁 23—25《克復嘉興詳細情形摺》。《平浙記略》卷十頁 1—8。《湘軍志》卷七《浙江篇》頁 10。

注 228　《左文襄公奏稿》卷八頁 7《分別剿撫相機辦理片》，頁 27《攻剿杭州餘杭
　　　　大概情形片》，頁 36《攻克杭州餘杭兩城摺》，頁 40—45《詳陳攻克杭州
　　　　餘杭兩城實在情形摺》。《同治東華錄》。《平浙記略》卷五。《湘軍志》卷
　　　　七《浙江篇》頁 10。《湘軍記》卷十一《謀浙篇》頁 35—36。劉清亮，字
　　　　楚臣，湖南瀏陽人，官浙江衢州鎮總兵。徐文秀，字華亭，湖南湘陰人，
　　　　官廣東高州鎮總兵，記名提督，同治十一年（1872）正月在甘肅河州太子寺
　　　　陣亡。

注 229　《左文襄公奏稿》卷八頁 55—58《克復武康德清石門三縣摺》，卷九頁 51
　　　　《攻克孝豐縣城摺》。《平浙記略》卷六頁 6—10，卷七頁 5。《湘軍志》卷
　　　　七《浙江篇》頁 11。《湘軍記》卷十一《謀浙篇》頁 26。劉璈，字蘭洲，
　　　　湖南臨湘人，官終台灣道。

注 230　《左文襄公奏稿》卷九頁 1—2《進規湖郡摺》，頁 18—22《進規湖郡攻克
　　　　要隘摺》，頁 48—50《進規湖郡疊勝摺》，卷十一頁 1—4《攻剿湖郡安
　　　　吉踞逆摺》，頁 8—11《進規湖郡苦戰摺》，頁 14《收復湖州府城摺》，
　　　　頁 16—19《克復湖州安吉兩城摺》，頁 24—28、頁 35—37，均《截剿
　　　　竄賊摺》，頁 39—42《全浙肅清摺》。《李文忠公奏稿》卷六頁 56—58
　　　　《分剿湖州進展長興摺》，頁 62—63《克復長興摺》，卷七頁 6—9《湖州
　　　　攻克晟舍賊疊摺》，頁 13—15《克復湖州摺》，頁 20—22《攻克湖州詳
　　　　細情形摺》。沈葆楨《沈文肅公政書》（光緒六年〔1880〕刻本）卷三頁
　　　　89—91《搜獲偽酋摺》。《平浙記略》卷七頁 1—15。《湘軍志》卷七《浙
　　　　江篇》頁 10—12。《湘軍記》卷十一《謀浙篇》頁 27—28。

注 231　參閱七節、九節、十節。

注 232　《曾文正公奏稿》卷十四頁 190《左宗棠定議援浙節制諸軍摺》。

注 233　《曾文正公奏稿》卷十四頁 198《浙省失守徽郡被圍摺》，卷十五頁 4《近
　　　　日各路軍情片》，頁 5—6《徽州解圍片》，卷十四頁 184《克池州府城
　　　　摺》，頁 189《克復桐陵等處摺》，卷十五頁 9《鮑超軍在青陽大捷片》，
　　　　頁 19—20《克復青陽縣城摺》，頁 21—22《克復石埭太平涇縣三城摺》，
　　　　頁 34《克復繁昌縣城摺》，頁 9《克復旌德縣城摺》，頁 19—20《克復南
　　　　陵縣城摺》，卷十六頁 29—30《克復太平蕪湖兩城摺》，頁 34《鮑超進攻
　　　　寧郡摺》，頁 39—40《克復寧國府城摺》，頁 19—20《童容海投誠片》，
　　　　頁 45—46《籌辦廣德州收降事宜摺》。《湘軍志》卷五《曾軍後篇》頁 9—
　　　　10。《湘軍記》卷六《規復安徽篇》頁 23—24。曾貞幹，字事恆，湖南湘

鄉人，國藩弟，同治元年（1862）十一月卒於江寧省城軍次，贈按察使，諡靖毅。太平，今當塗。寧國，今宣城。

注 234　《左文襄公奏稿》卷三頁 32《派兵駐防歙休地方片》，頁 45—46《克復祁門績溪兩城摺》，卷五頁 8—9《馳剿徽休賊匪摺》，頁 20—24《克復黟縣摺》，卷六頁 1—4《浙師越境援江摺》，頁 45—46《迎剿竄黟賊匪摺》，頁 67—68《浙師援江獲勝江境肅清仍回徽境防剿摺》，卷七頁 17—19《浙師截剿皖南賊匪摺》，頁 74《截剿竄浙逆匪摺》，卷四頁 26《克復桐廬縣城摺》。《曾文正公奏稿》卷十七頁 59《寧國縣失守片》，頁 71《祁門縣失守片》，頁 74《旌德涇縣解圍克復績溪祁門摺》，卷十八頁 7《鮑超大獲勝仗涇縣解圍摺》，頁 120—123《寧國涇縣防軍勝仗摺》，卷十九頁 81—83《古隆賢率眾投誠收復三縣摺》，頁 92—93《聲明石太旌寧四城失陷緣由摺》。《沈文肅公政書》卷一頁 81—83《協同浙師攻克黟縣摺》，頁 92—93《浙師連敗黟縣敗匪片》，頁 95《浙師掃蕩黟境摺》。《平浙記略》卷十一頁 11—16。《湘軍志》卷五《曾軍後篇》頁 15—18。《湘軍記》卷五《援守江西下篇》頁 6—7，卷六《規復安徽篇》頁 27—28。江忠義，字味根，湖南新寧人，忠源弟，統帶精捷營，官至廣西提督，同治二年（1863）十一月，卒於江西軍次。

注 235　《左文襄公奏稿》卷七頁 56—59《覆陳籌辦軍情片》。《曾文正公奏稿》卷九頁 134《覆陳四條摺》。《沈文肅公政書》頁 83—85《遵旨酌議並陳近日籌辦情形摺》。

注 236　《左文襄公奏稿》卷八頁 11—14《截剿蘇皖竄浙賊匪摺》，頁 18《請飭閩浙兩臬司張運蘭與劉典帶勇赴任助剿摺》，頁 63—65《截剿竄賊摺》，卷九頁 2—5《截剿上游竄賊摺》，頁 8—9《逆賊分竄江西請敕楊岳斌督辦江皖軍務片》（劉典幫辦），頁 23—25《追剿江皖竄賊派兵馳援江西摺》，頁 27《浙軍擊賊弋陽片》，頁 36—37《林彩新一股悉數殲除摺》，頁 57—58《援江各軍近日軍情片》，卷十頁 16—19《追剿竄賊摺》，頁 24—27《截剿竄賊黃文金貢文英等就戮摺》，頁 35—37《截剿竄賊摺》，頁 43—45《杭州餘匪竄出情形片》，頁 53—54《浙軍出境剿賊摺》，卷十一頁 7—8《賊竄閩疆撥兵援剿摺》，頁 20—21《福建臬司剿賊受傷摺》，頁 62—63《赴閩督師剿賊摺》，頁 92—93《查明臬司殉難情形摺》。《曾文正公奏稿》卷二十頁 138—139《近日軍情摺》《攻復績溪摺》，頁 141、頁 143、頁 147、頁 148、頁 149《近日軍情片》，頁 150—152《徽

州防軍挫失摺》，頁 53—54《近日軍情片》，頁 156《徽州防軍殲賊摺》，
頁 157、頁 159、頁 160《近日軍情片》，頁 162—163《覆陳皖北江西各
路籌辦情形摺》，卷二十一頁 172—173《近日軍情片》，頁 173—174《分
條陳覆摺》，頁 176《湖州廣德敗賊犯歙摺》，頁 177《近日軍情片》，頁
179《皖南肅清摺》。《沈文肅公政書》卷二頁 87—89《髮逆分股內竄摺》，
頁 90—92《髮逆闌入腹地摺》，頁 93—94《克復金谿摺》，卷三頁 10—
13《攻克新城摺》，頁 20—21《報各路軍情摺》（玉山解圍，樂平肅清），
頁 23《收復弋陽片》，頁 25—26《立解撫州城圍摺》，頁 39—40《老湘
等營疊獲勝仗摺》（鉛山肅清），頁 48—50《視賊所向帶兵迎剿片》，頁
55—56《掃清貴溪賊送摺》，頁 64—66《崇仁掃平賊壘摺》，頁 67—68
《先剿許灣摺》，頁 73—76《廣信肅清摺》，頁 83《查明辦理降眾情形摺》
（陳炳文），頁 84—85《克復雩都摺》，頁 87《探報各路軍情片》（建昌
肅清），頁 92—94《寧都解圍摺》，頁 98《攻克瑞金賊遁出境摺》。《平
浙記略》卷十一頁 16—24。《湘軍志》卷八《江西後篇》，卷五《曾軍後篇》
頁 19—21。《湘軍記》卷五《援守江西下篇》頁 7—8、頁 11—14，卷六
《規復安徽篇》頁 28—29。席寶田，字研薌，湖南東安人，廩生，統帶精
毅營，官至貴州布政使，光緒十五年（1889）六月卒。建昌，今永修。石
門，今崇德。

注 237　《左文襄公奏稿》卷十一頁 7—8《賊竄閩疆撥兵援剿摺》。《沈文肅公政書》
　　　　卷三頁 122—123《遵旨援閩兼防回竄摺》。郭嵩燾《郭侍郎奏疏》（光緒
　　　　十八年〔1892〕刻本）卷五頁 1—6《江西竄賊闌入粵界熟籌防剿疏》。謝
　　　　國珍《嘉應平寇記略》頁 4—6。朱用孚《磨盾餘談》卷一《潮嘉防剿記略》
　　　　頁 2。《湘軍志》卷七《浙江篇》頁 12—13，卷八《江西後篇》頁 4—5。
　　　　《湘軍記》卷十二《援廣閩篇》頁 11—12。嘉應，今梅縣。鎮平，今蕉嶺。
　　　　漳州，今龍溪。

注 238　《左文襄公奏稿》卷十一頁 62—63《赴閩督師摺》，頁 70—71《行抵浦
　　　　城摺》，頁 79—83《攻守龍巖漳平及連城進剿摺》，卷十二頁 1—5《連
　　　　州漳州獲勝摺》，頁 16《逆賊竄陷長泰旋即克復摺》，頁 18—22《會克
　　　　永定縣城及攻克龍巖州城摺》，頁 26—32《汀連龍漳分軍進剿摺》，頁
　　　　42—45《汀連肅清摺》，頁 48—55《兩路進剿摺》，卷十三頁 1—5《分
　　　　路進剿摺》，頁 14—17《進逼漳州摺》，頁 21—24《連克漳州府城南靖
　　　　縣城摺》，頁 36—39《連克平和漳浦雲霄各城摺》，頁 44—45《收復詔

安首逆乞降（丁太洋）摺》，卷十四頁 1—3《全閩肅清摺》，頁 4—5《請
調援閩之軍回蘇摺》。《郭侍郎奏疏》卷六頁 1—2《克復永定縣城疏》，
頁 19—22《迎剿竄匪疏》，頁 32—34《規復詔安疏》，卷七頁 1—5《東
路防軍屢勝疏》，頁 6《婁雲慶一軍無庸赴粵助剿疏》，頁 15—18《克復
平和詔安兩縣城疏》。《李文忠公奏稿》卷八頁 3—4《派兵由海道援閩摺》，
頁 14《飭催郭松林楊鼎勳航海援閩摺》，頁 22—23《會克漳州府摺》，頁
50—51《克復漳浦縣摺》，卷九頁 14《援閩蘇軍回滬摺》。《湘軍志》卷
七《浙江篇》頁 12—13，《湘軍記》卷十二《援廣閩篇》頁 12—16。《左
文襄公文集》卷五頁 1。婁雲慶，字峻山，湖南長沙人，官至湖南提督，
光緒三十年（1904）卒。郭松林，字子美，湖南湘潭人，本曾國荃部將，後
隸李鴻章淮軍，官至直隸古北口總督，光緒六年（1880）正月卒，謚武壯。
方耀，字照軒，廣東普寧人，官至廣東水師提督，光緒十七年（1891）年六
月卒（太平軍入粵時，以失守鎮平革總兵職，及收復嘉應有功，由左宗棠
為奏准開復原官）。建寧，今建甌。汀州，今長汀。興化，今莆田。

注 239　《左文襄公奏稿》卷十五頁 1—4《各軍分路進剿摺》，頁 8—10《克復鎮
平縣城摺》，頁 29—32《追剿竄賊摺》，頁 33—35《黃陂墟土匪搶奪官
軍軍火戕害勇丁片》，頁 37—39《覆陳近日賊情懇收回節制三省各軍成命
摺》，頁 41—43《截剿獲勝摺》，卷十六頁 1—2《賊蹤回竄粵境摺》，頁
11—13《分路追剿摺》，頁 33—36《嘉應合圍摺》，頁 46—50《進剿嘉
應東路汪海洋伏誅摺》，頁 56—62《收復嘉應州城餘孽蕩平摺》，卷十七
頁 1—2《粵東軍務速蕆班師回閩摺》。《郭侍郎奏疏》卷七頁 28—32《賊
由閩竄鎮平疏》，頁 35—36《叛勇（霆軍）竄至粵邊疏》，頁 46—48《逆
匪大股尚踞鎮平疏》，頁 51—54《肅清平遠疏》，卷八頁 68《康逆分竄嘉
應州疏》，頁 11—12《逆匪聚竄一隅合力進剿疏》，頁 26—29《擬規復
鎮平情形疏》，頁 47《請飭左宗棠督辦此股賊匪片》，卷九頁 7—10《康
逆竄陷平和縣城旋即收復疏》，頁 11—12《黃陂等處土匪截劫閩軍片》，
頁 44《逆匪竄陷嘉應州疏》，頁 32—34《逆匪跧伏嘉應添軍會剿疏》，
卷十頁 13—16《髮逆蕩平摺》。《嘉應平寇記略》頁 8—16。《磨盾餘談》
卷三—四《閩師進剿記略》。《湘軍志》卷七《浙江篇》頁 13—15。《湘
軍記》卷十二《援廣閩篇》頁 16—22。鄭紹忠，廣東三水人，官至湖南
提督，光緒二十二年（1896）卒。夔州，今奉節。惠州，今惠陽。潮州，今
潮安。

注 240　吳觀禮《圭庵詩錄》頁 11。

注 241　劉長佑《劉武慎公遺書尺牘》卷二十二頁 27—29《致左季高爵相》。

注 242　《左文襄公奏稿》卷十四頁 11—14《攻毀雲霄廳岳坑匪巢摺》，頁 15—16《剿辦土匪情形摺》，頁 38—39《剿辦興泉永漳等處土匪片》，卷十五頁 27《會派舟師圍拿洋盜片》，頁 54—58《剿辦上下府各屬土匪情形摺》，卷十六頁 28—31《師船巡獲洋盜摺》，頁 38—39《剿辦龍溪縣屬土匪摺》，卷十七《續辦上下府各屬土匪摺》。

注 243　《左文襄公奏稿》卷十七頁 25—28《齋匪突陷崇安建陽兩城旋即收復摺》，頁 44—47《越境追剿齋匪摺》，卷十九頁 73—74《查辦崇安齋匪事竣摺》。張福齊，原名福齋，劉典部將，保至總兵。張樹荄，字聽庵，陝西潼關廳人，官至甘肅鞏秦階道。

注 244　《左文襄公書牘》卷六頁 12《上總理各國事務衙門》。《李文忠公奏稿》卷二頁 55—56《整飭常勝軍片》。

注 245　《左文襄公奏稿》卷二頁 25《寧波郡縣克復摺》。《左文襄公書牘》卷七頁 11《上總理各國事務衙門》。史致諤，字士良，號子愚，江蘇陽湖人，道光二十七年（1847）進士，著述有《慎節齋雜記》。

注 246　《左文襄公奏稿》卷三頁 28—31《發給勒伯勒東札憑片》。《左文襄公書牘》卷六頁 11—12、頁 16，均《答史士良（致諤）》。

注 247　《左文襄公奏稿》卷二頁 29《寧波郡縣克復摺》。

注 248　《左文襄公書牘》卷六頁 35《上總理各國事務衙門》。

注 249　《左文襄公書牘》卷七頁 11、頁 35，均《上總理各國事務衙門》。

注 250　《左文襄公奏稿》卷十二頁 9—10《廈門稅務司等盤獲遞書逆犯片》。

注 251　《左文襄公奏稿》卷十二頁 38—39《請禁駐廈洋官私交髮逆摺》，頁 60《舟師緝獲通賊洋匪摺》。《左文襄公書牘》卷七頁 23《答徐樹人（宗幹）》，頁 24《上總理各國事務衙門》。

注 252　《左文襄公奏稿》卷十二頁 60—61《舟師緝獲通賊洋匪摺》。

注 253　《左文襄公奏稿》卷十二頁 60—61《舟師緝獲通賊洋匪摺》。

注 254　《左文襄公奏稿》卷十二頁 63—64《中外各員拿獲通逆洋匪摺》。

注 255　《左文襄公奏稿》卷十三頁 11—12《搜獲洋人濟逆槍炮軍火摺》。

注 256　《左文襄公書牘》卷八頁 49—50《上總理各國事務衙門》。

注 257　《左文襄公書牘》卷七頁 14《答美里登》。季芝昌，字仙九，江蘇江陰人，道光十二年（1832）一甲三名進士，官至閩浙總督，咸豐十年（1861）十一

月卒，著述有《丹魁堂自訂年譜》《感遇錄》《外集》《詩集》。季芝昌《感遇錄》（附《丹魁堂自訂年譜》後）。

注 258　王闓運《湘綺樓日記》冊四頁 18。

注 259　《平浙記略》卷十四頁 91。

注 260　《左文襄公奏稿》卷一頁 33《官軍入浙應設糧台片》，卷六頁 10—11《請設閩浙總糧台摺》。

注 261　《平浙記略》卷十四頁 11—13。

注 262　《平浙記略》卷十四頁 14。

注 263　《左文襄公奏稿》卷二頁 6—8《瀝陳餉項支絀情形摺》。

注 264　《左文襄公奏稿》卷二頁 39《豁免浙江錢糧摺》。《左文襄公書牘》卷六頁 26《答徐樹人（宗幹）》。《左文襄公家書》卷上頁 34。石浦，今三門。

注 265　《左文襄公奏稿》卷二頁 6《瀝陳餉項支絀情形摺》，卷四頁 21《瀝陳餉項支絀片》，卷十一頁 24《請將協濟楊岳斌赴甘行資抵解甘餉摺》。

注 266　《平浙記略》卷十四頁 8。

注 267　《同治東華錄》卷五十八頁 13，卷六十頁 17、頁 19、頁 21。《左文襄公奏稿》卷二十頁 58《恭報起西征起程日期摺》，頁 85—89 諭旨。《左文襄公詩集》頁 6《崇安道中》。

注 268　《湘軍志》卷十四《平捻篇》頁 1。淮安府，今江蘇之淮安、阜寧、鹽城、淮陰、漣水、泗陽六縣地。徐州府，今銅山、蕭、碭山、豐、沛、邳、宿遷、睢寧八縣地。

注 269　《湘軍志》卷十六《平捻篇》頁 1。兗州府，今滋陽、曲阜、寧陽、鄒、泗水、滕、汶上、陽穀、壽張九縣地。沂州府，今臨沂、郯城、費、莒、沂水、蒙陰、日照七縣地。曹州府，今菏澤、單、巨野、鄆城、城武、曹、定陶、濮陽、范、觀城、朝城十一縣地。南陽府，今南陽、南召、唐河、泌陽、桐柏、鎮平、鄧、內鄉、新野、方城、舞陽、葉十二縣地。汝寧府，今汝南、正陽、上蔡、新蔡、西平、遂平、確山、信陽、羅山九縣地。光州直隸州，今光山、固始、息、商城四縣地。歸德府，今商丘、寧陵、鹿邑、夏邑、永城、虞城、睢、考城、柘城九縣，及民權縣一部份地。大名府，今大名、南樂、清豐、東明、濮陽、長垣六縣地。廬州府，今鳳陽、懷遠、定遠、鳳台、壽、宿、靈璧七縣地。鳳陽府，今合肥、舒城、廬江、無為四縣地。潁州府，今阜陽、潁上、霍丘、亳、渦陽、太和、蒙城七縣地。

注 270　陶澍《陶文毅公全集（揚州刻本）奏疏》卷二十四頁 3—4《條陳緝捕紅鬍子摺》。陳州府，今淮陽、商水、西華、項城、沈丘、太康、扶溝七縣地。

注 271　《湘軍志》卷十七《平捻篇》頁 1—11，文中以張洛行為張樂行。《湘軍記》卷十六《平捻篇》頁 1—17，文中以張洛行為張洛刑。僧格林沁，姓博爾吉特氏，蒙古科爾沁旗人，以札薩多羅郡主，積功封博多勒噶台親王，同治四年（1865）五日，在曹南陣亡，諡忠。

注 272　《湘軍記》卷十七《平回上篇》頁 1—5。楊昌濬《平定關隴記略》卷一頁 1—2。河州，今臨夏。

注 273　《湘軍記》卷十七《平回上篇》頁 5—30。《平定關隴記略》卷一，卷二，卷三頁 1—35。劉蓉《劉中丞奏議》（長沙思賢講舍刻本）卷十九頁 10—11《回捻回竄陝境疏》，卷二十頁 16—20《條報逆捻回竄臨渭官軍中伏挫衄疏》。張芾，字小浦，陝西涇陽人，道光十五年（1835）進士，官至江西巡撫，同治元年（1862）四月遇害，諡文毅。成明，姓葉赫那拉氏，滿洲鑲藍旗人，時為直隸提督，後官至鑲黃旗蒙古副都統。勝保，姓蘇完瓜爾佳氏，字克齋，滿洲鑲白旗人，道光二十年（1840）舉人，官至內閣學士，兼禮部侍郎，同治二年（1863）三月以淫暴被劾，賜自盡。多隆阿，姓呼爾拉特氏，字禮堂，蒙古正白旗人，僧克林沁部將，官至西安將軍，同治三年（1864）四月卒於軍，諡忠勇，一生事跡載《多忠勇公勤勞錄》。瑛棨，姓鄭氏，原名瑛桂，漢軍正白旗人。喬松年，字健侯，號鶴儕，山西徐溝人，道光十四年（1834）進士，官至東河提督，光緒元年（1875）卒，諡勤恪，著述有《喬勤恪公奏議》《緯麋詩文集》等。同州，今古荔。漢中，今南鄭。

注 274　《平定關隴記略》卷一頁 37—70，卷二，卷三頁 1—36。《湘軍記》卷十七《平回上篇》頁 12—31。熙齡，姓富察氏，字挹雲，滿洲鑲黃旗人，道光進士，同治三年（1864）十月卒，諡忠勤。恩麟，字仁峰，滿洲鑲黃旗人。穆圖善，姓那哈塔氏，字春巖，滿洲鑲黃旗人，官至福州將軍，光緒十三年（1887）七月卒，諡果勇。雷正綰，字緯堂，四川中江人，所部號精選營，官至陝西提督，光緒二十三年（1897）卒。曹克忠，字藎臣，直隸人，官至廣東水師提督，光緒二十二年（1896）四月卒，諡果肅。靈州，今寧夏之靈武。西寧，今屬寧夏回族自治區。狄道，今臨洮。鞏昌，今隴西。肅州，今酒泉。涼州，今武威。甘州，今張掖。秦州，今天水。

注 275　《同治東華錄》。《左文襄公奏稿》卷二十一頁 18—19《敬陳籌辦情形摺》，頁 54—55《由鄂啟行摺》，頁 61—62《陳明行期未能迅速摺》，頁 69—71《隨州追賊出境克期入關摺》，卷二十二頁 1—3《督軍分道入關摺》，頁 7—9《覆陳籌辦情形摺》，頁 11—12《分道入秦妥籌辦理摺》。《平定關隴記略》卷三頁 51—55。《湘軍記》卷十七《平回上篇》頁 7—9。劉松山，見六十九節。陳湜，字舫仙，湖南湘鄉人，官至江西布政使，光緒二十二年（1896）四月卒，著述有《病榻述舊錄》。興安，今安康。

注 276　《左文襄公奏稿》卷二十二頁 17—18《籌議山西河防事宜摺》，頁 20—24《剿捻三勝摺》，頁 40—42《剿捻獲勝現檄各軍大舉截剿摺》，頁 76—78《逼圍捻逆竄入北山現籌剿辦摺》，頁 83—88《剿逆分股狂奔截剿獲勝摺》，卷二十三頁 2—4《遏逆東竄摺》，頁 26—30《捻逆連陷州縣摺》，頁 53—54《延綏兩城失守後察探回捻蹤跡片》，頁 67—68《捻逆渡河犯晉摺》，卷二十四頁 42—43《補報克復綏德摺》。《平定關隴記略》卷四頁 53—54。《湘軍記》卷十七《平回上篇》頁 33—34。郭寶昌，字善臣，安徽鳳陽人，官至安徽壽春鎮總兵，光緒二十六年（1900）卒。劉厚基，字復堂，湖南耒陽人，官至陝西延榆綏鎮總兵，光緒三年（1877）卒，在陝事功，載《圖開勝跡》。黃鼎，字彝封，四川崇慶人，積功保至按察使，官至陝西陝安道，光緒三年（1877）六月被叛弁所戕，一生事跡載《彝軍記略》。周紹濂，字蓮池，湖南寧鄉人，積功保至提督，官甘肅肅州鎮總兵。吳士邁，見七十節。同官，今銅川。三水，今旬邑。歸綏，今呼和浩特市。壺口，即龍門，一名龍門汕，北岸屬山西榮河縣，南岸屬陝西韓城縣。

注 277　《左文襄公奏稿》卷二十三頁 67—68《捻逆渡河犯晉摺》，頁 70《瀝陳入晉緣由片》，卷二十四頁 3—6《官軍入晉剿逆疊勝摺》，頁 16—17《黃河西岸各匪合擾郃陽等處先籌痛剿摺》，頁 18—20《官軍入晉剿捻屢勝摺》，頁 52—53《恭報率師入晉日期摺》，頁 55—56《捻逆東竄經籌截剿情形摺》，卷二十五頁 1—3《吉林馬隊剿捻大勝摺》，頁 11—12《師行遇雪擬取道固關南趨截剿摺》，頁 15—16《追軍獲勝已抵祁州摺》，頁 17—18《行抵獲鹿摺》，頁 22—23《總統現到各軍摺》，頁 26—28《謹擬分別防剿機宜摺》。《湘軍志》卷十四《平捻篇》頁 14—15。《湘軍記》卷十六《平捻篇》頁 26—27。宋慶，字祝三，山東蓬萊人，所部號毅軍，官至四川提督，光緒二十八年（1902）正月卒，諡忠勤。張曜，字朗齋，

直隸大興人，原籍浙江錢塘，所部號嵩武軍，官至山東巡撫，光緒十七年（1891）一月卒，諡勤果。程文炳，字從周，安徽阜陽人，官至長江水師提督，宣統二年（1910）卒，諡壯勤。喜昌，字桂亭，滿洲鑲白旗人，官西寧辦事大臣。澤州，今晉城。潞安，今長治。保定，今河北清苑。

注 278　《左文襄公奏稿》卷二十六頁 5—7《官軍在濠渡河南北剿捻獲勝摺》，頁 17《附保投誠之張振遠片》（擊斃張三及張和尚），頁 21—22《逆首張五孩伏誅摺》，頁 23《捻逆竄過漳河片》，頁 25—26《截剿捻逆獲勝摺》，頁 26—29《追捻疊勝摺》，頁 40《各軍合剿大勝片》，頁 46—48《官軍續勝摺》，頁 49—50《官軍剿捻大勝摺》。《左文襄公批札》卷二頁 17《浙江補用道李耀南稟六塘疏防被劫由》。《湘軍志》卷十四《平捻篇》頁 16。《湘軍記》卷十六《平捻篇》頁 27。恭親王，名奕訢，宣宗第六子，光緒二十四年（1898）四月卒，諡忠。懷慶，今沁陽。開州，今河南濮陽。

注 279　《左文襄公奏稿》卷二十七頁 1—2《官軍由德州馳赴天津截竄摺》，頁 4—5《賊由天津靜海折竄摺》，頁 8—9《馳抵吳橋會剿摺》，頁 10《各軍追賊獲勝片》，頁 14—15《追賊入直摺》，頁 19—20《追賊小勝賊逼山東運河摺》，頁 28—30《現籌防剿情形摺》，頁 35—38《防軍追賊連勝摺》，頁 41—43《捻竄直境摺》，頁 46—50、頁 19—20《剿賊疊獲大勝摺》，頁 56—58《截剿竄賊大勝摺》，頁 61—63《截剿竄賊安置降眾摺》。《左文襄公書牘》卷十頁 41—43《與李少荃（鴻章）》。《李文忠公奏稿》卷十三頁 30—34《賊向東竄與左宗棠籌商夾擊摺》，頁 41—43《兜剿獲勝並佈置大略摺》，頁 61—62《議防馬頰河就地蹙剿摺》，卷十四頁 19—21《張總愚全股蕩平摺》，頁 22—24《李明張總愚實已投水淹斃直東肅清摺》。周世澄《淮軍平捻篇》（申報聚珍版）卷八頁 31—卷十頁 6。《湘軍志》卷十四《平捻篇》頁 16—17。《湘軍記》卷十六《平捻篇》頁 28—30。崇厚，字地山，滿洲人，舉人，官左都御史。連鎮在吳橋縣城西北四十五里運河渡口。

注 280　劉典《劉果敏公奏稿》卷三頁 10—11《添營進駐綏德州摺》，頁 37—40《覆陳北路官軍已逼雲巖鎮城下摺》，頁 43—45《攻克雲巖鎮摺》，卷四頁 29《北山防營剿賊獲勝片》。《平定關隴記略》卷四頁 68、頁 73—76，卷五頁 13、頁 19、頁 34—35。劉端冕，字元尊，湖南寧鄉人，統領楚軍前路各營，積功保至提督。

注 281　《左文襄公年譜》卷四頁 48。

注 282　《左文襄公書牘》卷十頁 28《答潘琴軒（鼎新）》，卷十一頁 12《答李少荃（鴻章）》。《左文襄公書牘》卷十一頁 6《與英香巖（翰）》，頁 9《答沈幼丹（葆楨）》。

注 283　《左文襄公奏稿》卷二十八頁 48—49《陝甘餉源奇絀請指撥實餉摺》。

注 284　《左文襄公書牘》卷十一頁 6《答英香巖（翰）》，頁 51《與吳子俊（觀禮）》。

注 285　《左文襄公年譜》卷四頁 51。金順，姓伊爾根覺羅氏，字和甫，滿洲鑲藍旗人，官至伊犂將軍，光緒十二年（1886）六月卒，諡忠介。

注 286　《左文襄公奏稿》卷三十三頁 17《覆陳查明劉松山各情摺》。

注 287　《左文襄公告示》（家刻全集本）頁 6—7《諭回告示》。

注 288　《左文襄公告示》頁 8《諭漢回民示》。《左文襄公家書》卷下頁 14。

注 289　《左文襄公奏稿》卷二十一頁 20《敬陳籌辦情形摺》。

注 290　王柏心《百柱堂全集》卷十七頁 10《與左季高（宗棠）》。

注 291　《左文襄公奏稿》卷四十四頁 67《關隴餉需請匯歸一案報銷摺》。金積堡，清甘肅省寧靈廳，今寧夏回族自治區金積縣。平番，今永登。碾伯，今青海省樂都縣。

注 292　《左文襄公奏稿》卷三十頁 8《北路官軍大勝摺》，卷三十二頁 10《進駐涇州籌辦事軍務摺》。《平定關隴記略》卷四頁 4、頁 7，卷五頁 18。董福祥，字星五，甘肅環縣人，官至甘肅提督，光緒三十四年（1908）卒。

注 293　《左文襄公奏稿》卷二十二頁 31—33《剿辦陝省北路回土各匪大勝摺》。《平定關隴記略》卷四頁 7—9。膚施，今延安。

注 294　《劉果敏公奏稿》卷四頁 40—41《清澗勝仗片》。《平定關隴記略》卷五頁 17—18。

注 295　《劉果敏公奏稿》卷二頁 41《兩股土匪求撫片》，卷四頁 42—43《土匪投誠片》。《平定關隴記略》卷五頁 18—19、頁 33—34。《湘軍記》卷十七《平回上篇》頁 39。中部，今黃陵。

注 296　《左文襄公奏稿》卷二十二頁 31《剿辦陝省北路回土各匪大勝摺》。《平定關隴記略》卷四頁 4。李雙良，後改雙梁，字柱臣，甘肅環縣人，官新疆巴里坤總兵。

注 297　《左文襄公奏稿》卷二十九頁 31—32《恭報旋陝日期及會籌調度情形摺》，頁 41《山西兜剿先固河防摺》（《劉果敏公奏稿》卷五頁 29）。《左文襄公批札》卷二頁 28《劉提督松山稟陝境回土各匪人數甚多將東北一路嚴密堵遏由》。《平定關隴記略》卷五頁 42。《湘軍記》卷十八《平回下篇》頁 1。

成定康，字滌泉，湖南寧鄉人，官至甘肅按察使。郭運昌，字景亭，號明安，安徽鳳陽人，郭寶昌弟，後歸宗姓金，官至新疆烏魯木齊提督，光緒十二年（1886）卒。

注298　《左文襄公奏稿》卷二十九頁 27—29《劉厚基進剿清澗並成定康克獲奇捷片》，頁 37—39《各路擊賊獲勝摺》（《劉果敏公奏稿》卷五頁 25—27），頁 51—52《剿賊連獲勝仗摺》（《劉果敏公奏稿》卷五頁 36—37），卷三十頁 1—2《北路官軍大勝摺》（《劉果敏公奏稿》卷五頁 52—53）。《平定關隴記略》卷五頁 35、頁 41—47、頁 48—50。《湘軍記》卷十八《平回下篇》頁 2。

注299　《左文襄公奏稿》卷三十頁 2—8《北路官軍大勝摺》（《劉果敏公奏稿》卷五頁 53—59）。《平定關隴記略》卷五頁 50—53。《湘軍記》卷十八《平回下篇》頁 2—3。永寧，今離石。懷遠，今橫山。

注300　《左文襄公奏稿》卷三十頁 10—11《榆林各軍獲勝片》（《劉果敏公奏稿》卷五頁 61—63），頁 33—34《榆林綏德土匪一律肅清片》（《劉果敏公奏稿》卷六頁 22—23）。《平定關隴記略》卷五頁 59—60。準噶爾，為蒙古鄂爾多斯七旗之一，與府谷、河曲、偏關接壤。

注301　《左文襄公奏稿》卷三十頁 15—16《劉松山徑搗榆賊巢現籌安撫摺》（《劉果敏公奏稿》卷六頁 1—4）。《平定關隴記略》卷五頁 55、頁 61。《湘軍記》卷十八《平回下篇》頁 3。

注302　《左文襄公奏稿》卷三十頁 19—21《請敕部撥餉採買糧石片》（《劉果敏公奏稿》卷六頁 5—6）。《左文襄公書牘》卷十頁 31、頁 33、頁 36、頁 38，均《與劉壽卿（松山）》。《平定關隴記略》卷六頁 20—21。張俊，字傑三，甘肅環縣人，官至新疆喀什噶爾提督，光緒二十六年（1900）卒，諡壯勤。

注303　《左文襄公奏稿》卷三十頁 17《劉松山徑搗賊巢摺》（《劉果敏公奏稿》卷六頁 3），卷三十一頁 7—8《老湘軍叛勇襲踞綏德州城摺》（《劉果敏公奏稿》卷六頁 49—51），頁 21—23《劉松山剿綏德州叛卒收復州城摺》（《劉果敏公奏稿》卷六頁 60—63）。《平定關隴記略》卷六頁 15—16。

注304　《湘軍記》卷十七頁 5—7、頁 15《平回上篇》。慕壽祺《甘寧青史略》正編卷二十頁 26。曾毓瑜《征西紀略》卷一頁 3。《劉果敏公奏稿》卷二頁 36《賊勢趨重西路摺》。《左文襄公奏稿》卷三十一頁 16—17《蕩平董志原摺》（《劉果敏公奏稿》卷六頁 55—56）。安化，今慶陽。涇州，今涇川。

注 305　《劉果敏公奏稿》卷一頁 54《官兵剿賊大勝並獲要逆禹得彥摺》。《甘寧青史略》正編卷二頁 26。

注 306　《劉果敏公奏稿》卷二頁 36《賊勢趨重西路摺》。《劉中丞奏議》卷二頁 2《籌辦營田以資戰守疏》，卷十六頁 20—22《逆回礙難安插陝境疏》。

注 307　《左文襄公奏稿》卷二十二頁 25—26《截擊回逆歸巢摺》，頁 65—66《宜君縣城被陷旋即收復片》，頁 90—92《剿回獲勝摺》，卷二十三頁 40—44《剿回大勝岐山解圍摺》，頁 57—60《官軍剿回疊獲大勝摺》，頁 62—64《高連升剿回獲勝摺》。《平定關隴記略》卷四頁 4。《湘軍記》卷十七《平回上篇》頁 33—34。

注 308　《劉果敏公奏稿》卷一頁 1—2《陝省兵力不敷摺》，頁 9《籌辦陝西西北兩路佈置摺》。《平定關隴記略》卷四頁 37。

注 309　《劉果敏公奏稿》卷一頁 45—50《董志原踞賊大股內犯摺》，卷二頁 33—34《親赴鳳翔督戰摺》，頁 36《賊勢趨重兩路摺》，頁 49—51《賊勢趨重北路摺》，頁 59—60《北山回土潰勇分股滋擾摺》。《平定關隴記略》卷四頁 48、頁 58、頁 63。《湘軍記》卷十七《平回上篇》頁 36—37。

注 310　《平定關隴記略》卷四頁 18，卷五頁 4—5、頁 27—29、頁 41。

注 311　《平定關隴記略》卷四頁 73。《劉果敏公奏稿》卷三頁 27《長武解圍並三水一帶竄賊擊退摺》。

注 312　《劉果敏公奏稿》卷四頁 61《各軍剿賊獲勝摺》。

注 313　《左文襄公奏稿》卷二十九頁 30—31《恭報旋陝日期及會籌調度摺》，頁 56《剿賊連獲勝仗摺》（《劉果敏公奏稿》卷五頁 41），卷三十頁 67《覆奏刑部咨查拿獲置買軍械回黨片》。《平定關隴記略》卷五頁 42。《湘軍記》卷十八《平回下篇》頁 1。魏光燾，原名光邴，字午莊，湖南邵陽人，魏源從孫，官至兩江總督，諡威肅，著述有《戡定新疆記》。張岳齡，字子衡，號南瞻，湖南平江人，縣學生，官至福建按察使，光緒十一年（1885）九月卒，著述有《鐵瓶文鈔》《詩鈔》《雜存》。李輝武，字荔友，湖南衡山人，所部號律武營，以甘肅提督署陝西漢中鎮總兵，光緒四年（1878）卒。

注 314　《左文襄公奏稿》卷三十頁 60—63《回逆全股東犯迎剿大捷摺》（《劉果敏公奏稿》卷六頁 38—41），頁 67《覆奏刑部咨查拿獲置買軍械回黨片》，卷三十一頁 22《蕩平董志原匪巢摺》（《劉果敏公奏稿》卷六頁 43），頁 14—16《蕩平董志原慶涇肅清摺》（《劉果敏公奏稿》卷六頁 53—54）。《平

定關隴記略》卷六頁 5—11。《湘軍記》卷十八《平回下篇》頁 4—6。彭洵《彝軍記略》頁 36—37。

注 315　《左文襄公奏稿》卷三十一頁 2—5《果軍叛勇戕害統將摺》（《劉果敏公奏稿》卷六頁 44—47），頁 26—29《戕害高連升全案叛逆擬辦完結摺》（《劉果敏公奏稿》卷六頁 64—67）。《平定關隴記略》卷六頁 12—14。《湘軍記》卷十八《平回下篇》頁 6。《續陝西通志稿》卷一百七十八頁 3。桂錫楨，山東曲阜人。楊銘濬，字淦卿。丁賢發，字良臣，湖北孝感人，記名提督，同治九年（1870）九月在靈州為回目刺斃。宋晉，字錫蕃，號雪帆，江蘇溧陽人，道光二十四年（1844）進士，官至戶部左侍郎，著述有《水流雲在館奏議》《詩集》。毛昶熙，字達泉，號旭初，河南武陟人，道光二十五年（1845）進士，官至兵部尚書，卒諡文達。

注 316　《左文襄公奏稿》卷三十六頁 38《收撫回民安插耕墾片》。

注 317　《平定關隴記略》卷一頁 58—59。《湘軍記》卷十七《平回上篇》頁 17。侯登雲，字梯月，河南商丘人，道光二十一年（1841）進士。

注 318　《左文襄公奏稿》卷三十七頁 12《合圍金積堡摺》。《平定關隴記略》卷二頁 49—52。《湘軍記》卷十七《平回上篇》頁 24。《征西記略》卷一頁 5。《甘寧青史略》正編卷二十頁 11。

注 319　《左文襄公奏稿》卷三十七頁 11—12《合圍金積堡摺》，頁 64《密陳馬化隆暫緩伏誅片》。《左文襄公書牘》卷十頁 36《答劉壽卿（松山）》。

注 320　《左文襄公奏稿》卷三十二頁 9—10《進駐涇州籌辦軍務摺》，頁 21—22《敬陳分道進剿佈置聯絡情形摺》。《平定關隴記略》卷六頁 25、頁 30—31、頁 34。《湘軍記》卷十八《平回下篇》頁 7—8。《征西記略》卷二頁 4。磴口，今屬內蒙古自治區，由平羅縣析置。馬德順，字佑庵，號子輔，河南洛陽人，積功保至提督，同治八年（1869）九月在半角城陣亡，諡武毅。簡敬臨，原名桂林，字紹雍，湖南長沙人，官至浙江衢州鎮總兵，升用提督，同治八年（1869）十一月在金積堡陣亡，諡勇節。

注 321　《左文襄公奏稿》卷三十二頁 20《敬陳分道進剿佈置聯絡情形摺》，頁 34—36《剿辦中路土匪摺》，卷三十四頁 19—20《辦結土匪張貴等片》。《平定關隴記略》卷六頁 36—39。《湘軍記》卷十八《平回下篇》頁 8。《征西記略》卷二頁 4。鹽茶廳，今海原。

注 322　《左文襄公奏稿》卷三十二頁 10《進駐涇州籌辦軍務摺》，頁 19《敬陳分道進剿佈置聯絡情形摺》，頁 28—33《北路官軍連獲大勝摺》，頁 46—

55《北路官軍連獲大捷摺》，頁 66—74《進剿北路逆回連獲大捷摺》，卷三十三頁 1—7《劉松山續獲大捷摺》，頁 7—13《各軍剿回獲勝摺》，頁 28—34《收復靈州摺》，頁 37《劉松山連破各寨片》，頁 47—54《北路官軍連攻克莊寨摺》，頁 57—61《官軍會剿獲勝摺》，卷三十四頁 23—29《北路官軍剿回疊勝摺》，頁 30—33《金運昌會剿獲勝片》，頁 39—44《雷正綰各軍堵剿獲勝片》，卷三十五頁 61—62《金運昌剿辦後路竄賊片》。《平定關隴紀略》卷六頁 39—44，卷七全卷。《湘軍記》卷十八《平回下篇》頁 9—17。《征西記略》卷二頁 4—5。

注 323　《左文襄公奏稿》卷三十四頁 42—47《賊蹤紛竄現籌剿辦摺》，頁 60—61《劉松山剿賊大勝中炮陣亡摺》，卷三十五頁 10—14《湘皖兩軍連獲勝仗摺》，頁 16—17《峽口失事摺》，頁 19—22《覆陳定邊安定失陷情形摺》，頁 41—44《湘皖兩軍攻破賊壘摺》，頁 46—49《中路官軍截剿自陝回竄逆回摺》，卷三十六頁 1—7《截剿自陝折竄逆回摺》，頁 20—24《截剿陝回陳林股逆摺》。《劉果敏公奏稿》卷八頁 7《定邊失守片》，頁 9—10《甘回竄陝片》，頁 12《涇陽竄賊折向東北片》，頁 12《收復定邊及剿退清澗等處竄回片》，頁 22—25《剿辦延榆綏回逆摺》，頁 26—27《另有大股竄入內地片》，頁 28—29《疊剿竄賊獲勝摺》，頁 31—32《現在賊情並籌辦理片》，頁 33—34《覆陳定邊安定失守情形片》，頁 37—38《北山回逆悉數內犯摺》，頁 39—40《敗賊竄入宜君片》，頁 45—46《北山現無另股竄入摺》，頁 55—58《追剿入陝回逆摺》，頁 61—62《馬正剛一股殲除殆盡片》。《平定關隴記略》卷八頁 1—42。《湘軍記》卷十八《平回上篇》頁 18—20。《征西記略》卷二頁 5—6。

注 324　《左文襄公奏稿》卷三十四頁 65《請賞劉錦棠卿銜接統老湘全軍摺》，卷三十五頁 41—44《湘皖兩軍攻破賊壘摺》，頁 47—60《湘軍蕩平賊壞並截剿河西竄回摺》，卷三十六頁 25—32《北路中路官軍攻破賊巢擒斬首要各逆摺》，頁 57—60《北路官軍連攻寨壘摺》，頁 50—54《中路官軍奪取峽口摺》。《左文襄公書牘》卷十一頁 1—2《與劉毅齋（錦棠）》。《平定關隴記略》卷八頁 40—67，卷九頁 1—10。《湘軍記》卷十八《平回下篇》頁 20—23。《征西記略》卷二頁 6—7。

注 325　《左文襄公奏稿》卷三十六頁 59—65《攻破金積堡東關巨巢連克寨壘摺》，卷三十七頁 1—13《合圍金積堡摺》，頁 26—28《攻克楊明堡力攻馬家河灘各堡摺》，頁 51《圍攻馬家河灘賊堡片》，頁 59—62《陝回就撫馬化

隆就擒摺》，頁 64—65《密陳馬化隆暫緩伏誅片》，卷三十八頁 1—5《平
毀金積各巢首要各逆伏誅摺》，頁 18—19《招回王家疃助逆悍黨何生洲及
河回乞撫情形片》，頁 50—52《審明叛逆眷屬按律議擬摺》。《平定關隴
記略》卷九頁 17—34。《湘軍記》卷十八《平回下篇》頁 23—28。《征西
記略》卷二頁 7。

注 326　《左文襄公奏稿》卷三十八頁 3—5《寧靈肅清摺》。

注 327　《左文襄公奏稿》卷三十二頁 58—63《附穆圖善片》，卷三十三頁 14—
17《覆陳查明劉松山各情摺》，頁 33《北路官軍攻克堅寨摺》，頁 35《靈
州死事各員請恤片》，頁 44 諭旨，頁 46 諭旨。《左文襄公書牘》卷十一頁
7《答夏小濤（獻倫）》，卷十頁 5《與劉壽卿（松山）》。《左文襄公家書》
卷下頁 18。定安，字靜村，滿洲人，官至東三省練兵大臣。

注 328　《同治東華錄》卷八十四頁 5。

注 329　《左文襄公奏稿》卷三十六頁 73 諭旨，卷三十七頁 58 諭旨。劉銘傳，字
省三，安徽合肥人，官至台灣巡撫，光緒二十二年（1896）二月卒，諡壯
肅，著述有《劉壯肅公奏議》《大潛山房詩集》。

注 330　《左文襄公家書》卷下頁 27—28。

注 331　《左文襄公奏稿》卷四十頁 11—12《蕩平金積堡及剿辦回土各匪出力員弁
兵勇匯案請獎摺》。

注 332　《左文襄公奏稿》卷二十三頁 17《遵旨覆陳摺》，卷三十一頁 54《尊旨覆
陳摺》，卷三十六頁 34《請將敕天印暫行留營效力片》，卷三十九頁 37—
38《敬陳進兵事宜摺》。《平定關隴記略》卷三頁 13—15、頁 37—38，
卷四頁 34，卷五頁 58，卷六頁 37—39。《同治東華錄》卷五十七頁 3。
《湘軍記》卷十七《平回上篇》頁 17、頁 27、頁 33—36。《甘寧青史略》
正編同治朝。馬占鰲，字魁峰，投誠後，保至總兵。蔣凝學，字先民，號
之純，湖南湘鄉人，官至陝西布政使，光緒四年（1878）七月卒。金縣，今
榆中。

注 333　《左文襄公奏稿》卷三十一頁 42《進駐涇州督辦甘肅軍務摺》，卷三十二
頁 3—7《進剿甘肅南路竄回摺》，卷三十三頁 24《南路官軍迎剿河狄竄
回摺》，頁 38—39《奏派周開錫總統秦州諸軍摺》，卷三十四頁 2—4《南
路官軍剿回連勝摺》（《劉果敏公奏稿》卷七頁 23《陝軍剿賊至甘境摺》），
卷三十五頁 34《截剿甘南逆回並分剿河狄大股逆回摺》。《平定關隴記略》
卷八頁 19。《征西記略》卷二頁 5。傅先宗，字堃廷，湖北江夏人，官至

甘肅涼州鎮總兵，同治十一年（1872）正月，在河州陣亡。梅開泰，字履安，積功保至提督。敖天印，字輔臣，副將。范銘，字新齋，甘肅皋蘭人，提督銜，記名總兵。楊世俊，字曉峰，湖南長沙人，敘功保至提督，同治十二年（1873）八月在肅州陣亡。徐占彪，字崑山，四川西充人，官至新疆巴里坤鎮總兵，光緒十八年（1892）卒。湯聘珍，字幼庵，湖南善化人，甘肅道員。階州，今武都。安定，今定西。寧遠，今武山。

注334　《左文襄公奏稿》卷三十二頁3—7《進剿甘肅南路竄回摺》，卷三十三頁24—27《南路官軍迎剿河狄竄回摺》，卷三十四頁2—4《南路官軍剿回連勝摺》（《劉果敏公奏稿》卷七頁23《陝軍剿賊至甘境摺》），卷三十五頁34《截剿甘南逆回摺》。《平定關隴記略》卷四頁21—24，卷六頁31—32，卷八頁19—20、頁58—59。洮州，今臨潭。

注335　《左文襄公奏稿》卷三十三頁9—12《各軍剿回獲勝摺》，頁64—67《東南路官軍剿回連勝摺》，卷三十五頁34—40《截剿甘南逆回並分剿河狄大股逆回摺》，頁46—49《中路官軍截剿自陝回竄逆回摺》，卷三十六頁1—7《截剿自陝州折回逆回摺》，頁11—14《截剿陝回陳林股逆摺》，頁20—23《南路官軍克復渭源狄道兩城摺》，頁40《洮岷等處官軍連勝片》，卷三十七頁15《楊世俊迎剿河州竄回片》，頁17—18《中路各軍會剿竄回片》，頁39—42《中南兩路官軍剿賊獲勝摺》，頁48—49《中南兩路官軍連獲勝捷摺》，頁75《鞏西各軍痛剿河州竄賊片》，頁58—60《南路各軍截剿竄回摺》。《平定關隴記略》卷四頁21—24，卷八頁51，卷九頁5—6、頁13、頁51、頁58—62、頁64—65。《征西記略》卷二頁6。伏羌，今甘谷。

注336　《左文襄公奏稿》卷三十四頁5—12《中路官軍剿回大捷摺》，頁42—43《賊縱紛竄現籌剿辦摺》，頁63《劉松山剿賊大勝摺》，卷三十七頁31《米脂平羅防剿情形片》。《平定關隴記略》卷八頁31—32、頁39，卷九頁24—27。《湘軍記》卷十八《平回下篇》頁24。《征西記略》卷二頁7。平番，今永登。鎮番，今民勤。

注337　《左文襄公奏稿》卷三十二頁11《進駐涇州籌辦軍務摺》，卷三十三頁38—39《奏派周開錫總統秦州諸軍摺》，卷三十六頁34《請將敖天印暫行留營效力片》，卷三十七頁66—69《范銘部眾潰變摺》，卷三十八頁36—38《南路官軍剿辦潰卒鞏岷肅清摺》，頁42《周開錫辦理甘南軍務情形片》。《湘軍記》卷十八《平回下篇》頁28。《征西記略》卷三頁1。

注 338 《左文襄公奏稿》卷三十六頁 23《克復渭源狄道兩城摺》。《湘軍記》卷十八《平回下篇》頁 28。

注 339 《左文襄公奏稿》卷三十九頁 5—10《搜剿鹽茶固原東西兩山竄賊摺》，頁 11—14《南路各軍剿賊獲勝片》，頁 17《覆陳近日軍情片》，頁 34—36《南路官軍剿除竄回餘眾摺》，頁 43—44《各軍搜剿零匪片》，頁 47—49《中南兩路搜剿餘匪摺》。《湘軍記》卷十八《平回下篇》頁 29。《征西記略》卷三頁 1。中衛，今屬寧夏回族自治區。

注 340 《左文襄公奏稿》卷三十九頁 38《敬陳進兵事宜摺》，頁 51《督軍進駐靜寧片》，卷四十一頁 1—3《奪據康家巖摺》，頁 27—40《渡洮攻克要隘摺》，頁 46—52《連破賊壘逼攻太子寺摺》，頁 63—65《增調兵力片》。《平定關隴記略》卷十頁 34。《湘軍記》卷十八《平回下篇》頁 29—31。《征西記略》卷三頁 1—2。循化，今屬青海省。

注 341 《左文襄公奏稿》卷四十一頁 5—10《疊攻太子寺屢勝兩挫逆回乞撫摺》，頁 12—13《核明潰退各員分別懲辦片》，頁 36—37《河州撫事漸可就緒片》，頁 61—64《收復河州辦理善後事宜摺》。《左文襄公書牘》卷十二頁 12《答譚文卿（鍾麟）》，頁 19《答李仲雲（概）》。《平定關隴記略》卷十一頁 1—9、頁 16—20。《湘軍記》卷十八《平回下篇》頁 31—32。《征西記略》卷一頁 5，卷三頁 2。沈玉遂，字翰青，號漢卿，湖南湘鄉人，官至陝西固原提督。潘效蘇，字少泉，湖南湘鄉人，官至甘肅新疆巡撫。

注 342 《左文襄公奏稿》卷四十一頁 9—11《後路肅清進駐省城片》。《湘軍記》卷十七頁 26。

注 343 《左文襄公奏稿》卷四十五頁 90—95《河州南鄉撫回構釁悉數剿除摺》，卷四十六頁 12—13《河州叛回首要伏誅地方肅清摺》。《左文襄公書牘》卷十三頁 8《與陳舫仙（湜）》。《平定關隴記略》卷十二頁 39—44。《征西記略》卷三頁 5。

注 344 《左文襄公家書》卷下頁 37—38。沈兆霖，字子淥，號朗亭，浙江錢塘人，道光十六年（1836）進士，同治元年（1862）七月，平定撒拉回班師，遇水沖沒，諡文忠。玉通，滿洲正藍旗人。巴燕戎格，今青海省化隆縣。

注 345 無名氏《官軍收復西寧記》。

注 346 《左文襄公奏稿》卷二十三頁 22《黃武賢致喬松年書》。承順，姓佟佳氏，字祿卿，漢軍正藍旗人，諡勤潛。

注 347 《左文襄公奏稿》卷二十三頁 22—23《黃武賢致喬松年書》。

注 348 　《左文襄公奏稿》卷四十二頁 29《密陳西寧賊情片》。《平定關隴記略》卷
　　　　十一。《征西記略》卷三頁 4。

注 349 　《左文襄公奏稿》卷四十二頁 19—25《甘肅撫局勢難敷衍片》。黃武賢，
　　　　字侯光，廣東潮陽人。

注 350 　豫師，字錫之，漢軍鑲黃旗人，進士，官烏魯木齊都統。

注 351 　《左文襄公奏稿》卷四十一頁 14《西寧各回求撫委員察看辦理片》，頁
　　　　22—23《貴德丹噶爾剿賊獲勝片》。《左文襄公咨札》頁 28—29《咨覆豫
　　　　大臣師辦理西寧收撫事宜》。《平定關隴記略》卷十一頁 1、頁 6、頁 16。
　　　　馮幫棟，字傑卿。丹噶爾，今青海省湟源縣。化平川，今化平縣。

注 352 　《左文襄公奏稿》卷四十二頁 12《進攻西寧土客各回摺》，頁 29—30《密
　　　　陳西寧賊情片》。《平定關隴記略》卷十一頁 24。《湘軍記》卷十八《平回
　　　　下篇》頁 33。《征西記略》卷三頁 3。何作霖，字雨亭，湖南湘潭人，官
　　　　至甘肅西寧鎮總兵，光緒九年（1883）卒。龍錫慶，字仁階，湖南安化人，
　　　　舉人。

注 353 　《左文襄公奏稿》卷四十二頁 13—16《進攻西寧土客各回摺》，頁 18《西
　　　　寧官軍連獲大勝片》，頁 42—51《西寧大捷立解城圍摺》，頁 78—79《西
　　　　寧解圍後辦理情形摺》，卷四十五頁 33—34《遵保西寧府城解圍出力文武
　　　　員弁摺》。《平定關隴記略》卷十一頁 31—35。《湘軍記》卷十八《平回下
　　　　篇》頁 34—35。《征西記略》卷三頁 3—4。郭恩孚《果園詩鈔》卷二頁
　　　　3《連日絕糧而城圍愈急士民疲困勢將不支率爾賦此題郡齋壁》。郭襄之，
　　　　山東濰縣人。襄之子恩孚，字伯尹，西寧之役，適西來省親，陷圍城中，
　　　　所作《果園詩鈔》中《趨庭集》《枕戈集》《萍梗集》，頗載西寧等處軍事。
　　　　威遠堡，今青海省互助縣。

注 354 　《左文襄公奏稿》卷四十三頁 1—3《攻拔大通縣向陽堡摺》，頁 21—23《收
　　　　復大通縣城摺》。《平定關隴記略》卷十一頁 53，卷十二頁 1—6。《湘軍
　　　　記》卷十八《平回下篇》頁 35—36。《征西記略》卷三頁 4。

注 355 　《左文襄公奏稿》卷四十三頁 24—26《克復巴燕戎格城摺》，卷四十五
　　　　頁 53—54《遵保克復巴燕戎格出力員弁兵勇摺》。《平定關隴記略》卷
　　　　十二頁 6—7。《湘軍記》卷十八《平回下篇》頁 36。《征西記略》卷三
　　　　頁 4。

注 356 　《左文襄公奏稿》卷四十三頁 34—36《進規循化摺》，頁 57—59《收復
　　　　循化廳城摺》。《平定關隴記略》卷十二頁 23。

注 357　《官軍克復肅州記》。《征西記略》卷三頁 2—3。索文，字翰堂，甘肅固原人（或作烏魯木齊人），諡武靖。烏魯木齊，為回語「格鬥」，即指準回兩部曾在此格鬥。

注 358　《官軍克復肅州記》。《征西記略》卷三頁 3。《左文襄公奏稿》卷四十一頁 54—56《成祿出關難期振作片》。黎獻，字彤雲，湖南瀏陽人。王仁和，字金堂，湖南人。成祿，字子英，滿洲鑲白旗人。

注 359　《官軍克復肅州記》。楊占鼇，字極三，湖南人。

注 360　《文史雜誌》卷二期二頁 45《繆鳳林西北問題一夕談》。

注 361　《左文襄公奏稿》卷三十九頁 54—56《派兵前往肅州摺》。《平定關隴記略》卷十頁 37—40。《湘軍記》卷十八《平回下篇》頁 19。《征西記略》卷三頁 3。徐學功，新疆烏魯木齊人。榮全，姓瓜爾佳氏，字潤庭，滿洲正黃旗人。伊犁，漢烏孫國地，今新疆伊寧。精河，準語謂蒸籠，河濱沙土，溫暖如蒸，故名。塔爾巴哈台，漢匈奴右地，今新疆塔城。烏里雅蘇台屬外蒙古。

注 362　《左文襄公奏稿》卷四十頁 9《徐占彪啟程赴肅片》，頁 57—58《徐占彪已赴甘州片》，卷四十一頁 39—41《逼攻肅州大勝片》，頁 66—67《逼攻肅州疊獲勝仗摺》，頁 80—84《逼剿肅州攻拔堅巢摺》，卷四十二頁 1—3《逼攻肅州連克堡壘摺》，頁 19—22《圍剿肅逆疊獲勝仗摺》。《平定關隴記略》卷十一頁 9—13、頁 15—16、頁 22—31。《湘軍記》卷十八《平回下篇》頁 33—34。

注 363　《左文襄公奏稿》卷四十二頁 23—27《請調毅軍赴甘助剿摺》，頁 66—67《遵旨另籌調度摺》，卷四十三頁 68—72《逼攻肅州，疊獲全勝摺》，頁 75—77《圍剿肅逆擊退撲營悍賊並添兵助攻摺》。陶生林，字榮壽，湖南長沙人。

注 364　《左文襄公奏稿》卷四十三頁 5—6《肅州官軍攻破城西賊堡摺》，頁 15—19《攻克肅州附城新堡及禮拜寺堅巢摺》，頁 60—64《圍攻肅城疊勝摺》。《平定關隴記略》卷十二頁 1—2、頁 7—8。《湘軍記》卷十八《平回下篇》頁 36。

注 365　《左文襄公奏稿》卷四十一頁 16—17《徐占彪一軍抵肅後剿賊情形摺》，頁 68—69《甘涼防軍剿賊情形摺》，卷四十三頁 38—44《追竄陝回並肅州疊獲勝仗摺》。《平定關隴記略》卷十一頁 10、頁 24—25，卷十二頁 12—18。《湘軍記》卷十八頁 36—37。

注 366 《左文襄公奏稿》卷四十三頁 73—76《圍攻肅逆克復東關外城摺》,頁 85—86《逼攻肅城踞逆摺》。《平定關隴記略》卷十二頁 23—31。《湘軍記》卷十八《平回下篇》頁 37。鄧增,字錦亭,廣東新會人,官至甘肅提督。賴長,字雲亭,廣東人,保至總兵。

注 367 《左文襄公奏稿》卷四十三頁 86《親赴前敵籌辦摺》,卷四十四頁 5—8《克復肅州關內肅清摺》,頁 28—30《補陳攻剿肅城戰狀片》。《平定關隴記略》卷十二頁 31—35。《湘軍記》卷十八《平回下篇》頁 37—39。《征西記略》卷三頁 5。《果園詩鈔》卷二頁 9《湘軍鼓吹四首》。

注 368 《平定關隴記略》卷十二頁 36。葉昌熾《緣督廬日記鈔》,同治十二年(1873)十一月十五日。李慈銘《越縵堂日記》,同治十三年(1874)八月八日。

注 369 袁大化《辛亥撫新紀程》卷下頁 2、頁 5—6。

注 370 《左文襄公奏稿》卷三十六頁 39《收撫回民安插耕墾片》。

注 371 《左文襄公奏稿》卷三十七頁 51《安置拔出陝回片》,頁 61《陝回就撫摺》。

注 372 《左文襄公奏稿》卷三十八頁 4—5《平毀金積各巢摺》,頁 24《安插就撫回眾摺》。《左文襄公批札》卷四頁 1《劉道錦棠等稟會議金積堡事宜由》。

注 373 《左文襄公奏稿》卷三十九頁 53《安插回民片》。

注 374 《左文襄公奏稿》卷四十一頁 63—64《收復河州安插回眾摺》。

注 375 《左文襄公奏稿》卷四十三頁 22—23《籌辦遷徙安插事宜摺》。

注 376 《左文襄公奏稿》卷四十四頁 32《安插肅州老弱回民片》。《左文襄公批札》卷五頁 32《蘭州府鐵守珊稟開設難民局務由》。

注 377 《劉中丞奏議》卷五頁 34—38《遵旨傳諭臬司赴甘招回疏》。《左文襄公批札》卷四頁 4—5《隴州周牧豫剛稟回民馬老四等搬居馬鹿由》。

注 378 《左文襄公批札》卷五頁 5—6《河州潘牧稟請准令回民遷歸本籍由》。

注 379 《左文襄公奏稿》卷四十一頁 64《收復河州安插回眾摺》。《左文襄公批札》卷五頁 5《劉京卿稟馬桂源盤踞堂侖頭地方由》,頁 6《河州潘牧效蘇稟請准令回民遷歸本籍由》。

注 380 《左文襄公咨札》頁 39《安插西寧遷出回民札各州縣營局》。

注 381 《左文襄公告示》頁 13—16《安插回民告示》。

注 382 《左文襄公告示》頁 12《撫後禁令》。

注 383 《左文襄公奏稿》卷三十八頁 62—65《請禁絕回民新教摺》。

注 384 《同治東華錄》。

注 385 刊本《告示》。前署全銜,尾列「右仰通知」及「告示」等字樣,用半寸

方楷書摹刻。

注 386 《左文襄公奏稿》卷四十三頁 55《升固原州為直隸州添設下馬關知縣並改鹽茶廳同知為知縣摺》。

注 387 《左文襄公奏稿》卷三十八頁 38《請增設平涼通判都司摺》。《甘肅新通志》卷四《勘明分撥化平川廳轄境摺》。

注 388 《左文襄公奏稿》卷四十三頁 53—55《升固原州為直隸州添設下馬關知縣並改鹽茶廳同知為知縣摺》，卷四十五頁 29—32《勘明鹽茶固原接壤地址分別劃撥摺》。

注 389 《京報》光緒三年(1877)六月十七日《左宗棠奏擬添設千總並營汛移駐摺》。

注 390 《左文襄公書牘》卷十一頁 22《與蔣璞山（志章）》。《朔方道志》卷二十四頁 23—24《左宗棠籌辦金積善後事宜摺》。

注 391 《京報》同治十一年(1872)六月初六日《左宗棠奏會勘安化寧州鎮原三州縣分轄董志原地方擬設縣丞訓導摺》。

注 392 《左文襄公奏稿》卷四十六頁 4—5《請將循化廳屬買吾等八族番民改隸洮州摺》。《左文襄公書牘》卷十三頁 38—40《答王朗青（德榜）》。

注 393 魏源《聖武記》卷三《康熙親征準噶爾記》，卷四《乾隆蕩平準部記》《乾隆戡定回疆記》《乾隆新疆後事記》。曾問吾《中國經營西域史中篇》第一章—第三章。天山北路，原為元厄魯特四部，厄魯特或稱額魯特，即明代之瓦剌。四部者，牧於烏魯木齊附近之和碩特，牧於伊犁附近之準噶爾，牧於額爾齊斯河流域之杜爾伯特，牧於塔爾巴哈台附近之土爾扈特。後和碩特、杜爾伯特、土爾扈特三部，均為準噶爾部所吞併。天山南路之回族，為東突厥族，俗稱纏頭回，是為土著，亦稱土回，其在陝甘之回鶻族移居新疆者，稱漢回，均奉伊斯蘭教，俗稱回教。

注 394 魏光燾《戡定新疆記》卷一《武功紀一》頁 1—13。《湘軍記》卷十九《戡定西域篇》頁 2—6。庫車，回語，庫謂此地，車謂智井，以地有智井得名，漢龜茲國地，今為庫車縣。葉爾羌，回語，葉爾謂土宇，羌謂廣大，以地廣得名，漢莎車國地，今為莎車縣。奇台，漢蒲類金滿地，俗稱木壘河，今為奇台縣。喀什噶爾，回語，喀什謂各色，噶爾謂磚房，以地多各色磚房得名，漢疏勒國地，漢城今為疏勒縣，回城今為疏附縣。和闐，漢任尚棄其部屬於此，回人稱漢人為黑台，訛為和闐，漢于闐國地，今為和闐縣。英吉沙爾，回語，英吉謂新，沙爾謂城，以地新立城得名，漢依附國地，今為英吉沙縣。哈密，漢伊吾盧地，今為哈密縣。

注 395　《左文襄公奏稿》卷三十九頁 54—56《派兵前赴肅州摺》。《戡定新疆記》卷一《武功紀一》頁 13—14。《湘軍記》卷十九《戡定西域篇》頁 6。

注 396　《左文襄公奏稿》卷四十三頁 65—69《金軍未能迅速出關摺》，卷四十四頁 24—26《請敕張曜額爾慶額帶所部出關並籌糧運事宜摺》，頁 40—47《官軍出關宜分起走並籌糧運事宜摺》，頁 48—52《覆陳擬辦事宜摺》。《戡定新疆記》卷一《武功紀一》頁 16。《湘軍記》卷十九《戡定西域篇》頁 7—8。額爾慶額，字藹堂，滿洲人。古城即孚遠城，今奇台縣治。鎮迪道轄鎮西府——巴里坤（轄縣二，宜禾附郭，奇台——木壘河），迪化直隸州——烏魯木齊漢城（轄縣三，昌吉、綏來——瑪納斯、阜康，呼圖壁巡檢一，濟木薩縣丞巡檢一），吐魯番直隸廳。

注 397　《左文襄公奏稿》卷四十五頁 58—62《辦理出關諸軍餉數及糧運情形摺》，頁 73—78《敬籌移設糧台辦理採運一切事宜摺》，卷四十六頁 19—25《覆陳糧台轉運事宜摺》。袁保恆，字小午，一字筱鳴，河南項城人，道光三十年（1850）進士，官至刑部左侍郎，光緒四年（1878）四月卒，諡文誠，著有《袁文誠公集》。

注 398　《李文忠公全集奏稿》卷二十四頁 18—19《籌議海防摺》。

注 399　《左文襄公奏稿》卷四十六頁 32—40《覆陳海防塞防及關外剿撫糧運情形摺》，頁 42—54《遵旨密陳片》。《中國經營西域史》頁 329—334。馮桂楨，字以和，山東臨朐縣人，官至甘肅涼州副都統，光緒二年（1876）二月在瑪納斯北城陣亡。王加敏，字若農，浙江會稽人，官至江蘇徐海道（並見四十八節）。沈應奎，字吉田，浙江平湖人，官至台灣布政使（並見四十八節）。阿克蘇，回語，阿謂白，蘇謂水，以地有白水之河得名，漢溫宿、姑墨兩國地，今為阿克蘇縣。濟木薩，今為孚遠縣。紅廟子，烏魯木齊城北有紅山，山上有玉皇宮，土人名此地曰紅廟子。闢展，漢狐胡國地，今鄯善縣。吐魯番，漢車師前王庭地，今為吐魯番縣。歸化，今歸綏縣。

注 400　《左文襄公書牘》卷十五頁 70。沈葆楨，字翰宇，一字幼丹，福建侯官人，道光二十七年（1847）進士，官至兩江總督，光緒五年（1879）十一月卒，諡文肅，著述有《沈文肅公政書》《夜讀齋剩稿》。

注 401　《左文襄公書牘》卷十六頁 37。

注 402　《左文襄公書牘》卷十八頁 49、頁 55。

注 403　《左文襄公奏稿》卷五十頁 75《遵旨統籌全局摺》。昌吉，漢劫國地，清建寧邊城。綏來，漢烏貪訾離國地，清建綏寧、康吉兩城，俗稱瑪納斯。喀

喇沙爾，回語，喀喇謂黑，沙爾謂城，義即黑城，今為焉耆縣。

注 404　《左文襄公書牘》卷十五頁 27《與劉克庵（典）》。

注 405　《戡定新疆記》卷一《武功記一》頁 1—4。楊毓秀《平回志》卷七頁 4。
《湘軍記》卷十九《戡定西域篇》頁 2—4。《中國經營西域史》頁 319—
321。平瑞，字祥齋，滿洲人，諡忠襄。阜康，漢卑陸單桓國地，今為阜
康縣。呼圖壁城名景化，今為呼圖壁縣。

注 406　《湘軍記》卷十九《戡定西域篇》頁 3。

注 407　《戡定新疆記》卷一《武功記一》頁 13—15。《湘軍記》卷十九《戡定西
域篇》頁 5—6。《中國經營西域史》頁 324—327、頁 344—345。伯克，
回語，官吏也，清平回部，用回人為官吏，以治回人，仍名伯克，分十八
種。阿奇木伯克，職最崇，為一地方之總辦。

注 408　《戡定新疆記》卷一《武功記一》頁 16—17。《湘軍記》卷十九《戡定西
域篇》頁 7—8。《左文襄公奏牘》卷四十九頁 5—6《詳陳克復烏魯木齊
戰狀摺》。

注 409　《平回志》卷七頁 5—6。《中國經營西域史》頁 323—325。孔才，新疆綏
來人。

注 410　《戡定新疆記》卷一《武功記一》頁 2—12。《中國經營西域史》頁 322—
323。陶模《陶勤肅公奏議遺稿》卷三頁 18—20《請將已故降調總兵何琯
開復處分摺》。何琯，字玉亭，甘肅張掖人，官至新疆巴里坤總兵，光緒
十二年（1886）十二月卒。

注 411　庫爾喀喇烏蘇，庫爾謂雪，烏蘇謂水，喀喇謂黑，以地產煤油，水色多黑
得名，漢烏孫國地，城名慶綏，今為烏蘇縣。精河，精謂蒸籠，以河濱沙
土濕暖如蒸得名，今為精河縣。

注 412　《左文襄公奏稿》卷四十七頁 14—15《請簡派大員幫辦陝甘軍務摺》，頁
37《請飭兩江迅解老湘軍月餉片》，卷四十八頁 32—33《會報抵蘭出塞日
期摺》，頁 34—35《新疆賊勢大概片》。《左文襄公書牘》卷十七頁 1《答
沈吉田（應奎）》。《戡定新疆記》卷二《武功記二》頁 8—9。《湘軍記》
卷十九《戡定西域篇》頁 11—12。《澤雅堂文集》卷八頁 6《祭旗文（代
左侯）》。

注 413　《左文襄公奏稿》卷四十八頁 48—49《馳抵肅州分起出關摺》。《中國經
營西域史》頁 334。譚上連，字雲亭，湖南衡陽人，官至新疆喀什噶爾提
督，光緒十六年（1890）九月卒。譚拔萃，字冠英，湖南寧鄉人，官至甘肅

寧夏鎮總兵，光緒十一年（1885）正月卒。

注 414　《左文襄公奏稿》卷四十八頁 61—63《出關諸軍進至古城留防要隘摺》，
頁 73—77《會師攻拔古牧地堅巢克復烏魯木齊迪化州城大概情形摺》，卷
四十九頁 1—5《詳陳攻拔古牧地克復烏魯木齊迪化州城戰狀摺》。《戡定
新疆記》卷二《武功記二》頁 12—16。《湘軍記》卷十九《戡定西域篇》
頁 13—14。《中國經營西域史》頁 337—338。

注 415　《左文襄公奏稿》卷四十九頁 35—36《搜剿竄賊摺》。《戡定新疆記》卷二
《武功記二》頁 16。《湘軍記》卷十九《戡定西域篇》頁 15。

注 416　《左文襄公奏稿》卷四十九頁 55—59《會師攻克瑪納斯南城詳細情形摺》。
《戡定新疆記》卷二《武功記二》頁 16—17。《湘軍記》卷十九《戡定西
域篇》頁 15。錫綸，姓博爾濟吉特氏，字子猷，滿洲正蘭旗人，塔爾巴哈
台領隊大臣，權伊犁將軍。

注 417　《左文襄公奏稿》卷四十九頁 74《進規南路師期片》。椿園《新疆輿圖風土
考》（點石齋石印本）卷一頁 6。托克遜，今為托克遜設治局。

注 418　《左文襄公奏稿》卷四十九頁 36《搜剿竄賊摺》，卷五十頁 38《攻克達阪
托克遜吐魯番摺》。《中國經營西域史》頁 327。達阪，即阿喇巴爾噶順，
準噶爾語，謂黑虎城。

注 419　《左文襄公奏稿》卷四十九頁 5—6《克復烏魯木齊摺》，頁 37《佈置後路
進規南路摺》。《湘軍記》卷十九《戡定西域篇》頁 16。

注 420　《左文襄公奏稿》卷四十九頁 37《佈置後路進規南路摺》。烏什，謂峰巒飛
峻，以地在高山得名，漢尉頭國地，城名永寧，今為烏什縣。

注 421　《左文襄公奏稿》卷四十九頁 40—42《籌集客軍以資厚集摺》。長齡，姓
薩爾圖氏，字懋亭，蒙古正白旗人，封一等威勇公，道光十八年（1838）
卒，諡文襄。楊遇春，字時齋，四川崇慶人，封一等昭勇侯，官至陝甘總
督，道光十七年（1837）卒，諡忠武。

注 422　英翰，姓薩爾圖氏，字西林，滿洲正紅旗人，道光二十九年（1849）舉人，
光緒二年（1876）十二月卒，諡果敏。

注 423　《左文襄公奏稿》卷四十九頁 37《佈置後路進規南路摺》，卷五十頁 33—39
《攻克達阪城及托克遜城堅巢會克吐魯番摺》，頁 58《會同收復吐魯番摺》。《左
文襄公批札》卷六頁 45—46《湘軍劉總統（錦棠）稟規取南路情形由》。

注 424　《左文襄公奏稿》卷五十頁 33—35《攻克達阪城詳細情形摺》。《戡定新疆
記》卷三《武功記三》頁 3—4。《湘軍記》卷十九《戡定西域篇》頁 18。

《中國經營西域史》頁 339。

注 425 　《左文襄公奏稿》卷五十頁 56—58《會同收復吐魯番兩城摺》。《戡定新疆記》卷三《武功記三》頁 4—5。《湘軍記》卷十九《戡定西域篇》頁 17—18。《中國經營西域史》頁 339。羅長佑，字孟威，湖南人，官至新疆阿克蘇兵備道，光緒十年（1884）二月卒。

注 426 　《左文襄公奏稿》卷五十頁 39《攻克達阪托克遜吐魯番摺》。

注 427 　《左文襄公奏稿》卷五十頁 74《逆酋帕夏仰藥自斃摺》。

注 428 　《左文襄公奏稿》卷五十頁 71—73《逆酋帕夏仰藥自斃摺》。《湘軍記》卷十九《戡定西域篇》頁 18。庫爾勒，回語謂觀望，以地形軒敞，可供眺覽得名。

注 429 　《中國經營西域史》頁 319。

注 430 　《中國經營西域史》頁 320。

注 431 　《中國經營西域史》頁 253—256、頁 303—312。

注 432 　《中國經營西域史》頁 253—256、頁 303—312。

注 433 　《中國經營西域史》頁 327。

注 434 　《左文襄公奏稿》卷五十頁 74《逆酋帕夏仰藥自斃摺》。

注 435 　《左文襄公奏稿》卷十一頁 1—3《官軍克期進剿應防賊蹤紛竄摺》，頁 19《覆陳辦理回疆事宜摺》。易開俊，字紫橋，湖南湘鄉人，官安徽壽春鎮總兵，統領安遠軍，光緒六年（1880）三月卒於庫車軍次。

注 436 　《左文襄公奏稿》卷五十一頁 27—31《連復喀喇沙爾庫車兩城摺》，頁 45—48《連復阿克蘇烏什兩城摺》。《左文襄公書牘》卷十九頁 46、頁 56，均《答劉克庵（典）》。《戡定新疆記》卷三《武功記三》頁 10—12。《湘軍記》卷十九《戡定西域篇》頁 21—23。《中國經營西域史》頁 340。余虎恩，湖南平江人，官至新疆喀什噶爾提督，光緒三十年（1904）十二月卒，諡勤勇。黃萬鵬，湖南寧鄉人，官至新疆巴里坤總兵，光緒二十四年（1898）四月卒。拜城，回語，拜謂富厚，以地方富厚得名，漢姑墨國地，今為拜城縣。

注 437 　《左文襄公奏稿》卷五十一頁 71《分道進規喀什噶爾各城摺》。

注 438 　《左文襄公奏稿》卷五十一頁 70—71《分道進規喀什噶爾各城摺》，卷五十二頁 26—33《克復南路西四城摺》。《戡定新疆記略》卷三《武功記三》頁 14—15。《湘軍記》卷十九《戡定西域篇》頁 24—25。《中國經營西域史》頁 341。卡倫，為西北邊境要隘所設官兵瞭望之所，凡有三種，內曰

常設，外曰移設，再外曰添設。常設為永遠駐守之地，移設與添設，均暖則外展，寒則內遷，進退盈縮，多則千里，少則數百里。

注 439　《湘軍記》卷十九《戡定西域篇》頁 26。

注 440　《左文襄公奏稿》卷五十二頁 56《西四城流寓各部落種人分別遣留並議築邊牆片》。

注 441　《左文襄公書牘》卷十五頁 39。

注 442　《左文襄公奏稿》卷四十八頁 34《新疆賊勢大概片》，卷五十二頁 56《西四城流寓各部落種人分別遣留片》。《左文襄公書牘》卷十六頁 12、頁 20，均《與張朗齋（曜）》，卷十七頁 11、頁 66，均《答劉克庵（典）》，頁 15《與胡雪巖（光墉）》，卷二十頁 26《答王孝鳳（家璧）》，卷二十三頁 61《答楊石泉（昌濬）》。

注 443　《左文襄公書牘》卷十七頁 62《答劉毅齋（錦棠）》，卷十八頁 22《答張朗齋（曜）》。

注 444　《左文襄公書牘》卷十六頁 27《答劉克庵（典）》，卷十七頁 20《與鮑華潭（源深）》，頁 77《答劉毅齋（錦棠）》。《左文襄公批札》卷六頁 25—26《西寧劉道（錦棠）稟進攻南路應辦事宜由》，頁 31—33《湘軍劉總統（錦棠）稟籌糧運情形由》，頁 35—37《湘軍劉總統稟籌議進兵南路由》。《左文襄公書牘》卷十六頁 27，卷十八頁 6，均《與劉克庵（典）》，頁 37《答劉毅齋（錦棠）》，卷十七頁 55《答劉毅齋（錦棠）》。

注 445　《左文襄公書牘》卷十七頁 23《答劉毅齋（錦棠）》。

注 446　《左文襄公奏稿》卷五十一頁 28《連復喀喇沙爾庫車兩城摺》。《左文襄公書牘》卷十九頁 41《與劉克庵（典）》，頁 37《答劉毅齋（錦棠）》，頁 38《與張朗齋（曜）》。

注 447　《左文襄公年譜》卷九頁 1—2。

注 448　潘光旦《民族特性與民族衛生》頁 65《耐性太好之中國人》。

注 449　陳豪《冬暄草堂師友箋存》第四冊。施補華，字均甫，浙江烏程人，同治九年（1870）舉人，候補道，光緒十六年（1890）閏二月卒，著述有《澤雅堂文集》《詩集》。陳豪，字藍洲，號邁庵，晚號止庵，浙江仁和人，同治九年（1870）優貢生，官湖北漢川知縣，著述有《冬暄草堂文集》《詩集》。

注 450　《中國經營西域史》頁 412—413、頁 454—455。

注 451　《中國經營西域史》頁 328。

注 452　《左文襄公書牘》卷十五頁 9、頁 20，均《答譚文卿（鍾麟）》，頁 22《與

劉峴莊（坤一）》。

注 453　《申報》光緒二年（1876）四月九日《譯字林西報》，十六日、十八日、二十日《譯字林西報》，五月十日《譯西報》。《左文襄公書牘》卷十五頁 59《答李筱軒》，頁 64—65《答吳桐雲（大廷）》，頁 69—70《答沈幼丹（葆楨）》，卷十六頁 70《答劉克庵（典）》，卷十七頁 25《答曾沅浦（國荃）》。

注 454　《左文襄公書牘》卷十六頁 17《答劉克庵（典）》，頁 18《答胡雪巖（光墉）》，頁 66《答劉克庵（典）》，卷十七頁 15《與胡雪巖（光墉）》。

注 455　《左文襄公書牘》卷十七頁 23《答劉毅齋（錦棠）》，頁 30—31《上總理各國事務衙門》。《李文忠公全集・朋僚函稿》卷六頁 20。

注 456　《左文襄公奏稿》卷五十一頁 17—19《覆陳辦理回疆事宜摺》。

注 457　《中國經營西域史》頁 328。

注 458　《左文襄公書牘》卷十五頁 29《答曾沅浦（國荃）》，頁 32《上總理各國事務衙門》，頁 33《答譚文卿（鍾麟）》，頁 41《與劉峴莊（坤一）》，頁 35《與劉克庵（典）》，卷十六頁 6《與索斯諾福斯齊》。

注 459　《左文襄公奏稿》卷五十二頁 31《克復南路西四城摺》。《左文襄公書牘》卷二十一頁 36《答劉克庵（典）》。《新疆圖志》（宣統三年〔1911〕）纂，東方學會排印本）卷五頁 20。

注 460　《申報》光緒五年（1879）六月十三日。曾紀澤《曾惠敏公使西日記》（全集排印本）卷二頁 14。曾紀澤，字劼剛，湖南湘鄉人，官至戶部左侍郎，光緒十六年（1890）閏二月卒，諡惠敏，著述有《曾惠敏公全集》。

注 461　《左文襄公奏稿》卷五十三頁 30《覆陳新疆情形摺》。《左文襄公書牘》卷十八頁 54《上總理各國事務衙門》。《戡定新疆記》卷六《歸地篇》頁 1。

注 462　《左文襄公奏稿》卷五十二頁 17《查明中外交涉案件摺》。

注 463　《左文襄公書牘》卷十七頁 32《上總理各國事務衙門》。

注 464　《左文襄公書牘》卷十九頁 30《上總理各國事務衙門》。

注 465　《左文襄公奏稿》卷五十二頁 83—85《白彥虎安置托呼瑪克地方摺》。《左文襄公書牘》卷二十頁 25《答劉克庵（典）》。

注 466　《左文襄公書牘》卷二十頁 42《與張朗齋（曜）》。

注 467　《左文襄公批札》卷七頁 12—13《羅道長佑稟探明逆首現踞地方並英俄構釁由》。

注 468　《戡定新疆記》卷四《武功記四》頁 10。

注 469　《左文襄公奏稿》卷五十三頁 43 — 49《陝回逃匿俄境分道寇邊摺》。《左文襄公書牘》卷二十一頁 31《上總理各國事務衙門》。

注 470　《左文襄公奏稿》卷五十三頁 69 — 73《安集延逆目糾眾謀逆摺》。《左文襄公書牘》卷二十一頁 44《上總理各國事務衙門》。

注 471　《左文襄公奏稿》卷五十四頁 24 — 30《布魯特安集延兩部合謀入寇摺》。

注 472　《左文襄公奏稿》卷五十五頁 11 — 12《逆酋窺邊摺》，頁 16 — 22《賊酋糾眾犯邊摺》。

注 473　《左文襄公書牘》卷十九頁 16《答劉克庵（典）》，頁 26《上總理各國事務衙門》，頁 36《答劉毅齋（錦棠）》，頁 69《答金和甫（順）》。《左文襄公奏稿》卷五十二頁 15《查明中外交涉案件摺》。《中國經營西域史》頁 343 — 344。

注 474　《左文襄公奏稿》卷五十二頁 15《查明中外交涉案件摺》。

注 475　《左文襄公奏稿》卷五十二頁 16 — 17《查明中外交涉案件摺》。《左文襄公書牘》卷十七頁 63 — 65，卷十八頁 29 — 32、頁 52，均《上總理各國事務衙門》。

注 476　《左文襄公奏稿》卷五十二頁 14《查明中外交涉案件摺》。《左文襄公書牘》卷十八頁 5、頁 20，均《上總理各國事務衙門》。

注 477　《左文襄公奏稿》卷五十三頁 1 — 5《查明喇嘛庫倫地方人民欺侮俄國官員摺》。

注 478　《左文襄公奏稿》卷五十三頁 59《伊犁未交還前禁阻俄人通商片》。

注 479　《左文襄公奏稿》卷五十五頁 14 — 15《覆陳喀什噶爾驅逐俄民片》。

注 480　《左文襄公奏稿》卷四十九頁 33 — 34《籌劃俄人交涉事務片》。

注 481　《左文襄公奏稿》卷五十三頁 83 — 85《白彥虎安置托呼瑪克摺》。

注 482　《戡定新疆記》卷六《歸地篇》頁 1 — 3。《中國經營西域史》頁 345 — 347。

注 483　《左文襄公奏稿》卷五十五頁 33 — 38《覆陳伊犁交涉事宜摺》。

注 484　《左文襄公奏稿》卷五十六頁 8 — 11《覆陳佈置情形摺》。

注 485　《左文襄公奏稿》卷五十六頁 44《督師出屯哈密摺》，頁 55 — 57《出屯哈密佈置情形摺》。

注 486　《左文襄公奏稿》卷五十六頁 52 — 53《遵旨覆陳來京陛見摺》，卷五十七頁 20《請敕張曜幫辦軍務摺》，頁 32《交卸關防啟程回省摺》，頁 44《交卸督篆由省啟程日期摺》。《左文襄公批札》卷七頁 21《凌道蔭庭稟庫車大概情形由》。

注 487　《左文襄公書牘》卷二十四頁 73《答揚石泉（昌濬）》，頁 52《與胡雪巖（光墉）》，頁 57《與劉峴莊（坤一）》，頁 59《上總理各國事務衙門》，頁 74《答金和甫（順）》，頁 75、頁 79，均《答劉毅齋（錦棠）》，頁 85《答譚文卿（鍾麟）》。《戡定新疆記》卷六《歸地篇》頁 15。

注 488　《中國經營西域史》頁 348—350。曾紀澤《曾惠敏公奏疏》（全集排印本）卷二頁 10—13《遵旨改訂俄約蓋印畫押疏》，卷三頁 8《逆酋竄入俄境該國允嚴禁錮疏》。李鴻章《李文忠公譯署函稿》（南京刻全集本）卷七頁 37—39《述俄使議白彥虎及伊犁二事與俄國帑使問題節略》。

注 489　W. L. Bales *Tso Tsung Táng* 頁 419。

注 490　《伊犁定約中俄談話記錄》。

注 491　《左文襄公書牘》卷二十四頁 65《上總理各國事務衙門》，頁 78《答劉毅齋（錦棠）》。

注 492　《左文襄公奏稿》卷五十二頁 3—7《新疆應否建設行省請敕會議摺》。

注 493　《左文襄公奏稿》卷五十三頁 32—39《敬陳新疆情形摺》。雷聲遠，字振之，四川中江人，曾署甘肅安肅道。崇保，字峻峰，滿洲鑲黃旗人，進士。

注 494　《左文襄公奏稿》卷五十五頁 12—13《逆酋窺邊官軍防剿情形摺》。

注 495　《左文襄公奏稿》卷五十六頁 34—38《覆陳新疆事宜開設行省請先簡督撫摺》。陳寶善，江蘇江寧人，曾署新疆喀什噶爾道。

注 496　《左文襄公奏稿》卷五十九頁 58—59《新疆行省急宜議設摺》。

注 497　《左文襄公書牘》卷二十二頁 34《答王夔石（文韶）》。劉錦棠《劉襄勤公奏稿》卷三頁 44—47《擬設南路郡縣摺》，頁 50—53《新疆各道廳州縣請歸甘肅為一省摺》，卷五頁 6—12《委員試署准設新疆南路道廳州縣各官摺》。《戡定新疆記》卷七《置省篇》頁 6—7。

注 498　《左文襄公書牘》卷二十四頁 18《答陶少雲（桄）》，卷二十五頁 28《答周荇農（壽昌）》。《左文襄公詩集》頁 2 癸巳（1833）《燕台雜感八首之三》。龔自珍《定庵全集・續集》，《己亥（1839）雜詩》，《燕台雜感八首之三》。徐松，字孟品，號星柏，直隸大興人，嘉慶十年（1805）進士，官至陝西潼商道。

注 499　《左文襄公奏稿》卷二十八頁 25《料理西征就緒摺》。《左文襄公書牘》卷十頁 27《答潘琴軒（鼎新）》，卷十一頁 3《答蔣璞山（志章）》，頁 12《答李少荃（鴻章）》。

注 500　《左文襄公奏稿》卷二十頁 53《請撥西征的餉摺》。

注 501　《左文襄公奏稿》卷四十四頁 55《官軍出關宜分起行走並籌糧運事宜摺》。兆惠，姓烏雅氏，字和甫，滿洲正黃旗人，封一等武毅謀勇公，官至協辦大學士，乾隆二十九年(1764)十一月卒，諡文襄。

注 502　《左文襄公奏稿》卷四十三頁 77《敬籌採糧轉運核實支銷摺》。

注 503　《左文襄公奏稿》卷四十四頁 64《請敕部議出關官軍應增正餉片》。楊岳斌《楊勇愨公奏議》卷四頁 11《糧餉支絀請飭各省接濟摺》。

注 504　《左文襄公奏稿》卷二十三頁 12《覆陳甘肅餉事摺》，卷三十一頁 28《請於陝甘餉項外敕撥實餉摺》。《左文襄公書牘》卷九頁 21《答楊石泉（昌濬）》。

注 505　《左文襄公書牘》卷九頁 39《答駱籲門（秉章）》。《左文襄公奏稿》卷二十四頁 31《請敕兩湖迅撥協餉採辦軍米片》。

注 506　《左文襄公書牘》卷九頁 21《答駱籲門（秉章）》，頁 26《答江達川（忠浚）》。《左文襄公批札》卷一頁 60《四川候補道彭汝琮稟奉委辦理接濟甘軍米局由》。

注 507　《左文襄公書牘》卷十頁 21《與鄭小珊（敦謹）》，頁 25《與劉克庵（典）》，頁 38《答定靜村（安）》。

注 508　《左文襄公奏稿》卷三十四頁 48《請敕定安等撥濟劉松山等軍食片》。

注 509　《左文襄公書牘》卷十五頁 15《答袁筱塢（保恆）》，頁 16《與金和甫（順）》，頁 39《答曾沅浦（國荃）》。

注 510　《左文襄公奏稿》卷二十七頁 65《覆陳西安糧台不可裁撤摺》，卷三十一頁 55《遵旨覆陳摺》。

注 511　《左文襄公奏稿》卷三十頁 43《請於陝甘餉項外敕撥實餉摺》。《左文襄公書牘》卷十九頁 10《答張朗齋（曜）》。

注 512　《左文襄公奏稿》卷二十八頁 48《陝甘餉源奇絀摺》。《左文襄公書牘》卷十九頁 10《答張朗齋（曜）》。

注 513　《左文襄公奏稿》卷二十一頁 31《請派道員總辦陝甘後路糧台片》。《左文襄公批札》卷四頁 18《徐提督文秀稟攻克康家巖堡卡多處由》。《左文襄公書牘》卷十一頁 59《與陳舫仙（湜）》。

注 514　《左文襄公批札》卷六頁 50《陳鎮國稟軍火子藥交解肅州軍裝局收存由》。《甘寧青史略》正編卷二十四頁 14、頁 18。

注 515　《劉襄勤公奏稿》卷五頁 42—65《關外各軍善後台局一切應發款目摺》。《左文襄公奏稿》卷四十八頁 69《北路糧運情形片》。

注 516　《左文襄公奏稿》卷四十六頁 48—49《覆陳關外糧運情形摺》。《左文襄公

　　　　　《書牘》卷十五頁 34《與譚文卿（鍾麟）》。

注 517　《左文襄公批札》卷一頁 60《四川候補道彭汝琮稟奉委辦理接濟甘軍米局由》。

注 518　《左文襄公批札》卷一頁 42《咸寧縣許令縉等稟請飭老湘軍放回車輛由》。《劉襄勤公奏稿》卷五頁 57《關外各軍台局一切應發款目摺》。

注 519　《左文襄公咨札》頁 11《札陝西司道州縣及後路各台局遵定轉運章程出示曉諭》。

注 520　《劉果敏公奏稿》卷七頁 56《革除陝省陋規摺》。《甘寧青史略》正編。《續陝西通志稿》卷四十九頁 21（引《陝西清理財政說明書》）。《左文襄公書牘》卷十一頁 57《答曹蓋臣（克忠）》，卷二十一頁 28《答閻丹初（敬銘）》。

注 521　《左文襄公告示》頁 9《諭商幫騾運章程》。

注 522　《左文襄公批札》卷六頁 7《鎮西廳安丞成稟請貨駝至坤擬令幫銀以備公用由》，頁 57《蘭州各商車店呈稱各州縣差役將商車截留應差由》。

注 523　《左文襄公書牘》卷十五頁 14《與史繩之（念祖）》，頁 26《答袁筱塢（保恆）》。

注 524　《左文襄公批札》卷一頁 67《華州萬牧家霖稟運送軍火天雨泥濘給予重價由》。

注 525　《左文襄公奏稿》卷三十七頁 77《中路護運官軍會剿竄回獲勝片》。《左文襄公書牘》卷十一頁 60《答楊石泉（昌濬）》。

注 526　《左文襄公書牘》卷九頁 21《答駱籲門（秉章）》，頁 26—27《答江達川（忠浚）》。《左文襄公批札》卷一頁 66《周提督達武稟擬修略陽一帶險灘由》，卷六頁 69《周副將有全稟河口水涸難於舟運由》。

注 527　《左文襄公書牘》卷十三頁 15《與蕭伯貞（宗幹）》，卷十八頁 22、頁 24、頁 45，均《與張朗齋（曜）》。《左文襄公批札》卷七頁 34《夏鎮奉朝稟遵修官店由》。《左文襄公奏稿》卷四十五頁 66《出關各軍運腳難拘定例片》。

注 528　《左文襄公書牘》卷十頁 28《與潘琴軒（鼎新）》，卷十八頁 37《答劉毅齋（錦棠）》，卷十九頁 69《與劉克庵（典）》。《左文襄公奏稿》卷三十頁 42《請於陝甘餉項外敕撥實餉摺》，卷五十五頁 54《光緒元年（1875）正月至三年（1877）十二月軍需款目報銷摺》。

注 529　《續陝西通志稿》。《左文襄公書牘》卷十頁 31《答劉壽卿（松山）》。

注 530　《左文襄公書牘》卷十四頁 15《與史繩之（念祖）》。

注 531　《左文襄公奏稿》卷四十四頁 50《覆陳擬辦事宜摺》。

注 532　《左文襄公奏稿》卷四十四頁 68《關隴餉需請匯歸一案報銷摺》。

注 533　《左文襄公書牘》卷九頁 21—22《答駱籲門（秉章）》，頁 23《與李子和（鶴年）》，頁 33《答江達川（忠浚）》，卷十頁 20《與鄭小珊（敦謹）》。《左文襄公批札》卷二頁 4《直隸定州王牧蘭廬稟遵札購辦軍糧由》。

注 534　《左文襄公咨札》頁 12《札陝西各州縣代辦軍糧》。《左文襄公批札》卷一頁 45《劉提督松山稟糧運情形由》。

注 535　《左文襄公奏稿》卷四十四頁 43—44《官軍出關籌運事宜摺》，卷四十六頁 20《覆陳移設糧台轉移事宜摺》。《左文襄公書牘》卷十三頁 12《答張朗齋（曜）》。

注 536　《左文襄公奏稿》卷四十五頁 61《辦理出關糧運情形摺》。《左文襄公書牘》卷十四頁 17、頁 42，均《與袁筱塢（保恆）》。

注 537　《左文襄公奏稿》卷四十五頁 74《敬籌移設糧台辦理採運一切事宜摺》。

注 538　《左文襄公奏稿》卷四十六頁 22—23《覆陳移設糧台轉運事宜摺》。

注 539　《左文襄公奏稿》卷四十七頁 5—6《督辦新疆軍務敬陳籌畫情形摺》，卷四十八頁 69《北路糧運情形片》，卷四十九頁 45《停撤歸化包頭寧夏採運片》。《左文襄公年譜》卷八頁 5。

注 540　《左文襄公書牘》卷十一頁 37《答曹蓋臣（克忠）》。《左文襄公奏稿》卷四十三頁 68《金軍未能迅速出關摺》。

注 541　《左文襄公奏稿》卷二十九頁 3《餉項苦絀懇增撥巨款摺》。《左文襄公書牘》卷十一頁 3《答蔣璞山（志章）》，頁 11《答楊石泉（昌濬）》。

注 542　《左文襄公奏稿》卷四十五頁 79《嵩武軍進駐哈密墾荒片》。

注 543　《左文襄公奏稿》卷十八頁 8《剿捻剿回宜參用車戰屯田片》。《左文襄公書牘》卷十四頁 7—8《與張朗齋（曜）》。

注 544　《左文公奏稿》卷三十三頁 70《遵旨覆陳摺》。《左文襄公批札》卷四頁 27—28《鞏昌營游擊范子湘稟營兵開辦屯墾由》。《左文襄公書牘》卷十二頁 11《答陳舫仙（湜）》。

注 545　《左文襄公奏稿》卷三十一頁 63《辦理賑墾撫輯事宜摺》。

注 546　《劉果敏公奏稿》卷七頁 8《覆陳邊防佈置並籌墾荒摺》。《左文襄公奏稿》卷三十六頁 38—39《收撫回民安插耕墾片》。

注 547　《左文襄公奏稿》卷三十五頁 32《安插制兵片》，卷四十七頁 8《督辦新疆軍務敬陳籌畫情形摺》。

注 548　《劉果敏公奏稿》卷七頁 9《覆陳邊防佈置並籌墾荒摺》。

注 549　袁保恆《袁文誠公奏議》（家刻全集本）卷三頁 16《籌辦農田水利片》。

注 550　《彝軍記略》頁 38。《左文襄公批札》卷二頁 62《黃道鼎稟現辦涇屬賑撫屯田事宜由》。

注 551　《甘寧青史略》正編卷二十三頁 26，卷二十四頁 5。

注 552　《左文襄公奏稿》卷五十七頁 47《甘肅氣象更新片》。《左文襄公批札》卷六頁 11《鎮西廳丁丞鶚稟屯墾情形由》。《左文襄公家書》卷上頁 72。

注 553　《左文襄公奏稿》卷五十頁 28—29《覆陳移屯實邊摺》。

注 554　《左文襄公書牘》卷十四頁 6—8、頁 15，均《與張朗齋（曜）》。

注 555　《袁文誠公奏議》卷四頁 29《遵旨統籌出關糧餉摺》，卷五頁 12《覆陳酌議屯田情形片》。《左文襄公奏稿》卷四十五頁 77《附陳開屯實在情形片》。

注 556　《左文襄公書牘》卷十六頁 68《答張朗齋（曜）》。《戡定新疆記》卷八《善後篇》頁 11。

注 557　《左文襄公奏稿》卷四十七頁 7《督辦新疆軍務敬陳籌畫情形摺》。《左文襄公書牘》卷十七頁 64《上總理各國事務衙門》。

注 558　《左文襄公書牘》卷十四頁 45《與金和甫（順）》。

注 559　《左文襄公奏稿》卷五十二頁 24《墊發各軍屯墾經費摺》。《左文襄公書牘》卷二十頁 2《與周子嚴（崇傅）》，頁 31《與劉克庵（典）》。

注 560　《左文襄公奏稿》卷五十六頁 30《防營承修各工程摺》。《劉襄勤公奏稿》卷五頁 62《關外善後台局摺》。

注 561　《左文襄公奏稿》卷五十六頁 21《辦理新疆善後事宜摺》。《戡定新疆記》卷八《善後篇》頁 13。《湘軍記》卷十九《戡定西域篇》頁 34。

注 562　《平回志》卷八頁 23。

注 563　《左文襄公奏稿》卷四十五頁 3—4《請豁免甘省積欠錢糧摺》。

注 564　《經世文續編‧甘肅墾荒民戶請變通入籍應試疏》。

注 565　《左文襄公奏稿》卷二十八頁 48《陝甘餉源奇絀摺》，卷四十五頁 19《嵩武軍開抵玉門片》，頁 24《前兩廣鹽運使鍾謙鈞捐助賑銀酌撥安西摺》，頁 77《附陳開屯實在情形片》。

注 566　《左文襄公書牘》卷十六頁 9《與劉克庵（典）》。

注 567　《左文襄公書牘》卷十二頁 8《答陳舫仙（湜）》，卷十六頁 9《與劉克庵（典）》。

注 568　《左文襄公批札》卷六頁 11《鎮西廳丁丞鶚稟屯墾情形由》。《左文襄公批札》卷四頁 32《楊提督世俊稟苲台堡回目來營乞撫由》，卷七頁 11《鎮迪道周道崇傅稟烏垣等處善後事宜由》。

注 569　《左文襄公奏稿》卷四十七頁 7《督辦新疆軍務敬陳籌畫情形摺》。

注 570　《左文襄公批札》卷七頁 10《鎮迪道周道崇傅稟烏垣等處善後事宜由》。

注 571　《左文襄公批札》卷七頁 37《黃令長周稟察看喀喇沙爾應行開辦事宜由》。

注 572　《左文襄公批札》卷七頁 38《黃令長周稟查明羅布淖爾河道由》。

注 573　《左文襄公書牘》卷十六頁 10《與劉克庵（典）》。

注 574　《左文襄公奏稿》卷四十五頁 52《遵旨開單報銷摺》，卷五十四頁 54《同治十三年份（1874）軍需收支款目開單報銷摺》，卷五十五頁 65—66《光緒元年（1875）正月初一日起至三年（1877）十二月底止軍需款目報銷摺》，卷五十九頁 39《光緒四年（1878）正月初一日起至六年（1880）十二月底止甘肅新疆軍需報銷摺》。

注 575　《左文襄公奏稿》卷四十五頁 38—40《遵旨開單報銷摺》。

注 576　《左文襄公奏稿》卷五十四頁 44《同治十三年份（1874）軍需收支款目開單報銷摺》。

注 577　《左文襄公奏稿》卷五十五頁 52《光緒元年（1875）正月至三年（1877）十二月軍需款目報銷摺》。

注 578　《左文襄公奏稿》卷五十九頁 21《光緒四年（1878）正月至六年（1880）十二月軍需報銷摺》。

注 579　《左文襄公奏稿》卷四十四頁 68—69《關隴餉需請匯歸一案報銷摺》。

注 580　《左文襄公奏稿》卷四十六頁 6《同治十三年（1874）後軍需請作一年開報片》。

注 581　《左文襄公奏稿》卷五十二頁 79—82《關隴新疆軍需款項請分作兩案報銷摺》。

注 582　《左文襄公奏稿》卷五十三頁 65—69《西征軍需請仍一律開單報銷摺》。

注 583　《左文襄公奏稿》卷五十五頁 68—70《同治十三年份（1874）軍需用款請敕部照前單核銷片》。

注 584　《左文襄公奏稿》卷五十七頁 18《光緒四年（1878）正月至六年（1880）十二月軍需款項請仍照前案開單報銷摺》。

注 585　《左文襄公奏稿》卷三十頁 41《請於陝甘餉項外請撥實餉摺》，卷四十五頁 50—52《遵旨開單報銷摺》，卷五十四頁 51—55《同治十三年份（1874）軍需收支款目開單報銷摺》，卷五十五頁 64—67《光緒元年（1875）正月初至三年（1877）十二月軍需款目報銷摺》，卷五十九頁 29—32《光緒四年（1878）正月至六年（1880）十二月軍需報銷摺》，頁 36《老湘軍自同治七年（1868）十月至光緒元年（1875）八月收用江蘇協餉數目片》。《左文襄公書牘》卷十一頁 63《答曹藎臣（克忠）》。

注 586　《左文襄公奏稿》卷二十一頁 63《遵旨寬籌餉項以濟危局摺》，卷二十八頁 48《陝甘餉源支絀請指撥實餉摺》，卷二十九頁 30《餉項枯絀請增撥巨款摺》，卷三十頁 68《請催江海關粵海關短解銀兩片》，卷三十一頁 47—59《瀝陳餉事窘迫片》。《楊勇愨公奏議》卷四頁 11《糧餉支絀請飭各省協濟摺》。

注 587　《左文襄公奏稿》卷四十五頁 40—45《遵旨開單報銷摺》，頁 84《陳明甘肅捐輸實數片》，卷五十四頁 47—51《同治十三年份 (1874) 軍需收支款目開單報銷摺》，卷五十五頁 55—64《光緒元年 (1875) 正月至三年 (1877) 十二月軍需款目報銷摺》，卷五十九頁 24—30《光緒四年 (1878) 正月至六年 (1880) 十二月軍需報銷摺》，頁 65《老湘軍自同治七年 (1868) 十月至光緒元年 (1875) 八月收用江蘇協餉數片》。《左文襄公書牘》卷十一頁 43《答陳舫仙（湜）》。

注 588　《左文襄公奏稿》卷四十五頁 71《餉源頓涸籌借洋款摺》。

注 589　《左太傅致陳少保手札》（石印本）。《左文襄公書牘》卷十三頁 22《答金和甫（順）》，頁 24《與徐崑山（占彪）》，頁 35《與沈吉田（應奎）》。《平浙記略》卷十三頁 11。《左文襄公奏稿》卷十三頁 25《查獲敵財，以充公用片》。《湘軍志》卷十六《籌餉篇》頁 4。

注 590　《光緒東華錄》卷四十三頁 16。《左文襄公年譜》卷十頁 18、頁 22。《左文襄公文集》卷四頁 10《紅蝠山房記》。《左孝同跋左文襄公書韓蘇石鼓詩屏》（中華書局石印）。《左文襄公書牘》卷二十五頁 45、頁 48，均《答楊石泉（昌濬）》，頁 61《答劉毅齋（錦棠）》。

注 591　《左文襄公奏稿》卷五十九頁 52《會商海防事宜摺》。《左文襄公書牘》卷二十六頁 4《答彭雪琴（玉麟）》。《海國圖志》卷一《籌海篇》頁 1。

注 592　《左文襄公奏稿》卷五十九頁 40《擬修船塢安置水炮台各節片》，卷六十頁 36—37《籌辦海防，會商佈置機宜摺》，卷六十一頁 70—73《遵旨佈置海防摺》。《左文襄公書牘》卷二十六頁 21《與長江各提鎮》，頁 40《上總理各國事務衙門》。曾國荃《曾忠襄公奏稿》卷二十五頁 25《奏留水雷教習片》。

注 593　《左文襄公奏稿》卷六十頁 42—43《輪船水勇請仍照舊章辦理摺》，頁 45《添造兵輪預籌駕駛人才片》，頁 47《新造開濟快船弁勇支薪請敕部覆核片》，頁 57《飭造輕快船隻巡緝邵伯湖一帶片》，頁 59《江北巡船請仍准以募定弁勇管駕巡緝片》，卷六十一頁 77—78《閩省船政局造船玩延諱飾

片》，卷六十四頁 27《購辦南琛南瑞快船片》。《左文襄公書牘》卷二十六頁 3、頁 5《答彭雪琴（玉麟）》，頁 8《與黎召民（兆棠）》，頁 39《上總理各國事務衙門》。彭玉麟《彭剛直公奏稿》（光緒十七年〔1891〕蘇州刻本）卷三頁 43《會商海防事宜摺》。《曾忠襄公奏稿》卷二十三頁 35《添募新軍疏》。

注 594　《左文襄公奏稿》卷五十九頁 52《會商海防事宜摺》，卷六十一頁 10—13《創設漁團摺》，頁 42—43《校閱漁團摺》，頁 14—15《辦理漁團詳細情形摺》。《曾忠襄公奏稿》卷二十四頁 34《裁撤漁團截數報銷摺》。鎮洋，今併入太倉。華亭，今松江。昭文，今併入常熟。通州，今南通。海州，今東海。

注 595　《左文襄公奏稿》卷六十一頁 12《創設漁團精挑水勇摺》。《曾忠襄公奏稿》卷二十四頁 34《裁撤漁團截數報銷摺》。《光緒東華錄》卷四十六頁 11。

注 596　《左文襄公奏稿》卷六十頁 53—54《江蘇防營請從緩裁改摺》，卷六十一頁 2《籌撥江南防軍摺》。《曾忠襄公奏稿》卷二十一頁 49《條奏南洋防務疏》。衛榮光，字靜瀾，河南新鄉人，咸豐二年 (1852) 進士，官至山西巡撫，光緒十六年 (1890) 卒。

注 597　《左文襄公奏稿》卷五十九頁 39《舊恙頻發奏報遲延片》，頁 40《擬修船塢安置水炮台各節片》，卷六十頁 40《委員辦理機器製造局務片》。《左文襄公奏稿》（上海古香閣石印本）三編卷三頁 2《修理炮台片》。《左文襄公書牘》卷二十六頁 39《上總理各國事務衙門》。《曾忠襄公奏稿》卷二十二頁 23—25《機器局加款疏》。

注 598　《左文襄公奏稿》卷五十九頁 1—2《並案查閱江蘇營伍先閱江北各營摺》，頁 37—38《校閱江南營伍摺》。《左文襄公年譜》卷十頁 22、頁 24、頁 27。《申報》光緒八年 (1882) 四月十八—二十七日，十一月八日，九年 (1883) 九月二十一日—十月初二日，十年 (1884) 正月二十八日—二月初一日。

注 599　《左文襄公家書》卷下頁 79—80。李成謀，字與吾，湖南芷江人，官至長江水師提督，光緒十八年 (1892) 卒，謚勇恪。李朝斌，本姓王氏，字質堂，湖南善化人，官至江南提督，光緒二十年 (1894) 四月卒。章合才，字作堂，湖南湘鄉人。

注 600　《左文襄公奏稿》卷六十一頁 38—39《籌辦海防會商佈置機宜摺》。

注 601　《左文襄公說帖》（家刻全集本）頁 6—7《時務說帖》。《曾忠襄公奏稿》卷二十四頁 28《裁撤漁團截數報銷摺》。

注 602　《經世文續編》。張煥綸，字斗槎，江蘇上海人。

注 603　黃澤蒼《越南》（商務印書館史地小叢書本）頁 44—76。黃序先《帝國主義侵略中國史》（商務印書館萬有文庫本）頁 59—60。

注 604　《越南》頁 76—77。《帝國主義侵略中國史》頁 60。

注 605　《越南》頁 77。《帝國主義侵略中國史》頁 60。

注 606　《帝國主義侵略中國史》頁 60。

注 607　《帝國主義侵略中國史》頁 61、頁 77—78。左舜生《中國近百年史料初編》（中華書局本）。羅惇曧《中法兵事本末》頁 321。劉永福，原名義，字淵亭，廣西上思人，官廣東南澳鎮總兵。

注 608　《帝國主義侵略中國史》頁 61。《中法兵事本末》頁 323。

注 609　《越南》頁 77—78。《帝國主義侵略中國史》頁 61—62。

注 610　李鴻章《李文忠公電稿》（南京刻全集本）卷一頁 16—17《譯署來電》。《帝國主義侵略中國史》頁 62。

注 611　《清史稿·邦交志·法蘭西》。《中法兵事本末》頁 322。

注 612　《李文忠公譯署函稿》卷十頁 3—9《籌議越南》，頁 24—26《呈送越南禮物詩篇》《覆越南王書》。《光緒東華錄》卷四十七頁 14，卷四十八頁 8—10。

注 613　《李文忠公譯署函稿》卷十三頁 45《論法越邊事》，頁 46《論滇越退兵》，頁 47《陳明越議將定》，頁 51《論越議將變》，卷十四頁 4—5《述越議頓變》。《越南》頁 79。《帝國主義侵略中國史》頁 63。《中法兵事本末》頁 332—333。《光緒東華錄》卷五十三頁 8。

注 614　《李文忠公電稿》卷一頁 14《覆譯署寄張振（軒）帥（樹聲）》。《左文襄公奏稿》卷六十一頁 1《籌撥江南防軍摺》。《越南》頁 79。《帝國主義侵略中國史》頁 63。

注 615　《李文忠公譯署函稿》卷十四頁 11—12《答拜法使問答節略》，頁 14—15《接見法使問答節略》，頁 15—16《覆法使》，頁 16《論法使暫難就議》。

注 616　《李文忠公譯署函稿》卷十四頁 26《報黑旗兵敗越王病故》，頁 28《報法佔順化炮台》，頁 31《請准越南王由海道告哀》。《李文忠公電稿》卷一頁 33《滬電局來電》。《光緒東華錄》卷五十五頁 14—15。

注 617　《李文忠公譯署函稿》卷十四頁 34—37《與法使問答節略》，頁 38—40《與法使問答節略》，頁 41—42《法使問答節略》。

注 618　《李文忠公奏稿》卷四十九頁 4《借款購備槍炮摺》。《李文忠公譯署函稿》卷十四頁 7—8《論法越兵事》，頁 9《論越事應固防觀變》，頁 9—10《論

海防兵單未可輕言戰事》，卷十五頁 8《論越事》，頁 26—27《論法越兵事》，卷十五頁 10《論朝鮮》。《李文忠公電稿》卷一頁 23《寄黎使（庶昌）》，頁 40《寄譯署》。

注 619　《左文襄公奏稿》卷六十一頁 14—18《敬籌南洋應辦邊務機宜摺》。《左文襄公書牘》卷二十六頁 41—43《上總理各國事務衙門》。

注 620　《光緒東華錄》卷五十六頁 10。《左文襄公奏稿》卷六十一頁 81《籌撥廣西軍火摺》。《左文襄公書牘》卷二十六頁 35《答岑彥卿（毓英）》。

注 621　《光緒東華錄》卷五十八頁 2—5，卷五十九頁 3。《左文襄公奏稿》卷六十二頁 1—3《假期屆滿目疾未痊仍懇開缺回籍摺》，頁 15—17《恭謝天恩瀝陳下悃摺》，頁 38《檄調羅大春洋槍隊來江助防片》，頁 39《交卸兩江督籌日期摺》，頁 43—45《擬令黃少春募兵摺》。《左文襄公書牘》卷二十五頁 80《與衛靜瀾（榮光）》。《曾忠襄公奏稿》卷二十二頁 3—5《請飭停募勇丁疏》。羅大春，字景山，貴州人。

注 622　《光緒東華錄》卷五十九頁 8—11。《李文忠公奏稿》卷四十九頁 48—51《法越交涉議定法約摺》。《李文忠公電稿》卷二頁 12—13《寄譯署》《譯署來電》。《越南》頁 62。《帝國主義侵略中國史》頁 63。

注 623　《左文襄公說帖》頁 1—6。

注 624　《光緒東華錄》卷五十九頁 3、頁 10。《李文忠公電稿》卷二頁 18《寄潘琴（軒）帥（鼎新）》。《中法兵事本末》頁 335。

注 625　《光緒東華錄》卷六十頁 11—12、頁 15，卷六十二頁 2。《李文忠公電稿》卷二頁 23《潘琴（軒）帥（鼎新）來電》，頁 21《張振（軒）帥（樹聲）致譯署》。

注 626　《光緒東華錄》卷六十一頁 4、頁 11，卷六十三頁 5。《李文忠公電稿》卷二頁 23《寄譯署》，頁 24《寄龍州送潘琴（軒）帥（鼎新）》，頁 31《駐法李使（鳳苞）來電》，頁 36《寄巴黎李使（鳳苞）》，卷三頁 7《曾宮保（國荃）致譯署》，頁 13、頁 16《寄巴黎李使（鳳苞）》，頁 19—20《曾宮保（國荃）致譯署》，頁 24《廈門彭軍門（楚漢）來電》，頁 28《寄譯署》。劉銘傳《劉壯肅公奏議》卷二頁 56《敵陷基隆炮台我軍復破敵營獲勝摺》。

注 627　《光緒東華錄》卷六十一頁 1，卷六十二頁 12，卷六十三頁 1—4，卷六十四頁 2—4、頁 15。《李文忠公電稿》卷三頁 31《急寄南洋閩廣各督撫》，頁 33—34《寄巴黎李使（鳳苞）》，頁 36《寄譯署》，頁 37《南京電局遞周海舲軍門（盛波）》。《中法兵事本末》頁 330。

注 628　《光緒東華錄》卷五十八頁 16—18，卷六十四頁 12。《文獻叢編》（故宮博物院本）第七輯《醇親王奕譞致軍機處尺牘》頁 10—11。《申報》光緒十年（1884）六月六日。《曾忠襄公奏稿》卷二十三頁 50《援軍赴閩疏》。奕譞，宣宗第七子，德宗本生父，光緒十六年（1890）十一月卒，諡賢。

注 629　《光緒東華續錄》卷六十三頁 11。《左文襄公奏稿》卷六十三頁 19《恭報起程日期摺》，頁 20《行抵江寧會籌撥調勇營赴閩摺》，頁 28《台灣軍情吃緊請敕重臣由海道赴援摺》，頁 31《恭報由江寧起程赴閩日期摺》，頁 35《派員設立糧台並分途安設轉運軍裝各局摺》，頁 42《派員援台並會籌一切情形摺》，頁 48《辦理各海口漁團片》，卷六十四頁 1《會閱海口炮台嚴備閩防摺》。《湘綺樓日記》冊十三頁 42。《申報》光緒十年（1884）十二月一日。

注 630　《光緒東華錄》卷六十六頁 17、頁 19，卷六十七頁 1，卷七十一頁 10，卷七十三頁 3—4。《左文襄公奏稿》卷六十三頁 39—41《詳察台灣情形摺》。《劉壯肅公奏議》卷二頁 15—19《覆陳台北情形摺》，卷三頁 9—10《法船並犯台北台滬俱危移保後路摺》，卷九頁 10—11《奏留李彤恩片》，卷十頁 1—2《奏參朱守謨片》，頁 3—8《嚴劾劉璈摺》。福寧，今霞浦。

注 631　《左文襄公奏稿》卷六十三頁 44《派員援台摺》，頁 46《各軍克日渡台片》，卷六十四頁 3—4《援台各軍分渡情形片》，頁 17—20《援台各營抵防苦戰二日獲勝因援斷退師扼棨六堵摺》。《劉壯肅公奏議》卷三頁 3《法攻暖暖街月牙山摺》，頁 33—36《法攻月牙山大水窟摺》。陳鳴志，字展堂，官台灣台澎道。王詩正，字尊農，湖南湘鄉人，候補道。

注 632　《光緒東華錄》卷六十八頁 1—2、頁 6—7、頁 12。《中法兵事本末》頁 354—355。潘鼎新，字琴軒，安徽廬江人，道光二十九年（1849）舉人，官至廣西巡撫，光緒十四年（1888）五月卒。馮子材，字粹亭，廣東欽州人，官至貴州提督，光緒二十九年（1903）卒，諡勇毅。

注 633　《光緒東華續錄》卷六十八頁 14，卷六十九頁 16—18。吳光耀《壬戌文鈔·紀胡文忠左文襄軼事》。《李文忠奏稿》卷五十三頁 31—37《法國議和定約摺》。《左文襄公奏稿》卷六十四頁 27—28《購辦南琛南瑞快船出力各員請獎片》。

注 634　《光緒東華錄》卷七十一頁 16，卷七十二頁 9。《左文襄公奏稿》卷六十四頁 29—30《懇恩交卸差使摺》，頁 34—35《再懇恩交卸差使摺》，頁 37—

38《遵旨交卸差使摺》。《左文襄公誄詞》冊一頁 8—9。

注 635　《曾忠襄公書札》卷十八頁 11《覆李中堂（鴻章）》。《彭剛直公奏稿》卷五頁 12—14《力阻和議片》。《彭剛直公詩集》卷五頁 8，「南海軍次，病魔作祟，倚枕孤吟，得秋興三十四律，不過蟲聲蜇語，聊遣愁懷，工拙不計也」。引詩兩句自注：「有以法議和奏者，立抗議疏爭不可。」《宣文堂京報——嶺南紀事》。《左文襄公誄詞》冊二《挽詩》頁 4（林世燾）。

注 636　《中國近百年史料續編·池仲祐海軍大事記》頁 332—333。張佩綸《澗于集奏議》卷四頁 26—28《水師失利自請逮問摺》，頁 29—30《陸軍接仗情形片》，頁 31—34《會奏閩省接仗情形摺》，頁 47—48《查明水師陣亡人員請恤摺》。

注 637　《左文襄公奏稿》卷十九頁 22《請以吳大廷調補台灣道缺摺》，頁 41—42《揀員調補台灣鎮總兵摺》。吳大廷，字桐雲，湖南沅陵人，咸豐五年（1855）舉人，光緒三年（1877）十二月卒，著述有《小酉腴山館集》。

注 638　《左文襄公奏稿》卷十九頁 43—46《籌辦台灣吏事兵事請責成新調鎮道經理摺》。吳棠，字仲宣，安徽盱眙人，道光十五年（1835）舉人，官至四川總督，光緒元年（1875）十二月卒，諡勤惠，著述有《三益齋存稿》《讀詩一得》。徐宗幹，字樹人，江蘇通州人，嘉慶二十五年（1820）進士，同治五年（1866）九月卒，諡清惠，著述有《斯未信齋文稿》《寧州金石志》。英桂，姓赫舍里氏，字香巖，滿洲正藍旗人，道光元年（1821）舉人，官至體仁閣大學士，光緒五年（1879）十月卒，諡文勤。

注 639　《左文襄公奏稿》卷十六頁 21《閩鹽試行票運摺》，卷十九頁 47—53《釐定閩省各屬進出款項請將攤捐停止陋規裁革另籌提給公費摺》，頁 54—55《閩省官吏軍需攤捐銀兩懇恩免捐摺》。

注 640　《左文襄公奏稿》卷十九頁 16—30《閩浙兵制急宜變通摺》，頁 89《請停捐武職片》。

注 641　《左文襄公奏稿》卷十一頁 91《獲辦行劫洋盜摺》，卷十四頁 15—16《剿辦土匪情形片》，頁 38—39《剿辦興泉永漳等處土匪片》，卷十五頁 54—59《剿辦上下府屬土匪摺》，卷十六頁 28—30《師船巡緝洋盜摺》，頁 38—39《剿辦龍溪縣屬土匪摺》，卷十七頁 25—28《齋匪突陷崇安建陽兩城摺》，頁 30—31《水師續獲洋盜片》，頁 41—43《拿獲洋盜片》，頁 44—48《官軍越境追剿齋匪摺》，頁 50—56《續辦上下府屬土匪摺》，卷十八頁 59—66《捕治興泉汀漳各處土匪摺》，卷十九頁 73—74《查辦

齋教餘匪摺》，卷二十頁 3—6《捕治興化土匪摺》。

注 642　《左文襄公奏稿》卷十八頁 43《閩鹽票運成效摺》。

注 643　《左文襄公奏稿》卷十九頁 86《請敕署福建藩司周開錫久於署任摺》。

注 644　《左文襄公奏稿》卷十二頁 6—8《瀝陳閩省困敝情形請調員善委摺》，卷十三頁 13《請將福建鹽法道革職片》，卷十四頁 42—45《特參年力就衰之司道摺》，卷十五頁 18《委署福建藩司片》，卷十九頁 24《請以夏獻綸署福建鹽法道片》，頁 53《藩司因病請假請仍留周開錫署理片》。

注 645　《左文襄公奏稿》卷十九頁 86《請敕署福建藩司周開錫久於署任摺》，卷二十一頁 57《懇察閩中蜚語片》。《左文襄公書牘》卷九頁 29《答夏小濤（獻綸）》，頁 30《答周受山（開錫）》，頁 36《答吳桐雲（大廷）》，頁 37《答劉簡青（明燈）》，頁 39《答楊石泉（昌濬）》《答沈幼丹（葆楨）》，頁 43《答曾沅浦（國荃）》。《光緒實錄》卷一百九十八頁 8，卷二百零五頁 19—20。吳大廷《小酉腴山館主人自著年譜》卷一頁 36—57。張銓慶，字佑之。夏獻綸，字小濤，江西新建人，官至台灣兵備道，光緒五年（1879）六月卒。

注 646　《左文襄公書牘》卷十四頁 47《上總理各國事務衙門》。

注 647　《左文襄公奏稿》卷六十四頁 22—24《密陳要盟宜慎防兵難撤摺》。

注 648　《京報》光緒十一年（1885）六月《為台防緊要請移駐巡撫鎮懾摺》。李鶴年，字子和，號雪樵，奉天義州人，道光二十五年（1845）進士，官至河東河道總督，光緒十六年（1890）卒。王凱泰，原名敦敏，字補帆，號幼軒，江蘇寶應人，道光三十年（1850）進士，光緒元年（1875）卒，諡文勤。丁日昌，字雨生，廣東豐順人，廩貢生，光緒八年（1882）卒，著述有《撫吳公牘》。

注 649　曾國藩《曾文正公雜著》（長沙思賢講舍刻本）卷二頁 4《招募之規》，頁 9—12《營制》，頁 13—15《馬隊營制》。《左文襄公咨札》頁 1《札崔副將大光等招募楚勇》。

注 650　《楚軍營制》頁 1—8《步隊章程》。

注 651　《左文襄公年譜》卷二頁 36。

注 652　《左文襄公奏稿》卷六十三頁 13—14《修治畿郊水利懇敕一律准銷摺》。《左文襄公年譜》卷二頁 36。

注 653　《左文襄公奏稿》卷六十三頁 14《修治畿郊水利懇敕一律准銷摺》。

注 654　《左文襄公奏稿》卷三頁 10《請敕副將崇志管帶戰馬來浙片》，頁 16《赴口買馬請免稅片》，卷二十一頁 43—46《籌擬購練馬隊摺》，卷六十三頁

15《修治畿郊水利懇敕一律准銷摺》。《左文襄公咨札》頁 8—9《馬隊事宜》。《楚軍營制》頁 5—8《馬隊章程》。

注 655　《楚軍營制》頁 4—5《教長夫》。

注 656　《楚軍營制》頁 1—8。

注 657　《左文襄公奏稿》卷一頁 9《請速令總兵劉培元來衢設立水師片》，卷二十二頁 18《籌議山西河防事宜摺》，《左文襄公批札》卷一頁 58《戴副將定邦稟渭南佈防情形由》。《左文襄公書牘》卷十三頁 30《答邵汴生（亨豫）》。王之平《曾胡左兵略綱要》頁 122—123（引陳龍昌《中西兵略指掌錄・左氏兵法入門》）。

注 658　《左文襄公奏稿》卷十八頁 7—8《剿捻剿回宜參用戰車片》。《左文襄公咨札》頁 6《札統帶管帶車營各員》，頁 7—8《車隊事宜》。《左文襄公批札》卷一頁 37《吳中書士邁稟請發車炮以便訓練由》。

注 659　《左文襄公家書》卷下頁 1—3。《左文襄公奏稿》卷二十一頁 71《隨州追賊出境摺》，卷二十三頁 44《剿回大勝岐山解圍摺》。《曾文正公批牘》卷三《潘道鼎新稟陳北方用兵宜用車戰各情》。《劉果敏公批牘》卷三頁 24《批統領楚軍劉牧倬雲稟繳炮車由》。陳昌《霆軍紀略》卷十（同治五年〔1866〕）。

注 660　《左文襄公書牘》卷十六頁 74《答劉克庵（典）》。《劉襄勤公奏稿》卷五頁 49《關外各軍應發款目繕請立案摺》。

注 661　《曾文正公雜著》卷二頁 7《禁洋煙等事之規》。行軍五禁條目，不見載籍，此從宗棠後人調查得之。《左文襄公批札》卷六頁 7—8《延榆綏譚鎮仁芳稟報神木遊勇拒捕情形由》。

注 662　《駱文忠公奏稿》卷十頁 63《請建表忠祠及求忠書院摺》。《曾文正公家書》卷四，咸豐三年（1853）十月初四日。烏蘭泰，姓索佳氏，字遠芳，滿洲正紅旗人，官至廣州副都統，咸豐二年（1852）三月在桂林省城陣亡，謚武壯。

注 663　劉倬雲《宰湘節錄》頁 14—27。彭洋中《湘勇源流記》。朱孫詒，字石翹，江西清江人，官至四川鹽運使。

注 664　《湘軍志》卷二頁 6—7《曾軍編》。王鑫《王壯武公遺集》（家刻本）卷二十三《練勇芻言》。《曾文正公書牘》卷七《致郭意城（嵩燾）》。陳士傑，字雋丞，湖南桂陽人，道光拔貢；官至山東巡撫，光緒十八年（1892）十二月卒，著述有《蕉雲山館詩文集》。張運蘭，字凱章，湖南湘鄉人，官至

福建按察使，同治三年（1864）在汀州遇難，諡忠毅。王開化，字梅村，湖南湘鄉人，咸豐十一年（1861）歿於軍次，諡貞介。王勳，字人樹，湖南湘鄉人。易開俊，字紫橋，湖南湘鄉人，官至安徽壽春鎮總兵，光緒六年（1880）三月卒。

注665 《左文襄公年譜》卷二頁36。《左文襄公書牘》。《左文襄公奏稿》卷三十一頁49《瀝陳餉事窘迫片》。王開琳，字毅卿，湖南湘鄉人，官至江西贛南道。羅近秋，字鹿鳴，湖南湘鄉人，保至副將，咸豐十一年（1861）三月在樂平陣亡。張聲恆，原名聲訓，湖南桂陽人，保至候補道。王文瑞，字鈐峰，湖南湘鄉人，官至江西贛南道。

注666 《曾文正公雜著》卷二頁9—12《營制》。《王武壯公遺集》卷二十三《練勇芻言》。《左文襄公書牘》卷二十一頁5《與劉克庵（典）》。《左文襄公奏稿》卷五十九頁34《老湘軍自同治七年（1868）十月初一日起至光緒元年（1875）八月底止收用江蘇協餉數目片》。

注667 《左文襄公奏稿》卷十八頁27—28《浙江建立楚湘忠義祠摺》。

注668 《左文襄公書牘》卷十頁1《答喬鶴儕（松年）》，卷十七頁40《與善厚齋（慶）》。《左文襄公家書》卷下頁9。《左文襄公奏稿》卷二十八頁25—26《料理西征就緒即行赴京陛見摺》。《曾文正公奏稿》卷二十五《張錫鑾在陝西陣亡片》。張錫鑾，原名錫榮，字敬堂，安徽靈璧人，咸豐三年（1853）進士，同治六年（1867）正月在西安陣亡，著述有《朱子就正錄》等。

注669 《李文忠公奏稿》卷十七頁2《覆奏劉銘傳督辦陝西軍務摺》。

注670 《左文襄公奏稿》卷三十一頁49—50《瀝陳餉事窘迫片》，卷五十九頁9《駐札江蘇淮軍改由江省就近發餉摺》，卷六十頁10《酌加淮軍辦公經費片》，卷六十一頁23—24《淮軍統領公費懇仍照前奏酌加片》。《左文襄公書牘》卷十四頁33《與譚文卿（鍾麟）》。《彭剛直公奏議》卷三頁49—50《補陳前摺未盡之言片》。

注671 《駱文忠公奏稿》卷七頁62—64《援軍將領濫收遊勇僨事摺》。

注672 《左文襄公奏稿》卷二頁17《失事弁兵冊許收伍片》，卷十四頁17《清釐閩營欠餉暫停募補兵額摺》，卷十九頁16—21《閩浙兵制急宜變通摺》，卷二十頁37—38《通籌閩省綠營兵額餉項摺》。

注673 《左文襄公書牘》卷七頁14—17《答美里登》，頁17《與英香巖（桂）徐樹人（宗幹）》，頁19—20、23，均《答美里登》，頁22—23《答英香巖（桂）徐樹人（宗幹）》，頁19—20、頁23《上總理各國事務衙門》，卷

十一頁 38《答楊石泉（昌濬）》。

注 674　《左文襄公書牘》卷二十二頁 9《答楊石泉（昌濬）》。《左文襄公奏稿》卷
　　　　五十三頁 35—39《覆陳新疆情形摺》。《甘肅新通志》卷四十一頁 30《會
　　　　籌甘省變通兵制疏》。《光緒實錄》卷一百零四頁 4。

注 675　《左文襄公奏稿》卷三十五頁 32《安插制兵籌供客軍糧餉片》。《左文襄公
　　　　書牘》卷二十一頁 50《與楊石泉（昌濬）》。《譚鍾麟文勤公奏稿》卷九頁
　　　　25—26《甘肅變通兵制暫難舉行摺》。

注 676　《陶勤肅公奏議遺稿》卷四頁 22《考核錢糧整頓釐金摺》。

注 677　《左文襄公奏稿》卷五十七頁 49—51《請訓練旗兵片》，卷五十八頁 5—
　　　　6《擬調隨軍各營商辦教練旗兵摺》，頁 11—12《敬籌現調各營暫緩練兵
　　　　摺》。《左文襄公書牘》卷二十五頁 6《答王朗青（德榜）劉蘭洲（璈）》，
　　　　頁 5《答馮展雲（譽驥）》，頁 15《答楊石泉（昌濬）》。

注 678　《左文襄公奏稿》卷六十三頁 9《神機營兵丁懇免扣曠籌備公費銀兩生息
　　　　摺》。《光緒實錄》卷一百八十四頁 10、頁 13。《申報》光緒十年（1884）
　　　　閏五月十四日。

注 679　《曾文正公奏稿》卷十四《左宗棠定議援浙摺》。《左文襄公批札》卷三頁 1
　　　　《李道耀南等稟繕稟錯誤由》。

注 680　《左文襄公奏稿》卷五十一頁 49《連復阿克蘇烏什兩城摺》。《左文襄公書
　　　　牘》卷四頁 7《與王璞山（鑫）》。

注 681　《左文襄公批札》卷六頁 24—25《西寧劉道稟烏垣克復急宜進攻南路由》。
　　　　《左文襄公書牘》卷二頁 28《與王璞山（鑫）》。

注 682　《左文襄公奏稿》卷一頁 1—5《據探省城失守敬陳辦理情形摺》，頁 30—
　　　　33《覆奏駐軍開化馬金街正可兼顧衢城摺》，頁 43—45《覆奏籌劃進取籌
　　　　劃情形摺》。

注 683　《左文襄公奏稿》卷二十一頁 19—21《敬陳籌辦情形摺》。

注 684　《左文襄公奏稿》卷三十六頁 23《克復渭源狄道兩城摺》，卷三十九頁 17《覆
　　　　陳近日軍情片》。

注 685　《左文襄公家書》卷下頁 58。

注 686　《左文襄公批札》卷一頁 9《浮梁縣稟防守各渡口由》，卷二頁 7《劉翼長
　　　　（松山）稟追剿海豐信陽竄賊由》，卷三頁 66《劉道錦棠分守金積東南情形
　　　　由》，卷六頁 65《湘軍劉總統錦棠稟克復阿克蘇烏什兩城由》，頁 68《湘
　　　　軍劉總統錦棠稟剿辦回匪並收撫餘眾情形由》。

注 687　《左文襄公年譜》卷三頁 2—3。《左文襄公奏稿》卷三十二頁 3《進剿甘肅南路竄回摺》。夏炘，字欣伯（一作心伯），號發甫，安徽當塗人，道光五年（1825）舉人，官至潁州府教授，著述有《景紫堂全書》。

注 688　《左文襄公家書》卷上頁 9、頁 19。《左文襄公奏稿》卷四十七《楊昌濬如能去浙度隴可資臂助片》，卷六十三頁 35《派員設立糧台摺》。《八賢手札——胡文忠公書牘手札》頁 11。羅大春《左恪靖伯奏議序》。《左文襄公批札》卷四頁 36《蘭州道蔣凝學稟請移節省垣由》。蔣凝學，字先民，號之純，湖南湘鄉人，官至陝西布政使，光緒四年（1878）七月卒。

注 689　《湘綺樓日記》十一冊 62 頁。

注 690　《左文襄公書牘》卷二十一頁 23《答劉克庵（典）》。

注 691　《左文襄公奏稿》卷七頁 49—50《籌給織造銀兩摺》，卷十一頁 26—27《請將本任養廉作為京餉報解片》。

注 692　《左文襄公家書》卷十一頁 24。

注 693　《左文襄公書牘》卷五頁 69《答郭意誠（崑燾）》。

注 694　《駱文忠公奏稿》卷八頁 9《保舉鹽茶釐金兩局出力官紳摺》，頁 16《瀝陳湖南籌餉情形摺》。《左文襄公奏稿》卷八頁 70《核減紹興府屬浮收錢糧摺》。《左文襄公批札》卷六頁 59《甘州府龍守錫慶稟劉縣丞文斗情形由》。

注 695　《左文襄公書牘》卷四頁 37—38《與胡潤之（林翼）》。張曜孫，字仲遠，號升甫，晚號復生，江蘇武進人，道光舉人，官至湖北督糧道。著述有《謹言慎好之居詩集》。

注 696　《左文襄公批札》卷一頁 21—22《安徽江藩司稟請將婺源等處釐金仍歸安慶應用由》。《左文襄公書牘》卷六頁 45《答曾節相（國藩）》。江忠濬，字達川，湖南新寧人，官至四川布政使。

注 697　《左文襄公書牘》卷六頁 54，《答曾節相（國藩）》。《李文忠公朋僚函稿》卷三頁 19《上曾相（國藩）》，頁 30《覆曾沅帥（國荃）》。薛煥，字覲堂，四川興文人，道光二十四年（1844）舉人。官至工部右侍郎，光緒六年（1880）二月卒。吳煦，字曉帆。浙江錢塘人，官江蘇布政使，同治十二年（1873）卒。

注 698　《左文襄公書牘》卷十六頁 41《答劉克庵（典）》，頁 42《答譚文卿（鍾麟）》，頁 64—65《與吳桐雲（大廷）》。吳元炳，字子健，河南固始人，咸豐十年（1860）進士。官至安徽巡撫，光緒十二年（1886）卒。

注 699　《左文襄公書牘》卷十六頁 65《與吳桐雲（大廷）》，卷二十三頁 67《答楊石泉（昌濬）》。

注 700　《左文襄公奏稿》卷十六頁 41《陳明廣東兵事餉事片》。《左文襄公書牘》卷八頁 56《答蔣薌泉（益澧）》，頁 65《答周受三（開錫）》，卷九頁 3《答蔣薌泉（益澧）》，卷十頁 16《答楊石泉（昌濬）》。《玉池老人自敘》頁 29。

注 701　《平浙記略》卷十四頁 11。《左文襄公奏稿》卷四十八頁 12《各項差使出力人員匯案請獎摺》。

注 702　《左文襄公奏稿》卷一頁 33《官軍入浙應設糧台片》，卷六頁 11《請設閩浙總糧台派員總辦摺》，卷二十一頁 31《請派道員總辦陝甘後路糧台片》，卷四十八頁 40《道員王加敏懇予獎敘片》，卷五十二頁 23《保舉王加敏摺》。

注 703　《左文襄公奏稿》卷一頁 33《官軍入浙應設糧台轉運接濟片》，卷十九頁 12《請賞加胡光墉布政使銜片》，卷五十二頁 87—88《胡光墉請破格獎敘片》。《左文襄公奏疏續編》卷五十《請賞道員胡光墉母匾額摺》。

注 704　《左文襄公奏稿》卷十二頁 7《瀝陳閩省困敝情形摺》。

注 705　《駱文忠公奏稿》卷八頁 12—15《瀝陳湖南籌餉情形摺》。《駱文忠公自訂年譜》（四川初刻本）頁 39。周煥南，字丙垣，道光二年（1822）舉人。

注 706　《左文襄公年譜》卷三頁 27。

注 707　《左文襄公奏稿》卷七頁 42《覆陳杭嘉湖三屬減賦情形並溫郡減定摺》。

注 708　《左文襄公奏稿》卷八頁 69—70《覆減紹興府屬浮收錢糧摺》。

注 709　《左文襄公奏稿》卷九頁 62《覆減寧波府屬浮收錢糧摺》。

注 710　《左文襄公書牘》卷七頁 13《與楊石泉（昌濬）》。戴槃《浙西減漕記略》。馬新貽，字穀山，山東菏澤人，道光二十七年（1847）進士，官至兩江總督，同治九年（1870）為張文祥所戕，諡端敏。

注 711　《左文襄公奏稿》卷八頁 69《核減紹興府屬浮收錢糧摺》。

注 712　《左文襄公奏稿》卷七頁 41—42《覆陳杭嘉湖三屬減賦情形摺》，卷十一頁 40—45《議減杭嘉湖三屬漕糧大概情形摺》。陳其元《庸閒齋筆記》。馮桂芬，字林一，號景亭，江蘇吳縣人，道光二十年（1840）一甲二名進士，官至詹事府右春坊右中允。同治十三年（1874）四月卒。著述有《顯志堂詩文集》《校邠廬抗議》《說文解字注考》《使粵行記》《兩淮鹽法志》。歸安、烏程，今吳興。秀水，今嘉興。石門，今崇德。新城，今新登。

注 713　《同治實錄》卷一百三十七頁 22，卷一百四十二頁 2。《譚文勤公奏稿》卷八頁 1《變通浙省徵收錢糧章程摺》。

注 714　《左文襄公奏稿》卷十九頁 47—50《釐定閩省各屬進出款項請將攤捐停止
　　　　陋規裁革另籌提給公費摺》。《左文襄公書牘》卷八頁 37《答周受三（開錫）》。

注 715　《左文襄公奏稿》卷二十頁 50—52《閩省內地兵米改給折色並將經徵各屬
　　　　嚴定考成摺》。

注 716　《申報》光緒四年（1878）五月二十九日《甘肅省清理財政說明書——地丁
　　　　正賦》。《甘寧青史略》正編卷二十四頁 55。《重修皋蘭縣志》（光緒十八
　　　　年〔1892〕纂）。

注 717　《左文襄公奏稿》卷五十三頁 34《覆陳新疆情形摺》。《左文襄公書牘》卷
　　　　二十一頁 10《答劉毅齋（錦棠）》，頁 25《答張朗齋（曜）》。《陶勤肅公
　　　　奏議遺稿》卷首頁 33。《劉襄勤公奏稿》卷十二頁 37《新疆田賦戶籍造冊
　　　　咨部立案摺》。《新疆圖志》卷三十頁 3—4。

注 718　《晚清文選》卷上頁 60《上天王策》。羅玉東《中國厘金史》。《駱文忠公
　　　　奏稿》卷八頁 9—11《保舉鹽茶厘金兩局出力官紳摺》，頁 15—16《瀝
　　　　陳湖南厘餉情形摺》。《左文襄公書牘》卷七頁 64《答徐樹人（宗幹）》。
　　　　雷以諴，字鶴皋，湖北咸寧人，道光三年（1823）進士，光緒十年（1884）
　　　　卒。著述有《雨香書屋詩鈔》。錢江，字東平，浙江歸安人，咸豐三年
　　　　（1853）五月被雷以諴誣以謀反伏誅。

注 719　《浙江通志厘金門稿——浙省開辦厘捐之始、局卡規制、收捐定章》。《中
　　　　國厘金史》頁 254。《平浙記略》卷十四頁 5—7。

注 720　《左文襄公書牘》卷七頁 63《與徐樹人（宗幹）》。《中國厘金史》頁 328。

注 721　《中國厘金史》頁 413—414、頁 417。《譚文勤公奏稿》卷十一頁 29《遵
　　　　照部議各條逐款聲敘摺》。

注 722　《左文襄公書牘》卷十七頁 82，卷十八頁 10，均《答劉克庵（典）》，
　　　　頁 24《與張朗齋（曜）》。《新疆圖志》卷三十一頁 4。《中國厘金史》頁
　　　　450—451。

注 723　《左文襄公奏稿》卷五十八頁 43《覆陳奉旨查辦事件大概情形摺》。《左文
　　　　襄公書牘》卷四頁 51《與胡潤之（林翼）》，卷六頁 46《答曾節相（國藩）》，
　　　　卷七頁 64《答徐樹人（宗幹）》，卷二十二頁 3《答任筱元》。

注 724　《中國厘金史》頁 285。徐樹銘，字伯澂，一字壽蘅，號澂園，湖南長沙
　　　　人，道光二十七年（1847）進士，官至工部尚書，著述有《澂園遺集》。

注 725　《左文襄公奏稿》卷一頁 8《請速發捐輸部照片》，卷九頁 39《浙省餉項請
　　　　照常收捐摺》。

注 726　《左文襄公奏稿》卷二頁 35—37《請援照湖北米捐章程收捐摺》，卷四頁 36《請將初次米捐照常核獎片》。

注 727　《平浙紀略》卷十四頁 11—12。

注 728　《左文襄公奏稿》卷四頁 54《請賞還已革臬司原品頂帶片》，卷八頁 34《請開復知府王景澄原官片》。段光清，字鏡湖。王景澄，字清如，道員。

注 729　《左文襄公奏稿》卷二十二頁 51—60《甘省糧餉奇絀援案請辦米捐摺》。

注 730　《左文襄公奏稿》卷四十五頁 46—48《遵旨開單報銷摺》，卷五十四頁 49《同治十三年（1874）軍需收支款目開單報銷摺》，卷五十五頁 59—61《光緒元年（1875）至三年（1877）軍需款目報銷摺》，卷五十九頁 26《光緒四年（1878）至六年（1880）軍需報銷摺》。

注 731　《左文襄公奏稿》卷二十頁 33《請停止勸捐摺》。

注 732　《左文襄公奏稿》卷一頁 8《請速發捐輸部照片》，卷二頁 37《請辦米捐摺》，卷三頁 41《請續發米捐執照片》，卷九頁 40《浙省請照常收捐摺》，卷二十二頁 58《甘省請辦米捐摺》，卷二十三頁 31—32《續陳籌辦米捐情形摺》。《袁文誠公奏稿》卷二頁 23《請頒發貢監照片》，卷五頁 37《請將甘捐從監照仍照向章辦理片》。

注 733　《左文襄公奏稿》卷十八頁 89《請停捐武職片》。

注 734　曾仰豐《中國鹽政史》頁 60。《左文襄公奏稿》卷十一頁 5—6《兩浙商鹽請試行票運摺》。

注 735　《小酉腴山館公牘》頁 1—5《請改行票運厘課並抽稟》，頁 5—10《閩省鹽務改行票運厘課並捐酌擬章程》。《左文襄公奏稿》卷十四頁 24—26《瀝陳閩省鹾務積弊請試行票運摺》。《清史稿》卷一百二十九《食貨志·鹽法（志一百四）》。

注 736　《小酉腴山館公牘》頁 45—49《請兩院奏咨減免商幫帶輸銀兩詳稿》，頁 49—55《戶部議覆准減免帶輸銀兩疏》，頁 55—57《請兩院奏免現商帶輸銀兩詳稿》，頁 57—59《兩院會奏請免現商帶輸銀兩疏》。《左文襄公奏稿》卷十四頁 28《閩省商疲課絀懇減免積欠帶輸銀兩摺》。

注 737　《左文襄公奏稿》卷十四頁 21《閩商凋敝應完正溢課懇准改限帶完摺》，卷十八頁 19—20《閩商應帶完課銀請歸票運案內收算劃完摺》。

注 738　《左文襄公奏稿》卷十四頁 23《閩商凋敝應完正溢課懇准改限帶完摺》。

注 739　《左文襄公奏稿》卷十三頁 13《請將短徵鹽課之福建鹽法道革職片》。

注 740　《小酉腴山館公牘》頁 15—17《籌議整頓官幫場務章程》，頁 19—20《查

覆下游各縣場設卡槀》，頁 64—70《裁革西（河）浦（下）兩關浮費款目
摺》，頁 78—83《裁革陋費槀》。《左文襄公奏稿》卷十四頁 26《瀝陳閩
省鹺務積弊摺》。

注 741　《小酉腴山館公牘》頁 30—35《覆部議閩鹽試行票運摺》。《左文襄公奏稿》
卷十六頁 21—27《瀝陳閩鹽試行票運情形摺》。

注 742　《小酉腴山館公牘》頁 59—63《請兩院奏咨暫緩商幫帑息銀兩詳稿》。《左
文襄公奏稿》卷十八頁 47—51《閩商力顧票運懇免兼徵帑息摺》。永福，
今永泰。

注 743　《小酉腴山館公牘》頁 67—70《送二票運一年期滿徵收正課耗厘等項銀數
清冊詳稿》。《左文襄公奏稿》卷十八頁 37—45《閩鹽票運成效截數造報
擬請著為定章摺》。《譚文勤公奏稿》卷十五《閩省鹽厘懇恩全行蠲免摺》。

注 744　《中國鹽政史》頁 24。《申報》光緒四年(1878)五月二十九日《甘肅省清
理財政說明書——鹽課、鹽厘、商課、漳縣鹽井、惠安堡鹽池、鹽關鹽
井》。《譚文勤公奏稿》卷十一頁 26—27《遵照部議各條逐款聲敍摺》。

注 745　《申報》光緒四年(1878)五月二十九日《甘肅省清理財政說明書——白墩
子池、青鹽、甘涼肅三處鹽池》。

注 746　《左文襄公奏稿》卷三十一頁 51《瀝陳餉事窘迫片》。《申報》光緒四年
(1878)五月二十九日《甘肅省清理財政說明書——花馬大池》。《清史稿》卷
一百二十九《食貨志·鹽法（志一百四）》。《續陝西通志稿》卷六十二頁 19。

注 747　《申報》光緒四年(1878)五月二十九日《甘肅省清理財政說明書——擦漢
布魯克鹽池》。《甘寧青史略》正編卷二十頁 6。《清史稿》卷一百二十九《食
貨志·鹽法（志一百四）》。《楊勇愨公奏議》卷十二頁 7—11《蘭州奏前
鹽稅請暫行緩徵摺》。《左文襄公奏稿》卷四十二頁 7—11《懇豁免蒙鹽商
人積欠並擬變通試辦摺》。《譚文勤公奏稿》卷十一頁 37《遵照部議各條逐
款聲敍摺》。

注 748　《中國鹽政史》頁 25、頁 58。

注 749　《左文襄公奏稿》卷五十九頁 11—16《籌辦淮鹺力圖興復引岸摺》，頁
42—54《四川咨商限年劃還淮岸謹擬辦法摺》，頁 54—56《增引各岸引
額及收繳票費數目片》，卷六十頁 8—9《鄂湘引鹽另招新商接辦摺》，卷
六十一頁 48《經理兩淮鹽務著有微效摺》。《彭剛直公奏議》卷三頁 43—
49《查覆兩江營務處被參各員摺》。《光緒東華錄》卷四十七頁 19，卷
四十八頁 49。《中國鹽政史》頁 28。

注 750　《左文襄公奏稿》卷五十九頁 17《淮北加引片》，卷六十一頁 49《經理兩淮鹽務著有微效摺》。

注 751　《左文襄公奏稿》卷六十一頁 48—49《經理兩淮鹽務著有微效摺》。《左文襄公說帖》頁 7《時務說帖》。

注 752　《申報》光緒四年（1878）五月二十九日《甘肅省清理財政說明書——茶》。《續陝西通志稿》卷六十二頁 27。《左文襄公書牘》卷十八頁 51《答曾沅浦（國荃）》。

注 753　《左文襄公奏稿》卷四十二頁 38—39《懇豁免茶商積欠課銀並擬變通試辦摺》，卷四十五頁 5—13《甘肅茶務久廢請變通辦理摺》。《楊勇愨公奏議》卷十二頁 12—18《茶務廢弛擬暫行變通辦理摺》。《申報》光緒四年（1878）五月二十九日《甘肅省清理財政說明書——茶匣》。慶祥，姓圖博特氏。蒙古正白旗人，道光六年（1826）殉喀什噶爾之難，諡壯直。那彥成，姓章佳氏，字韶九，一字東甫，號繹堂。滿洲正白旗人。乾隆五十四年（1789）進士，官至直隸總督，道光十三年（1833）卒，諡文毅。中衛、平羅，今屬寧夏回族自治區。

注 754　《左文襄公書牘》卷十四頁 13—15《答譚文勤（鍾麟）》。

注 755　《申報》光緒四年（1878）五月二十九日《甘肅省清理財政說明書——茶》。《新疆圖志》卷三十一頁 4。《左文襄公書牘》卷十八頁 46《與張朗齋（曜）》。

注 756　《左文襄公書牘》卷七頁 38《答楊少銘（鼎勳）》，頁 56《答徐樹人（宗幹）》。《左文襄公奏稿》卷二十一頁 64《遵旨寬籌餉項以支危局摺》。

注 757　《左文襄公奏稿》卷二十一頁 64—65《寬籌餉項摺》，卷二十二頁 73《洋商借款請敕各省督撫速發印票片》。《左文襄公書牘》卷九頁 16—17《答楊石泉（昌濬）》。

注 758　《左文襄公奏稿》卷二十四頁 34—37《援案借用洋款摺》。

注 759　《左文襄公奏稿》卷四十五頁 69—72《餉源頓涸籌借洋款摺》，卷四十六頁 55—56《籌借洋款片》。

注 760　《左文襄公奏稿》卷四十七頁 55—56《籌借洋款懇照台防辦法片》，卷五十頁 68—70《陳明借定洋款摺》，卷五十一頁 10—12《查明息借洋款情形摺》。《左文襄公書牘》卷十八頁 42、頁 47，均《與胡雪巖（光墉）》，頁 56《上總理各國事務衙門》。

注 761　《左文襄公奏稿》卷五十三頁 19—24《籌借商款以濟要需摺》。《左文襄公

　　書牘》卷十九頁 60，卷二十頁 51—52，均《與胡雪巖（光墉）》。

注 762　《左文襄公奏稿》卷五十八頁 8—10《西餉支絀籌借洋款接濟摺》。《左文
　　　　襄公書牘》卷二十四頁 71《與胡雪巖（光墉）》，頁 74《答楊石泉（昌濬）》，
　　　　頁 82—83《答胡雪巖（光墉）》，頁 84、卷二十五頁 3，均《答楊石泉（昌濬）》。

注 763　《左文襄公奏稿》卷四十八頁 36—42、頁 46—47《覆陳借用洋款摺》，
　　　　卷 48 頁 55《擬緩借洋款摺》。《沈文肅公政書》卷六頁 9—13《籌議出關
　　　　餉需礙難借用洋款摺》。魏家驊《涇舟老人年譜》。洪汝奎，字蓮舫，號琴
　　　　西，安徽涇縣人。道光二十四年（1844）舉人，官至兩淮鹽運使。光緒十二
　　　　年（1886）十二月卒。著述有《四洪年譜》等。

注 764　《李文忠公朋僚函稿》卷十六頁 4、頁 12，均《覆沈幼丹（葆楨）》。

注 765　《申報》光緒二年（1876）四月二十七。

注 766　曾紀澤：《使西日記》卷二頁 5、頁 9、頁 15。馬格里（Holliday
　　　　Marcartney），字清臣，英國蘇格蘭人。

注 767　《中國近代經濟史研究集刊》三卷一期。

注 768　《申報》光緒十一年（1885）六月十二日。

注 769　《道咸同光四朝名人手札》集二冊一。《林文忠公政書》，兩廣總督奏摺。

注 770　《海國圖志》卷一《籌海篇》頁 5。《左文襄公書牘》卷一頁 53《唁林鏡帆（汝
　　　　舟）》。

注 771　薛福成《庸盦筆記・藎臣憂國》。

注 772　《左文襄公年譜》卷三頁 27。陽湖史氏家藏《左文襄公手札》冊二。

注 773　《左文襄公書牘》卷八頁 45—47《上總理各國事務衙門》。《左文襄公奏稿》
　　　　卷十八頁 1—6《擬購機器僱洋匠試造輪船摺》，頁 10—12《籌議洋務事宜摺》。

注 774　《左文襄公奏稿》卷十九頁 26—28《請簡重臣接管輪船局務摺》，頁 57—
　　　　58《籌款購置輪船機器請令沈葆楨仍管船政摺》，卷二十頁 69《船局事件
　　　　仍必會銜具陳以昭大信片》。

注 775　《左文襄公奏稿》卷二十頁 62—67《詳議創造船政章程購器募匠教習摺》。

注 776　《沈文肅公政書》卷四頁 5—6《察看船塢摺》，頁 10—11《洋將購器僱工
　　　　摺》，頁 17《船廠情形摺》，頁 27—29《船廠現在情形摺》，頁 53—54《船
　　　　政經費支絀摺》。

注 777　《沈文肅公政書》卷四頁 51—52《酌改船式摺》，頁 55《船政經費支絀摺》。
　　　　表合《沈文肅公政書》卷四《福建通志・福建船政志・成船表》，池仲祜
　　　　《海軍實記》，陳其田《左宗棠》（Giode Chen: *Tso Tsung Tang, Pioneer*

Promoter of the Modern Dockyard and the Wollen Mill in China）四種資料合編而成，記錄互歧者，並列之。

注 778　《沈文肅公政書》卷四頁 35《第一號輪船下水摺》。《古今聯語匯選》集二《祠廟三》頁 12。

注 779　《沈文肅公政書》卷四頁 38—39《輪船監駛入津摺》。

注 780　《沈文肅公政書》卷四頁 50—52《七號輪船出洋摺》。

注 781　《沈文肅公政書》卷四頁 33—34《鐵廠教造起限摺》。

注 782　《沈文肅公政書》卷四頁 59《挑驗匠徒試令自造摺》。

注 783　《沈文肅公政書》卷四頁 62—63《練船經歷南北各洋摺》，頁 64—65《船工將竣請籌善後摺》。池仲祜《海軍大事記》。《申報》同治十一年（1872）。嚴復，字又陵，號幾道，福建閩侯人。

注 784　《沈文肅公政書》卷四頁 66—67《船政教導功成摺》。

注 785　池仲祜《海軍大事記》。

注 786　《沈文肅公政書》卷四頁 12—13《船政創始需才摺》，頁 14—15《李慶霖留局差遣片》。《左文襄公書牘》卷十二頁 59，卷十四頁 2—3，均《答沈幼丹（葆楨）》。《左文襄公奏稿》卷四十一頁 30—35《福建輪船局務不可停止摺》，卷四十二頁 40《請敕閩省酌撥輪船經費片》。《李文忠公奏稿》卷十九頁 45《籌議製造輪船未可裁撤摺》。宋晉，見二十四節。文煜，字星巖，滿洲人，官至大學士。光緒十年（1884）十月卒，諡文達。

注 787　《左文襄公奏稿》卷十二頁 60—61《舟師緝獲通賊洋匪摺》，頁 63—64《拿獲通逆洋匪摺》，卷十五頁 11—12《搜獲洋人濟逆軍火摺》。《左文襄公書牘》卷七頁 21《答美里登》。《中國經營西域史》頁 328。

注 788　《駱文忠公奏稿》卷一頁 70—74《籌備戰船摺》，頁 97—98《飭委紳士監造炮位片》。

注 789　《左文襄公奏稿》卷二頁 26《與劉霞仙（蓉）》。《曾文正公書札》卷七《覆左季高（宗棠）》。

注 790　《左文襄公奏稿》卷十八頁 11—12《覆陳洋務事宜摺》。《左文襄公書牘》卷十四頁 22《上總理各國事務衙門》。

注 791　《左文襄公奏稿》卷三十頁 42《請於陝甘餉項外敕撥實餉作為專款摺》。《遊隴日記》（不著撰人姓名，未刊本）。《左宗棠與沈應奎手札》（吳縣諸仲芳藏）同治八年（1869）四月初三日，十年（1871）三月初十日、四月初三日，十二年（1873）四月十九日。

注 792　《左文襄公書牘》卷十四頁 45—49《上總理各國事務衙門》，卷十五頁
　　　　33—34《與譚文卿（鍾麟）》，頁 41—42《答胡雪巖（光墉）》，卷十六
　　　　頁 13、頁 20，均《答劉克庵（典）》，卷二十二頁 42，卷二十三頁 62，
　　　　均《與楊石泉（昌濬）》。崇志，滿洲人，官至浙江衢州鎮總兵。《甘寧青
　　　　史略》正編卷二十四頁 8。

注 793　《劉襄勤公奏稿》卷五。《左文襄公書牘》卷二十一頁 24《答張朗齋（曜）》。

注 794　《左文襄公書牘》卷十三頁 40，卷二十四頁 58，均《上總理各國事務
　　　　衙門》。

注 795　《左文襄公書牘》卷十四頁 22《上總理各國事務衙門》。

注 796　《左文襄公奏稿》卷六十四頁 6—8《拓增船炮大廠摺》。《申報》光緒十一
　　　　年（1885）七月七日《請撥款製船摺》，二十六日《購置練船摺》。裴蔭森，
　　　　字樾岑，江蘇阜寧人，咸豐十年（1860）進士。

注 797　《李文忠公奏稿》卷四十三頁 43—48《試辦織布局摺》。

注 798　《左文襄公書牘》卷十九頁 59《與胡雪巖（光墉）》，卷二十二頁 19—20
　　　　《上總理各國事務衙門》。《申報》光緒四年（1878）五月二十九日《甘肅省
　　　　清理財政說明書——織呢局》。

注 799　《申報》光緒五年（1879）二月十五日《羊毛可織絨氈以興大利說》，三月
　　　　十八日《織呢機器來滬》。《左文襄公批札》卷七頁 27《賴鎮長稟改造屋廠
　　　　由》。《左文襄公書牘》卷二十二頁 36《答楊石泉（昌濬）》。

注 800　陳其田《左宗棠》。《左文襄公批札》卷七頁 20《賴鎮長稟請札止續來洋匠
　　　　由》。

注 801　陳其田《左宗棠》。《左文襄公批札》卷七頁 27《賴鎮長稟改造屋廠由》。

注 802　陳其田《左宗棠》。《申報》光緒七年（1881）九月（Mesny 譯成美思尼）。

注 803　王心旺《中國西北部之經濟狀況》（商務印書館本）頁 94。

注 804　《左文襄公書牘》卷二十二頁 36《答楊石泉（昌濬）》。

注 805　《左文襄公奏稿》卷五十七頁 47《甘肅氣象更新摺》。

注 806　《光緒東華錄》卷三十九頁 4。《左文襄公奏稿》卷五十七頁 47《甘肅氣象
　　　　更新摺》。

注 807　《左文襄公書牘》卷二十頁 34—35《答胡雪巖（光墉）》。《左文襄公批札》
　　　　卷七頁 24《賴鎮長稟建蓋廠屋情形由》，頁 26《劉道璈稟建造機器房屋由》。

注 808　《左文襄公批札》卷七頁 24《賴鎮長稟驗收後路糧台能到各項機器由》，頁
　　　　26《劉道璈稟建造機器房屋由》。《左文襄公書牘》卷二十二頁 36—37《答

楊石泉（昌濬）。

注 809　《左文襄公書牘》卷二十五頁 15《與楊石泉（昌濬）》。

注 810　《譚文勤公奏稿》卷十頁 9《裁撤織呢局片》。作者於三十二年（1943）在蘭州參觀時調查所得。《申報》光緒四年（1878）五月二十九日《甘肅省清理財政說明書——織呢局》。

注 811　《左文襄公書牘》卷二十二頁 33《答王夔石（文韶）》。

注 812　《左文襄公批札》卷七頁 26《劉道璈稟建造機器房屋由》。

注 813　《袁文誠公奏稿》卷三頁 16《籌辦農田水利片》。

注 814　《左文襄公書牘》卷十一頁 19《答袁筱午（保恆）》。

注 815　《左文襄公書牘》卷二十三頁 10《答楊石泉（昌濬）》。

注 816　廖浦明，字曉東，四川富順人。縣學生。

注 817　《左文襄公書牘》卷十九頁 42《答劉克庵（典）》。

注 818　《左文襄公書牘》卷二十二頁 31《與劉克庵（典）》。

注 819　《左文襄公書牘》卷二十三頁 20《答楊石泉（昌濬）》。

注 820　《左文襄公書牘》卷二十四頁 80《與楊石泉（昌濬）》。《左文襄公奏稿》卷五十七頁 57《行抵西安起程北上摺》。

注 821　《左文襄公書牘》卷二十五頁 17《答楊石泉（昌濬）》。《申報》光緒六年（1880）十二月十日《福克西行瑣錄》。

注 822　《甘肅官報》光緒三十四年（1908）四月分期六頁 10。趙惟熙，字芝珊，江西南豐人，光緒十六年（1890）進士，官至甘肅都督。《左文襄公批札》卷七頁 26《劉道璈稟建造機器房屋由》。

注 823　《左文襄公批札》卷七頁 26《劉道璈稟建造機器房屋由》。《左文襄公書牘》卷二十二頁 30《與楊石泉（昌濬）》。

注 824　《申報》光緒五年（1879）十一月十三日《譯西人米尺利論陝甘礦務書》。

注 825　《申報》光緒六年（1880）十二月初十日《西行瑣錄》。

注 826　《左文襄公書牘》卷七頁 21—22《答美里登》。

注 827　《左文襄公奏稿》卷五十六頁 23《辦理新疆善後事宜摺》。《左文襄公批札》卷七頁 3—4《庫車善後局稟庫車使用銀錢各情由》。

注 828　《新疆圖志·食貨志》卷四頁 17—18。

注 829　《左文襄公奏稿》卷五十九頁 72《開採銅山煤鐵請減稅銀摺》。楊大金《近代中國實業通志》頁 94—96。

注 830　《左文襄公與曾國荃書》（未刊）。

注 831　《左文襄公奏稿》卷六十三頁 54—55《試辦台糖遺利摺》，卷六十四頁 8《拓增船炮大廠摺》。《申報》光緒十一年（1885）七月八日《閩省請辦鉛礦摺》。

注 832　《庚子西狩叢談》卷四上頁 37—38。

注 833　《左文襄公奏稿》卷三頁 4—19《發給勒伯勤東札憑片》。陽湖史氏家藏《左文襄公手札》。

注 834　《左文襄公奏稿》卷五十一頁 86《確查中外交涉案件摺》。

注 835　《左文襄公書牘》卷二十三頁 43《上總理各國事務衙門》。《左文襄公奏稿》卷五十五頁 36《覆陳交收伊犁事宜摺》，卷六十頁 3—6《籌辦海防佈置機宜摺》。《左文襄公詩集》頁 4《感事四首》之一。

注 836　《左文襄公書牘》卷九頁 54《上總理各國事務衙門》。應寶時，字敏齋，浙江永康人，道光二十四年（1844）舉人，官至江蘇按察使，著述有《射雕集》等。

注 837　《左文襄公奏稿》卷六十頁 26《商人請開青龍山煤礦業經先期禁止摺》，卷六十一頁 8《籌辦沿江陸路電線片》。

注 838　《李文忠公奏稿》卷三十二頁 5—9《軍火劃一辦法摺》。

注 839　《李文忠公譯署函稿》卷十四頁 24《論購器宜加考究》。李鳳苞，字丹崖，江蘇崇明人。

注 840　《左文襄公書牘》卷二十六頁 40—41。

注 841　《中國經營西域史》。

注 842　《左文襄公奏稿》卷五十九頁 19《籌辦善後事宜摺》。

注 843　《申報》光緒九年（1883）七月十八日。《左文襄公藝學說帖》頁 11—12。

注 844　《申報》光緒十一年（1885）八月二十二日《擬設海防全政大臣以一事權疏》（並見《經世文三編》）。

注 845　《左文襄公奏稿》卷二頁 49—53《遵查失守文武謹將情罪較重之大員先行定擬摺》。曾秉忠，廣東吳川人，官至福建陸路提督，卒諡壯果。王有齡，字雪軒，福建侯官人，諡壯湣。瑞昌，姓鈕祜祿氏，字雲閣，滿洲鑲黃旗人，諡忠壯。傑純，姓布庫魯氏，蒙古正白旗人，諡果毅。青麟，姓圖們氏，字墨卿，滿洲正白旗人，道光二十一年（1841）進士。

注 846　《張大司馬奏稿》卷一頁 7—8《籌辦軍務據實直陳摺》。

注 847　《曾文正公奏稿》卷十六《查覆何桂清退守情形摺》。何桂清，字根雲，雲南昆明人，道光十五年（1835）進士。

注 848　《左文襄公奏稿》卷二頁 28《道員藉差回籍逗留請旨革職片》。梁恭辰，字敬叔，福建長樂人，道光十七年（1837）舉人，著述有《勸戒近錄》。

注 849　《左文襄公奏稿》卷二頁 41—42《請飭催道府各員迅速赴浙摺》。

注 850　《左文襄公書牘》卷八頁 17《與周受三（開錫）》。

注 851　《左文襄公奏稿》卷八頁 23《甄別不職知縣摺》。

注 852　《左文襄公批札》卷二頁 45《臨潼伊令允楨稟接印視事情形由》。

注 853　《左文襄公批札》卷六頁 40《白馬關州判劉倅立誠稟陳地方情形由》。

注 854　《左文襄公書牘》卷十四頁 57《答吳清卿（大澂）》。《左文襄公咨札》頁
　　　　 33《札甘肅藩司發學治要言》。《左文襄公批札》卷四頁 10《翁藩司同爵
　　　　 稟呈四種遺規等書由》。

注 855　《左文襄公批札》卷二頁 30《綏德州成守定康稟攻克霍家溝寨由》，卷六
　　　　 頁 5《署階州洪守惟善稟交卸後即由漢回籍由》。陳宏謀，字汝咨，號榕
　　　　 門，廣西臨桂人。雍正元年（1723）進士，官至東閣大學士，乾隆三十六年
　　　　（1771）六月卒，著述有《培遠堂存稿》《五種遺規》等。汪輝祖，字煥曾，
　　　　 號龍莊，浙江蕭山人。乾隆三十六年（1771）進士，官湖南寧遠縣知縣，著
　　　　 述有《元史本證》《史姓韻編》《九史同姓名錄》《二十四史同姓名錄》《都
　　　　 姓錄》等。洪惟善，字葆卿，湖南寧鄉人。

注 856　《左文襄公書牘》卷十七頁 41《與劉克庵（典）》《與崇峻峰（保）》。《左文
　　　　 襄公批札》卷六頁 6—7《平慶涇固魏道光燾稟林守發深請假回籍就醫由》。
　　　　 張宗翰，字介卿，湖南湘陰人，光緒七年（1881）九月卒。福裕，姓烏齊格
　　　　 里氏，字餘庵，蒙古正紅旗人。

注 857　《左文襄公批札》卷四頁 46《河州知州潘牧效蘇稟河州新撫地方命盜案件
　　　　 可否就地處治請示由》。

注 858　《左文襄公書牘》卷二十六頁 29《答閻丹初（敬銘）》。

注 859　《京報》。岑毓英，字彥卿，廣西西林人，縣學生，官至雲貴總督，光緒
　　　　 十五年（1889）年卒，諡襄勤。

注 860　《左文襄公批札》卷七頁 29—30《涼州府劉守思詢稟裁革陋規由》。劉思
　　　　 詢，字考軒，湖南新寧人。

注 861　《左文襄公書牘》卷八頁 64《上總理各國事務衙門》。

注 862　《左文襄公奏稿》卷七頁 10《閩浙兩省提鎮司道府各官年終密考摺》。

注 863　《左文襄公批札》卷五頁 28《陝安三道壽稟白河會匪滋事情形由》，卷六頁
　　　　 66《陝西延榆綏道稟考察官吏由》。

注 864　《左文襄公批札》卷四頁 34《陝西鳳翔府原守峰峻稟陳到任察看地方情形
　　　　 由》。

注 865　《左文襄公批札》卷二頁 26《耀州王牧稟候由》。

注 866　《左文襄公批札》卷四頁 7《李守藻稟接署寧夏府篆並陳一切情形由》。李藻，字湘川，湖南平江人。

注 867　《左文襄公咨札》頁 49《通飭文武印委員弁刪除慶賀禮節勤思職守》。

注 868　《左文襄公奏稿》卷七頁 3《故員政績卓著懇敕下國史館立傳摺》。《左文襄公書牘》卷一頁 37—38《答羅研生（汝懷）》，頁 38《上賀蔗農（熙齡）》，卷十九頁 61，卷二十二頁 1，均《與譚文卿（鍾麟）》。桂超萬，字丹盟，安徽貴池人，道光十三年（1833）進士，官至福建按察使，同治二年（1863）八月卒，著述有《惇裕堂文集》《養浩齋文集》《詩集》《宦遊紀略》。

注 869　《左文襄公咨札》頁 25《札陝甘各州縣試種稻穀桑棉》。《左文襄公批札》卷七頁 42《敦煌縣蔣令其章稟覆試種稻穀由》。

注 870　《左文襄公咨札》頁 26《札陝甘各州縣試種稻穀桑棉》。《左文襄公書牘》卷十四頁 13《答譚文卿（鍾麟）》，卷二十二頁 19《上總理各國事務衙門》。《左文襄公奏稿》卷四十五頁 21《請獎勵勸教兼施各州縣摺》。《重修皋蘭縣志》（光緒十八年〔1892〕纂）卷十二頁 37。《甘寧青史略》正編卷五十四頁 33。《續陝西通志稿》卷一百九十二頁 2。

注 871　魏寶珪《甘肅之鹼地鋪砂》，《中農月刊》卷四期二。《左文襄公書牘》卷二十四頁 32《與楊石泉（昌濬）》。沙縣，今洮沙。

注 872　《左文襄公奏稿》卷五十五頁 81《革員祝應燾懇恩注銷永不敍用片》，卷五十六頁 24《辦理新疆善後事宜摺》。《劉襄勤公奏稿》卷五頁 64《關外善後台局一切應發款目繕請立案摺》。《左文襄公書牘》卷二十四頁 39、頁 79，卷二十五頁 15，均《與楊石泉（昌濬）》。《新疆圖志》卷二十八頁 6。蕭雄《西疆雜述詩》卷三《蠶桑一首注》。

注 873　《左文襄公書牘》卷二十四頁 17《答楊石泉（昌濬）》，卷二十四頁 68《與沈吉田（應奎）》。《左文襄公奏稿》卷五十七頁 47《甘肅氣象更新摺》。瞿良份，原名良斌，字敬庵，甘肅寧翔人。

注 874　《左文襄公書牘》卷十三頁 5《答譚文卿（鍾麟）》。

注 875　《左文襄公咨札》頁 27《札陝西各州縣試種稻穀桑棉》。

注 876　《左文襄公奏稿》卷五十九頁 68《廣籌栽種摺》。《清史稿》卷四百五十七鐵珊本傳（列傳二百三十八）。《申報》光緒九年（1883）四月初三日。

注 877　《重修皋蘭縣志》。《左文襄公批札》卷七頁 10《鎮迪周道崇傳稟烏桓等處善後事宜由》，頁 37《黃令長周稟察看喀喇沙爾應行開辦事宜由》，頁 39

《黃令長周稟查明羅布淖爾河道由》，頁 41《安西州龔牧愷申覆奉飭提撥羊種銀兩由》。《左文襄公書牘》卷十六頁 10《與劉克庵（典）》，卷二十二頁 20《上總理各國事務衙門》，卷二十四頁 30《與譚心可（碧理）》，頁 32《與楊石泉（昌濬）》。《左文襄公奏稿》卷五十九頁 47《甘肅氣象更新摺》。《甘寧青史略》正編卷二十四頁 43。

注 878　《左文襄公書牘》卷十三頁 5《與譚文卿（鍾麟）》，頁 45《答曹鏡初（耀湘）》。

注 879　《左文襄公奏稿》卷五十九頁 65—66《核減典當利息摺》。《申報》光緒九年（1883）三月二十六日《左爵帥札飭英會審委員禁止質押鋪一律改為當鋪》。

注 880　《左文襄公奏稿》卷五十九頁 67《廣籌栽種摺》。《申報》光緒八年（1882）二月初七日。

注 881　《曾忠襄公奏議》卷二十八頁 18《請在寧捐建左文襄專祠疏》。《申報》光緒八年（1882）二月初四日。

注 882　《曾忠襄公奏議》卷二十八頁 19《請在寧捐建左文襄專祠疏》。

注 883　《左文襄公奏稿》卷五十九頁 69《廣籌栽種摺》。

注 884　《左文襄公奏稿》卷十九頁 60《閩省徵收起運運銷茶稅摺》。《左文襄公奏稿》（上海古香閣石印本）三編卷六頁 3《設局採米平價接濟片》。延平，今南平。

注 885　《左文襄公誄詞》冊二《挽詩》頁 6（易方）。

注 886　《左文襄公奏稿》卷十一頁 65—66《敬陳浙江善後事宜片》。

注 887　《左文襄公書牘》卷二十一頁 9《與劉毅齋（錦棠）》。

注 888　《左文襄公奏稿》卷五十六頁 27—28《防營承修各工程摺》。《左文襄公批札》卷三頁 34《寧夏陶道斯詠稟擬辦漢渠工程由》，卷四頁 44《寧夏府李守藻稟陳渠工各情形由》。《申報》光緒四年（1878）五月二十九日《甘肅省清理財政說明書——水利》。王德榜《龍王廟碑記》（原刻拓本）。《朔方道志》（中華民國十四年〔1925〕纂）卷六頁 25。彭洵《彝軍紀略》頁 52。《甘寧青史略》正編卷二十三頁 26，卷二十四頁 5。宋伯魯《西轅瑣記》卷二頁 18。

注 889　《左文襄公奏稿》卷五十六頁 20《辦理新疆善後事宜摺》，頁 29《防營承修各工程摺》。《劉襄勤公奏稿》卷二頁 52—54《新疆南路西四城興修各工完竣摺》。《左文襄公書牘》卷十五頁 11—12《答張朗齋（曜）》。王廷

襄《葉柝記程》卷上頁 32 — 40。

注 890　《左文襄公書牘》卷十九頁 40《答譚文卿（鍾麟）》。《譚文勤公奏稿》卷五
頁 10《勸辦區種並飭屬開井片》。《續陝西通志稿》卷六十一《井利篇》，
卷一百二十七頁 17《華州辦賑章程》。周銘旗，字懋臣，山東即墨人，同
治四年（1865）進士，著述有《出山草》。

注 891　《左文襄公書牘》卷十九頁 42《與劉克庵（典）》。《撫彝廳通判文牘》（稿
本）。

注 892　《左文襄公奏稿》卷五十六頁 20《辦理新疆善後事宜摺》。《新疆圖志》卷
二《建置志》頁 8。

注 893　《左文襄公奏稿》卷五十七頁 49 — 51《請訓練旗兵摺》，卷五十八頁 5 —
7《擬調隨帶各營商辦教練旗兵興修水利摺》，頁 11 — 13《敬籌現調各營
先修水利摺》。《光緒東華錄》卷四十頁 20《奕譞奏》。

注 894　《左文襄公奏稿》卷五十八頁 18《前赴涿州履勘水利工程商定修浚事宜
摺》，頁 19 — 21《覆陳涿州工作已可就緒摺》。《光緒東華錄》卷四十八
頁 24《張樹聲奏》。

注 895　《左文襄公書牘》卷二十五頁 29《與楊石泉（昌濬）》，頁 29 — 33《上恭
親王》，頁 34 — 35《與鄒岱東》，頁 41《答李少荃（鴻章）》。《左文襄公
奏稿》卷五十八頁 26《委員履勘永定河上源片》，頁 36 — 38《永定河下
游工程告竣摺》。《修永定河上源興辦水利全案》。東安，今安次。廣昌，
今淶源。奕訢，宣宗第六子，孝貞、孝欽皇太后垂簾，稱議政王，後罷。
尋復起為軍機大臣，總理各國事務衙門，光緒二十四年（1898）四月卒，諡
忠。游智開，字子代，湖南新化人，咸豐元年（1851）舉人，官至廣西布政
使，光緒二十六年（1900）卒。

注 896　《左文襄公奏稿》卷六十頁 18《籌修運河堤工摺》，卷六十一頁 53 — 55《防
守運河堤工摺》。

注 897　《左文襄公奏稿》卷六十頁 15 — 16《查勘范堤工程摺》，卷六十一頁 51 —
52《范堤工竣摺》。

注 898　《左文襄公奏稿》卷六十頁 13《出省勘收水利工程摺》，卷六十一頁 85《驗
收水利工程摺》，卷六十二頁 34 — 35《朱家山等處水利工程告成摺》。《曾
忠襄公奏議》卷二十八頁 18 — 19《請在江寧捐建左文襄專祠疏》。

注 899　《左文襄公奏稿》卷六十二頁 35 — 36《朱家山等處水利工程告成摺》。《左
文襄公文集》卷四頁 12 — 13《新建通濟門外石閘碑記》。《光緒句容縣志》。

注 900　《左文襄公奏稿》卷六十三頁 33《朱家山河工獎案摺》。

注 901　《左文襄公奏稿》卷六十一頁 33—36《各屬被災摺》。

注 902　《左文襄公奏稿》卷六十二頁 9—11《淮工提用淮北課釐片》，頁 20—23
　　　　《會勘引淮入海河道分別緩急辦理摺》。徐郙，字頌閣，江蘇嘉定人，同治
　　　　元年（1862）一甲一名進士，官至協辦大學士。吳元炳，字子健，河南固始
　　　　人，咸豐十年（1860）進士，官至安徽巡撫，光緒十二年（1886）卒。張之
　　　　萬，字子青，直隸南皮人，道光二十七年（1847）一甲一名進士及第，官至
　　　　東閣大學士，光緒二十三年（1897）卒，謚文達，著述有《張文達公遺集》。

注 903　《光緒東華錄》卷五十九頁 5。陳西勳《新京備乘》卷中頁 14。

注 904　《左文襄公書牘》卷二十六頁 22《答黃漱蘭（體芳）》。

注 905　《左文襄公批札》卷三頁 43—44《崇藩司保稟遵札墊給書院膏火由》。

注 906　《重修皋蘭縣志》卷十五頁 10。

注 907　《左文襄公書牘》卷二十四頁 76《與沈吉田（應奎）》。

注 908　《續陝西通志稿》卷三十六—三十七。

注 909　《左文襄公批札》卷二頁 63《涇陽紳士姚德稟捐建涇干學舍由》。《左文襄
　　　　公書牘》卷十四頁 35《與譚文卿（鍾麟）》。姚德，字玉如。許振褘，字仙
　　　　屏，江西奉新人，拔貢生，官至廣東巡撫，光緒二十五年（1899）卒。寧羌，
　　　　今寧強。磚坪，今嵐皋。鎮坪，今為縣。

注 910　《甘肅新通志·義學、名宦》。《重修皋蘭縣志》卷十五頁 30—34。

注 911　《甘肅新通志·名宦》。《左文襄公批札》卷五頁 17《會寧許令茂光稟指撥
　　　　荒絕地畝籌辦養濟孤貧及義學由》，卷七頁 42《敦煌蔣令其章稟覆試種稻
　　　　穀由》。

注 912　《續陝西通志稿》卷三十七頁 4。《申報》同治十三年（1874）六月初四日。

注 913　《左文襄公批札》卷六頁 18《狄道州喻牧光容稟舉辦地方各事由》。《左文
　　　　襄公奏稿》卷五十六頁 22—23《辦理新疆善後事宜摺》。《劉襄勤公奏稿》
　　　　卷五頁 64—65《關內善後台局一切應發款目繕請立案摺》。《新疆圖志》
　　　　卷三十八頁 4。《清稗類鈔》卷二十頁 6。

注 914　《左文襄公奏稿》卷五十四頁 35《已故軍務人員志節可傳懇宣付史館摺》，
　　　　卷三十八頁 26《安插回眾摺》。《左文襄公批札》卷三頁 68《泰安縣程令
　　　　履豐稟發書籍由》。《左文襄公文集》卷一頁 20《重刊吾學錄敘》。《劉襄
　　　　勤公奏稿》卷二頁 33《新疆命盜案件請暫行變通辦理摺》。

注 915　《左文襄公奏稿》卷四十四頁 73—78《請分甘肅鄉闈並分設學政摺》。《重

修皋蘭縣志》卷十二頁 33。

注 916　《左文襄公奏稿》卷四十六頁 57—59《甘肅地方安靜懇恩舉行紀元鄉試摺》，卷四十七頁 19—20《甘肅鄉試通融辦理摺》。《左文襄公書牘》卷十五頁 44《答李筱軒》，頁 67《答吳清卿（大澂）》。曹炯，字南洲，號鏡侯，甘肅皋蘭人，道光二十年（1840）進士，官至江蘇淮揚道。楊重雅，原名元白，字慶伯，江西德興人，道光二十一年（1841）進士，官至廣西巡撫。安維峻，字曉峰，甘肅秦安人，光緒六年（1880）進士，官至御史，中華民國十四年（1925）卒，著述有《四書講義》《詩文集》。

注 917　《左文襄公奏稿》卷四十四頁 75—76《請分甘肅鄉闈摺》，卷四十五頁 81—83《援案籲懇分闈增額摺》，頁 84《陳明甘肅捐輸實數乞廣文闈中額摺》，卷四十八頁 18—19《請加甘肅文闈鄉試永遠中額摺》。邵亨豫《雪泥鴻爪》後編頁 48—51。

注 918　《左文襄公奏稿》卷四十六頁 61—63《請將安肅五屬舉額隔科分別編號取中摺》，卷四十七頁 21《本年乙亥（光緒元年〔1875〕）恩科補行壬戌（同治元年〔1862〕）科請仍照舊編號取中摺》。《京報》光緒三年（1877）四月《請將甘州西寧二府聿左號舉額注銷歸入大號取中摺》，五月《甘肅回生鄉試擬編字號分科取中摺》。

注 919　《京報》光緒三年（1877）《請將學政按試各屬分別歲科連考分科摺》。《重修皋蘭縣志》卷十二頁 15。《譚文勤公奏稿》卷十頁 37《變通寧夏慶陽兩府歲科試摺》。

注 920　《京報》光緒九年（1883）二月十七日《請加甘肅優生額數摺》。《狄道州續志》卷十四頁 12。

注 921　《左文襄公家書》卷上頁 29。《左文襄公批札》卷四頁 8《翁藩司同爵呈齎各種書籍由》。《庸閒齋筆記》。

注 922　《左文襄公告示》頁 4《創設正誼堂書局告示》。《左文襄公書牘》卷十四頁 57《答吳清卿（大澂）》。張伯行，字孝光，號敬庵，河南儀封人，康熙進士，官至禮部尚書，著述有《正誼堂文集》《困學錄》《續錄》。蔡世遠，字聞之，號梁村，福建漳浦人，康熙四十八年（1709）進士，官至禮部尚書，著述有《二希堂文集》。鮑廷康，字以文，號淥飲，安徽歙縣人，著述有《花韻軒詠物詩存》。《閩侯縣志》卷三十三頁 10。

注 923　《左文襄公咨札》頁 18《札陝鄂糧台翻刻六經》。《左文襄公批札》卷四頁 10《翁藩司同爵稟呈四種遺規由》，頁 12《王道加敏稟刊刻六經即附崇文

書局辦理》。《左文襄公奏稿》卷五十六頁 23《辦理新疆善後事宜摺》。

注 924　《申報》光緒八年（1882）九月十八日。

注 925　《左文襄公奏稿》卷五十七頁 57《行抵西安起程北上摺》。

注 926　《左文襄公奏稿》卷五十六頁 26—27《防營承修各工程摺》。

注 927　原刻拓本。

注 928　《隴上鴻泥》頁 48《會寧白家溝福德祠碑記》。任其昌《敦素堂詩集》卷七頁 9《清平驛早發》。

注 929　《左文襄公奏稿》卷五十六頁 27《防營承修各工程摺》。

注 930　《左文襄公奏稿》卷五十六頁 27—28《防營承修各工程摺》，卷五十七頁 47《甘肅氣象更新摺》。袁大化《辛亥撫新紀程》卷上頁 35。

注 931　《左文襄公批札》卷一頁 67《華州萬牧家霖稟運送軍裝由》。《左文襄公書牘》卷二十四頁 81、頁 84，均《答楊石泉（昌濬）》，卷二十五頁 8、頁 11、頁 16，均《答馮展雲（譽驥）》。案函中「長武而西」，西字似為東字之誤。《河海崑崙錄》卷二頁 31。傅增湘《秦遊日錄》。馮譽驥，字仲良，號展雲，廣東高要人，道光二十四年（1844）進士。著述有《綠伽楠館詩存》。

注 932　《西疆雜述詩》卷四頁 28《戈壁》。《左文襄公書牘》卷十五頁 11，卷十六頁 21，均《答張朗齋（曜）》。《左文襄公文集》卷五頁 11《天山扶欄銘》。《西輶瑣記》卷四頁 6《李雲麟記》。

注 933　《左文襄公批札》卷七頁 12《鄒鎮本全稟督導勇丁修築橋梁由》，頁 13《金提督運昌稟修補沿途道路橋梁由》。

注 934　《左文襄公奏稿》卷五十六頁 29—30《防營承修各工程摺》。《左文襄公書牘》卷十六頁 31、頁 45，均《與張朗齋（曜）》。《葉桁記程》卷上頁 4。《西輶瑣記》卷四頁 3、頁 8。

注 935　《劉襄勤公奏稿》卷二頁 55《新疆南路西四城興修各工完竣摺》。

注 936　《左文襄公奏稿》卷五十六頁 27—28《防營承修各工程摺》。

注 937　《左文襄公批札》卷六頁 38《崇藩司保稟修省垣外城由》。《左文襄公奏稿》卷五十二頁 96—98《蘭州城工經費捐廉歸款片》。

注 938　《甘肅新通志 · 建置》。

注 939　《左文襄公奏稿》卷五十六頁 27《防營承修各工程摺》。

注 940　《左文襄公奏稿》卷五十六頁 28《防營承修各工程摺》。《左文襄公批札》卷五頁 36—37《肅州李牧宗笏稟請修嘉峪關邊情由》。何福堃《午陰清舍詩草》卷七頁 22。何福堃，字壽軒，山西靈石人，光緒三年（1877）進士，

官至甘肅布政使。

注 941　《左文襄公奏稿》卷五十六頁 29《防營承修各工程摺》。《左文襄公批札》卷七頁 14《易提督開俊稟整修庫車漢城由》。《劉襄勤公奏稿》卷二頁 54《新疆南路西四城興修各工完竣摺》。《葉柝記程》卷上頁 36—37。

注 942　《左文襄公奏稿》卷五十二頁 57《議築邊牆片》。

注 943　《蘭州黃河鐵橋碑記》（原刻）。升允，字吉甫，蒙古人。

注 944　《左文襄公年譜》卷一頁 23—26。《左文襄公書牘》卷十九頁 43《答譚文卿（鍾麟）》。

注 945　《平浙記略》卷十三頁 3—4。

注 946　《平浙記略》卷十三頁 4—5。

注 947　《平浙記略》卷十三頁 10。左念恆《誠齋詩鈔》頁 3《吳敬疆師招飲》。蔣中正《重刻康濟錄序》。

注 948　《左文襄公家書》卷上頁 73。

注 949　《左文襄公書牘》卷十九頁 41《答譚文卿（鍾麟）》。

注 950　《左文襄公批札》卷五頁 3《龍道錫慶稟辦理西寧善後情形由》。

注 951　《庸閒齋筆記》。

注 952　《平涼縣志》（中華民國三十三年〔1944〕纂）卷三《雜俎門》。

注 953　《左文襄公批札》卷二頁 32《劉守倬雲稟挑選難民開挖石炭由》，卷三頁 48《何牧林亭稟辦理河干復燒窯器情形由》，卷五頁 3《龍道錫慶稟辦理西寧善後大概情形由》。

注 954　《左文襄公書牘》卷十九頁 2《答沈吉田（應奎）》，頁 12—13《與譚文卿（鍾麟）》，頁 15《答劉克庵（典）》，頁 17《與譚文卿（鍾麟）》，卷二十頁 30《答譚文卿（鍾麟）》。

注 955　《續陝西通志稿》卷一百二十七頁 18《同州賑荒籌運備考》。饒應祺，字子維，湖北恩施人，舉人，官至新疆巡撫。

注 956　《左文襄公奏稿》卷四頁 31—32《瀝陳浙省殘黎困敝情形片》，卷六頁 6—9《請勒追革員京米捐款再押解來浙捐輸賑米摺》，卷四十五頁 45《遵旨開單報銷摺》。

注 957　《左文襄公奏稿》卷五十一頁 22—24《籌辦陝甘賑務摺》。《左文襄公書牘》卷十九頁 23《答譚文卿（鍾麟）》，頁 25《答劉克庵（典）》。《譚文勤公奏稿》卷六頁 18《報銷陝省賑款摺》。

注 958　《左文襄公書牘》卷十九頁 32《答劉克庵（典）》。《重修皋蘭縣志》（光緒

十八年〔1892〕纂）。《洮州廳志》（光緒三十三年〔1907〕纂）。《新修固原直隸州志》（宣統元年〔1909〕纂）。《平遠縣志》（光緒五年〔1879〕纂）。《重修崇信縣志》（中華民國十五年〔1926〕纂）。《續修鎮番縣志》（中華民國八年〔1919〕纂）。《東樂縣志》（中華民國十二年〔1923〕纂）。《西寧府續志》（中華民國二十七年〔1938〕纂）。《重修涇陽縣志》（宣統三年〔1911〕纂）卷一頁 13。《左文襄公批札》卷四頁 24—25《延安府宮守爾鐸稟擬設社倉由》。平遠，今同心，屬寧夏回族自治區。

注 959　《左文襄公家書》卷上頁 13。

注 960　《左文襄公書牘》卷十一頁 9《答沈幼丹（葆楨）》，卷十四頁 13，卷十七頁 45，均《答譚文卿（鍾麟）》。《左文襄公奏稿》卷五十三頁 8《甘肅禁種罌粟摺》，頁 13《辦理禁種罌粟未能悉合部章片》。

注 961　《左文襄公告示》頁 9《禁種罌粟四字諭》。《左文襄公咨札》頁 36《紮陝甘藩司通飭各屬禁種罌粟》。《左文襄公奏稿》卷五十三頁 8《甘肅禁種罌粟摺》。《左文襄公書牘》卷二十頁 12—13《與吳清卿（大澂）》，頁 45—46《答朱茗生（智）》，頁 47《與譚文卿（鍾麟）》。《左文襄公批札》卷七頁 11《署鎮迪周道崇傳稟烏垣善後事宜由》。

注 962　《左文襄公咨札》頁 51《札甘肅兩司及寧夏鎮道府查辦偷種罌粟》。《左文襄公批札》卷七頁 6—7《甘肅司道詳覆寧夏偷種罌粟由》。《左文襄公奏稿》卷五十三頁 9—11《甘肅禁種罌粟摺》。《左文襄公書牘》卷二十頁 47—48《答劉克庵（典）》，卷二十一頁 50《答善厚齋（慶）》。賀升運，字少農，湖南善化人。

注 963　《同治實錄》卷三百六十五頁 20。《左文襄公批札》卷七頁 9《高台縣吳令恩榮稟稟毛目一帶有偷種罌粟情形由》。《左文襄公書牘》卷二十三頁 15《上總理各國事務衙門》。《撫彝廳通判文牘》（稿本）。

注 964　《左文襄公批札》卷四頁 14《署鞏昌府湯道聘珍稟禁種罌粟由》。《同治實錄》卷三百六十五頁 20。《秦州直隸州新志》（光緒十五年〔1889〕纂）。譚繼洵，字敬甫，湖南瀏陽人，進士，官至湖北巡撫。

注 965　《左文襄公奏稿》卷五十三頁 13《辦理禁種罌粟未能悉合部章片》。《左文襄公咨札》頁 26《札陝甘各州縣試種稻穀桑棉》。

注 966　《左文襄公書牘》卷二十四頁 55《與福餘庵（裕）》，頁 66《上總理各國事務衙門》，卷二十五頁 23、頁 36，均《答馮展雲（譽驥）》。

注 967　《左文襄公咨札》頁 36—37《札陝甘藩司通飭各屬禁種罌粟》。《左文襄公

書牘》卷十一頁 27、頁 36《答劉克庵（典）》，卷十二頁 57《與譚文卿（鍾麟）》，卷十六頁 27《答劉克庵（典）》。

注 968　《左文襄公書牘》卷二十三頁 35《答王雯軒（思沂）》，頁 63《答楊石泉（昌濬）》。《左文襄公批札》卷七頁 25《安定厘局稟查獲煙土情形由》。《左文襄公奏稿》卷五十八頁 15《嚴禁鴉片請先增洋藥土煙稅捐摺》。

注 969　《左文襄公咨札》頁 55《通飭陝甘各屬州縣發戒煙藥方》。《左文襄公批札》卷七頁 25《安定厘局蔣令益劫稟查獲煙土情形由》。《左文襄公書牘》卷二十三頁 36《答王雯軒（思沂）》。

注 970　《左文襄公奏稿》卷五十三頁 13《辦理禁種罌粟未能悉合部章片》。

注 971　《左文襄公奏稿》卷五十八頁 14—17《嚴禁鴉片請先增洋藥土煙稅捐摺》。《左文襄公書牘》卷二十五頁 17《答楊石泉（昌濬）》，頁 23《答馮展雲（譽驥）》。

注 972　《左文襄公奏稿》卷五十八頁 30—33《覆陳增收洋藥土煙稅厘摺》。《左文襄公書牘》卷二十五頁 25—27《答威妥瑪》。

注 973　《曾惠敏公全集・奏稿》卷五頁 81《遵議煙台續增專款疏》。《曾惠敏公全集・文集》卷五頁 4《倫敦覆左中堂（宗棠）》，頁 8《再致張香濤（之洞）》。

注 974　李元度《天岳山館文鈔》卷十頁 20《胡文忠公（林翼）別傳》。《胡文忠公遺集》卷六十一頁 5《覆李次青（元度）》。《左文襄公書牘》卷三頁 2，卷四頁 51，均《與胡潤之（林翼）》。

注 975　《左文襄公書牘》卷二頁 54《與李希庵（續宜）》，卷三頁 47《與胡潤之（林翼）》。

注 976　《左文襄公書牘》卷二頁 25《答胡潤之（林翼）》。《左文襄公詩集》頁 9《題羅忠節公（澤南）遺像》。塔齊布，姓托爾佳氏，字智亭，滿洲鑲黃旗人，官至湖南提督，咸豐五年（1855）七月，卒於九江軍次，諡忠武。李杏春，原名光焯，字石仙，湖南湘鄉人，廩生，敘功至直隸州知州，咸豐九年（1859）在武昌羊樓司陣亡。

注 977　《湘綺樓箋啟》卷一頁 22。《湘綺樓日記》冊八頁 2。李雲麟，字雨蒼，漢軍正白旗人，官至托倫托海辦事大臣，著述有《西陲記略》《曠遊閒筆》。

注 978　《左文襄公奏稿》卷一頁 36《請敕調各員赴營差委片》。《左文襄公書牘》卷八頁 60《與左樞》。《湘綺樓文集》卷五頁 30—32《嚴咸傳》。丁寶楨，字稚璜，貴州平遠人，咸豐三年（1853）進士，官至協辦大學士，光緒十二年（1886）四月卒，諡文誠，著述有《丁文誠公奏議》。

注 979　《左文襄公書牘》卷十頁 43《與劉克庵（典）》。

注 980　《小酉腴山館自訂年譜》卷二頁 2—3。

注 981　《道咸同光名人手札》集一冊二《郭嵩燾致沈葆楨書》。

注 982　《曾文正公全集書札》卷二十五《覆李宮保（鴻章）》《覆劉霞仙（蓉）》。

注 983　《左文襄公奏稿》卷二十一頁 78—80《鮑超傷病情形片》。《庸盦筆記·
　　　　霆軍洺河之戰》。李瀚章，字筱荃，安徽合肥人，道光二十九年（1849）拔
　　　　貢，官至兩廣總督，光緒二十五年（1899）卒，諡勤恪，著述有《李勤恪公
　　　　政書》。

注 984　《冬暄草堂師友箋存》冊四。

注 985　《左文襄公家書》卷下頁 55。《左文襄公奏稿》卷六十三頁 35《派員設立
　　　　糧台摺》。《左文襄公書牘》卷二十一頁 5《答劉克庵（典）》。

注 986　陶斯詠函為趙世暹所藏。王之春《椒生隨筆》卷四頁 7。陶斯詠，字子縝。
　　　　余士穀，字季佩。

注 987　《左文襄公奏稿》卷五十二頁 19《請變通部章廣搜人才摺》。

注 988　《左文襄公奏稿》卷六十一頁 40《保舉人才懇敕吏兵兩部通融資格錄用摺》。

注 989　《左文襄公文集》卷五頁 7—8《劉果敏公（典）誄》。《左文襄公年譜》卷
　　　　二頁 36。

注 990　《左文襄公文集》卷一頁 14—20《送劉克庵（典）南歸寧親序》，卷五頁
　　　　7—8《劉果敏公（典）誄》。《左文襄公書牘》卷十五頁 27—28《與劉克
　　　　庵（典）》，卷二十二頁 8《答楊石泉（昌濬）》。《左文襄公聯語》頁 12
　　　　《挽劉果敏公（典）》，《清史稿》卷四百六十本傳（列傳二百四十一）。《中
　　　　興將帥別傳》卷二十二頁 4—6《劉果敏公典別傳》。《養知書屋文集》卷
　　　　十九頁 13—15《光祿大夫劉公墓志銘》。

注 991　《左文襄公家書》卷上頁 11。《左文襄公書牘》卷十七頁 72，卷十八頁
　　　　20，卷二十頁 43—44，均《與楊石泉（昌濬）》。《河海崑崙錄》。《清史
　　　　稿》卷四百五十三本傳（列傳二百三十四）。

注 992　《左文襄公奏稿》卷五十二頁 94《請敕楊昌濬幫辦甘肅新疆善後事宜片》。

注 993　《左文襄公年譜》卷一頁 15。《養知書屋文集》卷十九頁 19—20《署理福
　　　　建巡撫周公墓志銘》。《左文襄公奏稿》卷三十八頁 41—44《周開錫辦理
　　　　甘南軍務情形片》，卷三十九頁 32—33《周開錫積勞病故請恤摺》。《左
　　　　文襄公文集》卷三頁 9—11《贈內閣學士周君祠碑》。《胡文忠公遺集》卷
　　　　七十九頁 9《致李希庵（續宜）》。周揚之，字華甫，道光八年（1828）舉

人，官戶部主事。

注994　《清史稿》卷四百三十八本傳（列傳二百十九）。《濂受堂文集》卷十頁34—38《江西布政使陳公墓志銘》。《左文襄公奏稿》卷三十六頁42《陳湜到營委辦總理營務片》，卷三十八頁13《請開復陳湜原官原銜片》。《左文襄公書牘》卷十四頁25《答沈吉田（應奎）》，頁58《答陳舫仙（湜）》，卷十五頁39《答曾沅甫（國荃）》。陳湜《病榻述舊錄》。《左太傅與陳少保書》（石印本）。《左文襄公誄詞》冊一《祭文》頁21—23（陳湜）。

注995　《左文襄公書牘》卷五十七頁57《答曾滌帥（國藩）》，頁59《答劉蔭渠（長佑）》，頁70《與郭意城（嵩燾）》。

注996　《曾文正公奏稿》卷一百四十一《王開化請恤片》。《中興將帥別傳》卷八《王貞介公（開化）別傳》。《天岳山館文鈔》卷四頁44—45《王壯武公（松山）別傳》。

注997　《清史稿》卷四百十四本傳（列傳一百九十五）。《中興將帥別傳》卷二十二《蔣果敏公（典）別傳》。《謙受堂集》卷八頁12—15《蔣果敏公（典）家傳》。《左文襄公書牘》卷四頁43、頁51，卷十六頁41，均《答劉克庵（典）》，卷十七頁36《答楊石泉（昌濬）》。《左文襄公奏稿》卷十六頁41《陳明廣東兵事餉事片》。《左文襄公批札》卷六頁43—44《浙紳李品芳等呈請奏予前浙江蔣升司諡典由》。《越縵堂日記》同治十三年（1874）十二月二十八日。

注998　《清史稿》卷四百四十一日意格本傳（列傳二百二十二）。《中興將帥別傳》卷三十《勒伯勒東傳》。《左文襄公書牘》卷六頁35《上總理各國事務衙門》。

注999　都興阿，姓阿郭貝爾氏，字直夫，滿洲正白旗人，官至盛京將軍，光緒元年（1875）二月卒，諡清愨。陶茂林，字鶴亭，湖南長沙人，原任甘肅提督，以「剿回」督師不力，革職，嗣起復，署貴州古州鎮總兵，光緒十六年（1890）九月卒。

注1000　《清史稿》卷四百十五本傳（列傳一百九十六）。《中興將帥別傳》卷二十《劉忠壯公（松山）別傳》。《天岳山館文鈔》卷四頁22—26《劉忠壯公（松山）祠碑》（按此文用宗棠名），卷九頁18—23《劉忠壯公（松山）別傳》。《近代名人小傳》卷中頁147。《左文襄公奏稿》卷二十八頁29《劉松山轉戰出力片》，卷三十八頁45—47《懇追獎勞臣摺》，卷四十四頁58—59《懇追獎劉松山片》。

注1001　《清史稿》卷四百六十本傳（列傳二百四十一）。《中興將帥別傳》卷二十

《劉襄勤公（錦棠）別傳》。《甘寧青史略》正編卷二十三頁 1（按時在同治十年〔1871〕正月）。《左文襄公奏稿》卷三十四頁 65—66《請賞劉錦棠京銜接統老湘軍並派黃萬友幫辦片》。《左文襄公批札》卷六頁 53《湘軍劉總統稟清建黃故提督萬友專祠由》。《翁文恭日記》。黃萬友，字傑軒，湖南湘鄉人，積功保至提督，同治九年（1870）八月，卒於金積堡軍中，諡果毅。

注 1002 《清史稿》卷四百六十本傳（列傳二百四十一）。《中興將帥別傳》卷二十六上《張勤果公（曜）別傳》。《續碑傳》卷二十八頁 22—25 譚廷襄《山東巡撫予諡勤果張公（曜）神道碑》。《西疆雜述詩》卷四《戈壁一首》注。《左文襄公奏稿》卷五十二頁 61《提督張曜懇仍改文職片》。

注 1003 《清史稿》卷四百六十一本傳（列傳二百四十二）。

注 1004 《彝軍記略》頁 53—54。《左文襄公奏稿》卷三十九《派兵前赴肅州片》。

注 1005 《武功紀略》。《左文襄公奏稿》卷二十二頁 52—53《請賞給劉厚基母氏參枝珍藥片》，卷五十頁 2—3《延榆綏鎮總兵劉厚基病故請恤片》。《左文襄公批札》卷一百五十《劉提督厚基稟請回籍省親由》。《左文襄公書牘》卷十六頁 10《與劉克庵（典）》。《圖開勝跡》卷二頁 18—20，卷三頁 40—44《修築榆林城垣碑記》《重修榆林鎮城記》，頁 56—59《建固城堤記》，卷四頁 5—7《重修鎮署記》，頁 14—16《重修武庫記》，頁 23—24《重修校場碑記》，頁 27—28《展修左營堆房記》。蕭啟江，字濬川，湖南湘鄉人，官至廣西按察使，咸豐十年（1860）卒，諡壯果。

注 1006 《清史稿》卷四百三十六本傳（列傳二百十七）。《左文襄公書牘》卷十九頁 25《答劉克庵（典）》。《左文襄公奏稿》卷五十二頁 89—90《甘肅提督李輝武出缺懇請優恤片》。《京報》光緒五年（1879）七月十日《左宗棠奏請准在漢中府城及寶雞縣城建李輝武專祠摺》。周達武，字夢熊，號渭臣，湖南寧鄉人，官至甘肅提督，光緒二十年（1894）正月卒，著述有《劍水詩鈔》《武軍記略》。

注 1007 《清史稿》卷四百九十五本傳（列傳二百七十六）。《中興將帥別傳》卷二十六下《黃按察別傳》。《彝軍記略》。何紹基，字子貞，號蝯叟，湖南道州人，道光十六年（1836）進士，同治十三年（1874）七月卒，著述有《東洲草棠集》。譚仁芳，字蘭亭，湖南人。

注 1008 《清史稿》卷四百六十五本傳（列傳二百四十六）。《中興將帥別傳》卷二十三下《王布政別傳》。《湘綺樓文集》卷七頁 11《貴州布政司使王君（德

榜）墓志銘》。《甘寧青史略》正編卷二十三頁 26，卷二十四頁 3、頁 5。

注 1009　《左文襄公奏稿》卷五十六頁 26—27《防營承修工程請敕部備案摺》。《左文襄公書牘》卷二十四頁 80《與楊石泉（昌濬）》。《隴上鴻泥》頁 15、頁 48。《甘寧青史略》正編卷二十三頁 8。

注 1010　《左文襄公奏稿》卷五十四頁 33、頁 39《已故軍務人員志節可傳懇宣付史館摺》。

注 1011　《左文襄公奏稿》卷五十四頁 33—34。阮元，字伯元，江蘇儀徵人，乾隆五十四年（1789）進士，官至大學士，道光二十九年（1849）卒，諡文達，著述有《擘經室集》。

注 1012　夏炘《聞見一隅錄》（未刊本，北平圖書館藏）。夏炘《景紫堂自訂年譜》（同治元年〔1862〕）。《左文襄公家書》卷上頁 29。《左文襄公書牘》卷十四頁 26《答劉克庵（典）》。胡肇智，字季臨，號霽林，安徽績溪人，道光拔貢。

注 1013　《左文襄公奏稿》卷五十四頁 34—35。羅文俊，字泰瞻，號蘿村，廣東南海人，道光二年（1822）進士，官至工部左侍郎。黃州，今黃岡。荊州，今江陵。

注 1014　《養知書屋文集》卷二十一頁 20—22《王子壽先生墓志銘》。王柏心《百柱堂全集》卷十七頁 1—22《與左季高（宗棠）書九通》。

注 1015　《左文襄公奏稿》卷五十四頁 35—37。常大醇，字蘭陔，湖南衡陽人，道光三年（1823）進士，官至湖北巡撫，咸豐二年（1852）十二月，殉難武昌省城，諡文節。

注 1016　吳敏樹《柈湖文集》卷六《京師寄曾侍郎（國藩）書》。郭嵩燾、郭崑燾《湘軍志平議》頁 16。《左文襄公奏稿》卷三十六頁 17—19《吳士邁病故請恤摺》，卷三十九頁 1—4《吳士邁擅殺朱德樹情由摺》。《天岳山房文鈔》卷三十七頁 14—15《朱儒臣哀辭》。《左文襄公書牘》卷十一頁 5《答劉克庵（典）》，頁 21—22《答吳南屏（敏樹）》。《左文襄公批札》卷二頁 46《吳中書士邁稟請速發軍火由》，卷三頁 2《吳中書士邁稟誤用關防情形由》，頁 8—9《吳中書士邁稟隴州牧濫借銀兩由》。

注 1017　《左文襄公奏稿》卷五頁 37—38。

注 1018　《左文襄公書牘》卷十一頁 11《答楊石泉（昌濬）》，頁 51—52、卷十九頁 53—54，均《與吳子俊（觀禮）》，卷二十二頁 22—23《答朱茗生（智）》，卷二十四頁 46《與李仲雲（概）》。《光緒實錄》卷六十九頁 2—3。

《左文襄公覆陳寶琛函》（陳氏家藏）。翁同龢《翁文恭公日記》（同治十年〔1871〕二月二十四日）。陳寶琛，字敬嘉，號伯潛，又號弢庵，福建閩侯人。同治七年（1868）進士，宣統師傅，中華民國二十四年（1935）正月卒，著述有《陳文忠公奏議》《滄趣樓詩》。黎培敬，字簡堂，湖南湘潭人，咸豐十年（1860）進士，官至江蘇巡撫，光緒八年（1882）卒，諡文肅。朱智，字敏生，浙江仁和人，咸豐元年（1851）舉人，以戶部主事久任軍機章京，官至兵部右侍郎。

注 1019　《左文襄公書牘》卷十三頁 45《答曹鏡初（耀湘）》。曹耀湘，字鏡初，湖南長沙人。

注 1020　《左文襄公書牘》卷十四頁 64《答吳清卿（大澂）》。羅大春《左恪靖伯奏議序》。郭氏木刻印《八賢手札》（宗棠致郭崑燾）。楊氏木刻拓本（宗棠致楊昌濬）。陳氏石印《左太傅與陳少保書》（宗棠致陳湜）。史氏石印陽湖史氏家藏《左文襄公手札》（宗棠致史致諤）。南京國學圖書館石印《晨風樓藏名人書札》（宗棠致王柏心、致夏獻鋆）。

注 1021　《左文襄公家書》卷下頁 64。《左文襄公書牘》卷十二頁 11《答楊性農（彝珍）》。

注 1022　《左文襄公書牘》卷二十五頁 18《答李少荃（鴻章）》，頁 25—26《答英國使臣威妥瑪》，頁 38—39《答楊石泉（昌濬）》，《王文成公（陽明）全書》（世界書局排印本）卷十八《別錄十》頁 298《揭陽縣主簿季本鄉約呈》，卷三十《續編五》頁 553《行廉州府清查十家牌法》。

注 1023　羅大春《左恪靖伯奏議序》。《越縵堂日記》冊三十六頁 77 光緒七年（1881）十月初元日、初十日。《胡文忠公遺集》卷六十頁 4《致左季高（宗棠）》。《曾文正公家書》卷九，同治二年（1863）七月初一日。吳汝綸《桐城吳先生全書》（家刻本）卷二頁 73《左文襄公神道碑》。王先謙，字益吾，號葵園，湖南善化人，同治四年（1865）進士，官至江蘇學政，中華民國六年（1917）十一月卒，著述有《虛受堂文集》。李慈銘，字㤅伯，號蓴客，浙江會稽人，光緒六年（1880）進士，官御史，光緒二十年（1894）十一月卒，著述有《越縵堂文集》《白華絳跗閣詩集》《越縵堂日記》。

注 1024　《左文襄公書牘》卷十二頁 64—65《與沈吉田（應奎）》《答袁小午（保恆）》。

注 1025　《雲臥山莊尺牘》卷六頁 16《覆高碧湄（心夔）》。《庸盦筆記》。《左文襄公書牘》卷一頁 40《上賀蔗農（熙齡）》。

注 1026　左孝同《左文襄公詩文別集跋》。《左文襄公書牘》卷十一頁 51《與吳子

俊（觀禮）》，卷十二頁 26《答吳南屏（敏樹）》，卷十三頁 28—29，均《答吳南屏（敏樹）》。卷二十二頁 15《答楊性農（彝珍）》。楊彝珍，字湘涵，一字性農，湖南武陵人，道光三十年（1850）進士，官兵部主事，著述有《移芝室文集》《尺牘》《沅湘耆舊錄續編》。

注 1027 《刪亭文集》卷一頁 7《書盾鼻餘瀋後》，頁 18《戴潛虛先生文集序》。

注 1028 徐珂《聞見日鈔》頁 46。

注 1029 《雲臥山莊尺牘》卷六頁 12《答李次青（元度）》。

注 1030 《左文襄公書牘》卷十三頁 29《答吳南屏（敏樹）》，卷二十二頁 42《答譚文卿（鍾麟）》。張鳴珂《寒松閣談藝瑣錄》。王潛剛《清人書評》頁 31。

注 1031 《胡文忠公遺集》卷七十一頁 24《致李希庵（續宜）》。

注 1032 《左文襄公書牘》卷二十二頁 1《與譚文卿（鍾麟）》，卷二十四頁 63《與徐小雲》。《左文襄公詩集》頁 5《催楊紫卿畫梅》。《慈雲閣詩鈔·猗蘭室詩草》頁 6《題柳莊春景圖》。楊季鸞，字紫卿，湖南寧遠人，孝廉方正，著述有《春星閣詩鈔》。

注 1033 謝彬《新疆遊記》。《左文襄公書牘》卷二十一頁 47《答楊石泉（昌濬）》。《澤雅堂詩集》卷二頁 20。

注 1034 《左文襄公文集》頁 6—8《飲和池記》《甘肅督署園池記》。《左文襄公聯語·槎亭》頁 7。許元方《憶蘭州》。張維《蘭州古今注》。龔齤《蛻庵詩集》卷八頁 17。

注 1035 《澤雅堂文集》卷一頁 6《防詐》，卷七頁 10《書左侯墨跡後》。

注 1036 《左文襄公書牘》卷二十二頁 42、頁 47，均《答楊石泉（昌濬）》。《左文襄公詩集》頁 9《秋日泛舟泉湖作》。

注 1037 《清稗類鈔》卷四十四頁 11。《左文襄公家書》卷下頁 75。《新疆圖志》卷二十八頁 4。譚碧理，字心可，湖南湘潭人，官至江南提督，光緒二十四年（1898）卒。

注 1038 《飲冰室文集》冊十六頁 29。周印昆藏《左文襄公書牘》。周大烈，字印昆，湖南湘潭人，官至殺虎口關鹽督，宗棠妻再侄。《左文襄公批札》卷二頁 9《彭丞光藻稟開浚城河工程由》。

注 1039 《左文襄公書牘》卷二十一頁 42，卷二十二頁 29、頁 30，卷二十四頁 17，卷二十五頁 66，均《與楊名泉（昌濬）》。《左文襄公家書》卷下頁 62。《左文襄公誄詞》冊三《輓聯》頁 1。彭光藻，字靜軒，湖南武陵人，後官甘肅涇州直隸州知州。羅鎮嵩，字穆倩，湖南湘鄉人，縣學生，官甘

肅固原直隸州知州。

注 1040　《左文襄公家書》卷下頁 60。《左文襄公書牘》卷二十二頁 1《與譚文卿（鍾麟）》。

注 1041　《左文襄公家書》卷上頁 9、頁 17、頁 28。

注 1042　《左文襄公家書》卷上頁 37、頁 69，卷下頁 21、頁 24、頁 29。

注 1043　《左文襄公家書》卷下頁 72。

注 1044　《左文襄公書牘》卷十六頁 51《與劉克庵（典）》。

注 1045　《左文襄公年譜》卷一頁 10—11、頁 25—26。《左文襄公家書》卷下頁 27。《左文襄公書牘》卷二十頁 55《與王蓴農（詩正）》。

注 1046　《左文襄公家書》卷上頁 47、頁 68、頁 72，卷下頁 17。

注 1047　《左文襄公年譜》卷一頁 24。《左文襄公家書》卷下頁 24。

注 1048　《左文襄公家書》卷上頁 40—41、頁 55、頁 58。《左文襄公書牘》卷八頁 68《答彭雪琴（玉麟）》，卷二十頁 46《與劉克庵（典）》。

注 1049　《左文襄公書牘》卷十三頁 58《與沈吉田（應奎）》，卷十五頁 60《答李筱軒》，卷十六頁 74《答劉克庵（典）》，卷十七頁 46《與安曉峰（維峻）》。《左文襄公家書》卷下頁 9—10。《曾忠襄公奏議》卷二十八頁 18《請在江寧捐建左文襄公專祠疏》。

注 1050　《左文襄公書牘》卷五頁 69《與郭意城（崑燾）》。《左文襄公家書》卷下頁 17。

注 1051　《左文襄公家書》卷上頁 38。

注 1052　《左文襄公家書》卷下頁 13、頁 45—46。《曾文正公日記》咸豐十年（1860）四月初四日。

注 1053　《左文襄公家書》卷上頁 46。

注 1054　《左文襄公誄詞》冊三《輓聯》頁 8（魏光燾）。《左文襄公榮哀錄》頁 27（哀啟）。

注 1055　《左文襄公書牘》卷十六頁 36《答彭雪琴（玉麟）》，頁 67《與吳清卿（大澂）》，卷十七頁 53《答陳俊臣（士傑）》，卷二十四頁 38《上總理各國事務衙門》。

注 1056　《左文襄公書牘》卷一頁 9、頁 30—32，均《上賀蔗農（熙齡）》。《左文襄公年譜》卷一頁 21。

注 1057　《左文襄公書牘》卷二頁 53《與李希庵（續宜）》，卷四頁 50《答王梅村（開化）》，卷五頁 34、頁 44，均《與胡潤之（林翼）》，頁 64《與郭意成

（嵩燾）》。

注 1058　《左文襄公家書》卷上頁 18、頁 26。

注 1059　《左文襄公批札》卷五頁 26《肅州李牧宗笏稟州屬五方雜處請嚴密巡緝
　　　　　由》。《左文襄公書牘》卷九頁 10《答夏小濤（獻綸）》。

注 1060　《左文襄公批札》卷七頁 47《巴燕戎格通判龍倅昆稟懇交卸隨節各情由》。
　　　　　《左文襄公書牘》卷二頁 29《與王璞山（鑫）》。

注 1061　《左文襄公批札》卷一頁 31《蔣藩司益澧稟連日苦戰獲勝情形由》。《左文
　　　　　襄公文集》卷二頁 9《善化張氏篤光堂題額跋尾》。

注 1062　《左文襄公批札》卷三頁 63《黃道鼎稟金積賊勢由》。

注 1063　《左文襄公批札》卷四頁 7《李守藻稟接署寧夏府篆由》。《左文襄公書牘》
　　　　　卷十二頁 39《答楊石泉（昌濬）》。

注 1064　《左文襄公家書》卷下頁 27。《左文襄公書牘》卷十二頁 41《答彭雪琴（玉
　　　　　麟）》。

注 1065　《左文襄公書牘》卷二十頁 5《答劉克庵（典）》。

注 1066　《左文襄公書牘》卷二十三頁 42《答崇峻峰（保）》。《左文襄公奏稿》卷
　　　　　五十六頁 44《督師出屯哈密摺》。《申報》光緒十年（1884）十二月一日。

注 1067　《平定陝甘新疆回匪方略》卷二百七十二頁 17—19。《左文襄公奏稿》卷
　　　　　五十八頁 24—25《病難速痊懇恩開缺摺》，頁 28《仍懇天恩開缺摺》，卷
　　　　　六十二頁 15《恭謝天恩瀝陳下悃摺》。

注 1068　《左文襄公書牘》卷二頁 25《答胡潤之（林翼）》，卷二十三頁 36《答王雩
　　　　　軒（思沂）》。

注 1069　《左文襄公家書》卷上頁 52、頁 56、頁 72。

注 1070　《左文襄公家書》卷下頁 53。《左文襄公書牘》卷二十頁 16《與王若農（加
　　　　　敏）》。

注 1071　《左文襄公書牘》卷二十五頁 12《答沈吉田（應奎）》。王思沂，字雩軒，
　　　　　浙江歸安人。

注 1072　徐珂《可言》。

注 1073　《左文襄公書牘》卷二十二頁 1《與譚文卿（鍾麟）》。《左文襄公家書》卷
　　　　　下頁 29、頁 50、頁 57、頁 59、頁 63、頁 65、頁 70。

注 1074　《京報》。徐樹銘，字伯澂，一字壽蘅，號澂園，湖南長沙人，道光二十七
　　　　　年（1847）進士，官至工部尚書，著述有《澂園遺集》。龍湛霖，字芝生，
　　　　　湖南攸縣人，同治元年（1862）進士，官至刑部右侍郎。

注 1075 《左文襄公家書》卷下頁 28。

注 1076 《左文襄公家書》卷上頁 71。《左文襄公書牘》卷十六頁 36《與劉克庵（典）》。劉坤一《劉忠誠公書牘》卷十二頁 18《致左季高》。

注 1077 《左文襄公咨札》頁 49《通飭文武印委員弁刪除慶賀禮節》。《左文襄公書牘》卷六頁 41《與張佑之（銓慶）》，卷二十頁 3《答胡雪巖（光墉）》。《左文襄公批札》卷二頁 9《彭丞光藻稟開浚城河工程由》。

注 1078 《左文襄公聯語》頁 30《挽李仲雲（槼）跋語》。李槼，字仲雲，號庸齋，湖南湘潭人，舉人，鹽提舉銜，光緒七年（1881）七月卒。

注 1079 《光緒東華錄》卷四十一頁 18。《左文襄公書牘》卷二十五頁 39、頁 43，均《答楊石泉（昌濬）》。李明墀，字玉階，江西德化人。

注 1080 《光緒東華錄》卷四十八頁 15，卷四十九頁 70。《彭剛直公奏議》卷三頁 43—49《查覆兩江營務處被參各員摺》。《左文襄公奏稿》卷五十九頁 55《增復各岸引額及收繳票費數目片》。柳葆元，湖南長沙人，官新疆疏勒縣知縣。張自牧，字力臣，湖南湘陰人，縣學生，積功保至布政使銜，著述有《蠡測卮言》《瀛海論》。郭慶藩，字子瀞，原名立墭，字孟紀，湖南湘陰人，廩生，江蘇候補道，光緒二十二年（1896）四月卒，著述有《泊然齋文集》《梅花書屋詩集》《瀞園剩稿》及《尺牘》等。李鴻逵，字達九，號小川，江西德安人，同治四年（1865）進士，官至奉天府府丞。卞寶第，字頌臣，江蘇儀徵人，咸豐元年（1851）舉人，官至閩浙總督，光緒十九年（1893）卒，著述有《卞中丞奏議附政書》。

注 1081 《左文襄公書牘》卷十頁 3《與蔣薌泉（益灃）》，卷十三頁 19《答譚文卿（鍾麟）》，卷二十五頁 52《與徐小雲》。《道咸同光名人手札》集一冊三《與夏芝岑（獻雲）》。《左文襄公家書》卷上頁 68。《李文忠公朋僚函稿》卷二十頁 20《覆劉峴莊（坤一）》，頁 22《覆丁稚璜（寶楨）》。瑞麟，姓葉赫那拉氏，滿洲正藍旗人，官至大學士，同治十三年（1874）九月卒，謚文莊。李宗羲，字雨亭，四川開縣人，道光二十七年（1847）進士，官至兩江總督，光緒十年（1884）閏五月卒，著述有《李尚書政書》。

注 1082 《光緒東華錄》卷六十三頁 2、頁 4。《申報》光緒十年（1884）七月初九日。延煦，字育卿，號樹南，滿洲正藍旗人，咸豐六年（1856）進士，官至禮部尚書。

注 1083 《左文襄公奏稿》卷五頁 43《截剿富陽新城摺》，卷十五頁 64《覆陳廣東貽誤情形摺》，卷四十一頁 54—56《成祿出關難期振作片》，卷四十二頁

82—85《武職大員苛斂捐輸誣民為盜縱兵攻堡請旨察辦摺》，卷四十四頁 56—57《請敕穆圖善駐紮涇州撤遣所部馬隊片》，卷四十六頁 42—45《遵旨密陳片》，卷四十八頁 1—3《哈密辦事大臣裁併營伍摺》，頁 89—90 《哈密威儀軍應行汰併摺》，卷四十九頁 68—70《請裁汰北路征軍摺》。 《弢園隨筆》頁 28《收復肅州隨營大略》。耆齡，字九峰，姓覺羅氏，道光 十七年(1837)舉人，官至福州將軍，同治二年(1863)十月卒，諡恪慎。 文麟，字端圃。明春，字錦泉，蒙古正紅旗人，官至塔爾巴哈台參贊大 臣，光緒十三年(1887)二月卒。

注 1084 《曾忠襄公奏稿》卷二十二頁 3—5《請飭停募勇丁疏》。《光緒實錄》卷 一百八十五頁 7。

注 1085 《光緒實錄》卷二百十頁 11。

注 1086 《曾文正公日記》。《左文襄公書牘》卷二十六頁 12《與郭筠仙 (嵩燾)》。 姚瑩，字石甫，安徽桐城人，嘉慶進士，官至湖南按察使，著述有《東槎 紀略》《康輶記行》《東溟文集》等。

注 1087 《左文襄公誄詞》冊一頁 1—2。《左文襄公批札》卷一頁 32《金華府劉守 汝璆稟合郡紳民呈請建立生祠由》，卷六頁 49《西寧張道宗翰評西寧禮拜 寺改建生祠情形由》。

注 1088 《左文襄公誄詞》冊一頁 14—20。

注 1089 《左文襄公誄詞》冊一頁 21—25。

注 1090 《左文襄公家書》卷下頁 36。

參考書目

(一) 左宗棠本人著述

左文襄公全集　家刻本

左恪靖伯奏稿　福建刻本

左文襄公奏疏　湖南刻本

左文襄公家書　中華書局本

盾鼻餘瀋　北京增刻本

學治要言　甘肅刻本

楚軍營制　甘肅刻本

(二) 左宗棠家人著述

慈雲閣詩鈔　周詒端（宗棠妻）　左孝瑜　孝琪　孝琳　孝瓊（宗棠諸女）

慎庵詩文鈔　左宗植（宗棠兄）

誠齋詩鈔　左念恆（宗棠孫）

(三) 記述左宗棠之書

左文襄公年譜

Tso Tsung Tang, *Soldier and Stateman of Old China* by W. L. Bales

Tso Tsung Tang, *Pioneer Promoter of the Modern Dockyard and the Woolen Mill in China* by Gioden Chen

左宗棠與新疆問題　日本西田保

左公平甘記（作者姓名不詳　未刊本）

左宗棠評傳　戴慕真

左宗棠軼事　楊公道

左文襄公大事記——榮哀錄

左文襄公誄詞

(四) 史傳

湘軍志　王闿運

湘軍志平議　郭崑燾 郭嵩燾

湘軍記　王定安

宰湘節錄　劉倬雲

湘軍新志　羅爾綱

平定粵匪方略 (清欽定本)

平定粵匪記略　杜文瀾

平浙記略　楊昌濬

庚辛泣杭錄　丁丙

嘉應平寇記略　謝國珍

盾鼻餘談 (卷二嘉應防剿記略　卷三、四閩師進剿記略)　朱用孚

賊情彙纂　張德堅

太平天國史綱　羅爾綱

太平天國革命史　王鍾麒

太平天國史事論叢　謝興堯

平定捻匪方略 (清欽定本)

淮軍平捻記　周世澄

捻之游擊戰　羅爾綱

平定陝甘新疆回匪方略 (清欽定本)

平定關隴記略　楊昌濬

勘定新疆記略　魏光燾

平回志　楊毓秀

征西記略　曾毓瑜

秦隴回禍記略　余澍疇

伊犁定約中俄談話錄　曾紀澤

中國經營西域史　曾問吾

甘寧青史略編　慕壽祺

豫軍記略　尹耕雲

霆軍記略　陳昌

彝軍記略　彭洵

多忠勇公（多隆阿）勤勞錄　雷正綰

圖開勝蹟武功記略

勞薪錄　黃雲

咸豐、同治、光緒三朝實錄

咸豐、同治、光緒三朝東華錄　王先謙　朱壽朋

咸豐、同治二朝聖訓

清史稿

清朝全史　但燾（日本稻葉君山原著）

清史綱要　吳曾祺

清史記事本末　黃鴻壽

聖武記　魏源

清續文獻通考　劉錦藻

光緒政要　沈桐生

德宗遺事　王樹枏

清室外紀　陳泠汰 陳貽先（美國濮蘭德 白克好司原著）

庚子西狩叢談　吳永口述　張治襄筆記

中國近代史　陳恭祿

中國近世文化史　陳安仁

近代中國實業通志　楊大金

中國近代工業發展史綱　龔駿

中國近百年史資料　左舜生

近代中國外交史輯要　蔣廷黻

最近之五十年　申報館

海軍實紀　池仲祜

海軍大事記　池仲祜

中國田賦史　陳登原

中國釐金史　羅玉東

中國鹽政史　曾仰豐

籌餉事例　清戶部

浙西減漕記略　戴槃

甘肅清理財政說明書　清度支部

近代中國留學史　舒新城

中國回教史　傅統先

回族記略　聶守仁（未刊本）

清代婦女文學史　梁乙真

帝國主義侵略中國史　黃孝先

續碑傳集　繆荃孫

碑傳集補　閔爾昌

中興將帥別傳　朱孔彰

歷代名人年里碑傳表　姜亮夫

近代名人傳　費行簡

近世人物志　金梁

胡文忠公（林翼）年譜　梅英杰

曾文正公（國藩）年譜　黎庶昌

曾國藩評傳　何貽琨

張制軍（亮基）年譜　林紹年

駱文忠公（秉章）自訂年譜

李鴻章　梁啟超

曾忠襄公（國荃）年譜

王壯武公（鑫）年譜　左樞

劉武慎公（長佑）年譜　鄧輔綸

王壯愍公（有齡）年譜

馬端敏公（新貽）年譜　馬新祐

玉池老人自敘　郭嵩燾

靜叟自述　倉景瑜（未刊本）

雪泥鴻爪　邵亨豫

張椒雲（集馨）自訂年譜（未刊本）

陽湖趙惠甫先生（烈文）年譜　陳乃乾

涇舟老人（洪汝奎）年譜　魏家驊

病榻述舊錄　陳湜

張文襄公（之洞）年譜　許同莘

潘文勤公（祖蔭）年譜　潘祖年

吳愙齋（大澂）先生年譜　顧廷龍

陳石遺先生（衍）年譜　陳聲曁

湘潭王葊浦先生（時邁）遺事集　王樹枏

崇德老人（聶曾紀芬）年譜　瞿宣穎

(五) 地志

湖南通志（光緒十一年 一八八五纂）

重修湘陰縣圖志（光緒六年 一八八〇纂）

醴陵縣志（同治九年 一八七〇纂）

浙江通志釐金門稿　顧家相

重修嘉應州志（光緒二十七年 一九〇一纂）

福建通志（民國十一年 一九二二纂）

閩侯縣志（民國二十二年 一九三三纂）

續陝西通志稿

重修涇陽縣志（宣統三年 一九一一纂）

甘肅新通志（光緒三十四年 一九〇八纂）

重修皋蘭縣志（光緒十八年 一八九二纂）

海城縣志（光緒三十四年 一九〇八纂）

洮州廳志（光緒三十三年 一九〇七纂）

狄道州續志（宣統元年 一九〇九纂）

秦州直隸州新志（光緒十五年 一八八九纂）

平涼縣志（民國三十三年 一九四四纂）

新修固原直隸州志（宣統元年 一九〇九纂）

續修鎮番縣志（民國八年 一九一九纂）

東樂縣志（民國十二年 一九二三纂）

重修崇信縣志（民國十五年 一九二六纂）

靈台縣志（民國二十四年 一九三五纂）

朔方道志（民國十五年 一九二六纂）

西寧府續志（民國十七年 一九二八纂）

中國之西北角　范長江

憶蘭州　許元方

蘭州古今注　張維

新疆圖志（宣統三年 一九一一纂）

西陲總統事略　松筠

西陲要略　祁韻士

新疆輿圖風土考　椿園

西域水道記　徐松

西疆雜述詩　蕭雄

新疆遊記　謝彬

新疆記遊　吳藹辰

新疆經營論　蔣君章

永定河上源興辦水利全案（未刊本）

新京備乘　陳迺勳

海國圖志　魏源

越南　黃澤蒼

中國地理新志　葛綏成

中國輿地全圖　鄒代鈞

中華民國新地圖　丁文江

(六) 奏疏　書牘

陶文毅公（澍）全集（奏稿）

林文忠公（則徐）政書

駱文忠公（秉章）奏稿

胡文忠公（林翼）遺集

胡文忠公（林翼）手翰（致金國琛　由金武祥鈔刻）

曾文正公（國藩）全集（奏稿　書札　批牘）

曾文正公（國藩）家書

曾忠襄公（國荃）全集（奏議　書札　批牘）

李文忠公（鴻章）全集

沈文肅公（葆楨）政書

彭剛直公（玉麟）奏稿

楊勇愨公（岳斌）奏議

劉忠誠公（坤一）書牘

郭侍郎（嵩燾）奏議

劉中丞（蓉）奏議

劉壯肅公（銘傳）奏議

丁文誠公（寶楨）奏議

袁文誠公（保恆）集（奏議　函牘）

劉果敏公（典）全集（奏稿　書札　批牘）

譚文勤公（鍾麟）奏議

劉襄勤公（錦棠）奏稿

陶勤肅公（模）奏議遺稿

雲臥山莊尺牘　郭嵩燾

小酉腴山館集（公牘）　吳大廷

湘綺樓箋啟　王闓運

桐城吳先生全書（尺牘）　吳汝綸

澗于集（奏議　書牘）　張佩綸

金雞談薈　歐陽利見

八賢手札　郭崑燾家刻

昭代名人尺牘續集　武進陶氏涉園影印

陶風樓藏名賢手札　江蘇省立國學圖書館影印

道咸同光名人手札　商務印書館影印

春暄草堂詩友箋存（陳豪家藏）　中華書局影印

（七）總集　別集

耐庵詩文集　賀長齡

寒香館詩文鈔　賀熙齡

曾文正公（國藩）全集（文集　詩集　雜著）

江忠烈公（忠源）遺集

羅山遺集　羅澤南

王壯武公（鑫）遺集

李忠武公（續賓）遺書

劉武慎公（長佑）遺書

養知書屋詩文集　郭嵩燾

雲臥山莊詩鈔　郭崑燾

羅華山館遺集　郭崙燾

養晦堂詩文集　劉蓉

彭剛直公（玉麟）詩集

天岳山館文鈔　李元度

鐵瓶詩鈔　張岳齡

鐵瓶雜存　張岳齡

小芋香館遺集　李杭

寶韋齋類稿　李桓

躬恥齋詩文鈔　宗稷辰

景紫堂文集　夏炘

百柱堂全集　王柏心

晚香堂集　王葆生

移芝室全集　楊彝珍

罘罳草堂詩集　隆觀易

古微堂集　魏源

定庵集　龔自珍

思益堂集　周壽昌

小酉腴山館集　吳大廷

㭉湖文集　吳敏樹

圭盦詩錄　吳觀禮

雪門詩鈔　許瑤光

冠悔堂詩鈔　楊浚

狄雲行館偶刊　王家璧

澤雅堂詩文集　施補華

俞俞齋詩文稿　史念祖

黃鵠山人詩鈔　林壽圖

嚴廉訪遺稿　嚴金清

湘綺樓詩文集　王闓運

虛受堂全集　王先謙

曾惠敏公（紀澤）集

庸盦文編　薛福成

桐城吳先生全書（詩集）　吳汝綸

澗于集（詩文集）　張佩綸

攜雪堂集　吳可讀

省齋全集　牛樹梅

六戊詩草　王源瀚

知足齋詩鈔　宋興周

敦素堂詩集　任其昌

清麓集　賀瑞麟

煙霞草堂集　柏景偉

隴上鴻泥　程履豐

思無邪齋詩文存　宮爾鐸

果園詩鈔　郭恩孚

栩園文集　陳鼎熙

翕園詩文稿　江孝棠

平養堂文編　王龍文

午陰清舍詩草　何福堃

蛻庵詩集　龔黼

八指頭陀詩集　釋敬安

春在堂全集　俞樾

漸西村人集　袁昶

靈峰存稿　夏震武

超覽樓詩稿　瞿鴻禨

花近樓詩　陳夔龍

滄趣樓詩集　陳寶琛

海藏樓詩　鄭孝胥

刪亭文集　周同愈

檢論　章炳麟

飲冰室集　梁啟超

晚清文選　鄭振鐸

(八) 日記

曾文正公（國藩）日記

湘綺樓日記　王閭運

翁文恭公（同龢）日記

越縵堂日記　李慈銘

澗于日記　張佩綸

緣督廬日記鈔　葉昌熾

西行日記　馮焌光

遊隴日記　（作者姓名不詳　未刊本）

使西日記　曾紀澤

辛卯侍行記　陶葆廉

葉栚記程　王廷襄

庚子西行記事　唐晏

西轅瑣記　宋伯魯

辛亥撫新記程　袁大化

河海崑崙錄　裴景福

西遊日記　徐旭生

秦遊日錄　傅增湘

(九) 筆記

聞見一隅錄　夏炘（未刊本）

暝庵雜誌　朱克敬

水窗春囈　歐陽兆熊

王志　陳兆奎

庸閒齋筆記　陳其元

庸庵筆記　薛福成

弢園隨筆　史念祖

知過軒隨錄　文廷式

蕙風隨筆　況周頤

瀛壖雜志　王韜

雨窗消意錄　牛應之

郎潛記聞　陳康祺

行素齋雜記　李佳繼昌

蘇庵雜誌　宋聯奎

天咫偶聞　震鈞

春冰室野乘　李岳瑞

南亭筆記　李伯元

國聞備乘　胡思敬

九朝新語　胡思敬

舊聞隨筆　姚永樸

莊諧選錄　夏曾佑

畏廬瑣記　林紓

壺天錄　百一居士

可言　徐珂

異辭錄　劉體仁

清稗類鈔　徐珂

清朝野史大觀　小橫香室主人

清代軼聞　裘毓麟

清朝逸史　蔣志范

新世說　易宗夔

古紅梅閣筆記（心太平室集）　張一麐

梵天廬叢錄　柴小梵

睇向齋祕錄　陳灨一

樵山雜著　潘敬

花隨人聖庵摭憶　黃濬

(十) 雜著

練兵實紀　戚繼光

經世文續編

經世文三編

康濟錄　倪國璉

聖諭十六條附律易解　夏炘

胡曾左平亂要旨　陳啟天

曾胡左兵學綱要　王之平

楹聯述錄　林慶銓

綺霞江館聯語偶存　吳熙

古今聯語彙選　胡君復

平等閣詩話　狄葆賢

石遺室詩話　陳衍

今傳是樓詩話　逸塘

寒松閣談藝瑣錄　張鳴珂

書林藻鑑　馬宗霍

清人書評　黃濬剛

蘭州之工商業與金融　潘益民

中國西北部之經濟狀況　王正旺　（蘇聯 W.Karamidschet 原著）

安化黑茶　彭光澤

銅官感舊圖集　章壽齡家藏影印

疏勒望雲圖　侯名貴家藏影印

(十一) 期刊

京報

申報

星島日報

新民報

國聞周報

人文月刊

大風

中國經濟史研究集刊

編輯題記

有清同治中興名臣，以胡公林翼、曾公國藩、左公宗棠與李公鴻章並稱。顧在一般社會，對於左公，知之較鮮。余好讀名人傳記及其著述，頗怪若胡、曾、李三公世人傳述其生平者甚多，何於左公獨付闕如，即其遺著亦不多見也。

距今約二十年，有以陽湖史氏家藏左文襄公手札見貽者，讀之始想慕左公之為人。其後獲讀左公年譜，又後獲讀左公家書。二十四年（一九三五）秋，在武昌復得左公文集而讀之，始益知左公之生平。二十五年（一九三六）重讀家書與年譜，作為札記，刊入拙著《開心集》。

二十六年（一九三七）抗日軍興，淞滬淪陷。十月終，余由上海赴杭州。十一月中，又由杭州赴首都。已而循公路西行，歷蕪湖、宣城、屯溪、景德鎮、南昌，而止於長沙。一夕，忽有友人招至司馬橋寓中晚餐。至則乃知友所居，即左公故邸也。庭院宏暢而已陳舊失修，蓋左公之後人式微矣。前此讀其書者，今於流徙中親履其居，何幸如之。又嘗訪問書肆，知有左公全集，欲購而讀之，則有一百數十本，以卷帙繁重，遲迴未決。已而離長沙，赴香港，心中猶不無留戀也。

二十七年（一九三八）歲首，折回長沙，將有長期居留，蓄意必欲獲致左公全集，顧仍遷延不果。僑居長沙三閱月，須赴漢口。瀕行，方下一決心購之。同時，並得《左太傅與陳少保書》兩冊，挾與俱，滿擬到漢口後一讀。不久，徐州淪陷，武漢垂危，余須再度折回長沙，乃先將諸書往。已而余不去長沙而赴重慶，則復將諸書運經宜昌，轉至重慶。十月中，余馳抵重慶，始發篋卒讀之。因發現中有缺頁，當函囑余弟之在長沙者代為覓補。而十一月十二日長沙大火，全市成墟，聞此書

原版猶存左公故邸，由其後人刷印出售。則念此版當已同付劫灰，而此書以後益復難得，余於飄泊中猶能擁此巨著，不可謂非厚幸也。

在余讀左公全集之過程中，擇其論議有意義者，別冊記之。全書讀竟，復於市上覓得左公家書，摘記之。積帙已不鮮，頗思分類編成嘉言錄一種。已而念記載左公整個之為人者，尚無其書，余何不試為之。遂擬摘取書中事實，編成評傳一種。惟左公一生事功繁複，為使屬筆時檢點時期，並照顧前後計，其間又參酌左公年譜，編成年表一種，而將不能敘入評傳者附隸焉。然僅賴全集取材，自嫌不足。蓋集中奏稿、書牘、批札，均以左公自作者為限，故每一事首尾常未能完具也。而旅次無從取得參考書，適余在長沙時，尚購有《曾文正公（國藩）全集》、《胡文忠公（林翼）全集》（兩種）及年譜、郭嵩燾氏《養知書屋詩文集》《郭侍郎奏疏》，及《玉池老人自敘》、郭崑燾氏藏《八賢手札》、王闓運氏《湘綺樓詩文集》及《箋啟》、王先謙氏《虛受堂全集》、周壽昌氏《思益堂全集》、《駱文忠公（秉章）自訂年譜》、《沈文肅公（葆楨）政書》等，幸已與左公全集俱來。其先固非為欲作左公評傳而購，此時恰可供作左公評傳之參考。許長卿君（元方）對於太平天國文獻，頗感興趣，有時人著作數種，舉以見贈。未幾，許君赴蘭州，甘肅故左公立功地也，復承採示若干資料。更不足，則從蟾秋圖書館、巴縣圖書館、交通部圖書館借取。惟見書既夥，又從稗官野史中刺取其有關左公者，輯為軼事篇一種。而間就左公全集中事實，引以為論斷。至二十八年（一九三九）四月，全稿粗畢，評傳部份凡得七十七篇，擬更為審訂。而重慶自被一再空襲，公私藏書均移郊外，無法覓致，至七月而赴香港，遂益置之。

留香港半年，對於關係左公資料，仍不斷蒐集。在中國經濟建設協會中，獲閱《李文忠公（鴻章）全集》、薛福成氏《庸盦全集》，及史地書多種。並託友人在上海購得《湘軍志》《湘軍記》《平浙記略》《平定關隴記略》《戡定新疆記》《中興將帥別傳》《江忠烈公（忠源）集》《羅山（澤南）遺集》《彭剛直公（玉麟）奏議》《曾惠敏公（紀澤）日記》及《湘綺樓日記》等書，均為在重慶欲見而未見者。所得既多，於二十九年（一九四〇）二月，發舊稿覆校，並補充評傳十三篇，合成

九十篇。嗣復於學海書樓、馮平山圖書館、華商總會圖書館等處，獲見參考書多種，用以對勘，其年表亦校補數處，軼事篇則更增益不少。並將不載左公全集之作品，輯為集外文，與夫左公薨逝後故舊哀悼之作，輯為輓辭，均列為附錄，此皆副收穫也。此時，全稿較以往已加多百分之三十，則更發全集，覆閱一過，逐加增改。然是書最重要之部份，自推評傳。而余反覆檢校，發現不少缺點，爰重為刪併，卒成八十五篇。評傳之中，尤以敘述戰事諸篇，頭緒紛繁，略則不明源委，詳則過佔篇幅，極難着筆，往往再三易稿。終以此僅為全書之一小部份，不欲過事鋪張左公武功，仍一以簡要為主。然如此長篇作品，余實初度嘗試，欲使前後貫串呼應，自知才力不足以副之，不禁時用慨歎。顧昔者王闓運氏撰《湘軍志》，詡為傑作，其後自承書中敘光復江寧省城時，不著諸將帥封賞，為一大漏洞，因益感著述之難。夫以闓運為文壇宿將，猶有似此之遺憾，況不學如余者乎？

會余頸後生一癤，俗稱落頭疽，割治後，醫戒靜養，暫輟筆。逾月餘，幸得保首領，繼續整理；其中年表一種，向常滋覺不滿，而頗憚於修正。至是發憤徹底改作，將原分五部門者，括為三部門，原僅按年記事者，更分月日繫列。同時，就書中引述人物，按其仕履行誼可考者，各作一小傳，以為讀者知人論世之一助，並使益了然於與左公之關係。復就書中引述地名，於今已有變更者，作一考證。至全書每一部門之體例，與夫用意所在，別撰為說明若干條，分繫於其後。

余編是書，羅致參考書，自信不可謂不盡力，大致具如另編參考書目。然既在戰時，又值客中，得之亦綦難，至今欲閱而未獲之書猶眾，官書如平定粵匪、捻匪與回匪諸方略，即未能覓得。因又憶王闓運氏始草《湘軍志》，嘗託友力求平定粵捻方略，而又不欲必得，以為官書本不盡精詳，且此志又不資公家言云云，余亦竊引以為解嘲焉！

離家三載，頗擬於歲尾返滬，一視妻孥，亟將是稿重行補正完成，為記其始末如此。

二十九年（一九四〇）十月，作者

編輯再題記

　　是稿既寫成，沈君怡先生為介紹於中華書局刊行，幸承接受。會余中止返滬，復逐篇檢校，為最後之修正，忽忽又一年矣。其中經過，更多可述者，作編輯再題記。

　　許長卿君歸自甘肅。一日者，因王君紹齋之導，偕余訪見柳亞子先生。談及余是稿，極承嘉許。越日，賦詩記之：「星軺馳許劭，史筆重秦嘉。雙美忽然合，咸來集寓齋。長談銷永晝，逸事述名家。多謝王摩詰，招邀與子偕。」原注：「長卿自蘭州來，頗諳左季高故實，而翰才方寫季高評傳，其稿有十餘冊之鉅云。」嗣長卿就旅甘兩年之所聞見，參考余藏書，寫成《憶蘭州》一書，並為余述左公佚聞，余以輯入軼事篇。

　　黃伯樵先生知余是稿，為介見曾公後人約農先生。先生索觀原稿，並暢談曾左關係，謂左公晚年，雖與曾公絕交，然仍善待曾公之後。又謂左公為人，雖傳其暴戾，實則尚不如言者之甚。因余欲得左公若干未見著作，囑余往晤香港大學教授許地山先生。蓋許夫人湘潭周氏，左公夫人之再女侄也。余初不識地山先生，往則一見如故，欣然謂余，周氏藏書本在彼處，比已移往湘潭，然當為余致之。逾數日，以電話見告，已得《慈雲閣詩鈔》一種，余亟走其校中取之，而先生忘攜書，則復以電話囑其男女公子取來。余得書，就左公夫人及諸女公子所作，錄為一帙。還書之日，地山先生又欣然謂余，適在馬季明先生（鑑）處，見有若干關於左公資料，遂引余晤之。季明先生藏清人筆記甚夥，余從而抄得左公軼事數則，乃曾不逾半載而地山先生忽焉殂謝，可勝悼歎。

　　約農先生又囑余與左公之曾孫景鴻先生通訊。余發為問題若干求

答。適景鴻先生病，由令十三叔羅隱先生代覆。此次最珍貴之收穫，為左公中式舉人時之禮經文一篇。此作在當時甚馳譽文壇，並曾進呈宣宗皇帝御覽。始余讀陳夒龍氏花近樓詩，知左公鄉試墨卷十四篇，猶存左氏。試求之，果幸獲如願。

余所需參考書，猶以在上海所得為多。此則悉仗陳仲瑜、姚仲良、王維文諸君搜求之力。余又默揣，余所需參考書，多屬湘賢著作，還求之湘中，或易得當。爰託石君樹德在衡陽刊報徵求，顧杳無迴響。石君轉以浼左君餘孟，左君為左公族裔，慨然承諾。時左君宗人以長沙之家毀於二十七年（一九三八）之火，散居寶慶、茶陵等處。左君廣為徵詢，得書多種。尤為余欣慰者，為文襄仲兄之《慎庵文鈔》，余往者僅得其詩鈔，而文鈔則久訪未得，今得之左君，不禁距躍三百。余於左公功業，大致已了然，獨於其家庭，所知尚感不足，今以是書合之《慈雲閣詩鈔》，又增加不少認識矣。

余在長沙所購書，已運至重慶，及來香港，不便攜帶，斥其一部份，託沈君振仁讓售於人。嗣余仍需參考，而求之香港，無所獲。復託沈君以原價收回，郵遞至港，幸無遺失，是亦可喜者。

余表弟吳君纘先在福州，為余訪獲文襄祠照片兩幀。其一為文襄塑像，猶是民紀二十年（一九三一）所攝。未逾月而福州淪陷，公私損失，當不可以數計，是此影者，吉光片羽，彌可寶貴。

余常欲使此稿得一二人前後遍閱一過，指示其得失，顧以篇幅繁重，字跡潦草，大抵僅能略一翻檢。後曹君伯權由滬來港，君嘗研史學，強於記憶。余懇以吹毛求疵方式，始終一閱，君諾之，提出推敲之處數點。其最重要之一點，為余記劉錦棠破金積堡馬五寨事，一處謂在劉松山已故之後，一處謂在劉松山未故之前，顯為矛盾。余覆校來源，則由於《中興將帥別傳》兩劉傳中原有此歧誤，按之左公奏稿，乃在劉松山未故之前，即據以改正。

黃任之先生知余所作，屢屢詢及。三十年（一九四一）五月，至自重慶，相見握手甚歡，題贈詩一首：「一几林蔭度十春，天涯重許話情親。德門三代兼師友，遺恨君其問海濱。」並以是稿為問。余因持以求

正。既回陪都，復來函問已否付印，且雲前詩第二句改為「等身著作更無倫」，蓋指是稿也。惟余未敢竊窺著作之林耳。

當余蒐集左公故實時，發見若干哀輓左公之聯語，因念曾、李兩公之薨，均有輓詞之集刊，獨於左公未有所見。於是輯為一起，名曰輓辭，列入附錄。後以詢之左君餘孟，見寄《左文襄公誄詞》四本，內涵祭文、輓詩、輓聯等數部門，始知當日固已有匯編刊行。以余所輯，與誄詞所錄互勘，僅有三數則為誄詞所無，又有數則，文字頗有不同，似經點竄。惟既有誄詞在先，則區區輓辭，已無多大價值，遂悉刪去。

是稿敘戰事處，每思輔以地圖，指明動向，顧以余素不諳製圖，未敢率然有作。且自辛亥（一九一一）革命，清代行政區域，迭有更易，而清代之府廳州縣等地方行政單位，至今已僅存縣之一種，其名又有若干改變，非得清代地圖，亦無從着手。然以此事商之友好，均言必要。中華書局編輯所長舒新城先生來港，謂如有稿本，局中可以代製，最後余乃決意為之。鄒鄭叔先生之曾祖叔績先生（漢勳）與左公為至交，嘗隨李公續賓與太平軍戰皖北，殉三河之難。其嗣沅颿先生（代鈞），即鄭叔先生之尊人，則為清季地學專家，在武昌首創輿地學社，始以西法製印中外地圖。余知鄭叔先生篋笥中尚藏有沅颿先生遺著，商承慨允惠借清代疆域圖兩種，遂參之申報館所印中華民國新地圖等，先勉為設計，再由中華書局製圖家按之繪正。既於言戰事各篇，均補一圖，更於言水利各篇，亦均補一圖，竭月餘之力，構成圖三十四幅。此工作原為按文作圖，然行文時，只求簡要，作圖時難以貫串，於是有一部份不得不重檢原始材料，先作為圖，再按圖將文改作。顧製圖之意，僅在顯示大勢，故不甚求精確，只期免於重大之錯誤而已。

余為文論事，好縱橫兼至，縱則窮源而竟委，務求其透徹；橫則旁搜而遠紹，務求其周密。余作是書，亦持是旨，雖是否能如所期，不敢自信，而固嘗如是致力，則不敢自欺，然微友好之直接間接予以匡助，亦不能及此，敬附誌謝忱。

三十年（一九四一）十月，作者

編輯三題記

是書作成，已送中華書局排印，而國際風雲驟緊，書局恐變生不測，保存難必，將稿交還，約俟事定再印。已而太平洋之戰果作，英國戰敗，港九不可復留矣。

三十一年（一九四二）一月，余徒步經東江「返國」。所有苦心蒐集之參考書，全部放棄，是書稿本，姑交存友人處。任之先生知余安抵桂林，行李未失，以為《左宗棠》必在其內，損書為賀，不知《左宗棠》尚淪陷異域也。顧余並不灰心，決意重寫。居桂林多暇，輒就廣西省立圖書館，覓取資料。其書館在七星巖下，巖內特築樓房，較有價值之書，多就藏焉。讀者遇空襲警報，即走避巖穴。余於此，得館方特許，一讀《新疆圖志》《曾忠襄公（國荃）全集》《劉武慎公（長佑）遺書》等，均為在港訪求未獲者。余歸國詩記中一絕云：「頻年作述不須論，得失浮沉有數存。且覓新知修舊稿，書林蒐索石碑捫。」（此詩係和顧君震白元韻）即謂此也。余始意廣西為太平軍誕生地，其後湖南軍事援桂，又為左公所策畫，必有若干獨特之資料，不料竟無所得。訪問湘桂學人，亦復無可告語者。惟半年後，得知是書稿本，已承陳君彬龢設法運滬，鈕君巽成寄存銀行，不禁喜出望外。

時君怡先生主持甘肅水利林牧公司，招往共事，且曰：西北為左公立功地，史料甚多，必能滿君欲，盍興乎來？余欣然從之。以十月抵蘭州，會朝野方盛唱積極經營西北之論，欲因左公往事資啟發。爰商定由余編纂《左文襄公在西北》一書，逾年書成，承君怡先生洽歸商務印書館刊行。在此時期，公司闢一圖書室，收藏西北資料。同事趙君敦甫，與蘭州諸書賈稔，常得巨帙孤本，充牣其中。余書之成，實受其賜。余

又在國立西北圖書館、甘肅省立蘭州圖書館、甘肅學院圖書館、甘肅科學院圖書館等，訪讀西北方志及西北人士之著述，不下數十種。而於左公所營建之節園、貢院、織呢局，所刊四書五經之原版，所寫作之石刻，亦得縱觀焉。又嘗與地方父老晤談，則於左公設施，如以機器開涇水等，知者甚鮮，僅能謂左公奏准陝甘鄉試分闈，對於振興甘省文教功績最偉。余旅居蘭州，凡兩年三月，自忖於左公之經營西北，得有不少認識。左公一生史料，最豐富、最完備者，厥惟武功。一因左公本人有奏報，二因公私各家有記載，足資稽考也。獨於政事部份，在左公著述中，僅一鱗半爪，未能窺其全。且此部份適以在西北為多，居六七十年後，欲求六七十年以前治績，文獻已鮮足徵，惟余由於此兩年三月中之蒐索，益以其後之不斷覓補，差得其大概。

三十四年（一九四五）二月，余隨君怡先生至重慶，尋八年前治事之室，與夫寄居之屋，為是書創稿之所自者，均猶如昨日。適《左文襄公在西北》一書於是時出版，而覆視所作，滋多瑕疵，為之赧然。勝利告成，余兩度從君怡先生赴長春，擬轉往大連，而兩度莫遂。不得已，折回北平。當在重慶瀕行時，葉君影柱自蘭州寄余油畫左公像一幅，即置行囊中。左公一生事功，直接間接關係各行省，獨於東北一隅，初無因緣。今乃偕余一行，殆亦奇遇歟。第二次去長春，留匝月。偽滿宮廷藏書散出，軍事委員會委員長東北行營亦羅致偽滿各機關圖書，成立資料室。余得此機會，復就剌取左公史料。而於清代實錄中之咸豐、同治、光緒三朝，尤有有價值之收穫。如官文公欲藉以誣陷左公之樊燮一案，清廷處置情形，各家記載，始末莫詳。又如潘公祖蔭保舉左公，及清廷據以諮詢曾公國藩之文書，即在《平定粵匪方略》與《咸豐聖訓》，亦不全載，今皆得之於《咸豐實錄》。又如左公變通甘肅綠營兵制，有辦法數條，遍求未得，今亦見之於《光緒實錄》。兩次折回北平，先後客居月餘，常日至國立北平圖書館、故宮博物院、太廟圖書館、松坡圖書館。於此得讀《楊勇愨公（岳斌）奏議》《劉襄勤公（錦棠）奏稿》等，為向所欲見而未見者。曾毓瑜《西征記略》、楊毓秀《平回志》、王家璧《狄雲行館偶刊》、歐陽利見《金雞談薈》等，為向所未知者。

而於《平定粵匪方略》《平定捻匪方略》《平定陝甘新疆回匪方略》，與咸豐、同治二朝《聖訓》，亦稍涉獵。又頻至琉璃廠、隆福寺等處書鋪，得訪求已久之史念祖《弢園隨筆》、黃鼎《彝軍記略》等書，最後將左公全集及記載左公事功各書，重購一份。

三十五年（一九四六）四月，攜書兩篋，航海返滬。舊居被劫，戰前所藏圖書，幾蕩然無存。惟九年不見之妻孥，幸均無恙，而取回是書稿本，尤喜如見故人。休息數月，開始計劃改編。同時，更事蒐集資料。三十六年（一九四七）由夏及秋，承鴻英圖書館特許，於開放時間外，前往檢錄關係各書。又每日中午，在申報館將自創刊以迄左公作古之十數年中全份報紙，檢錄一過。更承趙君敦甫介紹北平恆古堂書局李福雲君，為余隨時採購相需之書。有一部份湘人著作，則託余表弟張君嶺松購之長沙。由是余之參考書，得稍恢復在香港時舊觀，而更增出若干新書。

余反覆檢討是書原稿，發現不少缺點。且自完稿，已越六七年。在此六七年中，更獲不少新資料，一書已不能盡容，於是決定改編為如下之四種：

一、左宗棠全傳　將原稿評傳部份，刪去七篇，自餘亦略有析併，於是復由八十三篇還為七十七篇，而以補正後之年表冠於前，易名曰全傳，是為一種。惟篇數雖猶是，而內容則已大異，捨記述東征戰事數篇外，其餘約有百分之九十，均經重寫。

二、左宗棠外紀　余在蘭州時所得若干重要資料，為防日久散失，嘗就一人或一事，作成較有系統之記述，凡為十七篇。其自原稿評傳中析出七篇，性質相同，因亦大部份加以重寫，並為外紀，是又為一種。其後復陸續作成十五篇，都三十八篇。

三、左宗棠軼事匯編　原稿軼事篇約二百則，此時又約得百數十則，自餘零星記載，余又輯成左公雜事若干則，仍自為一種，而易名曰匯編。

四、左宗棠集外文　原稿集外文約三十篇，此時又約得百篇，亦自為一種，而以原稿中之嘉言錄附於後。

通四種計之，約一百萬言矣。

是書評傳原稿屬草時，因每一事實參考圖書，恆有數種，懼太繁瑣，遂未注出處。嗣寫《左文襄公在西北》，遇引用原文處，已注明書名及卷頁，此於讀者，自猶感不足。故全傳部份，於改編時，重行逐段加注出處。惟在六七年前引用之書，有記憶不真者，有原書未可得者，只能付之闕如。又原稿於評傳中關係人物與地方，曾別作引述人物小傳，引述地名今考，茲亦提出，分注每段之後。

是書係於二十八年（一九三九）六月初稿完成，二十九年（一九四〇）十月再稿完成，三十年（一九四一）十月三稿完成，至今四易稿矣。歷時十載，不為不久，全傳得三十萬言，外紀得二十萬言，不為不多，既非同時一氣寫成，且每一篇幾經修改，坐是行文未能一貫，且前後或有牴牾之處，亦未可知，此則為才力所限，難以補救，為莫大之恨事。

三十七年（一九四八）十月，是書改編，行將竣事，而淮北戰事驟張，烽火浸且及於里門，正未審來日之何似，乃竭公餘可能利用之時間，加速寫完，痛我生之不辰，亦慨是書之作，始終與鼙鼓為緣也。

是書原稿，未備副本，戰局紛紜，時慮遺失，其後投諸淪陷中之孤島，實為一種冒險。故此次改編，其全傳與外紀兩種，均隨脫稿，隨錄副，初由余諸兒女曾志、曾期、小孟，及族弟禹才分任之，最後由張君用賓，並轉託友人，趕為抄錄，而沈君滌新亦為繕數篇，其友情彌可感也。

當余在蘭州時，曾計劃蒐集左公經營西北文物，甘肅省政府谷主席紀常及君怡先生均表贊同。擬即以甘肅水利林牧公司已收藏者為基礎，而更藉公司之助力以成之。嗣君怡先生與余均去重慶，此事遂寢。三十六年（一九四七）春，余既開始改編是書，發願以私人之力，重行徵集左公文物。承康君竹鳴、楊君復初在蘭州，高君長煊、陳君幾士在福州、漳州，趙君敦甫、沈君奕因在南京，李君福雲在北平，彭君谷聲在蘇州，多方協助。又承張君用賓託友在酒泉，吳君象山託友在平涼，張君怡生託友在崆峒、在會寧，張君仁淊託友在天水，共為訪求。又

承左公孫女婿夏劍丞先生（敬觀），曾孫景權指示，先得一百點，復懸一百五十點為目標。今幸已得一百五十三點，計其地區，西北為多，東南次之；計其品類，寫作之拓本、刻本為多，遺跡之照片次之；而於左公故鄉及家庭之文物，最為貧乏，蓋左公在長沙之邸第，為余在二十六年（一九三七）冬所曾瞻仰者，已付劫灰，門首設一滄桑茶園，誠哉其海田已易。而左公後人又多散之四方，未易取得聯絡也。惟即此收集者，其有裨於改編是書，已非淺鮮。繼自今，擬更懸二百點、二百五十點、三百點為目標，冀貧乏者逐漸充實之，尚幸各方同志有以玉成之也。

三十八年（一九四九）一月，作者

左宗棠全傳

秦翰才　著

責任編輯　黃　帆
裝幀設計　吳丹娜
排　　版　黎　浪
印　　務　劉漢舉

出版　　開明書店
　　　　香港北角英皇道 499 號北角工業大廈一樓 B
　　　　電話：(852) 2137 2338　　傳真：(852) 2713 8202
　　　　電子郵件：info@chunghwabook.com.hk
　　　　網址：http://www.chunghwabook.com.hk

發行　　香港聯合書刊物流有限公司
　　　　香港新界荃灣德士古道 220-248 號
　　　　荃灣工業中心 16 樓
　　　　電話：(852) 2150 2100　　傳真：(852) 2407 3062
　　　　電子郵件：info@suplogistics.com.hk

印刷　　美雅印刷製本有限公司
　　　　香港觀塘榮業街 6 號海濱工業大廈 4 樓 A 室

版次　　2021 年 7 月初版
　　　　© 2021 開明書店

規格　　16 開（240mm×170mm）

ISBN　　978-962-459-085-2